MEINE FISCHKÜCHE

Marianne Kaltenbach

MEINE FISCHKÜCHE

Fische, Schalen- und Krustentiere einkaufen,
vorbereiten, kochen und genießen
Über 250 persönliche und
weltweite Rezepte

Hallwag Verlag Bern und Stuttgart

MARIANNE KALTENBACH
ist weit über unsere Landesgrenzen hinaus
bekannt als gastronomische Journalistin und
Autorin einer Reihe von Kochbüchern — von
der Schweizer Küche über die vielfältigsten
Spezialitäten aus aller Welt bis zu ganz
persönlichen Kreationen, die unter anderem auch
in ihrem Restaurant «chez Marianne» im Raben in
Luzern serviert werden. Marianne Kaltenbach
führt dieses Haus seit über fünf Jahren und
pflegt dort auch mit viel Liebe Fischspezialitäten.
Die Herausgabe dieses Fischkochbuches
hat sie sich deshalb schon lange gewünscht.
Im Hallwag Verlag sind außerdem von ihr
erschienen *Ächti Schwizer Chuchi* (1978), *Kreativ
kochen* (1979), *Aus Italiens Küchen* (1982),
Tessiner Küche (1983) und *Seeländer Küche*
(1984). Seit rund zwanzig Jahren hauptberuflich
mit kulinarischen Problemen beschäftigt,
wird sie oft als Expertin in Fachfragen
konsultiert. Ihr stets zeitnahes Wissen
hat ihr viele Ehrungen eingetragen, unter
anderem sieben Silbermedaillen der
Gastronomischen Akademie Deutschlands und
zwei erste Preise der Grands Guides Touristiques
in der Schweiz. Außerdem ist sie langjähriges
Mitglied exklusiver Verbände wie der Fédération
Internationale de la Presse Gastronomique, der
Académie Suisse des Gastronomes und
gastronomische Beraterin des Baillage National
Suisse de la Chaîne des Rôtisseurs.

SPEZIELLEN DANK
an Ruedi Bachmann und G. Bianchi AG,
Comestibles, Zürich, für die fachkundige
Beratung und die Unterstützung bei der
Beschaffung der Fische für die Fotoaufnahmen.

BILDNACHWEIS
Haviland (Limoges), Fa. Béard, Montreux, Zürich
und Genf: Teller
Ernst Schätti, Luzern: Umschlagbild und
Farbtafeln
Martin Zbinden, Bern: Zeichnungen

Lektorat: Ursula Merz
Umschlag und Gestaltung: Robert Buchmüller

© 1985 Hallwag AG, Bern
Gesamtherstellung:
Hallwag AG, Bern
ISBN 3 444 10318 2

INHALT

Das Vorbereiten der Fische: Das Schuppen (347), Das
Ausnehmen (348), Das Waschen und Trocknen (349), Das Häuten
von rohen Plattfischen (350), Das Filetieren (351), Das Tranchieren
von rohen größeren Fischen (353), Fische zum Füllen vorbereiten
(354). So putzt man Tintenfische (356), Das Putzen der
Miesmuscheln (357), Das Öffnen und Putzen der Coquilles
St-Jacques (358), Das Öffnen der Austern (359), So kocht man
Krebse (360), Das Kochen und Öffnen von Taschenkrebsen (360),
So werden Hummer und Languste gekocht (362)

Fische verlangen eine sorgfältige Zubereitung. Die
Grundzubereitungen: Garziehen (363), Im Dampf garen (364),
Dünsten (364), Garen ohne Fett und Wasser (365), In der Folie
garen (365), Braisieren (365), Poêlieren und Sautieren (366),
Braten (366), Grillieren (367), Fritieren (367), Warmstellen (368),
Anrichten (368), Die Küchengeräte: Fischkasserolle (368),
Kochen mit Dampf (369), Wasserbad für delikate Saucen (369),
Saucenapparat (370), Cutter (370), Grillierhalter (371),
Nützliche Instrumente (371), Messer (372)

Vorwort

Wenn man mich fragt, was ich besonders gerne esse und auch noch besonders gerne zubereite, lautet meine Antwort unweigerlich — Fisch. Mein Mann nennt mich spaßeshalber oft «die Fischfrau». Wo immer ich bin, ob in der Schweiz oder auf Reisen im Ausland, stets zieht es mich auf den Markt zu den Ständen, wo es Fisch zu kaufen gibt. Die Artenvielfalt interessiert mich, und es ist faszinierend zu sehen, wie unterschiedlich Fische im Aussehen sein können und wie zahlreich die Sorten aus den verschiedenen Seen, Flüssen und vor allem den Meeren sind. Spannend sind auch die Namen der Fische, die je nach Gegend variieren können. Nur schon im Deutschen gibt es für einen Fisch oft mehrere Bezeichnungen. Attraktiv beim Kochen der Fische sind die abwechslungsreiche Zubereitung und die Sorgfalt, die man dabei aufwenden muß. Jeder Fisch hat seine speziellen Eigenschaften: Das Fleisch kann fest oder ganz zart sein, beim Geschmack gibt es feine Unterschiede, die der Liebhaber mit Genuß wahrnimmt. Mit Fisch ißt man aber nicht nur sehr gut, sondern meistens auch leicht. Natürlich hängt das auch von den verwendeten Zutaten ab. Aber es gibt kaum ein Nahrungsmittel, das in dieser Beziehung so anspruchslos ist. Und es ist erstaunlich, welche Resultate man beim Kochen von Fisch mit wenigen, aber auserlesenen Zutaten und den richtigen Kochmethoden erreichen kann. Mit ein bißchen Butter, ein paar Kräutern oder Rahm und einem wirklich frischen Fisch kann ein kulinarisches Meisterwerk entstehen.

Meeresanwohner wissen das, und ihre Fischzubereitungen sind denn auch meist sehr einfach. Wir in den Binnenländern haben nicht die gleiche Beziehung zum Fisch, sogar Menschen nicht, die an einem See wohnen. Man fürchtet sich vor den Gräten, ist unsicher im Umgang (Schuppen, Ausnehmen, Häuten, Zerlegen usw.) und oft nicht frei von Vorurteilen. In den letzten Jahren hat sich diese Einstellung allerdings gewandelt. Man ist ernährungsbewußter geworden und schätzt den gesundheitlich wertvollen Nährwert des Fisches. Er enthält wichtige Eiweißstoffe, Vitamine und Spurenelemente, er ist leicht

verdaulich und kalorienarm und kommt so dem heutigen Bedürfnis nach leichterer Kost entgegen. Fisch ist zu einem verbreiteten Nahrungsmittel geworden und bereichert nun auch in unseren Gegenden den täglichen Speisezettel, und zwar nicht nur am Freitag. Der Fischmarkt mit seinem reichen Angebot erfreut sich großer Beliebtheit. Delikateß- und Lebensmittelgeschäfte haben Frischfischabteilungen eingerichtet, um der steigenden Nachfrage gerecht zu werden. Auch wenn ich nach gewünschten Kochkursthemen frage, taucht immer in erster Linie der Wunsch nach einem Fischkurs auf. Dieses Buch habe ich vor allem aus Freude am Produkt «Fisch» geschrieben; aber natürlich auch für die vielen Leser, die mich immer wieder nach Zubereitungsmöglichkeiten von Fisch fragen und auch einmal einen ungewohnten Fisch ausprobieren möchten. Ich habe schon viele vom panierten Dorschfilet zu einem pochierten Steinbutt oder einer delikaten Fischsuppe bekehrt, und mancher ist nachher zum leidenschaftlichen Fischliebhaber geworden. Das möchte ich auch mit diesem Buch erreichen. Es soll allen, die es lesen, das Nahrungsmittel «Fisch» näherbringen und sie damit vertrauter machen. Der Anhang enthält deshalb auch Abbildungen und Steckbriefe der wichtigsten Fische. Die Angaben beschränken sich allerdings auf die für die Praxis interessanten und nützlichen Hinweise. Wissenschaftliche Vollständigkeit wurde nicht angestrebt. Ebenso enthalten die im Rezeptteil eingestreuten Texte kulinarisch Wissenswertes über die einzelnen Fische. Diese Detailinformationen sollen dazu beitragen, daß die Fische bereits beim Kauf eingehender betrachtet und danach mit mehr Verständnis behandelt und zubereitet werden.
Ich wünsche allen Fischfans und denen, die es werden wollen, viel Freude beim Entdecken, Zubereiten und Genießen.

Marianne Kaltenbach

Zu den Rezepten

Das Wichtigste *Fische können nicht wie andere jederzeit erhältliche Nahrungsmittel eingekauft werden. Die Jahreszeit, die jeweiligen Lieferanten und die Transportmöglichkeiten spielen dabei eine Rolle. Nur wer ein leistungsfähiges Fischgeschäft in der Nähe hat, kann sich von Anfang an auf ein bestimmtes Rezept festlegen. Um die Sache zu erleichtern, habe ich bei jedem Rezept ein kleines Fischchen* ⟨⟩ *als Signet mit einer mehr oder weniger großen Auswahl von Fischen, Schalen- und Krustentieren angeführt, die sich ebenfalls für die Zubereitung eignen. Wählen Sie deshalb vor dem Einkauf eine bis zwei Zubereitungen aus und notieren Sie sich auf einem Zettel die möglichen Fischsorten! Lesen Sie auch vor dem Einkaufen oder spätestens vor dem Kochen ein Rezept ganz durch. Auf diese Weise werden Ihnen der Zubereitungsablauf und die Kochmethode klar, die von Gericht zu Gericht verschieden sein können.*
Bei den als Alternativen aufgeführten Fischen muß man die Zubereitung ab und zu etwas anpassen. Die Größe der Fische, der Schalen- und der Krustentiere und damit ihre Kochzeiten können variieren, besonders da, wo Fische durch Meeresfrüchte ersetzt werden. Aus Platzgründen war es mir nicht möglich, dazu ausführliche Angaben zu machen. Es sollte aber auch Ungeübten im Fischkochen nicht allzu schwer fallen, auf solche Alternativen einzugehen.
Bei den Rezepten wurde von den deutschen Fischnamen ausgegangen und die üblichen fremdländischen Namen in Klammern gesetzt. Im Anhang sind die Fischnamen in weiteren Sprachen aufgeführt. Auf lokale Bezeichnungen konnte nicht eingegangen werden. Nur schon in Frankreich und in Italien gibt es für fast jeden Fisch mehrere Namen. Auch in der Schweiz können die Bezeichnungen für einen Fisch je nach Landesgegend verschieden sein.

Details sind von Bedeutung *Beim Fischkochen kommt es auf Kleinigkeiten an. Aus den Rezepten ersehen Sie, ob ein Gericht vorbereitet werden kann (V) oder ob es eine Zubereitung «à la minute» verlangt. Der Arbeitsauf-*

9

wand gibt die Zeit an, während der Sie in der Küche stehen müssen. Sie gilt allerdings als Richtlinie, da ja nicht alle gleich schnell arbeiten. Die Koch- oder Backzeiten sind gesondert aufgeführt. Sie sind bei der Fischzubereitung eminent wichtig und für das gute Gelingen ausschlaggebend. Sie sollten deshalb so genau wie möglich eingehalten werden. Sind bei den Zutaten Fonds, Teige, Saucen und dergleichen aufgeführt, muß der jeweilige Zeitaufwand für diese Zubereitungen dazugerechnet werden.

Preiskategorie der Gerichte   Die Fischpreise sind unterschiedlich. Man findet eine Anzahl tiefgekühlter Fische, die sehr günstig sind. Auch unsere Süßwasserfische ergeben Gerichte, die jederzeit erschwinglich sind. Bei exklusiven Fischsorten, z. B. aus dem Mittelmeer, oder bei Schalen- und Krustentieren werden Sie sich den Kauf vielleicht überlegen. Je nach Jahreszeit, Angebot und Nachfrage — zum Beispiel vor Feiertagen — können die Preise stark variieren. Die Preiskategorien in den Rezepten sind deshalb als Richtlinien zu betrachten:

*   preisgünstig
**   erschwinglich
*** teuer

Weil es auch Fische gibt, die das ganze Jahr hindurch sehr preisgünstig sind, habe ich in diesem Buch speziell darauf hingewiesen. Leider sind sie noch immer viel zuwenig bekannt.

Wichtig   Unter dieser Rubrik habe ich entscheidende Vorgänge in der Zubereitung hervorgehoben, die zum guten Gelingen beitragen.

Tips   Die Tips geben an, wie die Gerichte garniert oder angerichtet werden können, welche Beilagen am besten dazu passen usw.

Variationen   Die angeführten Abwandlungen berücksichtigen das saisonale Angebot und die Einkaufsmöglichkeiten, aber natürlich auch meinen persönlichen Geschmack. Die Variationen sollen Sie außerdem dazu anregen, Ihre eigene Kreativität ins Spiel zu bringen.

Illustrationen   Zeichnungen verdeutlichen wichtige
Phasen der Zubereitung, die eine gewisse Fertigkeit erfor-
dern. Sie sind vor allem für im Fischkochen noch Unge-
übte gedacht. Die farbigen Abbildungen möchten Sie auf
die Gerichte einstimmen. Die Porträts der Fische,
Schalen- und Krustentiere im Anhang sollen Ihnen das
Kennenlernen der verschiedenen Arten ermöglichen, den
Einkauf erleichtern und Sie an den Umgang mit ganzen
Fischen gewöhnen.

Verzeichnisse   Die Rezepte sind sowohl nach Speisen-
folge als auch alphabetisch in Verzeichnissen zusammengefaßt.
Die wichtigsten Fische, Schalen- und Krustentiere, die bei
uns erhältlich sind, sind alphabetisch in Steckbriefen
beschrieben. Auf die dazu passenden Rezepte wird hingewiesen. So sehen Sie sofort, welche Zubereitung sich
für welche Sorten besonders gut eignet.
Ein weiteres Verzeichnis weist auf besonders leichte
Gerichte hin, die ja heute in vermehrtem Maße gewünscht
werden, und auf Gerichte, die aus ganzen Fischen
bestehen.

Fisch — ein wertvolles Nahrungsmittel

In unserer Ernährung spielt der Fisch eine wichtige Rolle. Er versorgt uns mit biologisch hochwertigem Eiweiß, mit den Vitaminen A_1, B_1, B_2 und Niacin sowie mit Spurenelementen. Auch sind die meisten Fische fettarm. Bei mageren Fischen, wie Kabeljau oder Dorsch, sammelt sich das Fett in der Leber. Fettreicher sind Lachs, Aal und Sardelle (10–25 %). Das Fett des Fischfleisches ist jedoch reich an essentiellen Fettsäuren, die den Cholesteringehalt unseres Blutes günstig beeinflussen. Fische liefern uns Kalium und Phosphor, Meeresfische zusätzlich Jod und Fluor. 100 g Dorschfilets z. B. decken unseren täglichen Bedarf an Jod. All dies macht den Fisch zu einem wertvollen Nahrungsmittel. Fisch ist außerdem leicht und schnell verdaulich und findet deshalb häufig Verwendung für Schonkost und Diät. Geradezu ideal ist er für Schlankheitskuren, wenn eine fettarme Zubereitung gewählt wird.

100 g eßbarer Anteil enthalten:	kcal/kJ	Eiweiß	Fett	Kohlehydrate
Kabeljau (Dorsch)	79/331	13 g	0,3 g	0 g
Steinbutt (Turbot)	87/363	8 g	0,8 g	0 g
Forelle	108/451	10 g	1,42 g	0 g
Lachs	208/869	13 g	8,7 g	0 g
Aal	285/1193	10 g	17 g	0 g

Wie frisch sind Fische?

Daß Fische frisch gefangen am besten schmecken, ist uns allen bekannt. Hat man aber nicht das Glück, an einem See oder in Küstennähe zu wohnen, stellt die Beschaffung frischer Fische oft ein Problem dar. Da gilt es dann, die beste Quelle ausfindig zu machen. Leistungsfähige Delikateßgeschäfte verschicken Fische gleich nach Erhalt. Auch Fischabteilungen gewisser Supermärkte bieten frische Fische an, da sie über einen gut-funktionierenden und schnellen Vertrieb verfügen. Je nach Herkunft sind Meeresfische und Meeresfrüchte Dienstag bis Freitag sehr frisch zu haben. Man sollte deshalb Verständnis haben, wenn die Auswahl gegen Ende der Woche z. B. im Restaurant kleiner wird. Betrachten Sie es als gutes Zeichen, wenn man Ihnen am Sonntag oder am Montag keinen Fisch mehr anbietet!
Bei Süßwasserfischen ist es ähnlich, außer sie sind in Bassins vorhanden und deshalb jederzeit lebendfrisch zu erhalten. Langusten, Hummer und Flußkrebse werden ebenfalls in speziellen Bassins gehalten. Oft auch Austern, obwohl es umstritten ist, ob die Qualität der Meeresfrüchte darunter nicht leidet.

Wie erkennt man frischen Fisch?

	Frischer Fisch	Verdorbener Fisch
Geruch	Leicht, angenehm, an Algen erinnernd	Unangenehm stark, sauer, nach Ammoniak riechend, faulig
Allgemeines Aussehen	Glänzend, metallischer Schimmer	Matt, farblos, ohne Lichtreflexe
Schuppen	Stark haftend, glänzend	Locker, leicht zu lösen, z. T. schon abgefallen
Haut	Gespannt, farbintensiv, gut am Fleisch haftend	Faltig, farblos, leicht verletzlich
Augen	Klar, frisch, glänzend, schimmernd, leicht hervorstehend, durchsichtig	Matt, glasig, undurchsichtig, opalfarben, eingesunken
Kiemen	Feucht, glänzend	Trocken, gräulich
Fleisch	Fest, weiß oder rosa, mit perlmuttartigen Reflexen (Schimmer)	Leicht zerfallend, rot oder braun, gefleckt

Gewisse Fische, wie z. B. Forellen oder auch Plattfische, haben einen schleimigen Überzug, solange sie frisch sind. Man sollte ihn auf keinen Fall entfernen. Bei Plattfischen wird dieser Schleim neuerdings entfernt, damit die Fische trocken zum Verkauf präsentiert werden können. Eine Unsitte, auf die man verzichten könnte!

Wie soll man nun beim Einkauf vorgehen?

Am besten wendet man sich an das nächstliegende Delikateßgeschäft und läßt sich vom Inhaber oder von fachkundigem Personal beraten.
Wer an einem See wohnt, macht am besten einen Berufsfischer ausfindig. Die Fischer pflegen morgens in aller Frühe auszufahren und ihren Fang mittags nach Hause zu bringen. Süßwasserfische sind noch empfindlicher als Meeresfische, und die meisten Sorten sollten am Fangtag verzehrt werden. Saiblinge z. B. beginnen sofort nach dem Töten abzubauen. Bei Süßwasserfischen muß man außerdem die Schonzeiten und den saisonbedingten Fang in Betracht ziehen.
Fische müssen nach dem Kauf sofort nach Hause gebracht, ausgepackt in den Kühlschrank gelegt und so rasch wie möglich verarbeitet werden, ebenso Schalen- und Krustentiere.
Vor der Zubereitung die Fische nur sehr rasch kalt abspülen. Die Bauchhöhle ebenfalls nur kurz auswaschen. Die Fische dürfen nie ins Wasser gelegt werden. Ihr Fleisch saugt sich sofort mit Wasser auf, was sich schlecht auf die Zubereitung auswirkt und den Geschmack beeinträchtigt.

Wie ist es mit dem Tiefkühlen?

In unseren Breitengraden greifen wir auch zu tiefgekühlten Fischen. Oft sind sie in diesem Zustand sogar frischer als solche, die nur gekühlt die Geschäfte erreichen. Tiefgekühlte Fische wurden sofort nach dem Fang — oft sogar auf dem Schiff — kunstgerecht eingefroren und verpackt. Wer Tiefkühlprodukte fachgerecht auf den Markt bringt, darf sie als «frisch tiefgekühlt» bezeichnen. Zartes Fischfleisch, z. B. von Süßwasser- und Mittelmeerfischen und von Meeresfrüchten, wird allerdings durch das Tiefkühlen trocken und verliert an Aroma. Kräftige Nordseefische, wie Kabeljau, Rotbarsch, Lengfisch und andere, ertragen diese Konservierungsart besser. Auch Tintenfische, große Garnelen (Krevetten) und Kaisergranate (Scampi) leiden verhältnismäßig wenig durch das Tiefkühlen. Tiefgekühlte Fische darf man aber nie allzulange aufbewahren.
Auch sollte man solche Fische und Meeresfrüchte vor der Zubereitung im Kühlschrank ganz auftauen lassen. Diesen Rat erteile ich entgegen anderslautenden Behauptungen aufgrund unzähliger Versuche, die ich gemacht habe.

14

Wieviel Fisch pro Person?

Anhand der folgenden Beispiele kann man sehen, wie unterschiedlich groß der Abfall bei Fischen ist. Diese Fische wurden vor meinen Augen filetiert.

Fisch	Totalgewicht	Gräte, Haut und Kopf	Filets netto	%
Kabeljau	2,100 kg	1,170 kg	0,930 kg	44,29 %
Seeteufel (Baudroie)	2,650 kg	1,900 kg	0,750 kg	28,30 %
Wittling (Merlan)	0,380 kg	0,170 kg	0,210 kg	55,26 %
Seezunge (Sole)	0,520 kg	0,280 kg	0,240 kg	46,15 %
Forelle	0,460 kg	0,150 kg	0,310 kg	67,39 %
Rotbarsch	1,300 kg	0,740 kg	0,560 kg	43,07 %

Aus dieser Tabelle ersehen Sie, für wie viele Personen ein ganz servierter Fisch ausreicht. Ganze Fische kommen mit den Eingeweiden in den Handel, außer Nordseefische, die immer ausgenommen und ohne Kopf verkauft werden. Der Kopf kann auf besonderen Wunsch jedoch mitgeliefert werden. Bei Fischen mit sehr großen Köpfen muß man demzufolge pro Person etwas mehr berechnen. Hier einige Richtlinien dafür:

	Gewicht pro Person
Ganze Fische mit großen Köpfen und starken Gräten, wie Seeteufel (Baudroie), Drachenkopf (Rascasse), Rotbarsch	350 – 400 g
Ganze Fische mit kleinen Köpfen oder evtl. nur Schwanzstücke (beim Kabeljau, der meistens so und ausgenommen in den Handel kommt), wie Meerbrasse (Dorade), Wolfsbarsch (Loup de mer) usw.	300 – 350 g
Ganze Fische mit kleinen Köpfen und leichten Gräten, wie Forellen, Felchen (Renken), Barsch (Egli) usw.	250 – 300 g
Bei Fischfilets rechnet man	150 – 200 g

Wie steht es bei den Krusten- und Schalentieren?

Ein Experiment, das ich mit großen Kaisergranaten (Scampi) anstellte, ergab folgendes:

	Gewicht
1 kg Kaisergranate mit Kopf und Schalen ergab nach dem Schälen	360 g Fleisch
1 kg große Garnelen (Riesenkrevetten)	450 g Fleisch

Hier folgende Richtlinien:	Gewicht pro Person
Kaisergranate mit Kopf und Schalen	250–300 g
Garnelen mit Kopf und Schalen	200–250 g
Kaisergranate und Garnelen, roh geschält	120–150 g
Hummer und Languste, ganz (für 2 Personen als Vorspeise)	600–800 g
Austern (als Vorspeise)	6–12 Stück
Miesmuscheln	500 g

Für Vorspeisen rechnet man meistens die Hälfte des Gewichts.

ZUM APERITIF

Kleine Köstlichkeiten machen nicht nur Spaß, sondern künden auch eine vorzügliche Mahlzeit an. Außerdem sind sie die richtige Begleitung zu einem Drink. Die Sorgfalt, die dazu aufgewendet wird, verrät bereits die guten Gastgeber. Mini-Fischgerichte zum Aperitif können auch den Fischgang in einem Menü ersetzen, z. B. interessant gefüllte Windbeutel oder Cherry-Tomaten. Auch ausgebackene Muscheln oder Fischchen sind ideal und geben wenig Arbeit. Kleine Canapés lassen sich zur Abwechslung mit Fisch und Meeresfrüchten belegen. Wichtig ist dabei nur, daß die Häppchen wirklich klein sind, so daß man sie ohne Mühe von Hand essen kann. Dann müssen bestenfalls Holzstäbchen oder Servietten mit serviert werden, und man hat die Hände frei für den Drink.

Süßwasser

In Öl ausgebackene kleine Fische passen gut zu einem Glas Sherry oder Weißwein. Aber nicht überall sind sie erhältlich, deshalb hier ein Rezept, nach dem man sie mit Fischfilets zubereiten kann.

Aperofischchen

Die Fischfilets leicht schräg in 1 cm breite Streifen schneiden. Mit Salz und Pfeffer bestreuen und mit Worcestersauce beträufeln. Das Mehl in ein Mehlsieb geben und die Fischstreifen damit bestäuben, wenden und nochmals bestäuben. Im heißen Öl ausbacken.

Wichtig Diese Fischchen schmecken nur gut, wenn sie direkt aus der Fritüre kommen und auf Küchenpapier kurz abgetropft werden. Am besten serviert man sie mit kleinen Zahnstochern zum Aufspießen.

Tip Man kann die Fischstreifen auch durch den Teig ziehen, z. B. einen «Weinteig» (s. S. 160). Sie werden aber dadurch etwas schwerer.

Variation Miesmuscheln (Moules) lassen sich ebenfalls auf diese Art ausbacken: nach dem Putzen rasch erhitzen, bis sich die Schalen öffnen, dann wie oben beschrieben zubereiten.

*
V Kann teilweise vorbereitet werden
Arbeitsaufwand: 15 Min.
Backzeit: 1—2 Min. pro Portion

Barsch (Egli), Weißfisch, Goldbutt (Scholle), Flunder

Für 6 Personen
250 g Felchenfilets (Renken)
Salz, Pfeffer
1 Teel. Worcestersauce
2—3 Eßl. Mehl
Öl für die Fritüre

Rund um den Kaviar

Echter Kaviar ist gereinigter, mild gesalzener Rogen der verschiedenen weiblichen Störe. Diese Fische gehören zu den erdgeschichtlich ältesten Tieren. Seefahrende Völker wie die Phönizier und die Ägypter kannten die Vorzüge der gesalzenen Fische und nahmen sie auf ihre Reisen mit.

Kaviar kommt heute vorwiegend aus der Sowjetunion zu uns, und zwar in verschiedenen Qualitäten. Der Begriff «Malossol», der auf den bekannten Döschen zu lesen ist, bedeutet soviel wie «mild gesalzen». Kaviar ist nur beschränkt haltbar. Frischen Kaviar, der nur sehr wenig gesalzen wird, kann man ungefähr eine Woche im Kühlschrank bei −2 °C oder noch besser −4 °C aufbewahren. Kaviar in der Dose ist eine Halbkonserve und deshalb bei normaler Kühlschranktemperatur länger haltbar.

Kaviar darf nie schmierig wirken, matschig, klebrig oder sauer sein. Angebrochene Gläser oder Dosen sollte man sofort verwenden.

Hier die wichtigsten russischen Kaviarsorten, die frisch oder pasteurisiert erhältlich sind:

Beluga

Großkörniger Kaviar, der vom größten Stör — einem Raubfisch — stammt. Es ist die beliebteste, aber auch die teuerste Sorte. Die Körner sind dunkelgrau, fest, aber sehr empfindlich.

Ossetra

Dieser Kaviar wird besonders von Kennern geschätzt. Seine Körner sind etwas kleiner als jene des Beluga, und die Farbe ist gelblich bis dunkelgrau. Er stammt von einem kleineren Stör, der ein Allesfresser ist.

Sevruga

Kleinere, zarte Eier von dunkelgrauer Farbe und von sehr gutem Geschmack.

Schlipp
Weniger bekannte Sorte aus einer Kreu-
zung zwischen Sevruga und Ossetra. Der
Geschmack ist ähnlich wie jener von
Sevruga, und im Aussehen ähnelt er dem
Ossetra.

Weißer Kaviar
Etwas für Snobs, denn er ist sehr selten
erhältlich und daher eine Kuriosität. Er
stammt von Störalbinos und hat nicht sehr
viel Geschmack.

Preßkaviar
Eine Sorte, die von sehr reifen oder beschä-
digten Eiern stammt, die gesalzen und
gepreßt werden. 5 kg frischer Kaviar
ergeben 1 kg Preßkaviar. Meistens besteht
dieser Kaviar aus den verschiedenen Sorten.
Er ist durch seine Konzentration geschmacklich sehr intensiv. Er eignet sich gut für
gewisse Gerichte, die mit Kaviar zubereitet
werden und bei denen das Aussehen der
Körner keine große Rolle spielt, z. B. als
Beilage zu Kartoffeln in der Schale, auf
«Blinis» (s. S. 79) oder für Füllungen in
Fischgerichten.

Deutscher oder dänischer Kaviar
Diese Bezeichnung verwendet man für
künstlich gefärbten Seehasenrogen. Er
besteht aus kleinen schwarzen Kügelchen,
die im Aussehen eine gewisse Ähnlichkeit
mit dem Sevruga-Kaviar haben, aber im
Geschmack mit echtem Kaviar nicht zu vergleichen sind. Der Seehasenrogen wird als
Kaviarersatz verkauft und eignet sich da und
dort als Dekorationselement für kalte Vorspeisen.

Roter Kaviar
Auch unter dem Namen Keta-Kaviar
bekannt. Der Rogen des Keta-Lachses ist
sehr großkörnig. Er wird ebenfalls gesalzen
und in Gläser abgefüllt. Sein Geschmack ist
nicht mit dem echten, schwarzen Kaviar zu
vergleichen. Fester in der Konsistenz, etwas
gelblicher in der Farbe und feiner im

Geschmack ist der Rogen von Seeforellen. Er ist schwerer erhältlich als der Keta-Kaviar. In Dänemark und auch in Deutschland ist er da und dort tiefgekühlt zu kaufen.

Lange Zeit war Rußland der einzige Produzent von Kaviar. 1953 schenkte die sowjetische Regierung den Iranern gewisse Fischereien am Kaspischen Meer. Seither gibt es auch den iranischen Kaviar zu kaufen, allerdings nur in beschränktem Ausmaß. In Frankreich wurde zeitweise in bescheidenem Ausmaß Kaviar von Stören aus der Gironde gewonnen. Einzug hielt dieses Produkt in den französischen Küchen aber erst so richtig in den zwanziger Jahren durch die russischen Emigranten in Paris und durch Charles Ritz, der diese Delikatesse auf die Karte seines gleichnamigen, berühmten Hotels setzte.

Eine pikante Mischung aus Salmrogen und Oliven, die man in kleine Windbeutel füllt — eine griechische Spezialität.

Tarama

*

V Kann vorbereitet werden
Arbeitsaufwand:
20 Min.

◁○◁
Dorschleber

Für 20 kleine Windbeutel
20 kleine, gesalzene Windbeutel
(s. «Profiteroles au saumon» S. 23)
1 Glas (ca. 50 g) Salmrogen (roter Kaviar)
100 g frische Butter
100 g schwarze Oliven
3 Eßl. Zitronensaft

Die Butter bei Küchentemperatur weich werden lassen. Die Oliven entsteinen und fein hacken. Den Salmrogen dazumischen. Das Püree mit der weichen Butter und dem Zitronensaft mit Hilfe einer Gabel zu einer gleichmäßigen Masse verarbeiten.
Die frisch gebackenen, aber erkalteten Windbeutel mit einer Schere seitlich aufschneiden und mit dem «Tarama» füllen

Wichtig Die Windbeutel können einige Stunden vorher gebacken werden. Nicht in den Kühlschrank stellen, da sie sonst weich und zäh werden.

Tip Man kann die Masse in einen Spritzsack mit glatter Tülle geben und die Windbeutel auf diese Weise mühelos füllen.

Kleine Häppchen sind gegen Abend, zur «blauen Stunde», sehr willkommen. Diese pikanten Windbeutel mit Lachsmousse verraten die Liebe zum Kochen.

Profiteroles au saumon

2½ dl Wasser, Salz und Butter aufkochen. Das Mehl auf ein Papier sieben. Im Sturz zugeben. Mit dem Holzlöffel ständig rühren, bis ein Teigkloß entsteht, der sich vom Boden und von den Rändern des Topfes löst. Von der Herdplatte wegziehen und die Eier nach und nach unter den Teig arbeiten. Das dritte Ei vor dem Beigeben in einer Tasse verrühren (evtl. nicht ganz zufügen). Der Teig soll so fest sein, daß man davon kleine Kugeln abstechen kann. Ein großes Blech mit Butter bestreichen. Den Teig in einen Spritzsack mit großer, glatter Tülle einfüllen und nußgroße Kugeln auf das Blech dressieren.
Die Windbeutel 10 Min. bei 200 °C goldgelb backen. Den Räucherlachs kleinschneiden, im Cutter (s. S. 370) pürieren, dann durch ein feines Sieb in eine Schüssel streichen. Die Gelatine in kaltem Wasser einweichen. Die Bouillon erhitzen, dann von der Herdplatte wegziehen. Die Gelatine gut auspressen und zusammen mit der Bouillon unter das Räucherlachspüree mischen. 20 Min. kühl stellen. Den Rahm steif schlagen und unter die Masse ziehen. Nach Bedarf mit Pfeffer und sehr wenig Salz nachwürzen (Achtung, der Lachs ist bereits gesalzen!). Die Masse mit einer Sterntülle in die «Profiteroles» spritzen.

Wichtig Man kann die kleinen Kugeln auf zwei Arten füllen: die Windbeutel aufschneiden, die Masse in einen Spritzsack mit gezackter Tülle geben und die Küchlein füllen oder die kleinen Windbeutel an der Unterseite mit einem Messer leicht einstechen

*
V Kann vorbereitet werden
Arbeitsaufwand: 35 Min.
Backzeit: 10 Min.

Geräucherte Forelle

Für 20–24 Stück
Teig
2 Prisen Salz
50 g Butter
130 g Mehl
3 Eier
Butter für das Blech

Füllung
200 g Räucherlachs, in Scheiben geschnitten
5 Blatt Gelatine
4–5 Eßl. konzentrierte Bouillon oder «Fischfond» (s.S. 337)
2 dl Rahm
Salz, Pfeffer

und dann ebenfalls mit dem Spritzsack füllen. Auf die zweite Art gefüllte Profiteroles können beim Apero besser in die Hand genommen werden, und die Füllung kann nicht so leicht herausquellen.

Tip Wenn Sie anstelle von Lachs geräucherte Forelle verwenden, fügen Sie der Masse 1 Eßl. gehackten Estragon oder Dill zu.

Salzwasser

Diese kleinen, mit Olivenpaste bestrichenen Brötchen finden bei mir immer reißenden Absatz, obwohl die Farbe des Belags etwas ungewöhnlich ist.

Canapés mit Tapenade

*
V Kann vorbereitet werden
Arbeitsaufwand:
20 Min.

Für 6 Personen
50 g Sardellenfilets (Dose)
250 g schwarze Oliven
2 Knoblauchzehen
1½ Eßl. Kapern
Je 1 Teel. Thymian und Origano, frisch gehackt
2 Eßl. Olivenöl
Pfeffer aus der Mühle
20 kleine Weißbrotscheiben
50 g Butter

Die Oliven auf einer Aluminiumfolie mit einem großen Messer zerquetschen. Die Steine herausnehmen. Die entsteinten Oliven mit kleingeschnittenen Knoblauchzehen, abgetropften Kapern, Sardellen und Kräutern im Mixer fein pürieren. Das Öl nach und nach zufügen. Es soll eine streichfähige Paste entstehen. Mit Pfeffer abschmecken.
Die Brotscheiben dünn mit Butter bestreichen und die «Tapenade» daraufgeben.

Wichtig Die Tapenade kann mehrere Tage im voraus zubereitet werden. In ein Konservenglas geben, mit Olivenöl bedecken und das Glas gut schließen.

Tip Diese Olivenpaste ist in sehr guter Qualität auch in Gläsern zu kaufen. Als kleiner Notvorrat sehr praktisch!

Eine nicht alltägliche Beigabe zu
einem Aperitif oder einem Cocktail —
kleine Tomaten mit pikanter Füllung.

Tomaten
mit Sardellenfüllung

V Kann vorbereitet
werden
Arbeitsaufwand:
20 Min.

Die geschälten Knoblauchzehen halbieren.
Zusammen mit den Sardellenfilets und den
Eigelben im Mixer pürieren.
Das Öl langsam zufügen, damit eine Art
Mayonnaise entsteht. Die abgetropften Ka-
pern beifügen, nur noch kurz mixen. Mit
Pfeffer abschmecken.
Die Cherry-Tomaten quer halbieren, etwas
aushöhlen und mit der Mischung füllen.

Wichtig Die Füllung sollte nicht zu dünn
sein, damit sie nicht aus den Tomaten her-
ausläuft. Wenn nötig, beim Mixen etwas
mehr Olivenöl beigeben. Die Tomaten lassen sich am besten mit dem Spritzsack füllen.

Für 6—8 Personen
8 Sardellenfilets
(Dose)
3 geschälte
Knoblauchzehen
2 Eigelb
2—3 Eßl. Olivenöl,
kalt gepreßt
2 Eßl. Kapern
Pfeffer aus der
Mühle
20 Cherry-Tomaten
(Miniaturtomaten)

Tips
– Jede Cherry-Tomate mit einem Zahnsto-
  cher versehen, damit man sie gut zum
  Mund führen kann.
– Die Füllung kann auch mit Mayonnaise,
  der man gehackte Sardellen, Knoblauch
  und Kapern beifügt, zubereitet werden.

Variation Die kleinen Tomaten als Garnitur zu einem Fisch-Horsd'œuvre servieren.

Sardinen, Makrelen, Sardellen & Co. —
nicht nur für Konserven!

Sardinen, Makrelen und Sardellen kennen
wir meistens nur aus der Dose, wo sie
aneinandergereiht in Öl oder Salzlake
liegen. Dank der vielen Gastarbeiter aus
dem Süden, die diese Fische schon immer
zu schätzen wußten, werden sie nun auch
bei uns frisch oder tiefgekühlt angeboten.

25

Das bedeutet eine Bereicherung unseres Speisezettels und gleichzeitig eine Entlastung des Budgets. Mit diesen Fischen kann man nämlich eine große Zahl schmackhafter Gerichte zubereiten, vom Aperohäppchen über interessante Vorspeisen bis zu gehaltvollen Hauptgerichten. Einige Rezepte führe ich hier auf.

Diese marinierten Sardellen sind sehr beliebt und passen gut zu einem Glas kühlem Sherry.

Boquerónes al vinagre

*

V Kann vorbereitet werden
Arbeitsaufwand:
30 Min.

⊲◯◄

Makrelen, kleine
Weißfische

Für 8 Personen
400 g sehr frische Sardellen
2 dl Weißweinessig
Salz
Schwarzer Pfeffer aus der Mühle
2 Knoblauchzehen
2 Eßl. Petersilie, fein gehackt
2 Eßl. Olivenöl, kalt gepreßt

Die Sardellen mit einer kleinen Schere längs aufschneiden. Den Kopf mitsamt der Mittelgräte und den Innereien herausziehen. Die Filets unter fließendem Wasser gut abspülen. Auf ein Küchenpapier legen und gut abtropfen lassen. Die Sardellen in ein Gefäß geben, mit Essig begießen und mindestens 12 Std. kühl stellen. Durch die Säure des Essigs werden die Fischchen ganz weiß. Die Sardellen vor dem Servieren gut abtropfen, in kleine Schalen verteilen, mit wenig Salz und viel Pfeffer aus der Mühle bestreuen. Den Knoblauch sehr fein hacken, mit der Petersilie mischen und über die Fischchen streuen. Mit Olivenöl beträufeln. Zusammen mit Zahstochern zum Aufspießen servieren.

Wichtig Diese Fischchen lassen sich auch in etwas größerer Menge zubereiten. In diesem Fall muß man sie aber in ein hohes Glas schichten, mit Essig übergießen (sie sollten davon bedeckt sein) und das Glas gut verschließen. Auf diese Weise kann man sie einige Wochen aufbewahren. Zum Bestreuen eignet sich die flachblättrige Petersilie besser als die krause Sorte.
Man kann dem Essig auch ein kleines Stück rote scharfe Pfefferschote oder Kräuter zufügen.

Tip Dazu paßt ein trockener Sherry oder ein Manzanilla sehr gut.

Originelle Häppchen, die für viele neu sind — Sardellen mit Mandeln, Kräutern und Olivenöl.

Canapés mit Sardellen und Mandeln

Die Sardellen gut abtropfen lassen. Mit den geschälten Mandeln, dem Fenchel und der Pfefferminze in einem Mörser zerstoßen. Nach und nach Olivenöl zugeben. Weißwein zufügen, bis eine streichfähige Paste entsteht. Mit Pfeffer leicht würzen. Die Brotscheiben toasten, zuerst mit Butter, dann mit der Sardellenmasse bestreichen.

Wichtig Eigentlich sollten in Salz eingelegte Sardellen verwendet werden, die bei uns aber nur schwer erhältlich sind. Gesalzene Sardellen muß man zuerst wässern und, wenn nötig, entgräten. Sardellen aus der Dose sind in Öl eingelegt und sehr scharf. Deshalb die Masse nur noch vorsichtig mit Pfeffer nachwürzen! Man kann auch alle Zutaten im Mixer pürieren.

Tip Diese Brotscheiben lassen sich auch zu einem Salat oder zu einer Fischsuppe als Beilage servieren.

Variation Fenchel und Pfefferminze durch frisches Basilikum ersetzen.

*
V Kann vorbereitet werden
Arbeitsaufwand: 40 Min.

Für 6 Personen
50 g Sardellenfilets (Dose)
100 g geschälte Mandeln
½ Teel. gehacktes Fenchelkraut oder
1 Prise Fenchelsamen
½ Teel. gehackte Pfefferminze
1 Eßl. Olivenöl, kalt gepreßt
1—2 Eßl. Weißwein
Pfeffer aus der Mühle
20 kleine Weißbrotscheiben
50 g Butter

Ausgebackene Miesmuscheln — eine Kleinigkeit zu einem Glas trockenem Weißwein oder Sherry.

Fritierte Moules

Die geputzten Miesmuscheln (s. S. 357) über dem Dampf oder in einem gut verschließbaren Topf erhitzen, bis sich die Schalen öffnen. Das Fleisch aus den Schalen lösen und in eine Schüssel legen. Zitro-

*
V Kann teilweise vorbereitet werden
Arbeitsaufwand: 20 Min.
Fritierzeit: 1 Min. pro Portion

27

Sandklaffmuscheln
(Clams), Herz-
muscheln (Coques)

Für 10 Personen
30 Miesmuscheln
(Moules)
Saft von 1 Zitrone
3 Eßl. Olivenöl
Pfeffer aus der
Mühle
1 Portion «Weinteig»
(s. S. 160)

nensaft, Olivenöl und viel Pfeffer mischen und über die Muscheln verteilen.
1 Std. im Kühlschrank ziehen lassen. Inzwischen den Weinteig zubereiten. Unmittelbar vor dem Servieren die Miesmuscheln auf Küchenpapier abtropfen lassen, durch den Teig ziehen und portionenweise 1 Min. bei 180 °C ausbacken. Auf Küchenpapier abtropfen und auf Papierservietten mit kleinen Holzstäbchen servieren.

Wichtig Miesmuscheln müssen sofort nach dem Kochen aus den Schalen genommen und mariniert werden, sonst trocknen sie aus.

Tip Man kann Zitronenviertel oder eine pikante Sauce (z. B. «Romesco» oder «Aïoli», s. S. 323) dazu servieren.

Ein pikanter Belag für kleine Brötchen, der milder ist als bloße Sardellenfilets.

Anchoïada sur croûtons

*
V Kann vorbereitet
werden
Arbeitsaufwand:
10 Min.

Makrelen

Für ca. 12 kleine «Canapés»
12 Sardellenfilets
aus dem Salz
4 Knoblauchzehen
Salz, Pfeffer
1 Eßl. Essig
1 Eßl. Kapern
2 Eßl. Olivenöl, kalt
gepreßt
20 kleine Brot-
scheiben (Baguette
oder anderes Weiß-
brot)

Die Sardellenfilets 1—2 Std. kalt wässern.
Die Knoblauchzehen ungeschält in wenig leicht gesalzenem Wasser 15 Min. kochen und abkühlen lassen, dann das Püree aus den Schalen herausdrücken. Mit Sardellen, Essig und Kapern im Mixer pürieren. Das Öl nach und nach hinzufügen. Wenn nötig, etwas nachwürzen.
Die Brotscheiben toasten und mit dem Sardellenpüree bestreichen.

Wichtig Wenn möglich, sollte man in Salzlake eingelegte Sardellen verwenden. Sie sind aromatischer, müssen aber unbedingt gewässert werden, damit der Brotbelag nicht zu salzig wird.

Variation 2 Eigelb mitmixen, danach mehr Olivenöl beifügen, damit eine Art Mayonnaise entsteht. Kleine Tomaten halbieren, aushöhlen und mit der Mischung füllen.

KALTE VORSPEISEN UND KLEINGERICHTE

Fisch schmeckt auch kalt ausgezeichnet. Ein Vorteil bei kalten Fischvorspeisen ist zweifellos, daß man sie im voraus zubereiten und dadurch seine ganze Aufmerksamkeit dem Hauptgericht zuwenden kann.

Aber auch kalte Fischgerichte verlangen Zeit und Sorgfalt. Der Fisch oder alles, was daraus entsteht, darf nicht verkocht sein, muß einwandfrei aussehen und sollte nie eiskalt serviert werden. Aus diesem Grund stelle ich den Fisch für Salate nur bereit und gare ihn im Dampf oder im Sud erst im letzten Moment. Bis er dann zusammen mit der Sauce auf den Tisch kommt, ist er gerade noch lauwarm, was einfach besser schmeckt.

Das Kapitel enthält außerdem Rezepte für Mousses, Terrinen und ganz pochierte Fische, die mit interessanten kalten Saucen auch auf einem Buffet attraktiv sind, sowie einige Heringsrezepte, die sich für Vorspeisen wie für Zwischengerichte oder kleine Abendessen eignen.

Süßwasser

Eine attraktive Abwechslung für ein kaltes Buffet oder für eine festliche Vorspeise.

Seeforelle im grünen Mantel

Die kochfertige Forelle auf ein Küchentuch legen und mit unbehandelter Gaze einbinden, damit sie sich beim Kochen nicht krümmt.

3—4 l leicht gesalzenes Wasser aufkochen. Die Gewürze, die grobgehackten Zwiebeln, die Karotte, die Knoblauchzehen und die Petersilienzweiglein hineingeben. 5 Min. kochen. Dann den Fisch beifügen, die Hitze klein stellen und den Fisch ca. 30 Min. ziehen lassen.

Im Sud erkalten lassen, danach die Haut vom Kopf bis zur Schwanzflosse sorgfältig abziehen.

Die Avocados halbieren, schälen, entkernen, in Stücke schneiden und sofort mit dem Zitronensaft im Mixer pürieren.

Mit der feingehackten Zwiebel, der Mayonnaise, dem durchgepreßten Knoblauch und der Worcestersauce mischen. Wenn nötig, mit Salz und Pfeffer nachwürzen.

Den auf eine Platte angerichteten Fisch mit der Sauce dick überziehen und mit feinen Zitronen-, Tomaten- und Eischeiben garnieren.

Die restliche Sauce separat servieren.

Wichtig Schön sieht es aus, wenn die Forelle auf dem leicht geöffneten Bauch stehend angerichtet wird.

Tips
— Man kann 100 g Mayonnaise durch Quark ersetzen.
— Als Hauptgericht serviert, reichen die Zutaten für 4 Personen.

**

V Kann vorbereitet werden
Arbeitsaufwand: 30 Min.
Kochzeit: 30 Min.

Lachs, Meerbrasse (Dorade), Wolfsbarsch (Loup de mer)

Für 8 Personen
1 Seeforelle (ca. 1 kg), kochfertig
Salz, Pfeffer
1 Prise Ingwerpulver
1 Lorbeerblatt
1 Prise Thymian
1 Gewürznelke
2 Zwiebeln
1 Karotte
2 Knoblauchzehen
2—3 Zweiglein Petersilie

Sauce
2 Avocados
6 Eßl. Zitronensaft
1 Zwiebel, fein gehackt
200 g Mayonnaise
2 Knoblauchzehen
2—3 Spritzer Worcestersauce

Garnitur
1 Zitrone
1 Tomate
1 Ei, hart gekocht

Eine einfache Abwandlung der kalten Forelle, die früher jeweils ein kaltes Buffet als Prunkstück zierte.

Seeforelle mit Mayonnaise

**
V Kann vorbereitet werden
Arbeitsaufwand:
30—35 Min.
Kochzeit: 20 Min.

◁━▷

Lachs, große Felchen (Balchen, Renken), Wolfsbarsch (Loup de mer)

Für 6—8 Personen
1 kochfertige Seeforelle, wenn möglich mit rosafarbenem Fleisch (ca. 1,6 kg)
2 l «Weinsud» (s. S. 339)
200 g «Mayonnaise» (s. S. 321)
4 Eßl. Doppelrahm oder saurer Halbrahm
Salz, weißer Pfeffer
1 Eßl. gehackter Estragon

Garnitur
Estragonblättchen
Cherry-Tomaten
Zitronenscheiben
Frisch gekochte Krebse oder Garnelen (Krevetten)
Flachblättrige Petersilie

Die Forelle auf dem Einsatzsieb in die Fischkasserolle legen und mit leicht erwärmtem Weinsud begießen. Zudecken und langsam erhitzen. Bei kleinster Hitze 30—35 Min. ziehen lassen. Bis zum Anrichten im erkalteten Sud belassen.

Mayonnaise mit Doppelrahm mischen. Mit Salz, Pfeffer und Estragon abschmecken. Die Forelle aus dem Sud heben, gut abtropfen lassen und mit Küchenpapier abtupfen. Die Haut zwischen Kopf und Schwanz sorgfältig entfernen. Auf eine Platte legen und das Fischfleisch mit Estragonblättchen garnieren. Die Platte mit halbierten Cherry-Tomaten, Zitronenscheiben, Krebsen und mit Petersilie dekorieren. Die Sauce separat dazu servieren.

Wichtig Früher hat man solche Forellen mit Sülze überzogen. Das kann man natürlich auch machen, besonders wenn man die Forelle einige Stunden vorher zubereiten möchte. In diesem Fall sollte, wenn irgend möglich, selbstgemachter «Fischgelee» (s. S. 337) verwendet werden. Besonders attraktiv sieht es aus, wenn der Fisch auf dem Bauch angerichtet wird. Damit er gut steht, füllt man den Fischbauch mit 2—3 rohen, geschälten Kartoffeln, die man auf der Unterseite glatt geschnitten hat.

Tip Man kann die Forelle auch zusätzlich mit Sardellenfilets garnieren, dann muß man aber die Krebse oder die Garnelen weglassen. Da die Sardellen meistens etwas salzig sind und das zarte Aroma der Forelle beeinträchtigen können, werden sie vorher gewässert.

Variationen
- Der Mayonnaise anstatt Estragon etwas Dill beigeben.
- Anstelle der Estragon-Mayonnaise eine «Cocktailsauce» (s. S. 329) oder eine «Kalte Kräutersauce» (s. S. 330) dazu servieren.

Eine Vorspeise, die stets gefällt. Außerdem läßt sich diese Lachspastete gut vorbereiten und gelingt bei sorgfältiger Zubereitung immer.

Terrine de saumon

**
V Kann vorbereitet werden
Arbeitsaufwand: 30 Min.
Kochzeit im Wasserbad: 50 Min.

Den Lachs häuten und entgräten. Das Fischfleisch mit Weißwein begießen und 2—3 Std. marinieren lassen. Danach in Scheiben schneiden.
Das von Haut und Gräten befreite Fleisch des Seeteufels mit den rohen, geschälten Garnelen im Cutter (s. S. 370) pürieren. Verquirlte Eier unter die Füllung arbeiten. Den Rahm steif schlagen und darunterziehen. Mit Salz, Pfeffer und 1 Prise Cayennepfeffer abschmecken.
Eine Kastenform mit Klarsichtfolie auslegen, mit wenig Butter ausstreichen, dann lagenweise Füllung und Lachsscheiben einfüllen. Mit dem Fischpüree abschließen. Die Estragonblätter darauf verteilen. Mit einer Folie zudecken und im Wasserbad (80°C) ca. 50 Min. garen (Ofentemperatur 150°C).
Für die Sauce den Rahm mit dem Estragon mischen und gut abschmecken.

Wichtig Alle Zutaten für die Zubereitung dieser Terrine müssen sehr kalt sein, damit das Eiweiß der Fische nicht ausflockt.

Variation Mit «Cocktailsauce» (s. S. 329) oder mit «Kressesauce» (s. S. 330) servieren.

Für die Füllung
Wittling (Merlan), Flußhecht, Seehecht (Colin)

Für 6—8 Personen
1 kg Lachs
3 dl aromatischer Weißwein

Füllung
500 g Seeteufel (Baudroie)
150 g Garnelen (Krevetten)
4 große Eier
1½ dl Rahm
Salz, Pfeffer
1 Prise Cayennepfeffer

Butter für die Form
3—4 Estragonblätter

Sauce
2 dl Doppelrahm
2 Eßl. Estragon, fein gehackt

Eine Vorspeise, die durch die frische grüne Farbe der Kiwischeiben nicht nur gut präsentiert, sondern auch delikat schmeckt.

Lachssalat mit Kiwi

**
V Kann vorbereitet werden
Arbeitsaufwand: 35 Min.

◁━◁

Seeforelle, Seeteufel (Baudroie), Zander

Für 4 Personen
300 g frische Lachsfilets
Saft von 1 1/2 Zitronen
Salz, Pfeffer
100 g frische Champignons
1 längliche Paprikaschote, klein
1 große Tomate oder 8 Cherry-Tomaten (Miniaturtomaten)
4 kleine neue Zwiebeln oder 1 mittelgroße Zwiebel
2 Kiwis
1 hartgekochtes Ei oder 2 gekochte Wachteleier
Petersilie oder Pfefferminze zum Garnieren

Sauce
4 Eßl. Maiskeim-, Traubenkern- oder Sonnenblumenöl
1 Teel. Sherry- oder Weinessig
1 Teel. scharfer Senf (Dijon)
1/2 durchgepreßte Knoblauchzehe
1 Eßl. Petersilie oder Pfefferminze, gehackt

Die Fischfilets in Würfel schneiden, in eine Schüssel geben und mit dem Saft von 1 Zitrone begießen. Mit wenig Salz und Pfeffer bestreuen. Mit Klarsichtfolie zudecken und im Kühlschrank 1—2 Std. marinieren lassen. Ab und zu umrühren. Die Champignons in Scheiben schneiden, mit dem restlichen Zitronensaft mischen und beiseite stellen. Die Paprikaschote quer in sehr dünne Ringe schneiden und die Kerne entfernen. Die Tomate in Scheiben schneiden (Cherry-Tomaten quer halbieren). Die neuen Zwiebeln der Länge nach vierteln (die gewöhnliche Zwiebel in Ringe schneiden). Die Kiwis schälen und in Scheiben schneiden, ebenso das Ei (die Wachteleier längs halbieren).
Für die Sauce alle Zutaten gut verrühren. Die Marinade der Champignons und nach Bedarf Zitronensaft der marinierten Fischwürfel beifügen. Die Sauce darf nicht zu sauer werden, weil die Fischwürfel bereits mariniert sind! Die Fischwürfel aus der restlichen Marinade nehmen, abtropfen und mit den Champignons mischen. Eine flache Platte mit Tomaten- und Kiwischeiben auskleiden. Den Fischsalat darüber verteilen und mit der Sauce begießen. Mit Paprikaschotenringen, Zwiebelvierteln, Eischeiben und Kräuterzweiglein garnieren.

Wichtig Der Fisch wird durch das Einlegen in Zitronensaft gegart. Wer aber gekochten Fisch vorzieht, kann die Fischstücke in ein Sieb legen, über dem Dampf kurz garen (s. S. 364, 369) und noch lauwarm servieren. In diesem Fall darf man für die Sauce etwas mehr Essig verwenden. Wachteleier nur max. 2 Min. kochen!

Tip Kiwis aus Neuseeland sind am besten!

Variationen
- Kiwis durch Avocadoscheiben ersetzen.
- Verschiedene Fischsorten verwenden. Lachs sollte aber aus dekorativen Gründen immer dabei sein!

Eine Vorspeise, die sich auf einem Buffet sehr schön ausmacht. Die Zubereitung dieses marinierten Lachses lohnt sich allerdings nur, wenn mindestens sechs Personen mitessen. Eine Abwechslung zum bereits allzu bekannten Räucherlachs.

Gravlax

Den Lachs vom Fischhändler schuppen, entgräten und filetieren lassen. Mit einer Pinzette die senkrechten Gräten entfernen. Die Pfefferkörner leicht zerdrücken. Mit Salz, Zucker und Dill mischen. Ein Filet mit der Hautseite nach unten in ein längliches Glas- oder Porzellangefäß legen. Die Mischung darüber verteilen. Nach Belieben mit dem Cognac beträufeln. Das zweite Filet, Hautseite nach oben, darüberlegen. Zuerst mit einem Stück Aluminiumfolie, dann mit einem Holzbrett bedecken und mit mehreren Konservenbüchsen beschweren. Im Kühlschrank 36 Std. marinieren lassen, dabei die beiden Filets, ohne sie voneinander zu lösen, alle 12 Std. wenden.
Für die Sauce Senf, Zucker und Essig gut verrühren. Das Öl unter ständigem Rühren beifügen. Den Dill dazumischen und die Sauce mit Salz und Pfeffer pikant abschmecken. Bis zum Servieren bei Küchentemperatur aufbewahren. Im Kühlschrank wird sie zu fest.
Zum Servieren die marinierten Lachsfilets abtropfen und wie Räucherlachs auf einem Brett auf den Tisch bringen. Das Aufschneiden erfolgt wie beim Räucherlachs (s. S. 377). Die Sauce separat dazu servieren. Toastbrot und Butter passen gut dazu.

**

V Kann vorbereitet werden
Arbeitsaufwand: 20 Min.
Zusätzlich Marinierzeit

Seeforelle

Für 8—10 Personen
1 frischer Lachs
(ca. 2,2—2,5 kg)
1½ Eßl. weiße Pfefferkörner
2½—3 gestrichene Eßl. Salz, grob gemahlen
(evtl. Meersalz)
100 g Zucker
4 Eßl. frische Dillspitzen, fein gehackt
4—5 Eßl. Cognac, nach Belieben

Sauce
4 EßI. Dijon-Senf
2 EßI. Zucker
5 EßI. weißer
Weinessig
⅛ l Traubenkern-,
Distel- oder
Sonnenblumenöl
1 ½ EßI. Dillspitzen,
fein gehackt
Salz, weißer Pfeffer
aus der Mühle

Wichtig Die Lachsseiten müssen mit Marinade gut bedeckt sein. Man muß sie auch ab und zu wenden, damit der Dillgeschmack gut in das Fleisch eindringen kann.

Tip Wer es ausgesprochen leicht haben möchte, verzichtet auf die Sauce und serviert den Fisch nur mit Zitronenvierteln.

Variationen
– Die Sauce kann mit grünem Pfeffer angereichert werden. In diesem Fall den Dill weglassen.
– Anstelle des Dijon-Senfes 2 EßI. mit wenig Wasser angerührten englischen Senf verwenden.

Salzwasser

Eine leichte Vorspeise, die sich sehr gut vor einem festlichen Fleischgericht servieren läßt oder in etwas größeren Portionen als exquisites Abendessen Freude bereitet.

Kleiner Fischsalat

**
V Kann weitgehend vorbereitet werden
Arbeitsaufwand:
15 Min.
Kochzeit: 2–3 Min.

◁▭◁

Fischfilets mit festem Fleisch, z. B. Lachs, Drachenkopf (Rascasse), auch Süßwasserfische wie Felchen (Renken), Zander

Für 4 Personen
300 g Seeteufelfilets (Baudroie)
50 g frische Champignons
Saft von 1 Zitrone

Champignons in Scheiben schneiden und mit der Hälfte des Zitronensaftes mischen. Avocado schälen, entsteinen, in Viertel schneiden und sofort mit dem restlichen Zitronensaft begießen. Grobgeschnittene Zwiebel mit Weißwein und 1 dl Wasser in einen Topf mit Siebaufsatz geben. Zum Kochen bringen. Den Siebaufsatz mit Butter ausstreichen, die Fischfilets darauflegen und das Sieb auf den Topf stellen, sobald sich Dampf bildet. Zudecken und, je nach Größe der Filets, 2–3 Min. im Dampf garen. Die warmen Fischfilets mit Salz und Pfeffer würzen und auf Teller verteilen. Mit Avocadoscheiben, Kresse und rohen Champignonsscheiben garnieren. Aus den erwähnten Zutaten eine Salatsauce rühren. Die

Hälfte der Sauce über die Fischfilets geben, den Rest separat dazu servieren.

Wichtig Die Fischstücke sollten lauwarm gegessen werden. Aus dem Kühlschrank serviert, schmecken sie nur noch halb so gut!

Variationen
- Eventuell einige Kaisergranate (Scampi oder Langoustines) zufügen.
- Avocados weglassen, dafür mit ganz feinen grünen Bohnen garnieren.

Ganz frische, erstklassige Fische können roh serviert werden. Hier ein gutes Rezept, das auch Leuten gefällt, die rohe Fische nicht gewohnt sind.

Steinbutt-Tatar

Den Steinbutt vom Händler entgräten lassen. Den sehr kalten Fisch in Stücke schneiden, dann mit dem Wiegemesser oder einem großen, gutgeschliffenen Messer fein hacken. Man kann das Fleisch auch ganz kurz in einem Cutter (s. S. 370) hacken. Dabei aber aufpassen, daß kein Mus entsteht. Das gehackte Fischfleisch in eine Schüssel geben, mit 4 Eßl. Zitronensaft begießen und 10 Min. kühl stellen. Die Schalotten fein hacken. Den Rettich schälen und fein reiben. Von den Zucchini mit einem Spezialmesser feine Streifen (Juliennes) abziehen, bis die Kerne zum Vorschein kommen.
Von den Tomaten einen Deckel wegschneiden. Das Tomatenfleisch mit den Kernen sorgfältig herausnehmen. Das Innere der Tomaten mit Salz und Pfeffer bestreuen. Das Tomatenfleisch und den Deckel für eine Sauce oder Suppe aufheben. Olivenöl. Senf und Quark gut verrühren. Fischfleisch, Petersilie, Schalotten, Rettich und 1 Eßl. Zitronensaft mischen. Mit der Sauce zusammenarbeiten und mit Salz, Cayennepfeffer und Dill abschmecken. Die ausgehöhlten Tomaten damit füllen.

1 Avocado
1 Zwiebel oder
1 Lauchstange, grob geschnitten
1 dl Weißwein
1 Teel. Butter
Salz, Pfeffer
50 g Kresse

Sauce
1 dl Olivenöl, kalt gepreßt, oder Walnußöl
2 Eßl. Weinessig oder Sherry-Essig
1 Teel. Senf (Dijon mit Weißwein)
½ durchgepreßte Knoblauchzehe
Salz, viel Pfeffer aus der Mühle

**
V Kann vorbereitet werden
Arbeitsaufwand: 15 Min.

Wolfsbarsch (Loup de mer), Lachs, Forelle

Für 4 Personen
1 kleiner Steinbutt (Turbot), ca. 1 kg
5 Eßl. Zitronensaft
3 Schalotten
1 kleiner Rettich
200 g Zucchini oder Gurken
4 große Tomaten
Salz, weißer Pfeffer aus der Mühle
1 Eßl. Olivenöl
1 Teel. französischer Senf, scharf
1 Eßl. Rahmquark
1 Eßl. gehackte Petersilie
1 Prise Cayennepfeffer
1 Prise Dill

Die Zucchinistreifen auf Teller verteilen, eine Vertiefung anbringen und die gefüllten Tomaten hineinsetzen. Toast und Butter dazu servieren.

Wichtig Dieses Gericht kann nur mit sehr frischem Fisch zubereitet werden.

Nicht nur in Japan, auch in Mexiko liebt man rohe Fische, die nur durch die Säure eines Zitrussaftes kalt gegart werden.

Ceviche

**

V Kann vorbereitet werden
Arbeitsaufwand: 15 Min.
Marinierzeit: 6 Std.

Wolfsbarsch (Loup de mer), Seezunge (Sole), Seeteufel (Baudroie), Forelle

Für 4—6 Personen
4 Steinbuttfilets (Turbot), ca. 400 g
1 kleine rote Pfefferschote, scharf
1 große Zwiebel
2 kleine Knoblauchzehen
Salz, Pfeffer
Saft von 8 Limonen
2 Eßl. gehackte Petersilie

Die Pfefferschote halbieren, entkernen und hacken. Die Fischfilets in ca. 1 ½ cm große Würfel schneiden. In eine flache Schüssel legen. Zwiebel und Knoblauch sehr fein hacken. Über die Fischfilets verteilen. Mit Salz, Pfeffer und Pfefferschote bestreuen und den ausgepreßten Limonensaft darübergeben. Mit einer Klarsichtfolie abdecken und im Kühlschrank 6 Std. marinieren. 30 Min. vor dem Servieren aus der Kälte nehmen. Mit Petersilie bestreuen.

Wichtig Bei dieser Zubereitungsart ist die Frische des Fisches ausschlaggebend.

Tip Man kann diese Vorspeise mit kleinen, halbierten Cherry-Tomaten (Miniaturtomaten), Maiskörnern (Sweet corn), feingeschnittenen Zwiebeln (am besten milde, violette Sorte) oder Eischeiben und Salatblättern garnieren.

Variationen
– 1 Limone durch 1 Orange (am besten Blutorange) ersetzen und 2—3 Spritzer Angostura Bitters (Bitterorangenextrakt) zufügen.
– Den «Ceviche» mit geschälten, ausgepreßten, kleingewürfelten rohen Tomaten und Artischockenwürfelchen garnieren.

Ein etwas ungewöhnliches Rezept mit Rochen, einem Fisch, der bei uns weniger bekannt ist, und Kapern. Ist Rochen nicht erhältlich, kann der Salat auch mit anderen Fischsorten zubereitet werden.

Salade de raie aux câpres

Den Weinsud nach Grundrezept zubereiten und erkalten lassen. Die Rochenflügel in den kalten Sud legen und langsam aufkochen. Die Hitze auf die kleinste Stufe stellen. 3 Min. ziehen lassen. Danach von der Herdplatte wegziehen und bis zum Anrichten stehen lassen. Den Fisch, sobald er nur noch lauwarm ist, gut abtropfen lassen, häuten und das Fleisch von den Gräten abstreifen. Auf Teller verteilen. Sherry-Essig mit wenig Salz verrühren. Über den Fisch verteilen. Mit Öl beträufeln. Die Kapern gut abtropfen lassen und mit den Walnüssen über die Rochenflügel geben. Mit Pfeffer bestreuen.

Wichtig Bei uns sind Rochenflügel meistens nur vakuumverpackt erhältlich. Ein leichter Ammoniakgeschmack soll bei diesem Fisch nicht verwirren. Er verschwindet nach kurzer Zeit wieder, wenn der Rochen frisch ist.

Tip Man kann den Fisch im Sud wieder aufwärmen, bis er lauwarm ist. In diesem Zustand schmeckt er am besten.

Variationen
- Anstelle von Kapern große Pfefferkörner (Schinusfrüchte) zufügen.
- Essig und Öl durch sauren Halbrahm ersetzen.
- Bei Verwendung von Fischbacken diese vor dem Garen im Sud quer halbieren, dann mit dem Schaumlöffel herausnehmen und abtropfen lassen. Ebenfalls lauwarm servieren.

*
V Kann vorbereitet werden
Arbeitsaufwand: 15 Min.
Kochzeit: 35—40 Min. (mit Sud)

Kabeljaubacken, Heilbutt- oder Glattbuttfilets

Für 4 Personen
4 Rochenflügel (Raie)
1½ l «Weinsud» (s. S. 339)
1 Eßl. Sherry-Essig oder Zitronensaft
Salz, Pfeffer
2 Eßl. Walnuß- oder Olivenöl
2 Eßl. Kapern
1 Eßl. gehackte Walnüsse

Mein liebster Meeresfrüchtesalat:
einfach, aromatisch und knackig
frisch.

Meeresfrüchtesalat

**
V Kann vorbereitet
werden
Arbeitsaufwand:
15 Min.
Kochzeit: 12 Min.

Miesmuscheln
(Moules),
Pilgermuscheln
(Coquilles St-Jac-
ques), Langusten-
schwänze

Für 4 Personen
250 g Tintenfische
(Pulpitos)
500 g Miesmuscheln
(Moules)
200 g Kaisergranate
(Scampi)
1 kleine Zwiebel
1 Lorbeerblatt
1 Nelke
1 Zweiglein Fenchel-
kraut, nach Belieben
5 Pfefferkörner
1 ½ dl Weißwein
1 Teel. Öl

Sauce
Saft von 2 Zitronen
2 Teel. italienischer
Rotweinessig
Salz
4 Eßl. Olivenöl, kalt
gepreßt
2 Eßl. gehackte
Petersilie (glatt-
blättrige Sorte)
2 Knoblauchzehen,
sehr fein gehackt

Die frischen Tintenfische putzen (s. S. 356)
und in kleine Stücke schneiden. Die Muscheln mehrmals gut wässern und, wenn
nötig, abbürsten. Die Kaisergranate roh
schälen.
Die Zwiebel grob schneiden und mit den
Tintenfischen, dem Lorbeerblatt, der Nelke,
dem Fenchelkraut, den Pfefferkörnern, dem
Weißwein und 1 ½ dl Wasser im Schnell-
kochtopf 10 Min. unter Druck kochen.
Den Deckel öffnen. Einen Siebaufsatz mit
wenig Öl ausstreichen. Die geschälten Kaisergranate und die Muscheln hineinlegen.
Wieder aufkochen, einen Deckel aufsetzen
und die Meeresfrüchte 2—3 Min. im Dampf
garen. Die Muscheln sollen sich öffnen, und
die Kaisergranate müssen milchig weiß werden. Danach die Kaisergranate in 1 ½ cm
große Stücke schneiden. Muschelschalen
entfernen.
Zitronensaft und Essig mit etwas Salz verrühren. Olivenöl und die Hälfte der Petersilie
dazugeben. Die Sauce mit den noch lauwarmen Meeresfrüchten gut mischen. Mit der
restlichen Petersilie und dem Knoblauch bestreuen.

Wichtig Man kann den Knoblauch auch
durchpressen und zur Sauce geben. Der Salat läßt sich im voraus zubereiten, muß aber
mindestens 30 Min. vor dem Servieren aus
dem Kühlschrank genommen werden. Am
besten schmeckt er, wenn die Meeresfrüchte noch lauwarm sind.

Tips
— Für dieses Gericht lassen sich auch tiefgekühlte Tintenfische und Kaisergranate
   verwenden.
— Als Garnitur kann man 1 Pulpito und
   1 Scampo ganz belassen.

Salat aus verschiedenen Fischen und
Muscheln, aus Kaisergranaten
und kleinen Tintenfischen

Variationen
- Fischstücke (ebenfalls im Dampf gegart), z. B. Seeteufel (Baudroie) oder Meerbarbe (Rouget), unter den Salat ziehen.
- Petersilie durch frisch gehackten Kerbel ersetzen.
- Anstelle der Miesmuscheln Sandklaffmuscheln (Vongole) verwenden.
- Haselnußöl gibt diesem Salat eine besondere Note.

Le plateau de fruits de mer

Unvergeßlich sind nach einem Aufenthalt am Meer (oder in Paris) die großen Horsd'œuvres aus Meeresfrüchten. Wenn Sie einen guten Lieferanten haben, dem Sie vertrauen können, können Sie auch zu Hause Ihre Freunde damit überraschen. Wichtig ist, daß Sie Ihr Vorhaben mit dem Delikateßhändler besprechen. Natürlich müssen Sie dann Ihre Freunde auf den entsprechenden Tag hin einladen, damit alles ganz frisch auf den Tisch kommt.

So kann eine Zusammenstellung von Meeresfrüchten aussehen: Pro Person 2—3 tiefe Austern («creuses»), 2—3 flache Austern («plates»), 12—14 verschiedene Muscheln (z. B. eine Mischung aus Clams, Palourdes, Praires), 6 Strandschnecken (Bigorneaux), 2—3 Miesmuscheln (Moules), 1 Seeigel, 1—2 Garnelen (Krevetten) oder Kaisergranate (Langoustines) und, wenn als Hauptgericht serviert, ½ Languste oder Hummer (300—400 g).

Als Beilagen eignen sich sehr fein geschnittenes Roggenbrot, Butter, Zitronenviertel und nach Belieben Mayonnaise. Vergessen Sie auch nicht, Schneckengabeln für die Strandschnecken und evtl. Hummerbesteck aufzulegen sowie Pfeffermühle und Fingerbowlen auf den Tisch zu stellen!

Die Muscheln werden roh serviert, ausgenommen die Miesmuscheln. Südländer beträufeln die rohen Muscheln aus Vorsicht mit Zitronensaft. Krustentiere werden nur knapp weich gekocht und schmecken lauwarm am besten.

Diese farbenfrohe Vorspeise kann man auch, zusammen mit Brot und Butter, als sommerliches Abendessen servieren.

Basilikumtomaten mit Fischsalat

Von den Tomaten einen Deckel wegschneiden. Die Tomaten sorgfältig aushöhlen, dabei ca. 1 cm Fruchtfleisch stehen lassen (das Tomatenfleisch kann für eine Suppe oder eine Tomatensauce verwendet werden). Die Tomaten inwendig salzen. Den Fisch in kleine Würfel schneiden, in eine Schüssel geben und mit Salz, Pfeffer und Zitronensaft mischen. Den sauren Halbrahm mit dem Schneebesen schlagen, bis er geschmeidig ist, dann mit Sherry und Senf verrühren. 4 Basilikumblätter auf die Seite legen. Die restlichen in feine Streifen schneiden.
Den Siebaufsatz eines Topfes mit Butter ausstreichen. Die Fischstückchen drauflegen. Den Aufsatz auf den mit wenig heißem Wasser gefüllten Topf stellen, zudecken und die Fischstücke 1—2 Min. im Dampf garen. Die Basilikumstreifen unter die Rahmsauce mischen. Die noch lauwarmen Fischstücke darunterziehen. Nach Bedarf mit Salz und Cayennepfeffer nachwürzen.
Den Fischsalat in die ausgehöhlten Tomaten einfüllen. Die Deckel daraufsetzen und mit je einem Basilikumblatt garnieren.

Wichtig Man kann den Fischsalat auch mit einer leichten Kräutervinaigrette anrühren und in die Tomaten füllen.

Variationen
- Basilikum durch Estragon ersetzen.
- Sehr kleine Paprikaschotenwürfelchen unter den Salat mischen.
- Die Hälfte des Rahms durch Mayonnaise ersetzen.

*
V Kann vorbereitet werden
Arbeitsaufwand: 25 Min.
Kochzeit: 1—2 Min.

◁━◁

Kabeljau, Seehecht (Colin), Süßwasserfische wie Zander, Felchen (Renken).

Für 4 Personen
250 g Seeteufel (Baudroie)
4 große Tomaten, reif
Salz, Pfeffer
1 Eßl. Zitronensaft
1 Becher saurer Halbrahm
1 Eßl. trockener Sherry (Jerez)
1 Teel. Senf
1 Sträußchen Basilikum
1 Teel. Butter
1 Prise Cayennepfeffer

Nicht nur Forellen haben Bäckchen

Wer aufmerksam die Fischangebote der Delikateßgeschäfte verfolgt, hat sicher schon gemerkt, daß man die ausgezeichneten Bäckchen von Kabeljaus sehr preisgünstig kaufen kann. Eine herrliche Spezialität für alle, die Gräten fürchten und dennoch Fisch essen möchten! Diese runden, ca. 4–5 cm großen Bäckchen sind fein und fest im Fleisch, lassen sich braten oder in einer delikaten Sauce servieren. Neuerdings sind auch Bäckchen von anderen Fischen erhältlich, z. B. von Seeteufel (Baudroie). Sie sind allerdings etwas schwerer zu beschaffen und sind dementsprechend auch teurer, aber es lohnt sich, sie bei Gelegenheit auszuprobieren.

Klein, aber fein ist dieser delikate Salat, dessen Mittelpunkt lauwarme Kaisergranate sind.

Scampi in Schnittlauch-vinaigrette

**

V Kann weitgehend vorbereitet werden
Arbeitsaufwand: 25 Min.
Kochzeit: 1–2 Min.

Große Garnelen (Riesenkrevetten)

Für 4 Personen
8 große Kaisergranatschwänze (Scampi)
1 kleiner Frisée-Salat
2 Lattughini (italienischer Blattsalat)

Die rohen Kaisergranate sorgfältig schälen. Den Darm (brauner Faden) herausziehen. Die Salate putzen, waschen und sehr gut abtropfen.
Die Salate auf große Teller schön anordnen. Einen Siebaufsatz mit ½ Teel. Olivenöl auspinseln. Die Kaisergranate darauflegen. Über dem Dampf 1–2 Min. garen.
Essig mit wenig Salz gut verrühren. Das restliche Öl zugeben. Mit Pfeffer nachwürzen. Schnittlauch dazumischen. Die Kaisergranate noch lauwarm zu den Salaten anrichten. Mit feinen Tomatenstreifen garnieren. Die Sauce über den Salat verteilen und sofort servieren.

Wichtig Die Kaisergranate dürfen nicht verkochen. Das Garen im Dampf verhindert das; sie behalten ihre rosa Farbe und bleiben fest. Auf diese Art können sie im allerletzten Moment gekocht und wirklich lauwarm serviert werden.

Tip Zur Abwechslung kann man auch Estragonessig nehmen und bei der Sauce den Schnittlauch durch 1 Teel. frisch gehackten Estragon ersetzen.

Variation Die Kaisergranate auf Alufolie grillieren und den Schnittlauch durch eine halbe durchgepreßte Knoblauchzehe ersetzen.

4 schöne Feldsalatbüschel
4 EßI. Olivenöl, kalt gepreßt
1 ½ EßI. Sherry-Essig
Salz, weißer Pfeffer
1 EßI. Schnittlauch, fein geschnitten
1 geschälte Tomate

Ein Salat, der auch mit größeren Tintenfischen zubereitet werden kann und nicht viel Arbeit macht.

Einfacher Tintenfischsalat

Die Tintenfische putzen (s. S. 356). 1 l Wasser mit etwas Salz, den Pfefferkörnern, den Fenchelsamen, dem Lorbeerblatt, der grobgeschnittenen Zwiebel und den halbierten Knoblauchzehen aufkochen. Die Tintenfische ganz hineingeben und 1 Std. kochen (im Dampfkochtopf nur 20 Min.). Im Sud erkalten lassen.
Salz mit Essig und Senf verrühren. Öl und die Hälfte des Estragons zugeben. Die Zwiebeln in feine Streifen und die Tintenfische in kleine Stücke schneiden. Mit den Zwiebeln, dem durchgepreßten Knoblauch und der Sauce mischen. 1 Std. ziehen lassen. Mit dem restlichen Estragon bestreuen.

Wichtig Für diesen Salat kann man auch tiefgekühlte Tintenfische verwenden. Die Hauptsache ist, daß sie weich gekocht werden.

Tip Der Salat läßt sich mit Tomaten, hartgekochten Eiern, feingeschnittenen Paprika-

*
V Kann vorbereitet werden
Arbeitsaufwand: 25 Min.
Kochzeit: 1 Std.

Kalmar, Sepia

Für 4 Personen
1—2 große Tintenfische (Kraken)
Salz
5 Pfefferkörner
1 Teel. Fenchelsamen
1 Lorbeerblatt
1 große Zwiebel
2—3 Knoblauchzehen

Sauce
Salz
1 EßI. Weinessig
1 Teel. scharfer Senf (Dijon)

4 Eßl. Olivenöl
2 Eßl. gehackter
Estragon
1 Zwiebel
2 Knoblauchzehen

schoten, Gewürzgurkenscheiben oder Cornichons garnieren.

Variationen

- Muscheln und gekochte Fischwürfelchen darunterziehen.
- Den Salat mit 2−3 Eßl. «Aïoli» (s. S. 323) mischen und in ausgehöhlte Tomaten einfüllen.

Eine kleine, pikante Vorspeise — Miesmuscheln in einer Kräutervinaigrette —, nach Lust und Laune angereichert mit Lauch oder Zwiebeln.

Moules in Vinaigrette

*
V Kann vorbereitet
werden
Arbeitsaufwand:
25 Min.
Kochzeit: 3−4 Min.

Tintenfische

Für 4 Personen
1 kg Miesmuscheln
(Moules)
200 g Frühlingszwiebeln oder zarter
Lauch

Sauce
½ Eßl. Weinessig
½ Eßl. Zitronensaft
Salz, Pfeffer aus der
Mühle
½ Teel. scharfer
Senf (Dijon)
2 Eßl. Olivenöl
1 Eßl. gehackter
Estragon
2 Knoblauchzehen

Zwiebeln in sehr feine Ringe schneiden. Die Muscheln putzen (s. S. 357) und im Dampf oder in einem Topf ohne Wasserzugabe erhitzen, bis sich die Schalen öffnen. Für die Sauce Essig, Zitronensaft mit etwas Salz und viel Pfeffer aus der Mühle gut mischen. Senf, Öl, die Hälfte des Estragons und den durchgepreßten Knoblauch dazurühren. Die Muscheln mit dem in den Schalen noch enthaltenen Wasser und die Zwiebelringe zugeben und gut mischen. Mit dem restlichen Estragon bestreuen.

Wichtig Die Miesmuscheln erst im letzten Moment kochen, damit sie nicht austrocknen! Ist dies nicht möglich, kocht man sie mit Vorteil in einem Sud und läßt sie darin erkalten.

Tip Dieser Salat schmeckt lauwarm am besten.

Variationen

- Estragon durch Basilikum oder gemischte Kräuter ersetzen. Im Frühjahr schmeckt Bärlauch ganz hervorragend. In diesem Fall Zwiebeln, Lauch und Kräuter weglassen.
- Miesmuscheln in etwas Weißwein aufkochen. Den Sud (ca. ½ dl) mit wenig

«Aïoli» (s. S. 323) mischen, dann die Muscheln zugeben. Bei dieser Zubereitung den Knoblauch, den Essig und das Öl weglassen.

Ein preisgünstiger Fischsalat mit typisch italienischer Note! Er kann bereits einige Stunden vor dem Essen zubereitet werden.

Neapolitanischer Tintenfischsalat

Die geputzten Tintenfische in Ringe schneiden und mit 3 dl Wasser, der grobgeschnittenen Zwiebel, den Pfefferkörnern und dem Lorbeerblatt 15—20 Min. kochen. Im Sud erkalten lassen. Inzwischen die gut gereinigten Muscheln mit Weißwein und der geschnittenen Zwiebel aufkochen, bis sich die Schalen öffnen. Ein wenig erkalten lassen, dann das Fleisch aus den Schalen lösen.
Mit 3 Eßl. Muschelsud, Olivenöl, Zitronensaft, Pfeffer, Salz und Origano eine pikante Sauce zubereiten. Die abgetropften Tintenfischringe, die Miesmuscheln und die Salatstreifen mischen und das Ganze mit Tomatenvierteln garnieren.

Wichtig Die Tintenfischringe müssen unbedingt weich gekocht sein. Am schnellsten geht es im Dampfkochtopf (ein Drittel der Kochzeit).

Variationen
- Mit Fischwürfelchen mischen, z. B. mit Seeteufel oder anderen Meeresfischen mit festem Fleisch.
- «Salicornes» (Meerbohnen, s. S. 50) kurz blanchieren, kleinschneiden und unter den Salat ziehen.
- Kopfsalat durch sehr feine, geschälte Paprikaschotenstreifen ersetzen.

*
V Kann vorbereitet werden
Arbeitsaufwand:
25 Min.
Kochzeit: 10 Min.

Verschiedene Fische und Meeresfrüchte wie Seeteufel, Kaisergranate (Scampi) oder Seeohren (Abalones)

Für 4 Personen
350 g tiefgekühlte Tintenfische, kochfertig
1 Zwiebel
5 Pfefferkörner
1 Lorbeerblatt
500 g Miesmuscheln (Moules)
2 dl Weißwein
1 Zwiebel
5 Eßl. Olivenöl
Saft von 1 Zitrone
Salz, schwarzer Pfeffer aus der Mühle
½ Teel. Origano
1 Kopf- oder Endiviensalat, in Streifen geschnitten
3 Tomaten

Eine beliebte Vorspeise, die sich vom üblichen Krevettencocktail abhebt. Die pikant gewürzte Sauce enthält etwas Ingwer, ein Gewürz, das zu Garnelen sehr gut paßt.

Krevettencocktail à ma façon

**

V Kann vorbereitet werden
Arbeitsaufwand:
15 Min.

Kaisergranate (Scampi), Krebsfleisch (Crab meat), Seeteufel (Baudroie)

Für 4 Personen
250 g Garnelen (Krevetten), gekocht und geschält
100 g Portulak oder junge, zarte Spinatblätter

Sauce
1 Joghurt «nature»
2 Eßl. Ketchup
2 Teel. Ingwerwurzel, fein gerieben
2 Eßl. Cognac oder Armagnac
2 Eßl. steifgeschlagener Rahm
Salz
1 Prise Cayennepfeffer

Für die Sauce Joghurt, Ketchup, Ingwerwurzel und Cognac gut mischen. Den steifgeschlagenen Rahm darunterziehen und mit Salz und Cayennepfeffer pikant würzen. Mit den Garnelen mischen. 4 Garnelen für die Garnitur zurückbehalten.
Hohe Kelchgläser mit gewaschenem und gut abgetropftem Portulak auslegen. Den Cocktail unmittelbar vor dem Servieren einfüllen. Mit je einer Garnele und einem Salatblatt garnieren.

Wichtig Dieser Cocktail sollte nicht eiskalt serviert werden. Man kann ihn zwar 2 Std. im voraus zubereiten und im Kühlschrank aufbewahren, aber man muß ihn 30 Min. vor dem Essen herausnehmen.

Variationen
– Ingwer durch feingeschnittene Trüffelstreifen oder 1 Teel. grünen Pfeffer ersetzen.
– Feste Süßwasserfische verwenden wie Felchen (Renken), Forellen, Saiblinge usw., den Cognac durch 1 Eßl. Kirsch, den Ingwer durch frisch geriebenen Meerrettich ersetzen.
– Anstelle von Ketchup 1 Eßl. Currypulver (Madras) zufügen.

Wer schon in Belgien war, hat sicher einmal die Nationalvorspeise, Tomaten mit Nordseekrabben, gegessen — ein einfaches Gericht, das aber immer gut ankommt, wenn alle Zutaten von bester Qualität sind.

Tomates aux crevettes

Von den Tomaten einen Deckel wegschneiden, die Früchte aushöhlen, dabei ca. $\frac{1}{2}$ cm Tomatenfleisch stehen lassen. Das restliche Tomatenfleisch für eine Sauce verwenden. Das Innere der Tomaten mit wenig Salz bestreuen. Die Tomaten mit der Öffnung nach unten auf ein Sieb stellen.
Inzwischen die Mayonnaise mit Rahm, Senf und Zitronensaft gut verrühren. Wenn nötig, noch ein wenig Salz und Pfeffer zufügen. Die Krabben unter die Mayonnaise mischen. Die Tomaten füllen und den Deckel wieder aufsetzen.

Wichtig In Belgien verwendet man für dieses Gericht immer die Nordseekrabben (Crevettes grises), die es an den Küsten dieses Landes gibt. Man kann sie dort bereits gekocht und geschält kaufen. Bei uns gibt es sie bestenfalls roh in der Schale. Sie werden, wie die größeren Garnelen (Krevetten), nur 3 Min. gekocht, kalt abgespült und geschält, was ziemlich viel Zeit braucht. 100 g Crevettes grises in der Schale ergeben ungefähr 50 g geschälte!

Tip Die Tomaten sollten höchstens $\frac{1}{2}$ Std. vor dem Servieren gefüllt werden. Bei Verwendung von Sägegarnelen diese je nach Größe kleinschneiden.

Variationen
- Mayonnaise mit etwas Rahmquark verrühren.
- Der Mayonnaise 1 Eßl. feingehackte Zwiebeln oder 1 durchgepreßte Knoblauchzehe beifügen.

*
V Kann vorbereitet werden
Arbeitsaufwand: 20 Min.

Sägegarnelen (Crevettes roses/ Gámbas), Krebsfleisch (Crab meat)

Für 4 Personen
4 schöne Tomaten, reif und fest
Salz, weißer Pfeffer
100 g hausgemachte «Mayonnaise» (s. S. 321)
1 Eßl. Doppelrahm oder saurer Halbrahm
$\frac{1}{2}$ Teel. scharfer Senf (Dijon)
1 Eßl. Zitronensaft
150 g Nordseekrabben (Crevettes grises), gekocht und geschält

An einem schönen Sommerabend bringt dieses Gericht aus der Karibik Farbakzente in Ihre Küche.

Seeteufel «Maria Galante»

**
V Kann vorbereitet werden
Arbeitsaufwand: 25 Min.
Kochzeit: 20 Min.

Seehecht (Colin), Lengfisch, Kabeljau

Für 4 Personen
800 g Seeteufel (Baudroie), am Stück
1 Zitrone
3 Tomaten
4 Pimientos morrones (in Salzlake eingelegte Paprikaschoten)
½ Teel. Majoran
4 Eßl. Olivenöl
1 Eßl. weißer Weinessig
Salz, Cayennepfeffer
1 Avocado
1 Eßl. Zitronensaft
1 Zwiebel

Den Seeteufel entgräten und häuten. In gesalzenem Wasser 20 Min. ziehen, dann im Sud erkalten lassen.

Vorsichtig herausheben, abtropfen lassen und in kleine Würfel schneiden.

In eine Schüssel geben, mit dem Saft einer ganzen Zitrone beträufeln und etwas ruhen lassen.

Die Tomaten einige Sekunden in kochendes Wasser tauchen, schälen und in Würfel schneiden. Die Paprikaschoten würfeln.

Fisch, Tomaten, Paprikaschoten, Majoran, Öl, Essig, Salz und Cayennepfeffer gut mischen.

Die Avocado schälen, halbieren, entkernen, in Viertel schneiden und sofort mit dem Zitronensaft beträufeln.

Den Fischsalat mit Avocadovierteln und Zwiebelringen garnieren.

Wichtig Die Kochzeit knapp halten, der Fisch gart beim Erkalten nach.

Tip Man kann die Avocado durch Kiwi oder Mango ersetzen.

Sind Algen eßbar?

In den letzten Jahren wurde es Mode, Fische über dem Dampf von Algen zu kochen. Dieser etwas ausgefallene Kochvorgang soll den Meeresgeschmack verstärken. Bei uns erhältlich und bekannt sind in erster Linie die **Meerbohnen** *(Salicornes), eine kleine, fleischige und mit salzigem Saft gefüllte Pflanze, die bis hinauf nach Norwegen wächst. Man findet sie aber auch in der Camargue. Geerntet wird diese Alge etwa Mitte Juli. Die Blattspitzen haben eine gewisse Ähnlichkeit mit grünen Bohnen,* daher auch ihre deutsche Bezeichnung. Sie werden wie Bohnen gekocht und als Salat serviert oder in Butter gedünstet und passen in dieser Zubereitung als Beilage zu Fischgerichten.

Zeitweise ist eine andere, ebenfalls sehr fleischige Alge unter verschiedenen Namen im Handel. Ihr offizieller Name ist **Crithmum.** Man nennt sie aber auch «Criste-marine», «Perce-pierre», «Pousse-pierre», «Cassepierre» oder «Bacil». Dank ihres starken Jodgehaltes würzt sie in ihrem Dampf gegarte Fische, in Frankreich auch Suppen und Salate. Diese Alge wird auch in Essig eingemacht und zu kaltem Fleisch oder Fisch gereicht.

Eine ähnliche Alge ist die **Laitue de mer.** Sie wird wie die oben erwähnten verwendet.

Will man Algen als Beilage zubereiten, muß man sie zuerst sehr gut unter fließendem Wasser waschen, dann langsam bei sehr kleiner Hitze in Butter dünsten.

In Frankreich kocht man die Algen zuerst in Wasser knapp gar und taucht sie anschließend in Eiswasser. Das erhält die grüne Farbe.

Chinesen, Japaner und Hawaianer verwenden in ihrer Küche sehr oft Algen. Teilweise sind diese Algen auch bei uns getrocknet erhältlich:

Kombu Eine Alge mit braunen, fast schwarzen Blättern, die sehr lange haltbar ist und Suppen, Saucen, Gemüse und Reis einen interessanten Geschmack gibt.

Nori Eine Alge mit grünschwarzen Blättern. Sie ist bis zu sechs Monate nach dem Öffnen des Paketes haltbar und vor allem geeignet zum Einwickeln von Fischstücken, Reis usw.

Wakame und Hiji Zwei Algen, die in Wasser wieder aufgeweicht werden müssen. Sie verleihen gewissen Fischgerichten oder Reiseintöpfen einen Meeresgeschmack.

Fischterrine
mit Krevetten
und Gemüse

Eine delikate Fischpastete, die nach Belieben gefüllt werden kann, z. B. mit Seeteufel, Garnelen und Gemüse.

Fischterrine mit Krevetten und Gemüse

**
V Kann vorbereitet werden
Arbeitsaufwand: 1½ Std.
Garzeit: 1 Std.

Seehecht (Colin), Wittling (Merlan)

Alle Zutaten 1 Std. kühl stellen. Seeteufel in kleine Stücke schneiden und mit Rahm, Eiweiß und Wermut im Cutter (s. S. 370) pürieren. Mit Salz und Pfeffer würzen. Kalt stellen. Das Weißbrot in Stücke brechen, in eine Schüssel legen und mit Fischfond begießen. Nach dem Aufweichen gut ausdrücken und im Cutter mixen oder durch ein feines Sieb passieren. Eine Kastenform mit Klarsichtfolie auslegen, mit Butter ausstreichen und 2 cm hoch mit Fischmasse füllen. Die Garnelen auf Küchenpapier trocknen und dann mit so viel Fischmasse mischen, daß sie gut zusammenhalten. Die Kräuter beifügen.

Karotten und Sellerie in Stengelchen von 5 mm Breite schneiden. Bohnen fädeln und mit den Gemüsestengelchen in wenig gesalzenem Wasser knapp weich kochen. Die Champignons gut reinigen, ganz belassen und mit Zitronensaft, Weißwein und wenig Salz weich dämpfen.

Auf die erste Fischmassenschicht die Hälfte der Gemüse der Länge nach anordnen. Die Garnelenfüllung in die Mitte geben. Mit weißer Fischmasse bedecken, dann wiederum eine Lage Gemüse daraufgeben. Die Champignons in zwei Reihen einsetzen. Mit der Fischmasse abschließen.

Die überstehende Folie über die Terrine ziehen. Die Form mehrmals auf den Tisch klopfen (Tuch unterlegen), damit keine Hohlräume entstehen. Die Form mit einem passenden Deckel oder mit Alufolie abdecken. Das Gefäß in ein Wasserbad stellen und auf dem Herd oder im Ofen bei 80 °C Wassertemperatur (Thermometer benüt-

Für 8 Personen
Weiße Füllung
600 g Seeteufel (Baudroie), ohne Gräten
3½ dl Rahm
1 Eiweiß
2 Eßl. trockener Wermut (Noilly Prat)
Salz, weißer Pfeffer
200 g Weißbrot, ohne Rinde
1 dl «Fischfond» (s. S. 337) oder Milchwasser (1:1)
Butter für die Form

200 g große Garnelen (Riesenkrevetten)
Je 1 Eßl. Estragon und Petersilie, gehackt

100 g Karotten
100 g Sellerie
100 g grüne Bohnen
20 g kleine Champignons
1 Eßl. Zitronensaft
½ dl Weißwein

Sauce
100 g Mayonnaise
150 g Rahmquark
2 EßI. Ketchup
1 EßI. Whisky, nach
Belieben
3 EßI. steifgeschla-
gener Rahm
Salz, Pfeffer

zen!) 50—60 Min. garen. Nach dem Erkalten 12 Std. im Kühlschrank ruhen lassen. Die Terrine vorsichtig mit Hilfe der Folie aus der Form heben, in Scheiben schneiden und nach Belieben garnieren.
Für die Sauce alle Zutaten gut mischen.

Wichtig Die Terrine darf nicht zu heiß bekommen, weil die zarte Fischmasse sonst grießig wird. Das Ausschlagen der Form mit Klarsichtfolie erleichtert das Stürzen.

Variationen
– Die Hälfte der weißen Füllung mit Kräutern mischen.
– Anstelle der erwähnten Gemüse halbgar gekochten grünen Spargel verwenden.
– Gemüse weglassen, dafür die Hälfte der Füllung mit 400 g pürierten Brokkoli mischen. Die Garnelen in die weiße Füllung geben.

Sardinen eignen sich gut zum Einlegen in eine aromatische Beize. Ein praktisches Rezept, weil es ein bis zwei Tage im voraus zubereitet werden kann.

Sardinen in Marinade

**
V Kann vorbereitet werden
Arbeitsaufwand:
30 Min.
Kochzeit: 70 Min.
Marinierzeit: 12 Std.

◁〓▷
Heringe, Makrelen

Für 6 Personen
1 kg Sardinen
Salz, Pfeffer
3 EßI. Olivenöl
1 Knoblauchknolle
4 Lorbeerblätter
5 Pfefferkörner
3 Pimentkörner
3 Korianderkapseln
1 kleines Stück rote Pfefferschote, scharf
3 dl Weinessig

Die Sardinen schuppen, ausnehmen, den Kopf wegschneiden und innen und außen mit Salz und Pfeffer bestreuen. Auf Küchenpapier gut trocknen, dann in Olivenöl beidseitig braten. In ein flaches Tongefäß legen. Knoblauchknolle ungeschält quer halbieren. Mit Lorbeerblättern, Pfeffer- und Pimentkörnern, Korianderkapseln, Pfefferschote (ohne Samen) und Weinessig 10 Min. kochen. 1 Std. ziehen lassen, nochmals aufkochen, abschmecken und über die Sardinen gießen.
Die Form mit Klarsichtfolie abdecken und im Kühlschrank mindestens 12 Std. vor dem Servieren marinieren.

Wichtig Früher hat man die Fische vor dem Braten im Mehl gewendet. Ich brate sie ohne Mehl. Allerdings geht das nur, wenn man die Sardinen vorher gut trockentupft.

Tip Man kann auch tiefgekühlte Sardinen verwenden, muß sie aber vor dem Putzen im Kühlschrank auftauen lassen.

Dieses Gericht ergänzt einen reichhaltigen Brunch oder eignet sich ausgezeichnet als Katerspeise nach einer durchzechten Nacht. Es bringt den Magen wieder ins Gleichgewicht und schmeckt erst noch ausgezeichnet!

Matjesheringsfilets in Sauermilchmarinade

Die Heringsfilets quer in ca. 2 cm breite Streifen schneiden. In einen Steinguttopf legen. Grapefruit so schälen, daß auch die weißen Häutchen entfernt werden. Mit einem scharfen Messer aus den Hautkammern heraus geschälte Viertel schneiden. Dabei den Saft auffangen. Orange heiß waschen, abtrocknen und mit einem Spezialmesserchen von der Haut Streifen abschneiden. Anschließend die Orange schälen und wie die Grapefruit in Viertel schneiden. Ingwerwurzel schälen und fein reiben. Zwiebel in Ringe schneiden. Über die Filets verteilen. Grapefruit- und Orangenviertel darüberlegen. Nordische Sauermilch, aufgefangenen Grapefruit- und Orangensaft, in Scheiben geschnittene Gewürzgurke, Orangenstreifen und Ingwer miteinander verrühren. Das Lorbeerblatt halbieren und auf die Grapefruit- und Orangenviertel legen. Mit der Sauermilchmischung begießen. Das Gefäß gut verschließen (zuerst eine Klarsichtfolie darüberlegen, dann den Deckel aufsetzen). Im Kühlschrank 1—2 Tage ziehen lassen.
Die Matjesheringe im Einlegegefäß auf den Tisch bringen. Wenn nötig, leicht durchrühren. Toast und Butter dazu servieren.

*
V Kann vorbereitet werden
Arbeitsaufwand: 30 Min.

Gewöhnliche Heringe

Für 4 Personen
8 Matjesheringsfilets (ca. 600 g)
1 gelbe Grapefruit
1 Orange
1 Stück Ingwerwurzel
1 Zwiebel
2 Becher nordische Sauermilch (360 g)
1 große Gewürzgurke
1 Lorbeerblatt

Wichtig Dieses Gericht läßt sich auch als kleines Abendessen mit Kartoffeln in der Schale servieren. In diesem Fall je 2 Matjesheringsfilets pro Person berechnen.

Variation Sauermilch durch sauren Halbrahm ersetzen.

Ein phantasievolles Heringsgericht, das mehrere Tage im Kühlschrank haltbar ist.

Matjesheringe mit Orangen und Meerrettich

*
V kann vorbereitet werden
Arbeitsaufwand: 25 Min.

◁▭

Salzheringe

Für 4 Personen
6 Matjesfilets
100 g gekochte, geschälte Garnelen (Krevetten) oder Krebsfleisch
1 Orange
1 Eßl. Meerrettich, frisch gerieben
2 dl Doppelrahm oder saurer Halbrahm
2 Eßl. Cognac
1 Prise Salz
Pfeffer aus der Mühle
2 Eßl. Schnittlauch, gehackt

Die Matjesfilets in 2 cm breite Streifen schneiden. Die Garnelen grob hacken. Die Orange heiß waschen, die Schale hauchdünn entfernen und in feine Streifen schneiden. Kurz in kochendes Wasser geben und gut abtropfen lassen. Matjesfilets, Garnelen, Orangenstreifen und Meerrettich in einen Glas- oder Steinguttopf geben. Rahm, Cognac und wenig Salz und Pfeffer mischen und darübergießen. Die Orange so weiterschälen, daß alle weißen Häutchen entfernt werden. Geschälte Viertel aus den Hautkammern herausschneiden.
Das Gericht mit Schnittlauch bestreuen und mit Orangenvierteln garnieren.

Wichtig Wird das Gericht sofort nach der Zubereitung gegessen, verwende ich 1 dl Doppelrahm und 1 dl sauren Halbrahm. Das ergibt die beste Sauce. Steht das Gericht 1–2 Tage, nehme ich nur Doppelrahm, der dann leicht säuerlich wird, was erwünscht ist.

Tips
– Man kann die Orangenviertel auch unter die Heringsfilets mischen, wenn das Gericht längere Zeit mariniert wird.
– Bei Verwendung von Salzheringen sollte man diese zuvor 4–6 Std. wässern.

Das Pikante dieses Herings ergibt mit Rahm, Zwiebeln und Äpfeln eine erfreuliche Geschmacksharmonie.

Matjesheringe in Zwiebelmarinade

Die Matjesfilets ½ – 1 Std. in Milch einlegen. Die Zwiebel in feine Streifen schneiden. Den Apfel schälen, entkernen und in kleine Würfel schneiden. Sofort mit der Zwiebel und dem Rahm mischen. Die Matjesfilets aus der Milch nehmen, gut abtropfen, mit Küchenpapier abtupfen und in die Marinade legen. Mindestens 6 Std. ziehen lassen. Vor dem Servieren mit frisch gemahlenem Pfeffer bestreuen.

Wichtig Diese Heringe in ein Porzellan- oder Steingutgefäß geben und darin marinieren.
Bei Verwendung von gewöhnlichen Salzheringen diese zuerst 1 – 2 Std. in kaltem Wasser wässern, damit sie einen Teil ihres Salzes verlieren. Danach kann man sie ebenfalls noch in Milch legen, wenn man sie besonders mild wünscht.

Tip Dazu paßt Pumpernickel mit Butter.

*
V Kann vorbereitet werden
Arbeitsaufwand: 15 Min.

Salzheringe

Für 4 Personen
8 Matjesherings-filets
2 dl Milch
1 große Zwiebel
1 saurer Apfel
1 ½ dl saurer Halbrahm
Pfeffer aus der Mühle

Oft sind die einfachsten Rezepte die besten. So ist es auch bei diesen Matjesheringen.

Matjesheringe mit Kartoffeln in der Schale

Die Matjesheringe ½ Std. in Milch einlegen. Gut abtropfen lassen, mit Küchenpapier abtupfen. Den Speck mit dem Wiegemesser hacken. Die Zwiebel ebenfalls hacken. Den Speck in einer Bratpfanne erhitzen, bis er Fett abgibt. Die gehackten Zwiebeln beifügen. Unter Wenden weiterbraten, bis sie

*
V Kann vorbereitet werden
Arbeitsaufwand: 15 Min.

Salzheringe

hellgelb werden. Die Matjesheringe auf eine Platte anrichten, mit frisch gemahlenem Pfeffer bestreuen. Die Speck-Zwiebel-Mischung und die Kartoffeln dazu servieren.

Wichtig Die Matjesheringe sollen nach dem Kauf in Klarsichtfolie eingepackt und im Kühlschrank aufbewahrt werden. Sie dürfen aber nicht eiskalt auf den Tisch kommen, obwohl dies im Norden oft empfohlen wird. Sie büßen durch die Kälte viel von ihrem besonderen Geschmack ein!

Tips
– Man kann die Speck-Zwiebel-Mischung weglassen und grüne Bohnen dazu servieren.
– Bei Verwendung von Salzheringen diese 4–6 Std. wässern.

Variationen
– Die Matjesheringe servieren, wie sie sind, und Doppelrahm dazureichen. Dazu passen die Kartoffeln ebensogut.
– Kartoffeln weglassen. Roggenbrot mit Butter bestreichen und die Matjesheringe darauflegen. Nach Belieben mit saurem Halbrahm belegen.

Dieses ausgezeichnete Gericht habe ich bei einer dänischen Familie genießen können. Es gefiel mir so gut, daß ich versucht habe, es auf meine Art nachzukochen.

Heringsfilets mit Eiern und Curry

Die Heringsfilets gut abtropfen und quer in ca. 3 cm breite Stücke schneiden. Die Zwiebel in feine Streifen schneiden, 3 Eier schälen und (mit dem Eierschneider) in Scheiben schneiden.
Zucker, Currypulver und Rahm gut mischen. Mit Salz und Pfeffer pikant abschmecken. Die Sauce mit den Heringsfilets und den Eischeiben mischen. In eine Glasform geben,

zudecken und 24 Std. ziehen lassen. Das restliche Ei ebenfalls in Scheiben schneiden. Das Gericht mit Dill und den Eischeiben garnieren.

Wichtig Typisch für dieses Gericht ist die süße Note, die durch die Schärfe des Currys abgerundet wird. Deshalb eignen sich gewöhnliche, scharf gesalzene Heringe nicht als Ersatz. Bestenfalls kann man gewässerte Matjesfilets nehmen und etwas mehr Zucker zufügen.

Tip Dunkles Brot oder Pumpernickel mit Butter dazu servieren.

Für 4 Personen
8 Heringsfilets, süß-sauer eingelegt (dänische Konserve)
1 große Zwiebel
4 hartgekochte Eier
1 Teel. Zucker
1—2 Eßl. Curry-pulver
1½ dl saurer Halbrahm oder nordische Sauermilch
Salz, Pfeffer
2—3 Dillzweiglein zum Garnieren

Wenn Sie einmal frische Heringe kaufen können, legen Sie sie auf diese einfache Art ein! Sehr geeignet für ein kaltes Buffet oder ein Picknick im Freien.

Eingelegte Bratheringe

Die Heringe auf der Bauchseite aufschneiden und ausnehmen. Köpfe, Schwänze und Flossen abschneiden. Die Fische kalt abspülen und mit Küchenpapier trockentupfen. Innen und außen salzen. Im Öl beidseitig goldbraun braten. Vorsichtig wenden. Die Heringe auf Küchenpapier abtropfen lassen, dann in ein Gefäß legen. Die Zwiebeln in Ringe schneiden und darüber verteilen.
Essig, 1½ dl Wasser, Salz und alle Gewürze aufkochen. Erkalten lassen, dann über die Fische gießen. Mit einer Klarsichtfolie abdecken und 2—3 Tage im Kühlschrank ruhen lassen.

Wichtig Öl eignet sich für dieses Rezept besser als Butter oder Fett, das nach dem Erkalten wieder fest würde und die Marinade trüben könnte. Bei Verwendung von Sardinen paßt Olivenöl besonders gut.

Tip Grüne Heringe sind frische, ungesalzene Heringe.

*
V Kann vorbereitet werden
Arbeitsaufwand: 35 Min.
Bratzeit: 5 Min.

Sardinen, Hasel

Für 4 Personen
8 grüne Heringe (ca. 1 kg)
Salz
2 Eßl. Öl
2 große Zwiebeln
2½ dl Weinessig
½ Teel. Salz
6 schwarze Pfefferkörner
6 Pimentkörner
3 Korianderkapseln
1 Eßl. Senfkörner
1 Lorbeerblatt
2 Salbeiblätter

Der Hering — der König der Meere

Der Hering ist der verbreitetste Fisch in den Küstengewässern unseres Kontinents. Ganze Völker ernährten sich von ihm, andere wiederum führten Kriege, um ihn in der Nordsee oder im Ärmelkanal fangen zu können. Auch heute noch ist der Heringsfang für viele Länder von Bedeutung.

Man unterscheidet den großen Hering aus dem Atlantik, den kleinen aus dem Ärmelkanal und den noch kleineren aus dem Baltischen Meer. Um Unklarheiten zu vermeiden, hier die drei Arten von Heringen, die wir kaufen können:

Matjes Jungfräuliche Heringe, die noch nicht gelaicht haben. Eine Delikatesse, die vor allem in Holland und in Norddeutschland geschätzt wird. Ihre Saison ist im Juni.

Vollheringe Ausgewachsene Heringe vor dem Laichen.

Ihlen Magere Heringe nach dem Laichen.

Alle frischen, unbearbeiteten und ungesalzenen Heringe kommen als **grüne Heringe** in den Handel.

Grüne Heringe werden kurz gebraten oder in Marinaden eingelegt. Gesalzene Heringe werden vor der Verwendung gewässert, dann zu vielen pikanten, kalten Gerichten verarbeitet. Matjes ißt man meistens «nature», das heißt ganz mild gesalzen und nach allen Regeln der Kunst fermentiert.

Sie werden nicht gewässert, sondern nur gehäutet und filetiert. Man serviert sie mit Zwiebelringen, leicht zerdrückten Wacholderbeeren, Butter und Schwarzbrot oder Kartoffeln in der Schale.

Matjes sind im Gegensatz zu Salzheringen, die in Fässern mit Salzwasser ein Jahr aufbewahrt werden können, nur einige Tage haltbar.

Und noch ein Rat: Wenn Sie grüne Heringe braten wollen, schützen Sie Ihr Haar durch ein Tuch und öffnen Sie das Küchenfenster! Der Fisch entwickelt durch die Hitze einen penetranten Geruch, schmeckt aber nachher im Teller hervorragend.

WARME VORSPEISEN

Im Prinzip eignen sich fast alle Fischgerichte auch als Vorspeisen, wenn die Portionen klein sind. Ich habe ihnen trotzdem ein eigenes Kapitel gewidmet, da es typische Zubereitungen gibt, die am besten am Anfang eines Menüs stehen. Auf den folgenden Seiten finden Sie deshalb eine Auswahl meiner liebsten kleinen Gerichte aus Süßwasser- und Meeresfischen sowie Meeresfrüchten. Im Gegensatz zu den kalten Vorspeisen können sie meist erst im letzten Moment ganz fertig zubereitet werden. Die Präsentation spielt dabei eine wichtige Rolle. Da die Portionen klein gehalten werden, kann man sie direkt auf Teller anrichten und mit ein bißchen Phantasie attraktiv garnieren. Aber auch hier gilt der bekannte Spruch «Weniger wäre mehr», denn überladene und zu vielseitig dekorierte Teller mindern die Qualität eines jeden Gerichts.

Süßwasser

Fischleber ist etwas Delikates. Außer der bekannten Trüschenleber, die man ausschließlich beim Fischer bekommt, kann man jetzt auch im Delikateßgeschäft auf Bestellung Lachsleber kaufen.

Lachsleber auf Lauch

Den Lauch längs in sehr feine Streifen schneiden, waschen und in 1 Eßl. Butter anziehen lassen. Weißwein zufügen und 2—3 Min. dünsten. Der Lauch soll knackig bleiben und darf seine Farbe nicht verlieren. Mit Salz und Pfeffer würzen.
Die Leber in kleine Scheiben schneiden. Die restliche Butter in einer Bratpfanne erhitzen. Die Leber mit den Schalotten sehr kurz darin anbraten. Den Lauch anrichten.
Die Leber mit Salz und Pfeffer bestreuen und in die Mitte des Lauchs geben. Den Bratenfond mit Sherry ablöschen. Mit wenig Salz und Cayennepfeffer abschmecken und über die Leber verteilen.

Wichtig Fischleber ist genauso empfindlich wie Kalbsleber. Sie darf nur kurz gebraten werden, sonst wird sie hart.

Variationen
- Die Leber auf Buttercroûtons anrichten.
- Zur Abwechslung auf Rührei servieren.
- Besonders raffiniert: Lassen Sie sich vom Fischer oder im Fischgeschäft die Lebern von verschiedenen Fischen geben, z. B. von Trüsche, Hecht, Felchen und Lachs. Die verschiedenen Fischlebern ganz braten, mit Kräutern (Rosmarin, Salbei oder Thymian), Salz und Pfeffer würzen und in einer delikaten Madeira- oder Rotweinsauce anrichten. Das schmeckt nicht nur sehr gut, sondern sieht auch hübsch aus, denn die Lebern sind unterschiedlich in der Farbe.

**
V Kann teilweise vorbereitet werden
Arbeitsaufwand: 10 Min.
Kochzeit: 15 Min.

Trüschen-(Aalquappen-) oder Felchen-(Renken-) leber

Für 4 Personen
200 g frische Lachsleber
200 g zarter Lauch (grüner Teil)
3 Eßl. Butter
½ dl Weißwein
Salz, Pfeffer
2 Schalotten, fein gehackt
2 Eßl. trockener Sherry
1 Prise Cayennepfeffer

Delikatessen aus dem Meer

Außer dem Kaviar gibt es weitere Speziali-
täten aus dem Meer, die bei uns praktisch
unbekannt, aber trotzdem erwähnenswert
sind und auch einmal ein Menü oder ein
kaltes Buffet bereichern können.

Die Boutargue

Das ist eine provenzalische Spezialität, die
aus dem Rogen der Meeräsche hergestellt
wird. Die Eier werden im Sommer
gewonnen, gesalzen, gepreßt und bis zum
November konserviert.
Die Boutargue — man nennt sie ab und zu
auch «Caviar blanc» — kommt in Form von
abgeflachten Würstchen in den Handel. Sie
wird in sehr dünne Scheiben geschnitten
und auf Toast mit Butter, in einer einfachen
Vinaigrette oder nur mit Zitronensaft beträu-
felt serviert. Ähnliche Produkte gibt es aus
Italien (Bottarga) und Japan. In Griechen-
land kommt diese Spezialität aus Mesolon-
gion, der Stadt, in der Lord Byron dem
Sumpffieber erlag. Um sie länger haltbar zu
machen, wird die Boutargue dort mit Bie-
nenwachs umgossen.

Seezungenrogen

Zur Laichzeit kann man in Delikateßge-
schäften in Frankreich und in der franzö-
sischsprachigen Schweiz frischen Seezun-
genrogen kaufen. In der deutschsprachigen
Schweiz und in Deutschland ist er allerdings
nicht bekannt.
Der Rogen muß sorgfältig herausge-
nommen werden, damit der Sack, der die
Eier umschließt, unbeschädigt bleibt. Dieser
Rogen wird mitsamt dem Sack in Butter
gebraten, in der Fritüre ausgebacken oder
ganz einfach in einem Sud pochiert.

Fischlebern

Ausgesuchte Delikatessen sind die Lebern
von Trüschen (Aalquappen), Felchen
(Renken), Meerbarben (Rougets), Dorsch
und anderen Fischen. Allerdings bereitet es
einige Mühe, die Lebern aus den Fischen
herauszulösen. Deshalb ist dies kein Pro-

dukt, das leicht zu haben ist. Man muß sich schon mit einem Fischer anfreunden, um Lebern aus Süßwasserfischen zu erhalten. Für Lebern aus Meeresfischen wendet man sich am besten an ein Delikateß- oder ein Fischspezialgeschäft. Vielleicht ist es dort möglich, sie zu beschaffen.
Übrigens gibt es ausgezeichnete Dorschlebern in Dosen. Frische Fischlebern schmecken am besten, wenn man sie nur ganz kurz mit oder ohne Schalotten und Kräutern in Butter anziehen läßt.

Dekorativ und delikat sind diese kleinen Forellenmousses, vor allem wenn man sie noch mit Flußkrebsen garniert.

Forellenmousses mit Krebssauce

Die Gräten und Fischköpfe gut abspülen. Mit Weißwein, 1 dl Wasser und den Schalotten 10 Min. kochen. Durch ein feines Sieb passieren, dabei die Schalotten gut ausdrücken. Den Sud auf ½ dl einkochen. Erkalten lassen und kühl stellen. Das Forellenfleisch, den Rahm und die Eiweiße ebenfalls 1 Std. kühl stellen. Das Forellenfleisch in Stücke schneiden, mit dem kalten Sud und den Eiweißen im Cutter (s. S. 370) pürieren. Rahm langsam zugeben und weitermixen. Mit Salz und Pfeffer abschmecken. Die Förmchen mit Butter ausstreichen. Die Masse einfüllen. Den Backofen auf 120 °C einstellen. Ein flaches Gefäß mit einem Tuch auslegen und 1½ — 2 cm hoch heißes Wasser einfüllen. Die Förmchen hineinstellen. Eine Pergamentfolie mit Butter bestreichen und mit der bebutterten Seite nach unten auf die gefüllten Förmchen legen. In den Ofen stellen und die Mousses im Wasserbad ca. 20 Min. garen lassen. Nach 15 Min. mit einer Messerspitze prüfen, ob die Masse fest geworden ist.

***
V Kann weitgehend vorbereitet werden.
Arbeitsaufwand: 45 Min.
Kochzeit: 20 Min.

Zander, Hecht

Für 4 Personen
300 g Forellenfilets (Gräten und Köpfe verlangen)
1 dl Weißwein
2 gehackte Schalotten
1½ dl Rahm
2 Eiweiß
Salz, weißer Pfeffer
Butter für die Souffléförmchen und die Folie

Krebssauce
3 dl «Krebsfond» (s. S. 341)
1 Eßl. Cognac
2 dl Rahm
Salz, Pfeffer

4 — 8 im Sud
gekochte Krebse
(s. S. 360), nach
Belieben

Für die Sauce den Krebsfond auf ½ dl einkochen. Cognac beigeben, einen Moment weiterkochen, dann den Rahm dazugießen. Einkochen lassen, bis die Sauce sämig wird. Mit Salz und Pfeffer abschmecken. Die Förmchen stürzen und die Sauce ringsum gießen. Nach Belieben mit 1 oder 2 frisch gekochten Krebsen garnieren.

Wichtig Das Wasser des Wasserbads sollte nicht heißer als 80 °C werden. Am besten mit dem Thermometer messen. Die Ofentemperatur je nachdem etwas reduzieren.

Tip Die Krebse schälen, evtl. den Kopf belassen oder eine Schale als Garnitur auf den Teller legen.

Variation Mit Butter ausgestrichene kleine Timbaleformen mit einem Forellenfilet (Hautseite nach unten) auslegen. Die Füllung in die Mitte geben.

Die «Quenelles de brochet» sind nach wie vor ein Paradepferd der Lyoner Küche. Sie werden auf verschiedene Arten zubereitet. Klassisch meistens mit Mehlpanade, modern und leichter ohne Mehl.
Hier meine liebste Variante:

Hechtklößchen

*
V Kann vorbereitet werden
Arbeitsaufwand:
50 Min.
Kochzeit:
10 — 12 Min.

Zander

Für 4 — 6 Personen
400 g Hechtfleisch,
ohne Gräten
3 Eigelb
2 Eiweiß
3 dl Doppelrahm

Fischfleisch, Eier und Doppelrahm 1 Std. kühl stellen. Gestoßenes Eis vorbereiten. Die Butter bei Küchentemperatur weich werden lassen. Das Hechtfleisch durch die feinste Scheibe des Fleischwolfes treiben oder mit 2 Eßl. Fischfond im Cutter (s. S. 370) pürieren. Die Masse durch ein feines Sieb in eine vorgekühlte Schüssel streichen. Diese Schüssel in ein halbhoch mit Eis gefülltes Gefäß stellen. Die Eigelbe mit einem Holzlöffel eines nach dem anderen unter die Fischmasse arbeiten. Die Eiweiße steif schlagen. Zuerst die Hälfte unter die

66

Masse ziehen, dann den Rest. So lange rühren, bis das Eiweiß ganz aufgesogen ist. Nach und nach den Rahm zugeben. Er muß ganz aufgenommen werden, und die Masse darf durch diese Beigabe nicht dünn werden. Danach die Butter unter das Püree mischen. Mit Salz und Pfeffer abschmecken. Den Boden eines weiten Topfes mit einer Pergamentfolie auslegen (den Topfboden nachzeichnen und die Folie ausschneiden). Die Folie mit Butter bestreichen. Mit zwei Eßlöffeln längliche Klöße formen. Diese mit genügend Abstand auf die Folie legen. Den Fischfond leicht erwärmen und über die Klöße verteilen. Langsam aufkochen und bei kleiner Hitze ca. 10 Min. ziehen lassen. Die genaue Garzeit hängt von der Größe der Klöße ab. Wenn sie obenauf schwimmen, sind sie gar

Die Klöße mit dem Schaumlöffel sorgfältig aus dem Topf nehmen. Auf einem Tüchlein oder auf Küchenpapier abtropfen lassen.

Die Klöße anrichten und mit wenig Sauce überziehen. Die restliche Sauce dazu servieren.

Wichtig Püriertes Hechtfleisch muß man unbedingt noch durch ein feines Sieb streichen, weil dieses Fischfleisch trotz des Filetierens noch kleine, gabelförmige Gräten enthält, die evtl. beim Pürieren nicht genug zerkleinert werden.

Die Masse nicht stehen lassen, sondern sofort zu Klößen weiterverarbeiten.

Tip Klassisch dazu ist die «Krebssauce» (s. S. 65).

Variationen

– In einer «Beurre blanc» (s. S. 327), einer «Sauce hollandaise» (s. S. 324) oder einer «Kressesauce» (s. S. 330) servieren.
– Leichte «Safransauce» (s. S. 329) zubereiten, feine, gedünstete Lauchstreifen zugeben und die Klöße damit begießen.

50 g frische Butter
Salz, Pfeffer
1 l «Fischfond»
(s. S. 337)
Butter für die Folie

Eine festliche Feuilleté-Vorspeise,
die komplizierter aussieht, als sie ist.

Pastetchen mit Hecht- und Lachsklößchen

**
V Kann weitgehend
vorbereitet werden
Arbeitsaufwand:
1 Std.
Garzeit: ca. 5 Min.
Backzeit:
10—15 Min.

⊲⊃⊄

Schleie, Trüsche,
Hasel, Forelle

Für 4 Personen
300 g Blätterteig
1 Eigelb
Butter für die Folie

Füllung
200 g Hechtfleisch,
ohne Gräten
1 Eiweiß
3 dl Rahm
200 g Lachs,
ohne Gräten
2 Eßl. trockener
Sherry
Salz, Pfeffer
½ l «Fischfond»
(s. S. 337)

Sauce
200 g frische grüne
Erbsen
2 Eßl. Sherry
2 dl Rahm
1 Eigelb
1 Teel. gehackte
Pfefferminze

Den Blätterteig zu einem Rechteck von
30 x 5 cm ausrollen. 6 Rechtecke ausschneiden. Auf jedem der Teigstücke mit dem
Teigrädchen einen Deckel markieren. Mit
Eigelb bestreichen und ca. 10 Min. bei
220 °C backen. Erkalten lassen, dann die
Deckel sorgfältig lösen. Die Pastetchen
leicht aushöhlen.
Alle Zutaten für die Füllung 1 Std. kühl stellen. Das Hechtfleisch mit ½ Eiweiß und
4 Eßl. Rahm im Cutter (s. S. 370) pürieren,
dann durch ein feines Sieb streichen. Das
Lachsfleisch mit dem restlichen Eiweiß und
4 Eßl. Rahm ebenfalls pürieren und passieren. Die beiden Pürees mit je 1 Eßl. Sherry
einzeln so lange rühren, bis feste Massen
entstehen. Mit Salz und Pfeffer abschmekken. Einen Topf mit weitem Boden mit Pergamentfolie auslegen (den Topf auf die Folie stellen, den Boden nachzeichnen und
ausschneiden). Die Folie mit Butter bestreichen. Einen Mokkalöffel in heißes Wasser
tauchen und kleine, ovale Klößchen von den
Fischmassen ausstechen. Mit einem zweiten Löffelchen lösen und auf die Folie im
Abstand von ½ cm plazieren. Den Fischfond erwärmen und heiß, aber nicht siedend, langsam über die Klößchen verteilen.
Den Topf aufsetzen und bei mittlerer Hitze
aufkochen. Sobald die Klößchen obenauf
schwimmen, diese mit dem Schaumlöffel
abheben, in eine Schüssel geben und mit
Sud bedecken.
Die vorbereiteten Pastetchen im Ofen 5 Min.
erwärmen.
Für die Sauce 2 dl Fischfond (von den Klößchen) mit 2 Eßl. Sherry und den Erbsen aufkochen. 1½ dl Rahm zugeben. Restlichen
Rahm mit dem Eigelb gut verrühren. Zur
Sauce geben und nur noch bis knapp vor

den Siedepunkt bringen. Mit Salz und Pfeffer abschmecken. Die noch warmen rosa und weißen Klößchen in die heißen Pastetchen verteilen. Mit Sauce begießen und mit gehackter Pfefferminze bestreuen. Die Deckel wieder aufsetzen.

Wichtig Pastetchen, Klößchen und Sauce (bis auf die Beigabe des Eigelbs) können vorbereitet werden. Wer keinen Topf mit weitem Boden besitzt, muß die Klößchen in zwei Kochvorgängen zubereiten. Sie sollten immer in Flüssigkeit (Fond oder Sauce) bis zur Weiterverwendung aufbewahrt werden, damit sie sich nicht verfärben.
Wenn Sie zum ersten Mal solche Klößchen zubereiten und sich noch etwas unsicher fühlen, können Sie ein Probeklößchen kochen und die Masse danach — je nach Resultat — mit Rahm noch etwas lockerer machen.

Tips
— Man kann die Klößchen tiefkühlen.
— Die Pastetchen können auch gekauft werden. Sie sollen aber nur vom feinsten Blätterteig sein.

Variationen
— Erbsen und Pfefferminze weglassen und Sauerampfer, Estragon oder sehr wenig Thymian zufügen.
— Anstelle von Erbsen oder Kräutern Lauchstreifen oder kleine, mit dem kleinsten Pariser Löffelchen ausgestochene Gemüsekugeln zufügen.

Auberginen mit einer aromatischen Fischfüllung, im leichten Teig ausgebacken. Dazu eine raffinierte Basilikumsauce.

Gefüllte Auberginen

Die Auberginen waschen und in 2 cm dicke Scheiben schneiden. Beidseitig mit wenig Salz bestreuen, auf Küchenpapier legen und

V Kann weitgehend
vorbereitet werden
Arbeitsaufwand:
20 Min.
Backzeit: 2 Min.
pro Portion

◁▭▷

Garnelen (Kre-
vetten), frischer
Lachs

Für 4 Personen
2 kleine Auberginen
Salz
100 g Räucherlachs
2 Schalotten, fein
gehackt
2 Eßl. Basilikum,
frisch gehackt
2 Eßl. Olivenöl
Öl für die Fritüre

Teig
50 g Maisstärke
1 Prise Salz
1 dl Weißwein
2 Eiweiß

Sauce
1 Becher (180 g)
saurer Halbrahm
2 Eßl. Basilikum,
frisch gehackt
1 Eßlöffel Salm-
rogen (roter Kaviar)

10—20 Min. ziehen lassen. Den ausgetrete-
nen braunen Saft mit Papier abtupfen. In
jede Scheibe seitlich eine Tasche schneiden. Den Räucherlachs in 8 ungefähr gleich
große Scheiben schneiden. Feingehackte
Schalotten und etwas Basilikum in die Mitte
einer Räucherlachsscheibe geben. Die
Scheibe zusammenfalten und in die Auberginenscheiben hineinschieben. Das Öl in einer großen Bratpfanne erhitzen. Die gefüllten Auberginen beidseitig halbgar dünsten.
Auf Küchenpapier abtropfen lassen.
Für den Teig Maisstärke, wenig Salz und
Wein gut verrühren. Die Eiweiße steif schlagen und unmittelbar vor dem Backen darunterziehen.
Für die Sauce alle Zutaten gut mischen und
mit wenig Salz und Pfeffer abschmecken.
Die Auberginenscheiben durch den Teig
ziehen und portionenweise hellgelb ausbakken. Auf Küchenpapier abtropfen lassen
und sofort servieren. Die Sauce in einer
Saucière dazureichen.

Wichtig Bei Verwendung von Garnelen
oder frischem Lachs das Fischfleisch hakken und mit Schalotten, Basilikum und 1 bis
2 Eßl. Rahm mischen. Pikant würzen.

Variation Sauce weglassen und Zitronenviertel dazu servieren.

Salzwasser

Eine raffinierte warme Vorspeise,
die etwas Geduld erfordert — Meer-
barbenmousse mit Basilikum.

Mousse de rougets au basilic

Alle Zutaten für die Mousse kühl stellen.
2 Meerbarbenfilets in kleine Würfel schneiden und für die Garnitur beiseite stellen.

Die restlichen Meerbarbenfilets kleinschneiden. Mit Eiweiß im Cutter (s. S. 370) hacken. Rahm, Basilikum, Pernod und Weißwein zugeben und alles zu einem Püree verarbeiten. Die Masse durch ein feines Sieb streichen. Das Püree mit Salz und Pfeffer abschmekken. Kleine Souffléförmchen mit Butter ausstreichen. Die Masse einfüllen. In ein Wasserbad stellen und mit Pergament- oder Aluminiumfolie abdecken. 20 Min. bei 160 °C im Ofen garen.

Für die Sauce die Schalotten in 1 Eßl. Butter anziehen lassen. Die Tomaten klein würfeln, zufügen und kurz mitdünsten. Knoblauchzehe durchpressen, zusammen mit dem Basilikum zugeben, gut wenden. Mit Rahm ablöschen und gehackte Sardellenfilets dazumischen. Mit Zucker, sehr wenig Salz und Pfeffer abschmecken.

Die vorbereiteten Meerbarbenwürfel in einer Bratpfanne in Butter ganz kurz anziehen lassen.

Die Mousse auf vorgewärmte Teller stürzen und die Sauce ringsum gießen. Die Meerbarbenwürfel über das Gericht verteilen. Mit je einem Basilikumblatt garnieren.

Wichtig Die Masse muß nach dem Pürieren durch ein feines Sieb gestrichen werden, damit Hautrückstände aus dem Püree entfernt werden können.

Tip Beim Kauf der Fische nach den Lebern fragen. Sie können kleingeschnitten mit den Meerbarbenwürfeln kurz in Butter gewendet werden. Das gibt dem Gericht eine ganz raffinierte Note.

Variationen
– Die Sauce kann durch eine «Beurre blanc» (s. S. 327) mit Basilikumstreifen ersetzt werden.
– Timbaleförmchen mit Butter ausstreichen. Mit Wittling- oder Seezungenfilets (Hautseite nach unten) auslegen. Füllung (wie oben) in die Mitte geben. Förmchen auf den Tisch klopfen, damit keine Hohlräume entstehen.

**
V Kann weitgehend vorbereitet werden
Arbeitsaufwand: 40 Min.
Kochzeit: 20 Min.

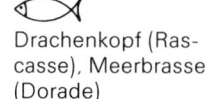

Drachenkopf (Rascasse), Meerbrasse (Dorade)

Für 8 Personen
400 g Meerbarbenfilets (Rouget), nur geschuppt, nicht gehäutet
1 Eiweiß
2½ dl Rahm
1 Eßl. gehacktes Basilikum
1 Teel. Pernod
1 Eßl. Weißwein
Salz, weißer Pfeffer
Butter für die Förmchen
8 Basilikumblätter

Sauce
1 Eßl. Schalotten, fein gehackt
1 Eßl. Butter
2 reife Tomaten, geschält
1 Knoblauchzehe
1 Eßl. gehacktes Basilikum
2 Eßl. Rahm
2 Sardellenfilets
1 Teel. Zucker
Salz, Pfeffer

Austern eingepackt in Spinat und
begleitet von Pilgermuscheln und
Kaviar in einer delikaten Sauce.

Austern
im grünen Kleid

***
Arbeitsaufwand:
20 Min.
Kochzeit: 2 Min.

Für 4 Personen
12 Austern («plates»
oder «creuses»)
12 zarte Spinat-
blätter
4 Pilgermuscheln
(ohne «Corail»)
Butter für das Sieb
½ Rezept «Beurre
blanc» (s. S. 327)
1 Eßl. herber
Wermut (z. B. Noilly
Prat)
4 Teel. Kaviar

Die Spinatblätter kurz in kochendes Wasser
geben, abgießen, dann in eisgekühltes
Wasser legen. Die Austern öffnen (s.
S. 359). Die Spinatblätter auf Küchenpapier
trocknen. Die Austern einzeln darin einpak-
ken. Die Pilgermuscheln öffnen und säubern (s. S. 358). Einen Topf mit Siebaufsatz
halbhoch mit Wasser füllen und aufkochen.
Das Sieb mit wenig Butter auspinseln. Die
Muscheln und die Austernpäckchen hineinlegen. Zudecken und 2 Min. garen.
Die bereits vorher zubereitete Beurre blanc
mit Wermut verfeinern. Nochmals erwärmen
und auf vorgewärmte Teller verteilen. Je drei
Spinatbündel, eine Pilgermuschel und
1 Teel. Kaviar auf einen Teller anordnen.

Variationen
– Sauce weglassen. Einen Klecks gewürzten und erwärmten sauren Halbrahm auf
  den Teller geben. Die Austernpäckchen
  und je eine Muschel darauf anrichten.
– Muschel durch ein Fischfilet ersetzen.

Meerbarbenfilets mit Kräutern mariniert und auf südliche Art zubereitet.

Meerbarbenfilets
mit Zucchini

**
V Kann teilweise
vorbereitet werden
Arbeitsaufwand:
30 Min.
Marinierzeit: 24 Std.

Die Meerbarben vom Händler schuppen
und filetieren, aber nicht häuten lassen.
Alle Zutaten für die Marinade mischen und
mit einem Pinsel auf die Fischfilets auftragen. 4 Std. im Kühlschrank ziehen lassen.

Den ungeschälten Zucchino und die Tomate in Würfelchen schneiden. Zucchiniwürfelchen, Schalotten und Knoblauch glasig dünsten, Tomatenwürfelchen und Kräuter zugeben. Mit Salz und Pfeffer nachwürzen und evtl. mit Pernod abschmecken. Die Fischfilets mit Salz und Pfeffer würzen und in Butter leicht braten.
Die Fischfilets auf der Gemüsemischung anrichten.

Wichtig Die Meerbarben sollten nur geschuppt und nicht gehäutet werden, damit sie die attraktive Rotfärbung behalten. Die Zucchini dürfen beim Dünsten keinen Saft abgeben. Dies kann mit hoher Hitze erreicht werden.

Variationen
- Die Meerbarben und das Gemüse lauwarm mit einer einfachen Vinaigrette aus Olivenöl, Basilikum, Senf und Zitronensaft servieren.
- Butter durch kaltgepreßtes Olivenöl ersetzen.

Mit diesem «Marmite» können Sie anspruchsvolle Gäste verwöhnen. Hübsch sieht es aus, wenn man das Gericht in kleinen Portionentöpfchen auf den Tisch bringt.

Knurrhahn

Für 4 Personen
8 kleine Meerbarbenfilets (Rouget)
mit Haut
(ca. 600–800 g)

Marinade
1 Eßl. gehacktes Basilikum
1 Eßl. Kräuter, frisch gehackt
(Dill, Majoran, Thymian, wenig Salbei)
3 Eßl. Olivenöl
1 Knoblauchzehe
1 Eßl. Senf (Dijon)

1 kleiner Zucchino
1 geschälte Tomate
1 Eßl. Schalotten, fein gehackt
1 Knoblauchzehe
1 Eßl. Kräuter, frisch gehackt
(Majoran, Thymian, wenig Salbei)
Salz, Pfeffer
½ Teel. Pernod, nach Belieben
2 Eßl. Gourmet-Butter

Kleiner Fischertopf

Den Lauch zuerst in ca. 4 cm lange Stücke, dann längs in sehr feine Streifen schneiden. Den Fisch in Würfel schneiden, mit Safran 1–2 Min. in Butter anziehen lassen. Aus der Kasserolle nehmen, mit Salz und Pfeffer bestreuen und beiseite stellen. Lauch in den Bratenfond der Fische geben. Unter Wenden kurz dünsten. Mit Weißwein begießen, zudecken und einige Minuten auf kleinem Feuer ziehen lassen. Der Lauch sollte leicht knackig bleiben. Von der Herdplatte wegziehen. Rahm und Eigelb mit einer Gabel verrühren. Etwas heiße Fischbouillon daraufgießen, dabei ständig umrühren. Die Mi-

*
V Kann weitgehend vorbereitet werden
Arbeitsaufwand:
25 Min.
Kochzeit: 20 Min.

Zander, Felchen (Renken), Trüsche (Aalquappe), Barsch (Egli)

Für 8 Personen
250 g Meeresfisch wie Seeteufel (Baudroie), Seehecht (Colin), Kabeljau

2 zarte Lauch-
stangen (ca. 200 g)
1 Prise Safran
1 Eßl. Kochbutter
Salz, Pfeffer
½ dl Weißwein
1,2 dl Rahm
1 Eigelb
1 l «Fischbouillon»
(s. S. 338)
1 Eßl. herber
Wermut (Noilly Prat)
1 Eßl. Schnittlauch,
fein geschnitten

schung zur restlichen Fischbouillon in den Topf geben. Rühren und bis knapp vor den Siedepunkt bringen (nicht kochen, sonst gerinnt das Eigelb). Wermut zufügen und nach Bedarf nachwürzen.
Die Fischstücke zum Lauch geben. Nochmals kurz erwärmen. Fisch und Lauch in vorgewärmte kleine Suppentassen oder Souffléförmchen verteilen. Die mit Eigelb gebundene Suppe darübergießen. Mit Schnittlauch bestreuen und sofort servieren.

Wichtig Diese Fischsuppe kann noch mit Kaisergranaten (Scampi), Garnelen (Krevetten) oder Miesmuscheln (Moules) bereichert werden. Besonders festlich sieht sie aus, wenn man vor dem Servieren eine Rahmrosette daraufgibt und den Schnittlauch darüberstreut.

Tip Nicht vergessen, beim Einkaufen die Gräten für die Fischbouillon mitzunehmen!

Variationen
- Safran weglassen und etwas mehr herben Wermut zufügen.
- Schnittlauch durch Kerbel ersetzen.
- Bouillon nicht binden, sondern klar belassen.

Tintenfische oder Gummiringe?

Tintenfische müssen weich sein, sonst schmecken sie wie Gummiringe. Das haben Sie sicher schon selbst erfahren. Oft kommen in Italien oder Spanien wunderschön aussehende, in Teig ausgebackene Tintenfischringe auf den Tisch. Aber wie groß ist die Enttäuschung, wenn man den Inhalt kaum kauen kann.
In meinen Rezepten wird genau beschrieben, wie sich dies verhüten läßt.

Den kriegerischen spanischen Namen verdanken diese gefüllten Tintenfische ihrer Form.

Torpedos

Die Tintenfische putzen (s. S. 356). Die Fangarme fein hacken. Das Brot in Stücke brechen, in eine Tasse geben und mit heißer Bouillon begießen. Den Spinat ohne Flüssigkeit erhitzen, bis er zusammenfällt. Gut abtropfen und mit dem Wiegemesser hacken. Das Olivenöl erhitzen, die Zwiebel und die gehackten Fangarme darin anziehen lassen. Den Spinat beifügen und dünsten, bis keine Flüssigkeit mehr vorhanden ist. Etwas erkalten lassen. Sardellenfilets fein hacken. Mit dem Spinat mischen. Das Brot auspressen, mit einer Gabel fein zerdrücken und mit dem Ei unter die Masse geben. Mit Salz, Pfeffer, Muskatnuß, durchgepreßtem Knoblauch und Salbei mischen.
Die Tintenfische bis zu dreiviertel der Länge mit der Masse füllen. Mit Küchenfaden zunähen.
Für die Sauce die Zwiebeln in 1 Eßl. Olivenöl anziehen lassen. Die Tomaten kleinschneiden, zufügen und 10 Min. mitdünsten.
Die Tintenfische im restlichen Olivenöl kurz anbraten. Mit Weißwein ablöschen. Etwas einkochen lassen, dann die Tomatensauce zugeben. Zucker, Thymian, Majoran und wenig Salz und Pfeffer zufügen. Bei kleiner Hitze 1 Std. zugedeckt schmoren lassen. Die Sauce mit wenig Cayennepfeffer abschmekken.

Wichtig Sollten die Tintenfische nicht ganz weich werden, die Schmorzeit verlängern. Evtl. noch etwas Wein zufügen.

Tip Man kann der Sauce 1–2 Eßl. «Aïoli» (s. S. 323) beigeben. Das macht sie sämig und apart.

*
V Kann vorbereitet werden
Arbeitsaufwand: 40 Min.
Kochzeit: 1 Std.

Sepia

Für 6 Personen
6 kleine Tintenfische (Kalmare)
50 g altbackenes Weißbrot
1 dl Hühnerbouillon
200 g Spinatblätter
3 Eßl. Olivenöl
1 kleine Zwiebel, gehackt
4 Sardellenfilets
1 Ei
Salz, Pfeffer, Muskatnuß
2 Knoblauchzehen
½ Teel. gehackter Salbei

Sauce
1 kleine Zwiebel, gehackt
2 Eßl. Olivenöl
500 g geschälte Tomaten
1 dl Weißwein
1 Prise Zucker
1 Teel. gehackter Thymian
1 Teel. gehackter Majoran
Salz, Pfeffer
1 Prise Cayennepfeffer

Tintenfischringe, in zarten Teig
getaucht und goldgelb ausgebacken —
das mögen alle gerne essen.

Calamares
à la Romana

*
V Kann weitgehend
vorbereitet werden
Arbeitsaufwand:
20 Min.
Backzeit: 2 Min.
pro Portion
Evtl. zusätzlich
30 Min. Kochzeit

◁▭◅

Krake, Sepia

Für 6 Personen
Teig
180 g Mehl
¼ l Weißwein
1 Teel. Salz
1 Eiweiß

2 Tintenfische
(Kalmare)
Saft von 1 Zitrone
Salz, Pfeffer
Öl für die Fritüre

Zuerst den Teig zubereiten. Alle Zutaten
ohne das Eiweiß in eine Schüssel geben
und mit dem Schneebesen glattrühren.
2 Std. stehen lassen. Vor dem Backen das
steifgeschlagene Eiweiß darunterziehen.
Die Tintenfische putzen (s. S. 356) und in
3 mm breite Ringe schneiden. Mit Zitronensaft, Salz und Pfeffer bestreuen und ebenfalls zugedeckt 2 Std. im Kühlschrank ruhen
lassen. Unmittelbar vor dem Servieren die
Tintenfischringe gut abtropfen, durch den
Teig ziehen und ausbacken.

Wichtig Man kann nur ganz zarte, kleine
Tintenfische roh ausbacken. Sobald sie größer sind, muß man sie zuerst in Ringe
schneiden, dann in etwas Wein oder Bouillon 20 Min. vorkochen (im Dampfkochtopf
nur 8 Min.).

Tips
– Bei Verwendung von anderen Tintenfischen diese in Stücke schneiden und zu
  Küchlein ausbacken. Kurze Fangarme
  kann man ebenfalls durch den Teig ziehen.
– Als Beilage eignen sich Zitronenviertel
  oder pikante Saucen wie «Romesco»,
  «Rouille», «Aïoli» usw. (s. S. 322 f.).

Wie werden Muscheln
richtig behandelt?

*Heute werden die Muscheln bereits im
Ursprungsland streng kontrolliert. Sie
müssen aus sauberen Gewässern stammen
und dürfen nur lebend in den Handel
kommen. Das heißt, daß bereits die Fischer
darauf achten müssen, daß die Schalen
noch geschlossen sind. Beim Kochen*

dürfen die Muscheln nur so lange der Hitze ausgesetzt werden, bis sich die Schalen öffnen. Längere Kochzeiten lassen das Muschelfleisch zäh werden. Ich lasse kleine Muscheln in einem Sieb über dem Dampf garen. Dann schmecken sie besonders gut und bleiben zart. Größere gart man am besten im eigenen Saft.

Außer den Austern esse ich Muscheln nur roh am Meer oder in Paris in dafür spezialisierten Restaurants. Dort wird jede Muschel von einem Kenner geöffnet und nochmals auf ihre Frische geprüft.

Aber auch bei uns sind Muscheln in ausgezeichneter Qualität erhältlich und können für die verschiedensten Zubereitungen verwendet werden, z. B. für Muschel- und Fischsuppen, als Garnituren für Fischgerichte, im Kräutersud, überbacken oder in Form eines Gratins, evtl. kombiniert mit anderen Meeresfrüchten. Kleine Muscheln ergeben auch einen ausgezeichneten Fond, mit dem Fischgerichte, Fischsuppen usw. angereichert werden können.

Ähnlich gefüllte Muscheln habe ich in Istanbul unter der Galatabrücke gegessen — daher ihr Name.

Gefüllte Moules «Galata»

Die Korinthen in lauwarmes Wasser einlegen. Die Muscheln gut putzen (s. S. 357). Die Zwiebeln hacken und in 2 Eßl. Olivenöl anziehen lassen. 8 Min. kochen. Den Reis zufügen, kurz andünsten, dann mit Bouillon ablöschen. Die Paprikaschoten auf dem Grill oder im Ofen rösten, bis die Haut dunkle Flecken bekommt. In eine Schüssel legen, mit einem Tüchlein decken und nach dem Abkühlen häuten. In kleine Würfel schneiden, mit den abgetropften Korinthen und der entkernten, kleingeschnittenen Pfefferschote zum Reis geben und 10 Min. weiter-

*
V Kann vorbereitet werden
Arbeitsaufwand:
40 Min.
Kochzeit:
35—40 Min.

Für 4 Personen
500 g große Miesmuscheln (Moules)
50 g schwarze Korinthen
2 Zwiebeln
2 Eßl. Olivenöl
100 g Langkornreis
4 dl Bouillon

77

Je ½ grüne und rote
Paprikaschote
1 Stück rote scharfe
Pfefferschote
1 Eßl. Zitronensaft
Salz
½ Teel. Zimtpulver
1 Prise Kardamom-
pulver
1 Teel. Kreuz-
kümmel, nach
Belieben
1 Eßl. gehackte
Petersilie
2 Eßl. kleingeschnit-
tene gedünstete
Tomaten

kochen. Den Reis mit Zitronensaft, Salz,
Zimt, Kardamom und Kümmel pikant abschmecken und mit Petersilie und gedünsteten Tomaten mischen.
Die Muscheln mit einem spitzen Messer
sorgfältig öffnen. Mit Reis füllen, wieder gut
verschließen und mit einem Küchenfaden
umwickeln. Einen Topf halbhoch mit Wasser füllen. Die Muscheln in einen passenden Siebaufsatz legen und im Dampf zugedeckt 5—10 Min. garen.
Zum Servieren die Fäden aufschneiden und
nach Belieben je eine Schale entfernen.

Tip Man kann die Muscheln auch kalt servieren.

Eine preisgünstige, südliche
Vorspeise, die ohne große Mühe
zubereitet werden kann.

Sardinen im Ofen

*
V Kann vorbereitet
werden
Arbeitsaufwand:
20 Min.
Backzeit: 30 Min.

◁━▷
Makrelen

Für 4 Personen
8 Sardinen, frisch
oder tiefgekühlt
1 Eßl. Öl
4 große, fleischige
Tomaten, geschält
4 Knoblauchzehen
1 gehackte Zwiebel
2 Eßl. gehackte
Petersilie
1 Zweiglein Fenchel-
kraut
Salz, schwarzer
Pfeffer aus der
Mühle
1 Prise Cayenne-
pfeffer
1 Prise Zucker
3 Eßl. Olivenöl
1 dl Weißwein

Die Sardinen schuppen, ausnehmen und
die Köpfe wegschneiden. Eine feuerfeste,
rechteckige Form mit Öl auspinseln. Die
Sardinen hineinlegen.
Die Tomaten halbieren, etwas auspressen
und kleinschneiden. Den Knoblauch fein
hacken. Mit Tomaten, Zwiebeln, Petersilie
und gehacktem Fenchel mischen. Die Sardinen mit Salz und viel Pfeffer aus der Mühle bestreuen. Die Tomatenmischung mit
1 Prise Cayennepfeffer, wenig Salz und Zuk-
ker abschmecken. Über die Sardinen verteilen. Mit Olivenöl beträufeln und 30 Min. bei
180 °C im Ofen schmoren lassen. Ab und zu
etwas Weißwein zufügen. Die Sauce soll
dickflüssig bleiben.

Wichtig Dieses Gericht nicht siedendheiß
auf den Tisch bringen, sondern gerade so,
daß man es noch als warm empfindet. Das
Aroma kommt dadurch besser zur Geltung.
Tiefgekühlte Sardinen zuerst im Kühlschrank
auftauen lassen.

Tip Dazu knuspriges Bauernbrot.

78

Eine der schönsten Vorspeisen —
kleine Pfannkuchen aus Hefeteig,
garniert mit Räucherlachs und Kaviar.

Blinis mit Lachs und Kaviar

Die Hefe zerbröckeln und mit Zucker und
1 Eßl. lauwarmer Milch gut verrühren.
Das Mehl in eine vorgewärmte Schüssel
sieben. 2 dl Milch erwärmen. Lauwarm mit
der aufgelösten Hefe zugeben und kräftig zu
einem glatten, lockeren Teig schlagen. Den
Teig 12 Std. kühl ruhen lassen. Die Eigelbe
mit dem Rahm gut verquirlen. Die restliche
Milch erhitzen, über den vorbereiteten Teig
gießen und schlagen, bis Blasen entstehen.
Die Rahm-Ei-Mischung darunterarbeiten.
1—2 Std. bei Küchentemperatur ruhen lassen. Unmittelbar vor der Weiterverwendung
die Eiweiße mit dem Salz steif schlagen.
Unter den Teig ziehen.
Zum Backen kleine Bratpfännchen mit flüssiger Butter ausstreichen, ca. 2 Eßl. Teig hineingeben und bei mittlerer Hitze Pfannkuchen backen. Sobald die Unterseite gebacken ist, wenden und nach Bedarf noch
etwas Butter zufügen.
Die bereits gebackenen «Blinis» im schwach
geheizten Backofen (ca. 50 °C) warm halten.
Eine Platte mit einer Serviette belegen, die
Blinis daraufgeben, mit dem restlichen Teil
der Serviette zudecken und sofort servieren.
Dazu Kaviar und Salmrogen in der geöffneten Originalverpackung auf Eis, dünn geschnittenen Lachs und Sauerrahm servieren,
so daß jeder Gast seine Blinis nach Belieben selbst belegen kann.

Wichtig Der Teig muß im Pfännchen zerfließen. Sollte er zu dick sein, kann er mit
etwas Milch verdünnt werden.
Die Blinis ertragen das längere Warmhalten
nicht gut, weil sie durch die Hefe aufgehen.
Am besten verwendet man mehrere Pfännchen und bäckt 2—3 Blinis gleichzeitig.

***

V Kann teilweise
vorbereitet werden
Arbeitsaufwand:
30 Min.
Backzeit: 2—3 Min.
pro Pfannkuchen
Ruhezeit des Teiges:
12 Std.

Matjes, eingelegte
Heringe

Für 4 Personen
Teig
25 g Hefe
½ Teel. Zucker
1 Eßl. lauwarme
Milch
100 g Buchweizen-
mehl
200 g Weißmehl
4 dl Milch
3 Eigelb
1 dl Rahm
3 Eiweiß
½ Teel. Salz
2 Eßl. eingesottene
Butter

Garnitur
1 kleine Dose Kaviar
1 Glas Keta-Kaviar
(Salmrogen), nach
Belieben
100 g Räucherlachs
2 dl saurer Halb-
rahm

Tip Champagner oder Krimsekt und eisge-
kühlten Wodka dazu servieren.

Variationen
– Kaviar und Salmrogen weglassen und die
  Blinis vor dem Belegen mit Lachs, mit fri-
  scher, flüssig gemachter Butter oder mit
  Sauerrahm bestreichen und dann mit
  Scheiben von Räucherlachs oder geräu-
  chertem Stör belegen.
– Die Blinis mit Matjesfilets und gehackten
  Zwiebeln servieren.
– Mit einer Mischung aus eingelegten He-
  ringen, Zwiebeln, geriebenen Äpfeln und
  gehacktem Ei belegen.

FISCHSUPPEN UND -EINTÖPFE

Mit Rezepten für Fischsuppen und -eintöpfe ließe sich allein ein ganzes Buch füllen! Die Auswahl ist mir schwergefallen, hier deshalb einen Querschnitt durch alle Arten von Fischsuppen und Süppchen aus Muscheln und Krustentieren. Viele dieser Gerichte sind mehr als nur Suppen. Sie enthalten oft noch Kartoffeln oder ein anderes Gemüse, oder sie werden zusammen mit einer gehaltvollen, pikanten Sauce serviert. Sie sind deshalb nicht mehr als Vorspeisen geeignet und ersetzen eine ganze Mahlzeit, wie z. B. die bekannte «Bouillabaisse», der spanische «Caldo de pescado» oder die bretonische «Cotriade». Allerdings sind diese kräftigen Gerichte nichts für Leute, die Angst vor Gräten haben, denn für die meisten dieser Zubereitungen werden die Fische mit den Gräten gekocht. So schmecken sie am besten. Das wissen die Küstenbewohner und verwenden deshalb nur selten Filets in ihrer Küche.
Es gibt Leute, die allen Ernstes behaupten, Süßwasserfische könne man nicht für Fischsuppen verwenden. Daß dies nicht stimmt, beweisen mehrere Rezepte in diesem Kapitel. Allerdings müssen für diese Gerichte die Fische noch frischer sein als für Suppen aus Meeresfischen, sonst bekommen sie einen tranigen Geschmack. Falls Sie an einem See wohnen, freunden Sie sich mit einem Fischer an, es lohnt sich!

Süßwasser

Trüschen werden vor allem von Fischern und Fischliebhabern wegen ihres feinen weißen Fleisches sehr geschätzt. Man findet sie in Flüssen, z. B. in Frankreich, aber auch bei uns in gewissen Seen, wo sie in großer Tiefe gefischt werden.

Trüschensüppchen

Den Fisch in 1½ cm große Stücke schneiden. Die Fischbouillon auf die Hälfte einkochen lassen. Den Lauch in ca. 4 cm lange Stücke, dann längs in sehr feine Streifen schneiden. In der Butter kurz anziehen lassen, die Fischwürfel zugeben, gut wenden, mit Salz und Pfeffer würzen, mit Weißwein ablöschen und 5 Min. bei kleiner Hitze garen lassen. Die Fischbouillon nochmals aufkochen. Rahm, Eigelbe und Wermut verrühren. Etwas Bouillon unter Rühren zugeben. Die Mischung zur Suppe gießen und knapp bis vor den Siedepunkt bringen (nicht mehr kochen, sonst gerinnen die Eigelbe!). Die Fischstücke mit dem Lauch zufügen. Sofort in vorgewärmten, kleinen Bouillontassen oder Portionentöpfchen servieren.

Wichtig Nur in Kleinportionen servieren, da die Suppe sehr nahrhaft ist!

Variationen
– Lauch durch 2 Eßl. feingehackte Zwiebeln ersetzen und etwas gehackten Dill zufügen.
– Anstatt Wermut Whisky verwenden.

*
V Kann weitgehend vorbereitet werden
Arbeitsaufwand: 15 Min.
Kochzeit: 5 Min.

Karpfen, Schleie

Für 4 Personen (als kleine Vorspeise)
250 g Trüsche (Aalquappe), ohne Haut und Gräten
7 dl «Fischbouillon» (s. S. 338)
1 Lauchstange
1 Eßl. Butter
Salz, Pfeffer
½ dl Weißwein
1 dl Rahm
2 Eigelb
1 Eßl. trockener Wermut (Noilly Prat)

Unter «Pochouse» versteht man vornehmlich eine Suppe aus Süßwasserfischen. Sie ist das Lieblingsgericht vieler Fischer und wird von ihnen mit den am Vormittag nichtverkauften Fischen zubereitet. Die Mischung ist jedesmal etwas anders, was dem Geschmack aber keineswegs abträglich ist.

Pochouse

*

V Kann vorbereitet werden
Arbeitsaufwand:
20 Min.
Kochzeit: 10 Min.

◁══▷

Große Felchen (Balchen), Trüsche (Aalquappe), Zander, Flußhecht, Karpfen

Für 4 Personen
600 g Süßwasserfische, ohne Gräten (s. oben)
4 Scheiben Weißbrot (Baguette)
1 EßI. Gourmet-Butter
1 Knoblauchzehe
1 Schalotte
1 kleine Karotte
½ Fenchelknolle
1 Stück Bleichsellerie
½ Lauchstange (grüner Teil)
1 EßI. Butter
1 dl guter Weißwein
6 dl «Fischbouillon» (s. S. 338)
1 Prise Safran
Salz, Pfeffer
1 EßI. gehackter Kerbel

Die Brotscheiben beidseitig in Butter rösten. Mit durchgepreßtem Knoblauch beträufeln. Schalotte, Karotte, Fenchel, Bleichsellerie und Lauch in sehr feine Streifen schneiden. In der Butter anziehen lassen und mit Weißwein ablöschen. Die Bouillon dazugeben. 5 Min. bei kleiner Hitze ziehen lassen. Die Fische in kleine Stücke schneiden, zufügen und langsam aufkochen. Den Safran beifügen und mit Salz und Pfeffer abschmecken. In vorgewärmte Suppentassen anrichten, mit Kerbel bestreuen und mit den Knoblauchcroûtons servieren.

Wichtig   Man kann dieser Suppe zum Verfeinern am Schluß 1 dl Rahm beifügen.

Variation   1 EßI. steifgeschlagenen Rahm auf je eine Tasse Suppe geben und unter der Grillschlange rasch überbacken.

Matelote und Pochouse — echte Matrosengerichte

In Frankreich versteht man unter diesen Bezeichnungen eine Art Fischragout, das vor allem aus Süßwasserfischen wie Karpfen, Aal, Schleien, Trüschen (Aalquappen) und ähnlichen Sorten zubereitet wird. Die Fischer verwenden dafür, was sie nicht verkauft haben, und die Rezepte variieren je nach Gegend. Die Fische werden in der Regel mit Speckwürfelchen, Wein, Kräutern und Gemüse gekocht. Der

Sud wird in alten, traditionellen Rezepten mit Mehl gebunden. In der neueren Küche verwendet man dazu meistens Rahm.

Früher wurden diese Matrosengerichte auf Brotscheiben angerichtet. Das ergab eine sehr einfache, aber sättigende Mahlzeit. Heute denkt man zuwenig daran, daß auch Fische, die nicht zu den teuersten gehören, auf diese Art zubereitet herrlich schmecken können. Fischer und Fischfans allerdings wissen es: gekocht schmecken Fische am besten! Aber sowohl die «Matelote» als auch die «Pochouse» verlangen eine liebevolle Zubereitung. Hier einige Richtlinien für diese Spezialitäten:

- Die Fische müssen mit den Gräten gekocht werden. Wer das nicht mag, kann als Basis einen guten «Fischfond» (s. S. 337) nehmen.
- Die verwendeten Fische müssen lebendfrisch sein. Süßwasserfische sind viel empfindlicher als die robusteren Meeresfische. Eine Sauce oder ein Fond, zubereitet aus nicht mehr ganz ein wandfreien Süßwasserfischen, schmeckt unangenehm aufdringlich und kann ein solches Gericht verderben. Auch Flossen oder andere Fischabfälle können der Sauce einen Trangeschmack verleihen.
- Für das Binden dieser klassischen regionalen Spezialitäten wird meistens «Beurre manié» (s. S. 343) verwendet. In meinen Rezepten habe ich darauf verzichtet, weil sie ohne dieses Hilfsmittel viel delikater, leichter und aromatischer werden.
- Die Fischer sagen, daß sich der Geschmack um so eher verbessert, je mehr Fischsorten verwendet werden. Deshalb kann man ohne weiteres verschiedene Sorten mischen, von den Felchen (Renken) über die Trüsche (Aalquappe) bis zum Karpfen oder Aal. In der Normandie gibt es auch eine Pochouse, die mit Meeresfischen und Apfelwein zubereitet wird.

Auch mit Fischen wie Karpfen und Schleien kann man ohne viel Aufwand eine gute Fischsuppe zubereiten.

Einfache Fischsuppe

*
V Kann weitgehend vorbereitet werden
Arbeitsaufwand: 20 Min.
Kochzeit: 25 Min.

Flußhecht, Hasel

Für 6 Personen
1 kg Süßwasser-
fische, z. B. Karpfen
und Schleien
2 Zwiebeln
1 Lorbeerblatt
1 Gewürznelke
6 weiße Pfeffer-
körner
2 Eßl. gehackte
Petersilie
1 Zweig Sellerie-
kraut
6 kleine Scheiben
Weißbrot
2 Eßl. Olivenöl
2 Eigelb
1 Eßl. Weißwein-
essig
Salz, Pfeffer

Das Fischfleisch von den Gräten lösen. 1 Zwiebel mit dem Lorbeerblatt und der Gewürznelke spicken. Mit den Pfefferkörnern und den Fischgräten in 1½ l Wasser 15 Min. kochen. Die Brühe durch ein Sieb gießen. In den Kochtopf zurückgeben und die gespickte Zwiebel wieder beifügen. Die restliche Zwiebel in feine Streifen schneiden. Mit 1 Eßl. gehackter Petersilie und dem kleingeschnittenen Selleriekraut zur Suppe geben. Das Fischfleisch in Würfel schneiden und langsam in der Brühe ziehen lassen. Die Brotscheiben beidseitig in etwas Öl anziehen lassen. Die Eigelbe mit dem Essig gut verquirlen. Etwas Brühe daraufgießen, zur Suppe geben und unter Rühren bis knapp vor den Siedepunkt bringen. Mit Salz und Pfeffer abschmecken. Die gespickte Zwiebel entfernen.

Die Suppe in Tassen oder Suppenteller verteilen. Mit der restlichen Petersilie bestreuen. Je 1 Brotscheibe in die Suppe legen.

Wichtig Die Fische müssen gründlich entgrätet werden.

Tip In Jugoslawien werden die Fischstücke mit den Gräten in die Suppe gegeben. Ich habe sie absichtlich entgrätet und die Fischbrühe im voraus zubereitet.

Variation Petersilie durch Zitronenmelisse oder Trique-Madame-Kraut ersetzen.

In Ungarn wird der Karpfen mehr geschätzt als bei uns. Und das mit Recht, denn er hat ein ausgezeichnetes, festes Fleisch und eignet sich vor allem für einfache Gerichte sehr gut.

Szegeder Fischsuppe

Die Fische vom Händler schuppen, ausnehmen und entgräten lassen. Die Köpfe, Schwanzstücke und Gräten mitnehmen. Die Zwiebeln in feine Streifen schneiden. Die Paprikaschoten halbieren, entkernen und in 1½ cm breite Streifen schneiden. Das Fischfleisch in mundgerechte Stücke schneiden. Die Fischköpfe, Schwanzstücke und Gräten mit den Zwiebeln, ½ Eßl. Paprika und 1½ l Wasser 1½ Std. kochen. In einem zweiten Topf die Paprikastreifen in der Butter anziehen lassen. Das Fischfleisch beifügen, kurz mitdünsten, restliches Paprika zugeben und gut wenden. Die Fischbrühe dazusieben, dabei die weichgekochten Zwiebeln durch das Sieb in die Suppe drücken. 5 Min. bei sehr kleiner Hitze ziehen lassen. Mit Salz, Pfeffer, Rosenpaprika und Dill pikant würzen. Die Suppe in Teller anrichten und nach Belieben etwas sauren Halbrahm zufügen.

Wichtig Man kann Kartoffelscheiben in etwas Fischbouillon kochen und beifügen. Dann wird die Suppe zu einem Eintopfgericht.

Variation 1 rote Paprikaschote, 2 geschälte, kleingeschnittene Tomaten, 1 Zweig Selleriekraut und 500 g Kartoffeln mitkochen. Dill weglassen. Mit scharfem Paprika abschmecken und Sauerrahm nach Belieben beifügen.

*
V Kann vorbereitet werden
Arbeitsaufwand: 25 Min.
Kochzeit: 5 Min.

Zander, Wels (Waller), Flußhecht

Für 6—8 Personen
3 kg Karpfen
3 große Zwiebeln
2 grüne Paprikaschoten
1 Eßl. edelsüßes Paprikapulver
2 Eßl. Gourmet-Butter
Salz, Pfeffer
½ Teel. Rosenpaprikapulver, scharf
2 Eßl. Dillspitzen
1 Becher saurer Halbrahm, nach Belieben

Etwas für Kenner: eine gehaltvolle Suppe aus frischem Aal. Holländer, Belgier und Norddeutsche machen gern einen Umweg, um diese Suppe irgendwo genießen zu können.

Nordische Aalsuppe

Für 6 Personen
800 g Aal
1 dl Weinessig
3 Schalotten
Salz, Pfeffer
5 Pfefferkörner
1 Gewürznelke
2—3 Petersilien-
stiele
2 Karotten
1 Stück Sellerie-
knolle
1 Lauchstange
1½ l «Fischbouillon»
(s. S. 338)
3 EßI. Kochbutter
1 EßI. Mehl
1 EßI. gemischte
Kräuter (Salbei, Thy-
mian, Majoran)
200 g enthülste
Erbsen, frisch oder
tiefgefroren
2 Eigelb

Den Aal vom Händler kochfertig vorbereiten lassen. In ca. 4 cm lange Stücke schneiden. In einen Topf geben, mit 7 dl Wasser und 1 dl Essig begießen. Grobgeschnittene Schalotten, wenig Salz, Pfefferkörner, Nelke und Petersilienstiele zufügen. Zudecken und bei kleiner Hitze ca. 10—15 Min. ziehen lassen. Karotten, Sellerie und Lauch in kleine Würfel bzw. Rädchen schneiden. Das Gemüse in der Fischbouillon 20 Min. kochen. Die Butter mit dem Mehl zu einer Kugel verkneten. In die Suppe geben und rühren, bis sie gebunden ist. Mit Salz, Pfeffer und den Kräutern abschmecken.
Die Fischstücke abgießen und mit den Erbsen in die Suppe geben. Noch 5 Min. ziehen lassen. Die Eigelbe mit etwas Fischsuppe gut verrühren. Zur Suppe geben. Bis knapp vor den Siedepunkt bringen. Nochmals nachwürzen und sofort servieren.

Wichtig Bei Verwendung von anderen Fischsorten, z. B. Kabeljau, den Essig durch 1 EßI. Zitronensaft oder 1 dl Weißwein ersetzen.

Variation Im Norden Deutschlands gibt man dieser Suppe noch Dörrpflaumen zu. So wird's gemacht: Dörrpflaumen am Vorabend in Wasser einlegen. Mit etwas Weißwein, Zitronenschale und Zucker weich kochen. Unter die Aalsuppe mischen. Nicht jedermanns Sache, aber interessant!

Der Aal — vom Miniatur-fischchen zum Ungeheuer

Der Aal ist von seiner Lebensart her einer der interessantesten Fische. Sein Leben birgt immer noch Geheimnisse, die bis heute nicht gelüftet werden konnten.

Alle Aale kommen weiblich zur Welt, und zwar im Sargassomeer im Westatlantik. Aus den Eiern schlüpfen die weidenblattförmigen Aallarven, die sich mit dem Golfstrom an die Küsten Europas und Nordafrikas treiben lassen. Im Laufe dreier Jahre entwickeln sich daraus die langgezogenen, aber immer noch kleinen, farblosen Glasaale. Ein kleiner Teil der Aale verbleibt im Brackwasser an den Küsten. Daraus entwickeln sich später die Männchen. Die anderen, die Weibchen, wandern die Flüsse hoch zu den Seen und Teichen, wo sie sich niederlassen. Während dieser Wachstumsperiode werden sie «Gelbaale» genannt. Nach fünf Jahren sind die Aale erwachsen. In den folgenden vier Jahren wandeln sie sich um in Blankaale, d. h. ihre Augen vergrößern sich, der Kopf wird spitz, die Haut auf dem Rücken dunkler, auf dem Bauch dagegen silberfarben. Die Männchen sind 30—50 cm lang, die Weibchen können bis 1,5 m lang und 5—6 kg schwer sein. Wenn sie etwa neun Jahre alt sind, machen sich alle Aale auf den Weg zu ihren Laichplätzen im Sargassomeer in der Nähe der Antillen, und zwar unabhängig davon, woher sie kommen, ob von Ungarn, von Italien, von Deutschland oder von Holland. Sobald sie die See erreichen, verschwinden sie für das menschliche Auge, und nach dem Laichen sterben sie.

Das Fleisch des Aals ist sehr zart und fein, aber etwas fett und daher nicht ganz leicht zu verdauen. Das Schwanzstück weist viele Gräten auf. Der die Flüsse hinabschwimmende Aal mit dem spitzen Kopf soll das zarteste und schmackhafteste Fleisch haben. Da es sehr empfindlich ist, muß es ganz frisch zubereitet werden. Deshalb werden Aale auch bis unmittelbar vor der

Zubereitung lebend in Süßwassertanks gehalten. Die dicke Haut des Aals wird abgezogen, eine Arbeit, die man am besten vom Fischhändler ausführen läßt.
Bei uns kennt man den Aal vor allem geräuchert. In Holland und in Belgien wird er auch gerne als Ragout gegessen oder gebacken. In Spanien ißt man ihn, wenn er noch ganz klein ist. Er wird in Olivenöl gebacken und pikant mit Knoblauch, roten scharfen Pfefferschoten und Petersilie gewürzt. In Frankreich werden mittelgroße Aale oft in ihrer Haut zubereitet. Große Aale hingegen werden in Stücke geschnitten oder filetiert zubereitet.

Salzwasser

Ein klassisches Suppenrezept, das aus dem Hummerpanzer zubereitet wird und mit Hummerfleisch angereichert werden kann.

Bisque de homard

***
V Kann vorbereitet werden
Arbeitsaufwand:
25 Min.
Kochzeit: 20 Min.

Languste, Krebse

Für 6 Personen
1 Hummer
(ca. 600 g)
6 dl «Hummerfond»
(s. S. 341), zubereitet aus dem Panzer und den Füßen des Hummers
50 g Rundkornreis (Camolino oder Vialone)
1½ dl Rahm
30 g frische Butter
Salz, Pfeffer

Den Hummer durch einen starken Schlag auf den Kopf betäuben und für 2—3 Min. kopfvoran in kochendes Wasser geben, dann längs halbieren.
Das Hummerfleisch aus dem Panzer nehmen. Auch die Scheren öffnen. Die Schalen grob hacken und damit einen Hummerfond zubereiten.
Den Hummerfond aufkochen, Reis zufügen und 20 Min. kochen. Reis mit der Kochflüssigkeit im Mixer pürieren. Nochmals aufkochen. Hummerfleisch in sehr kleine Würfel schneiden und zugeben. 2 Min. ziehen lassen. Rahm schlagen. Die Suppe von der Herdplatte wegziehen und die kleingeschnittene Butter darunterrühren. Mit Rahm verfeinern und mit Salz und Pfeffer abschmecken.

Wichtig Ist die Suppe zu dick geraten, kann man sie mit etwas Hummerfond verdünnen. Sie soll aber schön sämig sein. Da diese Suppe sehr nahrhaft ist, wird sie in kleinen Tassen serviert, besonders wenn sie Bestandteil eines mehrgängigen Menüs ist.

Tip   Man kann den grünlichen, cremigen Teil im Innern des Panzers unter den Rahm schlagen und zufügen. Das Aroma der Suppe wird dadurch kräftiger. Ist die Farbe der Suppe zuwenig intensiv, kann sie durch ein wenig Tomatenpüree verbessert werden. Aber vorsichtig dosieren, damit dieser Geschmack nicht vorherrscht.

Variationen
- Etwas Dillspitzen beifügen.
- Mit sehr wenig Pernod abschmecken.
- Evtl. noch etwas Cayennepfeffer zufügen. Besonders dann, wenn der Hummerfond ohne scharfe Pfefferschote zubereitet wurde.
- Hummerfleisch weglassen und für andere Zwecke verwenden.
- Die Suppe aus Langusten oder Flußkrebsen zubereiten.

Ein delikates Süppchen aus Hummerschalen. Wenn Sie einmal einen Hummer kaufen, denken Sie daran, daß auch aus dem Panzer etwas Köstliches entstehen kann!

Klares Hummersüppchen

Das Olivenöl in einer Kasserolle erhitzen. Karotte, Sellerie, Lauch und Schalotten kleinschneiden und darin anziehen lassen. Zucker zufügen und gut wenden. Die Hummerpanzer in Stücke teilen, zufügen und bei großer Hitze 2–3 Min. mitbraten. Mit Whisky oder Cognac begießen. Die Korianderkapseln mit dem Nudelholz leicht zerdrücken. Die Tomate kleinschneiden. Beides zufügen. Gut wenden. Mit Fischfond auffüllen. Zugedeckt 1 Std. kochen (im

*
V Kann vorbereitet werden
Arbeitsaufwand: 40 Min.
Kochzeit: 1½ Std.

Langusten- oder Krebsschalen und evtl. Langusten- oder Krebsfleisch als Garnitur (s. unten)

Für 6—8 Personen
(Kleinportionen)
2 Hummerpanzer
(ca. 500 g) mit Kopf,
Beinen usw.
1½ Eßl. Olivenöl
1 kleine Karotte
1 kleines Stück
Sellerie
½ zarte Lauch-
stange
2 Schalotten
1 Prise Zucker
2 Eßl. Whisky oder
Cognac, nach
Belieben
6 Korianderkapseln
1 geschälte Tomate
7½ dl «Fischfond»
(s. S. 337) oder ent-
fettete Geflügel-
bouillon
Salz, weißer Pfeffer
aus der Mühle

**Zum Klären der
Bouillon**
100 g Seeteufel
(Baudroie) oder
anderer Meeresfisch
200 g Gemüse
(Karotten, Lauch,
Sellerie), fein
gehackt
2—3 Petersilien-
stiele
2 Eiweiß

Garnitur
150 g Hummer-
fleisch, klein gewür-
felt, oder kleine
Gemüsekugeln
(Navets, Kohlrabi
und Karotten)

Dampfkochtopf nur 20 Min.). Die Suppe durch ein feines Sieb passieren und erkalten lassen.

Die Mischung für das Klären der Bouillon vorbereiten: Den Fisch in kleine Stücke schneiden. Das Gemüse und die Petersilie kleinschneiden. Alles in den Cutter (s. S. 370) geben und mittelfein hacken. Mit den Eiweißen mischen. Mindestens 1 Std. kalt stellen. Zur Suppe geben, gut umrühren und aufsetzen. Langsam zum Kochen bringen. 20 bis 30 Min. bei kleiner Hitze kochen. Die Suppe nochmals passieren, wieder in den Topf geben und um ein Drittel einkochen lassen. Mit Salz und Pfeffer abschmecken.

Hummerfleisch oder kleine, separat in Fond gekochte Gemüsekügelchen in kleine Tassen verteilen. Die heiße Suppe darübergießen.

Wichtig Meistens werden die Hummerschalen nach dem Anbraten mit Whisky oder Cognac flambiert. Ich tue es nicht, weil es geschmacklich nichts bringt. Im Gegenteil, durch verbrannte Schalen kann ein Horngeschmack entstehen, der meiner Ansicht nach das Aroma dieser Suppe verderben kann.

Die Mischung für das Klären der Bouillon muß sehr kalt sein!

Tip Die Suppe kann praktisch fertig zubereitet werden. Man muß vor dem Essen nur noch die Garnitur bereitstellen und die Suppe erhitzen.

Variationen

— Hat man kein Hummerfleisch, kann man etwas feingeschnittene schwarze Trüffel oder kleine Fischwürfel (Seeteufel) zur Suppe geben.
— (Fluß-)Krebs- oder Langustensuppe läßt sich auf dieselbe Art zubereiten.

Eine delikate Muschelsuppe, der je
nach Belieben Brennesselblätter oder
andere Kräuter zugegeben werden.

Crème de St-Jacques
aux orties

Die Schalotte mit dem Knoblauch in der
Butter anziehen lassen. Die Brennesselblätter zufügen und mit dünsten. Mit dem Fischfond ablöschen. Ca. 10 Min. köcheln lassen,
dann im Mixer pürieren oder durch die Passiermaschine treiben.
Das Eigelb mit dem Rahm in einer Schüssel
im Wasserbad schaumig schlagen. Die
Suppe unter kräftigem Rühren mit dem
Schneebesen nach und nach dazugießen
und mit Salz und Pfeffer abschmecken. Die
Muscheln quer in 4 mm dicke Scheiben
schneiden und auf einem Siebaufsatz im
Dampf zugedeckt 1 Min. garen. Die Suppe
in Tassen gießen und das Muschelfleisch
hineingeben.

Wichtig Nicht vergessen, beim Pflücken
der Brennesseln Handschuhe anzuziehen!
Den roten Teil der Muscheln («Corail») nicht
pürieren, aber kleingeschnitten in die Suppe
geben.

Tip Anstelle von Fischfond kann man
4½ dl Fleischbouillon, 1 dl Weißwein und
3 Eßl. trockenen Wermut verwenden. Die
Suppe schmeckt dann allerdings etwas anders.

Variationen
– Brennesseln durch gemischte Kräuter er-
setzen.
– Dieses Süppchen mit Fischfleisch zube-
reiten und nur je eine Pilgermuschel pro
Portion als Garnitur verwenden.

*
V Kann vorbereitet
werden
Arbeitsaufwand:
30 Min.
Kochzeit: 12 Min.

Seeteufel (Baudroie)

Für 4 Personen
120 g Pilgermu-
scheln (Coquilles
St-Jacques), koch-
fertig
1 Schalotte, fein
gehackt
½ Knoblauchzehe,
durchgepreßt
20 g Butter
60 g Brennessel-
blätter (möglichst
die obersten, zarten
Blätter)
6 dl Fischfond
1 Eigelb
1 dl Rahm
Salz, Pfeffer

93

Mit Seeigeln wissen wir in unseren Breitengraden nicht umzugehen. Aber vielleicht treffen Sie doch einmal auf dieses interessante Meerestier. Dann versuchen Sie dieses Seeigelsüppchen.

Soupe aux oursins

**

V Kann weitgehend vorbereitet werden Arbeitsaufwand: 40 Min. Kochzeit: 5 Min.

Kamm-Muscheln (Vanneaux)

Für 4 Personen
24 Seeigel (ca. 1½–2 kg, je nach Größe)
2 Schalotten
20 g frische Butter
2 Eigelb
1 dl Rahm
5 dl «Fischbouillon» (s. S. 338)
8 kleine Scheiben Weißbrot
2 Eßl. Olivenöl
4 Knoblauchzehen
1 Prise Safranfäden
Salz, Pfeffer

Die Seeigel mit Handschuhen anfassen und unter fließendem Wasser waschen. Mit einem spitzen Messer auf der abgeflachten Seite in der Nähe des Mundes eine kleine Öffnung anbringen. Die Seeigel mit der Öffnung nach unten über eine Schüssel halten, damit die Eingeweide und die Eigenflüssigkeit hinauslaufen. Mit einem kleinen Löffel den roten, genießbaren Teil («Corail») herauslösen. Die Hälfte der Corails mit geschälten und kleingeschnittenen Schalotten, der frischen Butter und den Eigelben in den Mixer geben und zu einem Püree verarbeiten. Rahm zugeben und kurz weiterrühren. Die Fischbouillon aufkochen. Die Brotscheiben im Olivenöl beidseitig kurz backen. Mit durchgepreßtem Knoblauch beträufeln.
Die vorbereitete Mischung mit etwas Fischbouillon gut verrühren. Zur Suppe geben und bei kleiner Hitze rühren. Nicht kochen! Die restlichen Corails zur Suppe geben. Mit Safran, Salz und Pfeffer würzen. 1 Min. leise ziehen lassen. Die Suppe in vorgewärmte Bouillontassen verteilen. Die Croûtons dazu servieren.

Wichtig   Als mir vor vielen Jahren die Frau eines Fischers eine ganze Menge Seeigel schenkte, stand ich in der Küche etwas ratlos davor. Sie hatte mir wohl erklärt, wie man diese Meeresfrüchte öffnet. Es hörte sich alles so einfach an. Aber als ich die Stacheln entfernen wollte, zerbrachen sie oder spickten mir ins Gesicht. So zog ich kurzerhand Handschuhe an und öffnete die Kugeln, ohne die Stacheln vorher zu entfernen. Mit der Zeit habe ich gemerkt, daß die Umgebung des Mundes auf der abgeflachten

Seite am weichsten, also am geeignetsten ist, um aufgeschnitten zu werden. Darauf sollte man achten.

Tip Hat man nur wenige Seeigel zur Verfügung, kann man zusätzlich kleine Fischstücke in die Suppe geben. Es sind vor allem die gemixten Corails, die der Suppe den Geschmack geben.

Variationen
- Etwas Thymian oder Kerbel zufügen.
- 1 dl Fischbouillon durch Weißwein oder Champagner ersetzen.
- Kamm-Muscheln verwenden. Allerdings wird die Suppe geschmacklich etwas anders. Einen Corail mixen und das Muschelfleisch kleingeschnitten zur Suppe geben.

Der Seeigel — stachelig, aber köstlich

Mit diesen stacheligen Kugeln machen oft Badende am Mittelmeerstrand auf unangenehme Art Bekanntschaft. Die Stacheln in den Fußsohlen sind schwer zu entfernen. Bei einem solchen Erlebnis denkt man kaum daran, daß der Seeigel auch eine Delikatesse sein kann.

Der Seeigel ist ein interessantes Tier, das weltweit vorkommt. Kulinarisch gesehen sind die Sorten aus dem Atlantik und dem Mittelmeer die gefragtesten. Seine Stacheln dienen nicht nur zur Abwehr, sondern einige davon auch zur Fortbewegung und andere zur Nahrungsaufnahme. Der Mund, der sich auf der abgeflachten Seite befindet, wird in Frankreich «Lanterne d'Aristot», «Laterne des Aristoteles», genannt. Nur 10—12 Prozent des Inhaltes sind roh genießbar, und zwar der rote «Corail». Man schreibt ihm aphrodisische Wirkung zu, was bereits den alten Römern bekannt war. Ihr «Garum», ihre Fischlake, enthielt einen Teil dieser eßbaren Substanz, die außerordentlich jod- und vitaminhaltig ist.

Die Seeigel schmecken im Winter, vor allem im Dezember, am besten. Im Sommer ist das Fangen und Verkaufen in Frankreich teilweise verboten. Die Seeigel werden von Kennern vorwiegend roh genossen. Sie müssen, auch wenn man sie gekocht ißt, tagesfrisch sein. Deshalb sind sie in unseren Breitengraden nur selten zu kaufen. Man öffnet sie (s. S. 94), säubert den Inhalt und holt den Corail mit einem kleinen Löffel heraus. Man kann daraus aber auch köstliche Saucen und Suppen zubereiten oder ein delikates Fischgericht damit anreichern.

Diese klassische Suppe soll im bekannten Restaurant «Maxim's» in Paris für einen amerikanischen Gast erfunden worden sein, der Miesmuscheln über alles liebte. Sein Vorname war Billy. Nach einer zweiten Version soll dieses Gericht als Abschiedsessen für einen anderen Billy in der Normandie kreiert worden sein. Diesem Billy wurde noch ein «Byebye» angehängt und die Suppe schließlich «Bilibi» getauft.
Hier meine eigene Variante:

Potage «Bilibi»

*
V Kann vorbereitet werden
Arbeitsaufwand: 40 Min.
Kochzeit: 5 Min.

Sandklaffmuscheln (Clams)

Für 4 Personen
1,5 kg Miesmuscheln (Moules)
5 dl «Fischbouillon» (s. S. 338)
1 große Zwiebel, gehackt

Die Miesmuscheln gut putzen (s. S. 357). Die Fischbouillon zubereiten.
Zwiebel und kleingeschnittenes Selleriekraut in Butter anziehen lassen. Muscheln, Weißwein und Fischbouillon zufügen. Zugedeckt kochen, bis sich die Muscheln öffnen. Den Kochsud der Muscheln durch ein Sieb gießen. Um ein Drittel einkochen lassen. Die Muscheln aus den Schalen nehmen. Rahm mit dem Eigelb verquirlen und zur reduzierten Fischbouillon geben, bis knapp vor den Siedepunkt bringen. Mit Salz und Pfeffer pikant abschmecken. Die Muscheln zufügen, langsam erwärmen. Nicht mehr kochen.

Die Suppe in vorgewärmte Suppentassen verteilen und mit Schnittlauch bestreuen.

Wichtig Das Geheimnis dieser Suppe liegt in ihrer diskreten Würze. Fischsud und Rahm sollen einen unaufdringlichen Muschelgeschmack erhalten.

Variation Diese Suppe läßt sich auch mit Muscheln aus der Dose zubereiten (Muschelsaft ebenfalls verwenden).

1 Zweig Selleriekraut
1 Teel. Butter
2½ dl Weißwein
3½ dl Rahm
1 Eigelb, wenn nötig
Salz, Pfeffer
2 Eßl. Schnittlauch, frisch geschnitten

Eine aromatische Suppe, die bei uns auch aus den bekannten Vongole zubereitet wird. Hier ein Rezept, das ich auf meine Art gekocht habe.

Clam chowder

Den Muschelsud nach Grundrezept zubereiten und gut absieben, damit kein Sand zurückbleibt. Wieder in den Topf geben und auf 7½ dl einkochen lassen.
Den Schinkenspeck fein hacken. Mit Schalotten und Lauch in Butter anziehen lassen. Mit dem Muschelsud ablöschen und 15 Min. bei kleiner Hitze ziehen lassen. Die Muscheln für die Suppeneinlage über dem Dampf (s. S. 364, 369) erhitzen, bis sich die Schalen öffnen. Das Muschelfleisch herausnehmen.
Den Rahm zur Suppe geben. Die Crackers mit dem Nudelholz fein zerdrücken oder im Cutter (s. S. 370) mahlen. Zufügen und unter Rühren etwas aufkochen lassen. Von der Herdplatte wegziehen. Im letzten Moment die 16 Sandklaffmuscheln beigeben, mit Salz und Pfeffer abschmecken. Sofort servieren.

Wichtig Die Muscheln dürfen nicht in der Suppe kochen, sonst werden sie hart. Man kann sie auch roh in die Suppe geben und höchstens 1 Min. leise ziehen lassen.

Tip Eine Muschelschale als Dekoration auf den Unterteller der Suppentasse legen.

*
V Kann vorbereitet werden
Arbeitsaufwand: 20 Min.
Kochzeit: 15 Min.

Venusmuscheln (Praires),
Teppichmuscheln (Palourdes)

Für 4 Personen
1 l «Muschelsud» (s. S. 329), hergestellt aus ca. 750 g Sandklaffmuscheln (Clams)
50 g Schinkenspeck
3 Schalotten, fein gehackt
1 Lauchstange, fein geschnitten
1 Eßl. Butter
Ca. 16 Sandklaffmuscheln als Einlage für die Suppe
2½ dl Rahm
50 g Crackers (gesalzene Biskuits)
Salz, Pfeffer aus der Mühle

Variationen
- Die Suppe mit einer mitgekochten Kartoffel binden (Crackers weglassen).
- In der Suppe Reis oder «Vermicelli» (ganz feine Suppennudeln) mitkochen. Auch in diesem Fall entfallen die Crackers.

Eine interessante Fischsuppe mit Provence-Charakter. Wer Pernod nicht liebt, kann ihn weglassen. Der verwendete Fenchel gibt bereits etwas Anisgeschmack ab. Der Knoblauch hingegen sollte auf keinen Fall fehlen.

Fischsuppe mit Muscheln

**

V Kann weitgehend vorbereitet werden
Zubereitung: 25 Min.
Kochzeit: 30 Min.

Seehecht (Colin), Kabeljau, Sandklaffmuscheln (Vongole)

Für 4 Personen
300 g Seeteufel (Baudroie)
500 g Miesmuscheln (Moules)
500 g Fischgräten und -köpfe (von Seezunge)
2 Schalotten
1 Fenchelknolle mit Kraut
1 Selleriestange (ca. 200 g)
1 große Tomate oder 2 Pelati
3 Eßl. Gourmet-Butter
1 Lorbeerblatt
Salz, Pfeffer
1 Eßl. Pernod
1 Stück Weißbrot (Baguette)

Die gewaschenen Fischgräten und -köpfe in 1 l Wasser 10 Min. auskochen. Die Flüssigkeit durch ein Sieb gießen. Die Schalotten, den Sellerie und die Fenchelknolle quer in 3 mm dicke Scheiben schneiden und das Kraut der Fenchelknolle hacken. Die Tomaten schälen und kleinschneiden. Den Fisch in kleine Würfel schneiden. Die Muscheln unter fließendem Wasser gut abbürsten, bis alle Unreinheiten entfernt sind. Den «Bart» herauszupfen. Die Schalotten in 1 Eßl. Butter anziehen lassen. Sellerie- und Fenchelscheiben, Tomaten und Lorbeerblatt zufügen. 2–3 Min. weiterdünsten, dann mit dem Fischsud ablöschen. 15 Min. zugedeckt kochen lassen. Mit Salz und Pfeffer abschmecken. Fischwürfel und Muscheln zur Suppe geben. Ungedeckt ca. 5 Min. ziehen lassen. Pernod und feingehacktes Fenchelkraut zugeben.
In einem rustikalen Topf auf einem Rechaud servieren.
Das Brot in ca. 1 cm dicke Scheiben schneiden. Beidseitig in der restlichen Butter goldgelb rösten. Die Pfefferschoten längs öffnen, die Kerne entfernen. Die roten Teile kleinschneiden und zusammen mit 1–2 Eßl.

Fischsud und den geschälten Knoblauchzehen im Mixer pürieren. Durch ein feines Sieb streichen und mit der Mayonnaise vermischen. Wenn nötig, mit wenig Salz abschmecken. Die Brotscheiben dicht mit der roten Sauce bestreichen und zur Suppe servieren.

Wichtig Nicht mehr Pernod zufügen als angegeben, sonst herrscht dieser Geschmack vor.

Tip Anstelle der roten Pfefferschoten kann man rote Pfefferpaste (Harissa) verwenden.

Variation Die Brotscheiben mit «Rouille» (s. S. 322) belegen.

2—3 rote Pfefferschoten, scharf (evtl. getrocknet)
4 Knoblauchzehen
100 g «Mayonnaise» (s. S. 321 f.)

Ein richtiges Erfolgssüppchen — geschmacklich und von der Präsentation her! Unter der Teighaube bleibt die Suppe auch schön heiß!

Soupe de poisson «Marius»

Die gutgeputzten Muscheln (s. S. 357) mit 1,5 l Wasser, Pfefferkörnern, Fischgräten, Salz und der Hälfte der Zwiebeln aufkochen, bis sich die Schalen öffnen. Die Muscheln herausnehmen und die Schalen entfernen. Den Sud passieren und auffangen.
Das Öl in einer großen Kasserolle erhitzen, die gereinigten Tintenfische (s. S. 356) darin leicht anbraten (große zuerst in Ringe schneiden). Restliche Zwiebeln, kleingeschnittenen Lauch und in Stücke geschnittenen Seeteufel zufügen. 5 Min. dünsten, mit dem Muschelsud ablöschen. Salz, Kräuter, Fenchelsamen, Safran und Lorbeerblatt hineingeben. Auf kleinem Feuer 2—3 Min. ziehen lassen. Pfefferschote längs öffnen, die Kerne entfernen und die Schale in kleine Stücke schneiden. Zusammen mit den Sardellen und dem Knoblauch ganz fein hakken. Mit den Muscheln in die Suppe geben und gut umrühren. Die Suppe nachwürzen

**
V Kann bis zum Backen vorbereitet werden
Arbeitsaufwand: 35 Min.
Kochzeit: 10 Min.

Sandklaffmuscheln (Vongole), Dorsch

Für 6 Personen
500 g Miesmuscheln (Moules)
4 Pfefferkörner
300 g Fischgräten
Salz
1 große Zwiebel, gehackt
2 Eßl. Olivenöl
200 g Tintenfische (auch tiefgekühlt)
1 Lauchstange

99

500 g Seeteufel
(Baudroie) am Stück
1 Teel. gemischte
Kräuter («Herbes de
Provence»)
2—3 Fenchelsamen
1 Prise Safran
1 Lorbeerblatt
½ kleine rote Pfef-
ferschote, scharf
oder 1 Messerspitze
Harissa oder Sambal
Oelek (scharfe Pfef-
ferpaste)
2 Sardellenfilets
2 Knoblauchzehen
400 g Blätterteig
1 Eigelb

und in 6 mittelgroße, feuerfeste Suppentas-
sen verteilen. Etwas erkalten lassen. Den
Blätterteig 2 mm dünn ausrollen. Rondellen
(etwa 4 cm größer als der Durchmesser der
Suppentassen) ausschneiden. Den äußeren
Rand der Tassen mit Eigelb bestreichen, die
Teigrondellen locker darüberlegen und am
Rand gut andrücken. Im letzten Moment
den Teig mit Eigelb bestreichen. Bei 22 °C
10—15 Min. überbacken.

Die mit Teig überbackene Suppe sieht sehr
attraktiv und festlich aus. Sie muß sofort
nach dem Backen auf den Tisch kommen.
Am besten setzt man das kleine Suppen-
schüsselchen auf einen mit Tortenpapier
oder einem Spitzendeckchen belegten Unterteller.

Wichtig Diese Fischsuppe kann im voraus
zubereitet und einige Stunden im Kühlschrank aufbewahrt werden. Wichtig ist bei
diesem Vorgehen, daß die Fische nicht verkochen, da sie beim Aufbacken noch etwas
weicher werden. Durch das Weglassen des
Teigdeckels wird die Fischsuppe zu einem
Schlankheitsgericht.

Tip Die Herbes de Provence sind eine Mischung aus Bohnenkraut, Rosmarin, Salbei
und Thymian. Diese Mischung wird noch ty-
pischer durch die Beigabe von einigen Fen-
chelkörnern.

Eine ganz einfache Suppe aus Seeteufel, die man aber auch mit nörd-
lichen Fischen zubereiten kann.

Sopa de rape

*
V Kann vorbereitet
werden
Arbeitsaufwand:
30 Min.
Kochzeit:
1 Std. 5 Min.

Das Fleisch des Seeteufels von der Mittelgräte wegschneiden und in Würfel schneiden. Die Gräten für die Suppe aufheben.
2 Eßl. Olivenöl in einem Topf erhitzen. Zwiebeln mit 1 feingehackten Knoblauchzehe
darin anziehen lassen. Tomaten kleinschneiden und beifügen. Kurz weiterdünsten.
Fischgräten und -köpfe beigeben und mit 1 l

Wasser auffüllen. 1 Std. bei kleiner Hitze kochen. Inzwischen die Mandeln in einer trockenen Bratpfanne hellbraun rösten und erkalten lassen. Dann mit der kleingeschnittenen zweiten Knoblauchzehe, dem Safran und ½ Eßl. Olivenöl im Mörser zu einer Paste zerstoßen. Die Brotscheiben beidseitig im Öl ausbacken.

Den Fischsud passieren, wieder erhitzen und mit Salz und Pfeffer abschmecken. Das Fischfleisch und die vorbereitete Safranpaste beifügen. Bei kleiner Hitze ziehen lassen, bis die Fischwürfel gar sind.

Die Brotscheiben in vorgewärmte Suppenteller legen und mit der Suppe begießen. Darauf achten, daß alle ungefähr gleich viel Fischfleisch bekommen.

Wichtig Mandeln, Knoblauch, Safran und Öl können auch im Mixer zu einer Paste verarbeitet werden. In diesem Fall ca. ½ dl Bouillon zugeben.

Seehecht (Colin), Kabeljau, Rotbarsch, Lengfisch

Für 4 Personen
400 g Seeteufel (Baudroie), Schwanzstück
600 g Fischgräten und -köpfe (vorzugsweise Seeteufelköpfe)
2½ Eßl. Olivenöl
1 große Zwiebel, gehackt
2 Knoblauchzehen
2 geschälte Tomaten
50 g geschälte Mandeln, gehackt
1 Briefchen Safran (evtl. Fäden)
4 kleine Scheiben Weißbrot (Baguette)
2 Eßl. Olivenöl, zum Ausbacken der Brotscheiben
Salz, Pfeffer

Eine spanische, wirklich südlich anmutende Fischsuppe, die durch die Beigabe von Kartoffeln fast zu einem Eintopfgericht wird. Die Menge der zugefügten Fische kann beliebig erhöht werden.

Caldo de pescado

Geschälte Tomate entkernen und in Stücke schneiden. Zwiebel und Paprikaschote in Streifen, Kartoffeln in Scheiben schneiden. Zwiebeln, durchgepreßten Knoblauch, Paprikastreifen und Tomatenstücke in Olivenöl 10 Min. dünsten, bis alle Flüssigkeit eingekocht ist. Keine Farbe annehmen lassen. Kartoffelscheiben zugeben und mit Fischbouillon ablöschen. 30 Min. kochen. Mit Salz, Pfeffer, Majoran und Safran würzen. Die Fischfilets und die Garnelen zugeben. 10—15 Min. in der Suppe ziehen lassen. Mit Pfefferschotenpaste nach Belieben pikant abschmecken.

*
V Kann vorbereitet werden
Arbeitsaufwand:
40 Min.

Kabeljau, Seehecht (Colin), Seezunge (Sole), Flunder

Für 4 Personen
800 g Fischfilets von verschiedenen Meeresfischsorten wie Seeteufel (Baudroie), Meeraal, Meeräsche

1 geschälte Tomate
1 große Zwiebel
1 rote Paprikaschote
500 g Kartoffeln
2 Knoblauchzehen
2 Eßl. Olivenöl
1 l «Fischbouillon»
(s. S. 338)
Salz, Pfeffer
1 Teel. gehackter
Majoran
1 Prise Safran
100 g geschälte Gar-
nelen (Krevetten)
½ Teel. scharfe
Pfefferschotenpaste
(in kleinen Gläschen
erhältlich,
z. B. Harissa)

Wichtig Wenn keine roten Paprikaschoten erhältlich sind, kann man Pimientos
morrones (spanische, in Salzlake eingelegte
Paprikaschoten) verwenden. Diese brauchen nicht gedünstet zu werden. Am besten
mischt man sie zuletzt unter die Tomaten
und läßt sie 1 – 2 Min. anziehen.

Tip Besonders attraktiv wird diese Fischsuppe, wenn man sie in rustikalen Suppentassen anrichtet. Obwohl es keine Bouillabaisse ist, schmecken dünne, geröstete
Weißbrotscheiben gut dazu. Am besten
stellt man sie separat auf den Tisch.

Die Bouillabaisse — ein Grund zu Diskussionen

*Es gibt in der Provence kein anderes
Gericht, das soviel zu reden gibt wie die
«Bouillabaisse». Jeder, der etwas vom
Kochen versteht, hat sein eigenes Rezept.
Und die anderen, die nicht selbst kochen,
dieses Gericht aber gerne essen, vertreten
ebenfalls die verschiedensten Auffassungen. Ich habe diese Fischsuppe schon
vielerorts gegessen. Immer war sie wieder
anders zubereitet. Einmal servierte man mir
schöne, ganze Fische auf einer Korkwiege
und die Suppe separat mit knusprigen,
gebackenen Knoblauchcroûtons, dann
setzte man mir Fischstücke mit vielen durch-
gehackten Gräten vor oder servierte mir eine
Luxusvariante mit Meeresfrüchten. Aber
immer war die Bouillon verschieden, und
nur die Beigabe von «Rouille» gab der
Suppe den typischen Geschmack. Kenner
sagen, daß nicht nur die Fischauswahl, sondern auch die Zubereitungsart für das
Endresultat ausschlaggebend sei. Der
Name «Bouillabaisse» soll von den beiden
Wörtern «bouillir» und «abaisser» her-
stammen, was soviel heißt wie zuerst «stark
kochen lassen», dann «die Hitze reduzieren». Auch soll das vorherige Marinieren
der Fische dem Gericht die besondere
Würze geben. Ganz verpönt ist das Beigeben von zuviel Wasser, was ich sehr gut*

verstehen kann. Wein habe in der Bouillabaisse nichts zu suchen, wohl aber typisch
provenzalische Kräuter wie Fenchel, Bohnenkraut, Thymian oder gar Orangenschale.
Ob man Kartoffeln mitkochen soll, ist ebenfalls diskutabel. Sie machten die Brühe trüb,
sagen die einen, es schmecke aber herrlich,
sagen die anderen. Auch die Brotscheiben
geben Grund zu Meinungsverschieden-
heiten. Puristen schneiden das altbackene
Brot in sehr dünne Scheiben und legen sie,
ohne sie zu rösten, in die Suppenteller. Viele
Gourmets lieben die Brotscheiben geröstet
oder gar fritiert und sogar mit Knoblauch
beträufelt.
Auch über die Erfindung der Bouillabaisse
gibt es verschiedene Versionen. Sie soll
bereits im Mittelalter von Fischern zubereitet
worden sein. Aus dieser Zeit soll auch die
Gewohnheit stammen, das Brot in die
Suppe einzutunken. Stolz ist man auf jeden
Fall in Marseille darauf, daß der Dichter
Prosper Mérimée die Bouillabaisse in
seinem 1840 erschienenen Roman
«Colomba» erwähnt hat. Jedenfalls kannte
man in der Hafenstadt Marseille schon sehr
früh die verschiedensten Gewürze. Deshalb
wahrscheinlich wird diese Suppe mit Safran
und Pfefferschoten gewürzt. Der Knoblauch
gehört zu Südfrankreich wie der Mistral.
Nicht umsonst nennt man ihn «Vanille der
Provence».
Obwohl die Bouillabaisse in Marseille zur
bekanntesten Fischspezialität wurde, wird
weiter über ihre Zubereitung diskutiert —
auch bei uns im Norden. Vielleicht weil wir
dabei Erinnerungen an das Mittelmeer, die
Sonne und die Provence auffrischen
können!

Eine einfache Bouillabaisse, wie sie von Fischern zubereitet wird.

Bouillabaisse nach Marseillerart

**
V Kann teilweise vorbereitet werden
Arbeitsaufwand: 35 Min.
Kochzeit: 15—18 Min.

◁╳

Meerbrasse (Dorade), Wolfsbarsch (Loup de mer), Bindenbrasse, Petermännchen (Vive), Ziegenbarsch

Für 6—7 Personen
3 kg Mittelmeerfische wie Drachenkopf (Rascasse), rot oder grau, Petersfisch (St-Pierre), Wittling (Merlan), Seeteufel (Baudroie), Meeraal, Knurrhahn, Stöcker
1½ dl Olivenöl
2 Zwiebeln
1 Lauchstange
2 kleine Tomaten
4 Knoblauchzehen
2 Lorbeerblätter
½ Teel. Fenchelsamen
1 Stück Orangenschale
1 Zweiglein Thymian
1 Zweiglein Bohnenkraut
2 kleine Pfefferschoten, rot, scharf und entkernt
Salz, Pfeffer
4 kleine Kartoffeln, nach Belieben
1 Prise Safranfäden
«Rouille» (1 × Rezept v. S. 322)
6—7 dünne Weißbrotscheiben

Das Olivenöl erhitzen. Zwiebeln in feine Streifen, den Lauch in feine Rädchen und die Tomaten in Viertel schneiden. Die Zwiebeln, die Tomaten und den Lauch im Öl leicht Farbe annehmen lassen. Knoblauch mit dem Messer zerdrücken. Mit Lorbeerblättern, Fenchel, Orangenschale, Thymian, Bohnenkraut und Pfefferschoten zufügen. Alles gut mischen, kurz weiterdünsten, dann mit Salz und Pfeffer bestreuen.
Alle Fische ausnehmen und gut waschen. Die Köpfe abschneiden und spalten (auf diese Art geben sie der Bouillon mehr Aroma ab). Die Fische parieren (Flossen wegschneiden) und je nach Größe in Scheiben oder Stücke teilen. Die vorbereitete Marinade erkalten lassen. Die Fische zufügen und alles gut mischen. 4—5 Std. ziehen lassen.
Die Kartoffeln schälen, waschen und vierteln. Fische aus der Marinade nehmen und mit den Kartoffeln in einen Topf geben. Kaltes Wasser auffüllen bis ca. 2 cm unterhalb der Fische. Bei großer Hitze aufkochen lassen und 6—8 Min. sprudelnd kochen, dann die Hitze reduzieren, Safran beifügen und 8—10 Min. weitergaren. Inzwischen die «Rouille» zubereiten und die Weißbrotscheiben toasten.
Die Fische mit dem Schaumlöffel sorgfältig aus der Suppe nehmen und auf eine vorgewärmte Platte anrichten. Die Suppe passieren und, wenn nötig, nachwürzen. Die Brotscheiben in Suppenteller legen und die heiße Fischbouillon daraufgießen. Die Rouille separat dazu servieren.
Die Fische werden gleichzeitig mit der Suppe gegessen. Die Sauce kann man in die Suppe geben oder nach Belieben als Beilage zu den Fischen essen.

104

Wichtig Die Fischer und die guten Marseiller Köchinnen und Köche sagen, man dürfe den Fisch nicht im Wasser «ertränken». Deshalb kochen sie für die Bouillabaisse nur relativ wenig Suppe. Auch solle man die Fische (sieben verschiedene Sorten) mit den Gräten kochen und keine Krusten- oder Schalentiere beifügen. Höchstens eine Languste, die aber separat gekocht werden müsse.

Tips
- Die Fische haben unterschiedliche Kochzeiten. Deshalb empfehle ich, das Wasser zuerst aufzukochen, um die Fische dann der Reihe nach beizufügen (zu diesem Zweck vorher aus der Marinade nehmen): zuerst die großen Fischstücke mit festem Fleisch, etwas später dann die kleineren, zarten Fische und die Fischscheiben.
- Im leistungsfähigen Delikateßgeschäft gibt es bereits assortierte Bouillabaissefische zu kaufen.

Variationen
- Kartoffeln weglassen.
- Möchte man mehr Suppe haben, kann man separat Fischköpfe und -gräten kaufen und sie für eine zusätzliche «Fischbouillon» (s. S. 338) verwenden. Die Bouillabaisse damit strecken.
- **Bouillabaisse für Leute, die Angst vor Gräten haben:**
  Die Fische filetieren und die Filets in die Marinade legen. Die Köpfe und die Gräten mit etwas Zwiebeln, Lauch und 1 Lorbeerblatt zu einer Bouillon kochen. Die Fischfilets mit der Marinade nur sehr kurz darin ziehen lassen.
- Die Brotscheiben mit Knoblauch einreiben.
- **Raffinierte Bouillabaisse:**
  Die Brotscheiben mit dem Mark von Seeigeln (s. S. 94) bestreichen. Das gibt der Suppe ein hervorragendes Aroma.
- **Luxusbouillabaisse:**
  In Spezialrestaurants — auch in Marseille — erwartet der Gast meist etwas mehr als eine einfache Fischsuppe. So werden der

Bouillabaisse oft Langusten, Garnelen (Krevetten), Kaisergranate (Langoustines) und Miesmuscheln (Moules) beigefügt. Wie bereits im Rezept erwähnt, sollten diese Meeresfrüchte aber separat gekocht und erst auf der Platte beigefügt werden.

- **Schwarze Bouillabaisse:**
  In gewissen Fischerdörfchen der Provence gibt man der Bouillabaisse sehr kleine Tintenfische mit ihrer Tinte zu. Die Suppe und auch die Fischscheiben werden dadurch etwas unansehnlich, die Suppe schmeckt aber besonders gut.
- Die Fischer fügen der Bouillabaisse einige Makrelen bei, was die Fischbouillon kräftiger macht.
- Im Languedoc (Gegend von Sète) wird die Bouillabaisse mit nur einer Fischsorte zubereitet.
- **Bouillabaisse für bequeme Leute:**
  Ängstliche Fischesser und solche, die Mehrarbeit scheuen, verwenden in Südfrankreich für ihre Bouillabaisse nur Seeteufel (Baudroie). Dieser Fisch besitzt eine kompakte Mittelgräte, die leicht entfernt werden kann. Das Verschlucken von Gräten wird auf diese Weise ausgeschlossen.

Die Schönen aus dem Mittelmeer

Wenn ich in Italien, in Frankreich oder in Spanien auf den Fischmarkt gehe, faszinieren mich immer wieder die Vielfalt und die Schönheit der Mittelmeeresfische. Besonders angetan bin ich von zwei roten Fischen, von der kleinen, hübschen Meerbarbe (Rouget) und dem dicken, imposanten Drachenkopf (Rascasse).

Die Meerbarbe *Davon gibt es zwei Arten, die sich allerdings nur in der Form des Kopfes wenig unterscheiden. Beide werden 20 bis 40 cm lang, und ihr Körper ist mit rötlichen Schuppen bedeckt. Das Fleisch der Meerbarbe hat einen ganz besonders inter-*

essanten Geschmack. *Kenner nehmen sie vor der Zubereitung nicht aus und schätzen vor allem auch die delikate Leber. Man nennt die Meerbarbe außer «Rouget» auch «Bécasse de mer», Schnepfe des Meeres, weil man ihr Inneres ohne weiteres — wie bei einer Schnepfe — mitessen kann. Sie besitzt keine Galle.*

Die Meerbarbe wird geschuppt, aber nicht gehäutet. Auch bei Filets wird die Haut belassen. Auf diese Weise bleibt nach der Zubereitung die schöne rote Farbe erhalten. Meerbarben eignen sich zum Grillieren, zum Braten, zum Garen im Dampf und für die Zubereitung in der Folie. Bei diesen Kochmethoden bleibt der Eigengeschmack am besten erhalten.

Der Drachenkopf *Dieser Fisch hat einen mächtigen Kopf, vorstehende Augen und Stacheln, die man besser nicht mit bloßen Händen anfaßt. Schwer heilende Verletzungen können die Folge sein. Das Fleisch des Drachenkopfs hat eine gewisse Ähnlichkeit mit dem der Languste, ist sehr fest und gut. Auch die Leber ist außerordentlich schmackhaft. Leider ist beim Putzen des Fisches der Abfall wegen des großen Kopfes sehr groß, was den Drachenkopf teuer macht.*

Ein bretonisches Matrosengericht, das ich besonders gerne mag. Allerdings müssen Leute, die Angst vor Gräten haben, das Rezept leicht abändern.

Cotriade

Zwiebeln und Lauch in sehr dünne Ringe schneiden. Die Butter in einem großen Topf erhitzen. Die Gemüse darin anziehen lassen. Die Kartoffeln schälen, waschen und in 2—3 mm dicke Scheiben schneiden. Die Pfefferkörner mit dem Nudelholz leicht zerdrücken. Mit den anderen Gewürzen und Kräutern zufügen. 1½ l Wasser zugießen und leicht salzen. Die Fische schuppen, ausnehmen und

**

V Kann vorbereitet werden
Arbeitsaufwand:
20 Min.
Kochzeit:
20—25 Min.

Rotbrasse, Kabeljau, Seehecht (Colin) usw.

Für 6 Personen
2 kg Fische, z. B.
Goldbrasse (Dorade
royale), Meeraal,
Seeteufel (Bau-
droie), Makrelen,
Knurrhahn
2 große Zwiebeln
3 dicke Lauch-
stangen (nur weißer
Teil)
3 Eßl. Butter
6 Kartoffeln
5 Pfefferkörner
2—3 Petersilien-
stiele
2 Lorbeerblätter
2 Zweiglein Thymian
Salz
12 dünne Weißbrot-
schnitten, getoastet

Sauce
2 Eßl. Schalotten,
fein gehackt
2 dl milder Rotwein-
essig
Salz, Pfeffer

die Köpfe entfernen. 2—3 Fischköpfe zur Suppe geben. 15 Min. kochen.

Die größeren Fische mitsamt den Gräten in Stücke schneiden. Kleinere, z. B. Makrelen und Knurrhähne, ganz belassen. Nach der Kochzeit der Bouillon zufügen.10—15 Min. bei schwacher Hitze ziehen lassen. Vor dem Anrichten die Fischköpfe entfernen.

Für die Sauce Schalotten und Essig mischen und mit Salz und Pfeffer abschmekken.

Suppenteller mit Brotscheiben belegen und die passierte, sehr heiße Bouillon daraufgießen. Die Fische auf einer Platte anordnen und die Sauce dazureichen.

Wichtig   Zuerst wird die Suppe gegessen, dann die Fische, die man mit der Sauce beträufelt.

Tip   Besonders gut wird die Sauce, wenn man Schalotten und Pfeffer bereits einige Stunden vorher zugibt. So nimmt die Sauce die Aromen dieser Zutaten besser auf.

Eine typische, da besonders leichte, aber pikante Fischsuppe aus den Antillen. Sie wird, im Gegensatz zu Fischsuppen im Mittelmeerraum, aus besonders zarten Fischsorten zubereitet, die dort noch billig zu haben sind. Bei uns werden diese Fische wegen ihres hohen Preises für raffinierte Gerichte verwendet.

Pot-au-feu nach Kreolenart

***
V Kann weitgehend
vorbereitet werden
Arbeitsaufwand:
35 Min.
Kochzeit:
18—20 Min.

Die Fische vom Händler schuppen, ausnehmen und filetieren lassen. (Steinbutt muß außerdem gehäutet werden. Die beiden anderen Fischsorten hingegen nicht.) Die Fischgräten und -köpfe und die Haut des Steinbutts für die Suppe mitnehmen.

Pot-au-feu
nach
Kreolenart

Kabeljau, Seeteufel
(Baudroie), Rot-
barsch

Für 6 Personen
2 kg delikate Mee-
resfische wie Stein-
butt (Turbot),
Meerbarben (Rou-
gets), Wolfsbarsch
(Loup de mer)
1 Eßl. Butter
1 große Zwiebel,
gehackt
1 Zweig Sellerie-
kraut
2—3 Petersilien-
stiele
1 Knoblauchzehe
1 kleines Stück rote
Pfefferschote, scharf
Salz, Pfeffer
6 kleine Karotten,
nach Belieben
2 Lauchstangen
½ Stange Bleich-
sellerie
1 Zucchino
1 rote Paprikaschote
1 Prise Safran
100 g grüne Erbsen,
nach Belieben
(evtl. tiefgekühlt)
Butter für das Sieb
6—12 Mies-
muscheln (Moules),
nach Belieben
6 kleine Scheiben
Weißbrot

Die Butter in einem hohen Topf erhitzen.
Zwiebeln zufügen und kurz anziehen lassen.
Die Fischköpfe und -gräten, Selleriekraut,
Petersilienstiele, zerquetschte Knoblauchzehe und feingehackte Pfefferschote mit
1½ l Wasser und wenig Salz und Pfeffer zugeben. 15 Min. kochen. Den Sud in einen
Topf mit Siebaufsatz abgießen. Die Karotten
schälen und in Stengelchen schneiden. Den
Lauch in dünne Ringe schneiden. Den Sellerie in 4 cm lange Stücke schneiden. Den
Zucchino ungeschält in Stäbchen schneiden, die Paprikaschote halbieren, entkernen
und in schmale Streifen schneiden. Die vorbereitete Bouillon mit Safran und wenig Salz
und Pfeffer abschmecken. Die Gemüse
darin knapp weich kochen. Etwas Bouillon
in einen zweiten Topf geben und die grünen
Erbsen darin garen. Sie sollten knackig bleiben.
Alle Gemüse mit dem Schaumlöffel aus
dem Sud nehmen und warm stellen. Den
Siebaufsatz auf den Topf stellen und mit
sehr wenig flüssig gemachter Butter bepinseln. Die Fischfilets in gleich große Stücke
schneiden, mit der Hautseite nach unten in
das Sieb legen und mit etwas Salz bestreuen. Zudecken und 3—4 Min. im Dampf
garen. Die geputzten Muscheln ebenfalls im
Dampf garen, bis sich die Schalen öffnen.
Die Brotscheiben toasten.
Die Fische, die Muscheln und die Gemüse
auf eine gut vorgewärmte Platte anrichten
und die Bouillon separat mit den Toasts servieren.

Wichtig Die verschiedenen Gemüse werden je nach Jahreszeit zugefügt. Darauf
achten, daß immer rote Paprikaschoten oder
auch Tomaten dabei sind, weil die rote
Farbe in dieser Suppe typisch ist.

Tip Kabeljau, Seeteufel und Rotbarsch
müssen 1—2 Min. länger gedämpft werden.

FISCHE MIT DELIKATEN SAUCEN

Bei den Rezepten dieses Kapitels ging es darum, Saucen zu kreieren oder auszuwählen, die zu delikaten Fischen passen, etwas Farbe in die Fischküche bringen und dennoch die wertvollen Produkte geschmacklich nicht beeinträchtigen. Gleichzeitig wollte ich die Leser und Leserinnen dazu anregen, die Rezepte je nach Saison und Einkaufsmöglichkeiten zu variieren. Diese Saucengerichte sind sicher die anspruchsvollsten des Buches, aber auch meine liebsten. Ich habe mich deshalb bemüht, sie so zu schreiben, daß auch im Fischkochen noch Ungeübte gute Resultate erzielen können. Wichtig ist, daß man alle Zutaten und Kochgeräte bereitstellt, bevor man mit der Zubereitung beginnt. Die meisten Saucen müssen unmittelbar vor dem Essen fertiggestellt werden oder erhalten erst dann den letzten Schliff. Außerdem ertragen es zarte Fische nicht, im voraus gekocht zu werden. Die Garzeiten der einzelnen Gerichte hingegen sind sehr kurz, so daß man für die Zubereitung letztendlich nicht viel Zeit aufwenden muß.

Süßwasser

Dieses einfache, aber raffinierte
Gericht aus Barsch ist rasch zubereitet.

Egligeschnetzeltes

Die Fischfilets leicht schräg in 1 cm breite
Streifen schneiden. In 2 Eßl. Butter sehr
rasch anbraten, vorsichtig wenden, mit Salz
und Pfeffer bestreuen und in eine vorgewärmte Platte anrichten. Die Schalotten mit
der restlichen Butter und dem Sauerampfer
in den Bratenfond geben. 1 Min. dünsten,
dann mit Wein ablöschen. Bis auf ca. 2 Eßl.
Flüssigkeit einkochen. Rahm zugeben, weiterkochen, bis die Sauce sämig wird. Mit
Salz und Pfeffer abschmecken. Das ge-
schnetzelte Fischfleisch in die Sauce geben.
Nur noch ganz kurz erwärmen, anrichten
und servieren.

Wichtig   Man darf das zarte Fischfleisch
wirklich nur ganz rasch anbraten, damit die
Streifen nicht zerfallen.

Tip   Damit das Gericht noch schneller zubereitet werden kann, die Schalotten vor
dem Essen anbraten, Wein zugeben, dabei
2 Eßl. für das Ablöschen des Bratenfond zurückbehalten. Die Sauce wie beschrieben
vorbereiten und zuletzt nach dem Braten
des Fisches den mit Weißwein gelösten und
eingekochten Fond der vorbereiteten Sauce
zufügen.

Variationen
– Sauerampfer durch Schnittlauch, Estragon oder sehr wenig Thymian ersetzen.
– Kräuter weglassen und ganz kleine Paprikaschotenwürfelchen oder Lauchstreifen
  in der Sauce mitkochen.
– Auf den Rahm verzichten und anstatt
  Sauerampfer 2 Eßl. gemischte Kräuter zugeben.

*
V Kann nicht vorbe-
reitet werden
Arbeitsaufwand:
10 Min.
Kochzeit: 5 Min.

Kleine Felchen
(Renken), Forellen

Für 4 Personen
800 g Barschfilets
(Egli)
3 Eßl. Butter
Salz, Pfeffer
2 gehackte Scha-
lotten
1 Eßl. Sauerampfer,
fein geschnitten
1 dl Weißwein
2 dl Rahm

Felchen schmecken auch aus einem einfachen, aromatischen Sud sehr gut. Die Räucherlachssauce ergibt das gewisse Etwas.

Pochierte Felchen mit Lachssauce

*
V Kann vorbereitet werden
Arbeitsaufwand: 15 Min.
Kochzeit: 40 Min.

Forellen, Saiblinge

Für 4 Personen
4 kochfertige Felchen (Renken)

Sud
1 Zwiebel, gespickt mit 1 Lorbeerblatt und 1 Gewürznelke
1 Scheibe Zitrone
Salz, Pfeffer
Salbei, Dill, Thymian
1 Stück Sellerie
½ Lauchstange
Salz, Pfeffer

Sauce
150 g Rahmquark
1 Eßl. Orangensaft
50 g Räucherlachs
1 Eßl. gehackter Schnittlauch
1 Prise Cayennepfeffer
Salz, Pfeffer

Alle Zutaten für den Sud mit 1 l Wasser ½ Std. kochen. Die Felchen in den leicht abgekühlten Sud geben. Auf kleinem Feuer 10 Min. ziehen lassen. Inzwischen die Sauce zubereiten: Rahmquark und Orangensaft schaumig schlagen. Fein gehackten Räucherlachs und Schnittlauch darunterziehen und nach Belieben würzen. Die Fische aus dem Sud nehmen und die Sauce separat dazu servieren.

Wichtig Die genaue Garzeit hängt von der Größe der Fische ab. Probe machen: Wenn sich die Kiemenflossen mühelos herausziehen lassen, sind die Fische gar.

Tip Die Lachssauce paßt auch sehr gut zu grillierten oder in der Aluminiumfolie gegarten Fischen, zu Kartoffeln in der Schale oder zu «Baked potatoes» (s. S. 333).

Der Bärlauch ist ein Vorbote des Frühlings. Sparsam verwendet, gibt er dieser Sauce eine interessante Note.

Felchenfilets mit Bärlauchsauce

*
V Kann teilweise vorbereitet werden
Arbeitsaufwand: 15 Min.
Kochzeit: 6–8 Min.

Zander, Dorsch, Rotbarsch

Die Felchenfilets salzen, pfeffern und zusammenfalten. In eine feuerfeste, mit Butter ausgestrichene Form legen. Mit Weißwein begießen. Mit Aluminiumfolie bedecken und 6–8 Min. bei 180 °C im Ofen oder auf dem Herd garen lassen. 4 Bärlauchblätter kleinschneiden und mit dem Rahm im Mixer pürieren.

114

Den Fischfond abgießen und passieren. Den Fond auf ca. 1—2 Eßl. Flüssigkeit einkochen. Den Bärlauchrahm zufügen. Einkochen, bis eine sämige Sauce entsteht. Die frische Butter in Flocken darunterrühren. Nachwürzen. Die Felchenfilets anrichten, mit der Sauce überziehen und mit den restlichen Bärlauchblättern garnieren.

Wichtig Bärlauch darf nur sparsam verwendet werden. Der Geschmack ist so intensiv, daß er das Fischaroma übertönen könnte.

Tip Nicht mehr ganz zarte Bärlauchblätter sollte man vor dem Mixen in wenig leicht gesalzenem Wasser 1 Min. vorkochen.

Variation Bärlauch durch Sauerampfer oder Brennesseln ersetzen.

Für 4 Personen
8 große Felchenfilets (Renken, Balchen)
Salz, Pfeffer
Butter für die Form
1 dl Weißwein
8 kleine zarte Bärlauchblätter
2 dl Rahm
20 g frische Butter

Zarte Filets von Süßwasserfischen schonend über dem Dampf gegart und mit einer leichten Lauch-Rahm-Sauce angerichtet — etwas für besonders anspruchsvolle Gäste.

Felchenfilets mit Lauchsauce

Für die Zubereitung benötigt man einen Topf mit Siebaufsatz. Die zarten, grünen Blätter des Lauchs in sehr feine Streifen schneiden. Die Schalotten hacken und mit Weißwein, 3 Eßl. Wasser und wenig Salz in den Topf geben. Den Siebaufsatz mit Butter ausstreichen. Die Felchenfilets und die Lauchstreifen hineinlegen und mit Salz und Pfeffer bestreuen. Das Sieb auf den Topf stellen und die Flüssigkeit aufkochen lassen. Den Deckel aufsetzen und den Fisch mit dem Lauch 2—3 Min. im Dampf garen. Die Fischfilets und den Lauch warm stellen. Den Sud im Topf durch ein feines Sieb passieren, wieder in den Topf geben und sehr stark einkochen. Wermut und Rahm zufügen und nochmals einkochen, bis sich eine sä-

V wird im letzten Moment zubereitet
Arbeitsaufwand: 10 Min.
Kochzeit: 3—4 Min.

Barsch (Egli), Zander, Saibling, Forelle

Für 4 Personen
8 Felchenfilets (Renken)
2 zarte Lauchstangen (nur den grünen Teil)
2 Schalotten
1 dl Weißwein
Salz, Pfeffer
1 Teel. Butter

2 Eßl. trockener
Wermut (Noilly Prat)
1 dl Rahm
40 g Tafelbutter

mige Sauce bildet. Mit Salz und Pfeffer abschmecken. Die Tafelbutter flockenweise zufügen, gut rühren und bis knapp vor den Siedepunkt bringen. Die Sauce über die Fischfilets anrichten.

Wichtig Die genaue Garzeit richtet sich nach der Größe der Fischfilets. Die Fische sind gar, sobald ihr Fleisch milchig-weiß wird. Das geht sehr schnell!

Variationen
– Lauch durch feingeschnittene Gemüsestreifen ersetzen (Karotten, Sellerie, Kohlrabi).
– Ganz zarte, kleine Frühlingszwiebeln und/oder Karotten mit Stielansatz im Sud mitkochen und das Gericht damit garnieren.
– Auf den Rahm verzichten und den Fond nur mit Butter verfeinern.
– Rahm und Butter weglassen und konzentrierten Fond mit Lauch über die Filets geben.

Der Saibling ist ein geschätzter, aber oft recht seltener Süßwasserfisch. Er hat ein festes Fleisch, das sich am besten mit einer delikaten Kräutersauce verträgt.

Saibling mit Weißwein-Kräuter-Sauce

*
V Kann teilweise vorbereitet werden
Arbeitsaufwand: 20 Min.
Bratzeit: 10–15 Min.

◁◒▷

Forelle, Felchen (Renken)

Die Schalotten in 1 Eßl. Butter anziehen lassen.
Die Fische ausnehmen, die Bauchhöhlen kurz ausspülen. Innen und außen mit Salz und Pfeffer bestreuen. Ein wenig Thymian in die Bauchhöhlen legen. Eine große feuerfeste Form mit Butter ausstreichen. Die Fische hineinlegen. Mit Weißwein begießen. Ein Stück Pergament- oder Aluminiumfolie mit Butter bestreichen und mit der bebutterten Seite auf die Fische legen.

116

10—15 Min. im Ofen bei 180 °C ziehen lassen.

Den Kochsud aus der Form in einen flachen Topf gießen. Auf die Hälfte einkochen lassen. Rahm zugeben und einkochen, bis die Sauce leicht sämig ist. Die Kräuter zufügen. Nochmals erhitzen und abschmecken. Die Fische aus dem Ofen nehmen und auf der Oberseite zwischen Kopf und Schwanz häuten. Mit der Sauce begießen.

Wichtig Die Fische nicht zu lange im Ofen belassen. Sobald sich die Brustflossen leicht lösen lassen, sind sie gar.

Tip Man kann den Sud durch ein Sieb abgießen, damit die Schalotten zurückbleiben. Die Sauce wird dadurch etwas feiner.

Für 4 Personen
4 lebendfrische Saiblinge zu ca. 250 — 300 g
3 EßI. Butter
4 EßI. Schalotten. fein gehackt
Salz, Pfeffer
Je 1 Zweiglein Thymian
2½ dl trockener Weißwein
2½ dl Rahm
2 EßI. gehackte Kräuter (Thymian, Majoran, Kerbel, Salbei, Petersilie, Schnittlauch)

Forellen oder es lebe der kleine Unterschied!

Alle unsere Forellen gehören zur Familie der Salmoniden (Lachsfische). Beim Kauf dieser Fische herrscht oft eine gewisse Unsicherheit, denn «Forelle» ist nicht gleich «Forelle». Eines weiß man aber mit Sicherheit — wilde Bachforellen bekommt man nur von guten Freunden, die sie selbst fangen. Hier einige Merkmale, die das Unterscheiden erleichtern:

Bachforelle
Sie wird 20 bis 25 cm groß. Charakteristisch sind die seitlichen roten und schwarzen, blau oder weiß umränderten Punkte (erwachsene Forellen haben meistens nur noch schwarze Punkte). Die Rückenfärbung ist bräunlich und geht an den Seiten ins Gelbliche über. Die Forelle ist ein empfindlicher Fisch, der auf Wasserverschmutzung und Bachregulierungen reagiert. Sie wird oft durch die robustere Regenbogenforelle verdrängt. Nach wie vor ist die Forelle ein beliebter Sportfisch, der sich dem Angelköder gegenüber vorsichtig verhält. Sie ist angriffslustig und räuberisch und wird vor allem mit der Fliege gefischt.

Bachforellen haben ein herrliches Fleisch und sollten eigentlich nur blau gekocht oder im eigenen Saft gegart werden. Sie werden im kleinen Rahmen auch da und dort gezüchtet, indem man sie in einem Bachstück aussetzt, wo sie unter natürlichen Bedingungen leben können.

Regenbogenforelle
Diese aus zwei amerikanischen Arten gezüchtete Forelle wurde Ende des letzten Jahrhunderts nach Europa eingeführt und ist heute überall anzutreffen. Die Regenbogenforelle ist gegen Wasserverschmutzung und höhere Temperaturen weniger empfindlich als die Bachforelle und breitet sich deshalb stark aus. Auffallend ist das regenbogenfarbene bis rosarote Band auf den Seiten. Der ganze Körper ist von schwarzen Tupfen bedeckt.
Regenbogenforellen werden wie Bach- und Zuchtforellen zubereitet.

Seeforelle
Diese Forelle ist wesentlich größer (40 bis 80 cm) als die Bach- und die Regenbogenforelle. Der Körper ist von unregelmäßigen, leicht kreuzförmigen Punkten bedeckt. Die Seeforelle ist schnellwüchsig und zieht sich zum Laichen in die Zuflüsse zurück. Die geschätzte lachsrote Färbung des Fleisches hängt von der Ernährung ab. Seeforellen werden auch gezüchtet und mit Garnelenmehl (Krill) gefüttert, damit ihr Fleisch die gewünschte Färbung bekommt. Fälschlicherweise werden sie dann oft «Lachsforellen» genannt. Es ist nicht immer leicht, eine Seeforelle von einem Lachs zu unterscheiden. Das Fleisch des Lachses ist jedoch meist intensiver rot, und die Punkte auf seinem Leib sind runder als bei der Seeforelle.
Seeforellen werden mit Vorliebe ganz pochiert und oft kalt gegessen.

Zuchtforelle
Die bei uns verkaufte Zuchtforelle wird in Fischzuchtanstalten aufgezogen. Sie ist das

*ganze Jahr erhältlich. Im Gegensatz zur
Bachforelle hat sie nur schwarze Flecken.
Zuchtforellen schmecken vor allem
gebraten, serviert mit Kräutersaucen oder
anderen Saucen.*

Goldforelle
*Ab und zu sieht man in einem Fischbassin
eines Restaurants goldgelbe Forellen, eine
Art, die meist aus dem Fernen Osten
kommt. Es handelt sich dabei um sogenannte Albinoforellen. Ihr Fleisch ist zart,
aber oft etwas fader als das gewöhnlicher
Zuchtforellen. Goldforellen sind vor allem
vom Aussehen her attraktiv, kulinarisch
gesehen sind sie keine Offenbarung.*

Für Liebhaber von gefüllten Fischen —
eine Seeforelle mit Morcheln gefüllt
und in Rahm schonend gegart.

Seeforelle
mit Morchelfüllung

Die Seeforelle beim Kauf kochfertig zurichten lassen. Die Schalotten hacken und in
Butter anziehen lassen. Die Morcheln vierteln, zufügen und mitdünsten. Mit Portwein
ablöschen, zudecken und 10 Min. garen lassen. Nach dem Erkalten kühl stellen. Das
Weißbrot in Stücke brechen, mit heißer
Milch begießen. Nach dem Aufweichen
auspressen und zerdrücken. Alle Zutaten für
die Füllung 30 Min. in den Kühlschrank stellen.
Die Forellenfilets in Streifen schneiden. Mit
Brot, 3 Eßl. Rahm und dem Eiweiß in den
Cutter (s. S. 370) geben. Das Püree mit den
gutgewaschenen und vorgekochten Morcheln sowie dem Majoran mischen. Mit Salz
und Cayennepfeffer abschmecken.
Diese Füllung in den Fischbauch geben und
die Forelle mit Küchenfaden zunähen. Eine
feuerfeste Form mit Butter ausstreichen, die
Forelle hineinlegen. Doppelrahm mit Salz

**

V Kann weitgehend
vorbereitet werden
Arbeitsaufwand:
30 Min.
Bratzeit: 30—35 Min.

Lachs, Meerbrasse
(Dorade)

Für 4 Personen
1 Seeforelle
(ca. 1,2 kg)
Butter für die Form
2½ dl Doppelrahm

Füllung
2 Schalotten
2 Eßl. Butter
100 g Morcheln,
frisch oder tief-
gekühlt
2 Eßl. Portwein
30 g Weißbrot
(Semmel)

1 dl Milch
100 g Forellenfilets
3 Eßl. Rahm
1 Eiweiß
1 Eßl. gehackter
Majoran
Salz
1 Prise Cayenne-
pfeffer

und Pfeffer abschmecken und über den Fisch gießen. Bei 180 °C im Backofen 30—35 Min. überbacken.

Wichtig Während der Backzeit ab und zu den Rahm mit einer Gabel leicht durchrühren, weil der Fisch Flüssigkeit abgibt und die Sauce gleichmäßig einkochen muß.

Tips
— Man kann auch anstelle der großen lachsfarbenen Seeforelle Bach- oder Zuchtforellen in Portionengrößen auf diese Art füllen. Die Forellen entgräten und zum Füllen vorbereiten (s. S. 354f.). Füllung hineindressieren und offen überbacken.
— Die Forelle in einer Aluminiumfolie garen.
— Reicher wird die Sauce, wenn man ein paar Morcheln mitkocht.

Grüner Pfeffer aus Madagaskar schmeckt nicht nur gut in einer gehaltvollen Fleischsauce, sondern auch — spärlich angewandt — in Fischgerichten.

Forellenfilets mit Pfeffersauce

*
V Kann vorbereitet werden
Zubereitungszeit: 35 Min.

Felchen (Renken), Barsch (Egli)

Für 4 Personen
8 Forellenfilets
(Bach-, Zucht-
forelle), ca. 600 g
1 Eßl. grüner Pfeffer
2 Eßl. Butter
Salz
2 Eßl. gehackte
Schalotten
1 Gewürznelke
½ Lorbeerblatt
¼ Teel. Estragon

Den grünen Pfeffer in ein kleines Sieb geben und kalt abspülen. Die Fischfilets mit dem grünen Pfeffer 2—3 Min. in 1 Eßl. Butter anziehen lassen, bis sie gar, aber noch fest sind. Sorgfältig aus der Pfanne nehmen und warm stellen. Restliche Butter, Schalotten, Gewürznelke, Lorbeerblatt und Estragon beifügen. 10 Min. unter öfterem Wenden dünsten. Lorbeerblatt und Nelke entfernen. Mit Weißwein ablöschen. Aufkochen, bis die Sauce leicht gebunden ist. Mit durchgepreßtem Knoblauch, Salz und Zucker würzen. Eigelb in einer kleinen Schüssel verquirlen. Wenig Sauce dazurühren. Alles zur Sauce geben und langsam bis vor den Siedepunkt bringen. Sofort vom Feuer nehmen und über die Fischfilets anrichten.

Dekorativ sieht dieses Gericht aus, wenn man es mit «Blätterteigfischchen» (s. S. 333) garniert.

Wichtig Das Gericht läßt sich gut im voraus zubereiten. In diesem Fall die Fischfilets nach dem Dünsten in eine Auflaufform legen, die Sauce darübergießen und vor dem Servieren 5—10 Min. bei Oberhitze leicht gratinieren.
Die Blätterteigfischchen dürfen erst beim Anrichten beigelegt werden.

1½ dl Weißwein,
Champagner oder
Sekt
1 Knoblauchzehe
¼ Teel. Zucker
1 Eigelb

Brennesseln — als Unkraut bestens bekannt — ergeben, wenn sie noch jung und zart sind, eine delikate Sauce, die sehr gut zu Süßwasserfischen paßt.

Zanderfilets mit Brennesseln

Die Schalotten hacken. In Butter kurz anziehen lassen. In eine feuerfeste Form geben. Die Zanderfilets falten und in die Form legen. Mit Salz und Pfeffer bestreuen und mit dem Wermut begießen. Eine Pergamentfolie mit Butter bestreichen und mit der bebutterten Seite nach unten darüberlegen. 10 Min. bei 180 °C garen lassen.
Inzwischen die Brennesselblätter putzen, die Stiele entfernen, dann für 2 Min. in kochendes, leicht gesalzenes Wasser geben. Gut abtropfen, auspressen und grob hakken. Einige Blätter für die Garnitur ganz zurückbehalten, die anderen mit dem Rahm im Mixer pürieren.
Die Fischfilets kurz aus dem Ofen nehmen. Den Fond durch ein Sieb passieren, auf die Hälfte einkochen, mit dem Rahm mischen und unter Rühren weiter einkochen, bis die Sauce leicht sämig wird. Die Fischfilets inzwischen im Ofen bei 80 °C warm halten. Die Sauce über die Fischfilets anrichten. Mit Brennesselblättern garnieren.

*
V Kann weitgehend vorbereitet werden
Arbeitsaufwand:
20 Min.
Garzeit: 10—15 Min.

Große Felchen (Renken, Balchen), Forellen, Barsch (Egli)

Für 4 Personen
800 g Zanderfilets
50 g Schalotten
2 Eßl. Butter
Salz, Pfeffer
2 Eßl. trockener Wermut (Noilly Prat)
Butter für Folie und Form
Eine Handvoll junge, zarte Brennesselblätter
2½ dl Rahm

Wichtig Ziehen Sie beim Pflücken der Brennesseln Handschuhe an! Sobald sie geschnitten sind, brennen sie nicht mehr. Darauf achten, daß die Blätter von einem Ort stammen, an dem sie nicht gedüngt wurden und keinen Autoabgasen ausgesetzt waren.

Tip Man kann die Fischfilets vor dem Garen mit einer Fischmousse (aus Lachs oder anderen Fischsorten) füllen. Rezept für die Füllung s. S. 201.

Variation Rahm und Wermut weglassen. In diesem Fall die Brennesselblätter kurz abbrühen, kalt abschrecken, abtropfen, hacken und 1 Min. in Butter dünsten. Über die Fischfilets verteilen.

Ein beliebtes Fischgericht mit aromatischer Estragon-Butter-Sauce. Estragon paßt besonders gut zu Lachs.

Escalopes de saumon à l'estragon

**
V Muß «à la minute» zubereitet werden
Arbeitsaufwand: 10 Min.
Kochzeit: 5 Min.

Steinbutt (Turbot), Glattbutt, Petersfisch (St-Pierre)

Für 4 Personen
4 frische Lachsschnitzel
100 g Butter
2½ dl Weißwein
4 Eßl. weißer, herber Wermut (Noilly Prat)
2 Eßl. «Fischfond» (s. S. 337) oder Bouillon
2 Eßl. gehackte Schalotten

Die Lachsschnitzel zwischen zwei Aluminiumfolien etwas platt drücken. Beidseitig ganz kurz in 1 Eßl. Butter anziehen lassen. Weißwein, Wermut, Fischfond und Schalotten zusammen aufkochen. So lange weiterkochen, bis nur noch ca. 1 Eßl. Flüssigkeit im Topf bleibt. Den Rahm beifügen, sämig werden lassen und zuletzt den Estragon zugeben. Nach Bedarf mit Salz und Pfeffer würzen. Den Topf von der Herdplatte wegziehen. Die restliche Butter in kleine Stücke schneiden und mit dem Schneebesen unter die Sauce ziehen. Wenig Zitronensaft zugeben. Den Fisch anrichten, leicht mit Pfeffer und Salz würzen und die Sauce darüber verteilen.

Wichtig Die dünngeschnittenen Fischschnitzel sollten nur ganz kurz in der Pfanne bleiben, damit sie nicht austrocknen.

Variationen

- Estragon durch Schnittlauch oder Kerbel ersetzen.
- Rahm und evtl. Butter weglassen, den Fond etwas einkochen.

2 Eßl. Rahm
3 Eßl. Estragon, fein geschnitten
Salz, weißer Pfeffer
½ Zitrone

Ein unkompliziertes Gericht, das herrlich schmeckt und an den Frühling erinnert.

Trüsche
mit Kressesauce

Den Lauch in sehr feine Rädchen schneiden. 1 Eßl. Butter in einem Topf erhitzen. Lauch zufügen und 2—3 Min. unter Wenden anziehen lassen. Milch, 1 dl Wasser und Reis zugeben. 25 Min. ungedeckt bei kleiner Hitze kochen. Inzwischen die Blätter der Brunnenkresse von den Stielen lösen. Gut waschen. 1 Min. in leicht gesalzenem Wasser kochen, abgießen und kalt abspülen. Die Kresseblätter mit der Hand gut ausdrükken. Nach 25 Min. Kochzeit zum Lauch geben und 2 Min. mitkochen. Die Mischung in den Mixer geben. Rahm zufügen und zu einem Püree mixen. Mit Salz und Pfeffer abschmecken. Die Sauce warm halten.
Die Trüschen beim Kauf häuten lassen. In ca. 2—3 cm dicke Scheiben schneiden. Auf Küchenpapier gut trocknen. In der restlichen Butter allseitig braten, bis das Fischfleisch milchig-weiß ist. Salzen und pfeffern.
Die Kressesauce auf vorgewärmte Teller anrichten und die Trüschenstücke darauflegen. Mit je einem Kressezweiglein garnieren.

Wichtig Man kann die Trüschen auch filetieren lassen oder, wenn es kleine Exemplare sind, diese ganz braten.

Tips
- Den Fisch mit der Sauce mischen und wie ein Ragout anrichten.
- Gartenkresse verwenden (nicht mitkochen, sondern roh in den Mixer geben!).

*
V Kann weitgehend vorbereitet werden
Arbeitsaufwand: 20 Min.
Kochzeit: 25 Min.

Zander, Rotzunge, Dorsch

Für 4 Personen
2—4 Trüschen (Aalquappen) ohne Kopf und Haut (ca. 1,2 kg)
1 Lauchstange
2 Eßl. frische Butter
1 dl Milch
1 Teel. Reis (Camolino oder Vialone)
150 g Brunnenkresse
1 Eßl. Doppelrahm
Salz, Pfeffer
Brunnenkresse zum Garnieren

Rotweinsaucen passen meiner
Ansicht nach nicht zu jedem Fisch.
Mit der Trüsche aber ergibt sich damit
ein gutes Gericht.

Trüsche
mit Rotweinsauce

*

V Kann weitgehend
vorbereitet werden
Arbeitsaufwand:
30 Min.
Kochzeit: 5—8 Min.

Aal, Glattbutt,
Karpfen

Für 4 Personen
600 g Trüschenfilets
(Aalquappe)
Butter für die Form
Salz, Pfeffer
½ dl Weißwein
50 g Schalotten
1 Eßl. Butter
4 dl guter Rotwein
1 Prise Thymian
¼ Lorbeerblatt
80 g frische Butter

Eine feuerfeste Form mit Butter ausstreichen. Die Trüschenfilets halbieren und hineinlegen. Mit wenig Salz und Pfeffer bestreuen und mit Weißwein begießen.
Die Schalotten hacken und in 1 Eßl. Butter
anziehen lassen. 3 dl Rotwein, Thymian und
Lorbeerblatt zugeben. Bis zur Hälfte einkochen lassen. Durch ein feines Sieb gießen,
dabei die Schalotten gut ausdrücken. Den
restlichen Rotwein zugeben, wieder in den
Topf geben und weiterkochen.
Die Fischfilets in den Backofen (200 °C)
schieben und 5—8 Min. pochieren. Die Gar-
flüssigkeit aus der Form durch ein feines
Sieb in die Rotweinsauce abgießen. Die
Sauce bei starker Hitze nochmals auf die
Hälfte einkochen. Die kalte Butter in kleine
Stücke schneiden. Neben der Herdplatte
unter die heiße Sauce schwingen. Unter
Rühren nochmals erwärmen, evtl. nachwürzen. Die Fischfilets auf vorgewärmte Teller
verteilen und die Sauce ringsum gießen.

Wichtig Die Qualität der Sauce steht und
fällt mit dem verwendeten Wein. Man sollte
einen körperreichen Wein aussuchen, der
weder zu jung noch zu alt ist. Am besten
eignen sich Burgunder, Bordeaux, Rioja
oder Pinot noir.

Tip Der Fisch wird in Weißwein pochiert,
weil er durch Rotwein eine häßliche Farbe
annehmen würde.

Variation Die Sauce mit ½ Teel. Maisstärke leicht binden und nur 40 g Butter darunterrühren.

Salzwasser

Die Sauce dieses Gerichtes ist so fein, daß sie nur zu einem edlen Fisch paßt.

Escalopes de turbot à l'estragon

Weißwein, Wermut, Fischfond, Schalotten und 1 Eßl. Estragon zusammen aufkochen. So lange weiterkochen, bis nur noch ca. 2 Eßl. Flüssigkeit im Topf bleiben. Durch ein feines Sieb passieren (Schalotten gut auspressen). Den Rahm beifügen, sämig werden lassen und zuletzt den restlichen Estragon hineingeben. Nach Bedarf mit Salz und Pfeffer würzen. Den Topf von der Herdplatte wegziehen. Die frische Butter in kleine Stücke schneiden und mit dem Schneebesen unter die Sauce ziehen. Wenig Zitronensaft zugeben. Die Fischschnitzel zwischen zwei Aluminiumfolien etwas platt drücken. Beidseitig ganz kurz in 1 Eßl. Butter anziehen lassen. Die Schnitzel anrichten, leicht mit Pfeffer und Salz würzen und die Sauce darüber verteilen.

Wichtig Man kann ersatzweise Estragon verwenden, der in Essig eingelegt wurde. In diesem Fall das Kraut abspülen und gut abtropfen lassen. Zitronensaft weglassen.

Variationen
– Estragon durch feingeschnittenen Sauerampfer ersetzen.
– Doppelrahm verwenden, Menge erhöhen und dafür die Butter weglassen.
– Rahm weglassen, Estragon in wenig Butter anziehen lassen und über die Fischschnitzel verteilen.

**

V Kann teilweise vorbereitet werden
Arbeitsaufwand: 25 Min.
Kochzeit: 1 Min.

Wolfsbarsch (Loup de mer), Glattbutt, Heilbutt, Lachs

Für 4 Personen
4 Steinbuttschnitzel (Turbot)
1½ dl Weißwein
4 Eßl. weißer, herber Wermut (Noilly Prat)
4 Eßl. «Fischfond» (s. S. 337) oder Bouillon
2 Eßl. gehackte Schalotten
3 Eßl. Estragon, fein geschnitten
4 Eßl. Rahm
Salz, weißer Pfeffer
30 g frische Butter
1–2 Teel. Zitronensaft
1 Eßl. Butter

Ein besonders originelles Fischgericht, das sich weitgehend vorbereiten läßt.

Meerbarbenfeuilleté mit Tomatencoulis und Oliven

***
V Läßt sich weitgehend vorbereiten
Arbeitsaufwand: 30 Min.
Kochzeit: 5 Min.

Knurrhahn, Drachenkopf (Rascasse)

Für 4 Personen
8 Meerbarbenfilets (Rouget)
200 g Blätterteig
1 Eigelb
8 schwarze Oliven
2 Schalotten
2 Eßl. Olivenöl, kalt gepreßt
4 geschälte Tomaten
4—5 Basilikumblätter
1 dl Rosé de Provence
Butter für das Sieb
Pfeffer
1 Knoblauchzehe
20 g Butter

Die Fische ausnehmen, schuppen und filetieren lassen (nicht häuten!). Den Blätterteig 3 mm dünn ausrollen, zu kleinen Rechtecken schneiden, mit Eigelb bestreichen und 10 Min. bei 220 °C backen.

Die Oliven entkernen und grob hacken. Schalotten fein hacken und in Olivenöl anziehen lassen. Die geschälten Tomaten halbieren, die Kerne entfernen, gut ausdrücken und in kleine Stücke schneiden. Zu den Schalotten geben und mitdünsten, bis ein konzentriertes Mus entsteht. Die Basilikumblätter in Streifen schneiden. Die Hälfte davon zu den Tomaten geben. Mit dem Wein ablöschen. Einen gelochten Siebaufsatz mit Butter ausstreichen. Die Filets beidseitig mit Pfeffer bestreuen, falten und auf das Sieb legen. Das Sieb auf den Topf mit den Tomaten stellen. Den Knoblauch durchpressen und über die Fischfilets verteilen. Aufkochen, den Deckel aufsetzen und die Filets im Dampf 1—2 Min. garen, dann warm stellen. Das Tomatenmus («Coulis») etwas einkochen, dann die frische Butter darunterziehen. Die Sauce auf warme Teller anrichten, die Filets darauflegen und mit dem restlichen Basilikum und den gehackten Oliven bestreuen. Mit einem knusprig gebackenen Blätterteigrechteck garnieren.

Wichtig Die Meerbarbenfilets sollten nur geschuppt, nicht gehäutet werden, damit sie ihre rötliche Farbe behalten.

Variationen
— Basilikum durch Rosmarin ersetzen.
— Blätterteig weglassen, die rohen Filets auf das Gemüse legen, mit Olivenöl bestreichen und 5—8 Min. überbacken.

Die Marinade gibt diesem Fisch die interessante Würze.

Gebratener Fisch mit Soja-Curry-Sauce

Die Zutaten für die Marinade verrühren und den beidseitig kreuzweise eingeschnittenen Fisch mehrmals darin wenden.

Den Fisch mit der Marinade in Alufolie einpacken und ca. 2 Std. im Kühlschrank ziehen lassen.

30 Min. vor dem Essen aus der Sauce nehmen, mit Öl bestreichen und in eine feuerfeste Form legen.

Im gut vorgeheizten Ofen beidseitig bei 190 °C etwa 15—20 Min. braten. Nach der halben Bratzeit wenden. Von Zeit zu Zeit mit der Marinade beträufeln.

Wichtig Der Fisch muß eingeritzt werden, damit die Marinade ins Fleisch eindringt.

Tip Der Fisch kann auch auf einer Aluminiumfolie oder unter der Grillschlange gegart werden.

Variation Die Sauce zuletzt etwas binden: 1 Teel. Maisstärke und 1—2 Eßl. Wasser verrühren, zugeben und kochen, bis die Flüssigkeit sirupartig wird.

**
V Kann weitgehend vorbereitet werden
Arbeitsaufwand: 15 Min.
Bratzeit: 15—20 Min.

Goldbrasse (Dorade royale), Rotbrasse, Karpfen

Für 2 Personen
1 mittelgroße Streifenbrasse, mit Kopf, aber kochfertig
1 Eßl. Öl zum Braten

Marinade
3 Eßl. Sojasauce
½ Teel. Zwiebelpulver
½ Teel. Glutamat
3 Eßl. Sherry (Jerez)
1 Eßl. Rohzucker
1 Messerspitze Sambal Oelek (scharfe Pfefferpaste)
½ Teel. Currypulver

Butt in Wirsing
mit Kaviarsauce

Der lange Zeit etwas stiefmütterlich betrachtete Wirsing kommt in der Fischküche zu neuen Ehren. Bei diesem Rezept schützt er das zarte Fischfleisch und ergänzt seinen Geschmack aufs beste.

Butt in Wirsing

Die Blätter des Wirsings einzeln abtrennen. Die Strünke entfernen. Wasser und Salz aufkochen und die Blätter hineingeben; kochen, bis sie lahm werden und knapp gar sind. Kalt abschrecken. Die Fischfilets in Würfel schneiden, mit Salz und Pfeffer bestreuen. Die Fischwürfel in die Wirsingblätter einpacken. Den Weißwein mit den Schalotten bis auf 2—3 Eßl. einkochen. Den Wermut zufügen, nochmals ein wenig einreduzieren. Den Rahm und die kleingeschnittene Butter beigeben. Gut rühren, bis eine gleichmäßige weiße Sauce entsteht. Inzwischen die eingepackten Fischwürfel in vier ausgebutterte Förmchen verteilen. Mit einer Folie abdecken und im Ofen bei 180 °C 10 bis 12 Min. garen. Die Sauce mit Kaviar mischen. Die Förmchen auf warme Teller stürzen. Die Sauce ringsum gießen und mit Salmrogen garnieren.

Wichtig Beim Warmhalten gart der Fisch nach, deshalb die angegebene Temperatur nicht überschreiten und die Förmchen nur sehr kurz im Ofen belassen.

Variationen

- Die kleinen Wirsingpäckchen lassen sich auch im Dampf über dem Wein garen (1 dl Wasser zufügen).
- Kaviar weglassen und der Sauce einige Safranfäden zufügen.
- Kaviar durch einige leicht zerdrückte Korianderkapseln oder 1 Teel. gehackte Korianderblätter ersetzen.

**

V Kann teilweise vorbereitet werden
Arbeitsaufwand: 25 Min.
Kochzeit: 2—3 Min.

Steinbutt (Turbot), Lachs, Wolfsbarsch (Loup de mer)

Für 4 Personen
400 g Glattbuttfilets
1 Wirsing
Salz, Pfeffer
1 dl gehaltvoller Weißwein (Chablis)
1 Eßl. Schalotten, fein gehackt
1 Eßl. trockener Wermut (Noilly Prat)
1 Eßl. Rahm
60 g frische Butter
1 Eßl. Kaviar
1 Eßl. Salmrogen

Der Loup de mer und sein großer Bruder aus dem Norden

Der Loup de mer, auch Bar genannt, ist im Moment der begehrteste und deshalb auch der teuerste Fisch. Er ziert die Karte renommierter Restaurants und wird seines delikaten Fleisches wegen von Fischgourmets ganz besonders geschätzt. Sein deutscher Name ist «Wolfsbarsch».

Sehr erstaunt war ich, als ein Freund von mir behauptete, er habe spottbillig Loup de mer gekauft. Ich ließ mir die Adresse geben, und siehe da, in der Kühlvitrine lag ein bereits gehäutetes Ungeheuer, ein Katfisch, der wirklich mit «Loup de mer» angeschrieben war. In meinem Fischlexikon* fand ich des Rätsels Lösung. Der Katfisch wird in der französischen Sprache «Loup», «Loup du nord» oder «Loup atlantique» genannt, auf italienisch «Lupa di mare» und in gewissen deutschen Kochbüchern «Meer-» oder «Seewolf». Aber weder sein Aussehen noch die Konsistenz seines Fleisches können es mit dem «Loup» aus dem Mittelmeer aufnehmen. Also lassen Sie sich nicht dazu verführen, einen falschen Loup de mer aus dem Norden zu kaufen, nur weil er preislich günstiger ist! Allerdings lassen sich auch mit dem Katfisch schmackhafte Fischgerichte verwirklichen, nur würde er sich in einem Dreisternrestaurant nicht so gut präsentieren.

Der Loup de mer aus dem Mittelmeer ist ein silberner, ganz normal und bescheiden aussehender Fisch mit gezackter Rückenflosse, der pochiert, gebraten oder grilliert am besten schmeckt. Sein Fleisch ist so aromatisch, daß die besten Saucen für ihn fast zu schade sind. Ein bißchen kaltgepreßtes Olivenöl oder frische Butter mit wenig Pfeffer und Salz sind für diesen Fisch die beste Würze.

---

* «Multilingual Dictionary of Fish and Fish Products», hrsg. v. der Organisation for Economic Co-operation and Development O.E.C.D., Farnham, Fishing News Books Limited, 1984

Ein besonders feiner Fisch sollte auch auf besonders delikate Art zubereitet werden. Hier der beliebte Wolfsbarsch — gefüllt mit Kräutern — in einer Champagnersauce.

Loup de mer aux herbes

Den Fisch kochfertig zurichten oder bereits beim Kauf vorbereiten lassen. Den Bauch mit Salz und Pfeffer würzen. Mit Kerbel, Estragon und Fenchelkraut füllen. Eine ovale Form gut mit Butter ausstreichen. Schalotten in Ringe schneiden, mit Thymian, Rosmarin und Lorbeerblatt in die Form geben. Den Fisch darauflegen. Mit Fischfond begießen. Wenig Salz, Pfeffer und durchgepreßten Knoblauch daraufgeben. Eine Pergament- oder Aluminiumfolie mit Butter bestreichen. Mit der bebutterten Seite nach unten auf den Fisch legen. 20 Min. bei 180 °C im Ofen ziehen lassen. Die Folie ab und zu entfernen und den Fisch mit der Kochflüssigkeit begießen. Sobald er gar ist, den Fisch sorgfältig häuten. Wiederum mit der Folie bedecken und im ausgeschalteten Ofen warm halten. Die Kochflüssigkeit durch ein Sieb in einen Topf gießen. Champagner zugeben, auf ca. 1 dl einkochen lassen. Die Butter in kleine Stücke schneiden und unter die Sauce rühren. Mit Salz und Pfeffer abschmecken. Den Wolfsbarsch mit der leichten Buttersauce überziehen. Kerbel mit einer Schere kleinschneiden und darüber verteilen. Mit Zitronenscheiben garnieren.

Wichtig Man muß den Fisch unbedingt häuten, wenn man ihn mit der Sauce überziehen will.

Tip Ein größerer Fisch muß etwas länger im Ofen belassen werden.

Variationen
– Kräuter durch Salbeiblätter ersetzen.

***
V Kann teilweise vorbereitet werden
Arbeitsaufwand: 20 Min.
Garzeit: 20 Min.

Seeforelle, Saibling

Für 2 Personen
1 Wolfsbarsch (Loup de mer),
ca. 700 – 800 g
Salz, Pfeffer
Je 1 Zweiglein Kerbel-, Estragon- und Fenchelkraut
Butter für Form und Folie
2 Schalotten
Je 1 kleines Zweiglein Thymian, Rosmarin und 1 Lorbeerblatt
2 dl «Fischfond» (s. S. 337)
½ Knoblauchzehe
1 dl trockener Champagner oder Weißwein
60 g frische Butter
2 – 3 Zweiglein Kerbel
1 Zitrone

- Den Wolfsbarsch vor dem Garen im Back-ofen kurz mit etwas kochendem Fisch-fond begießen, dann häuten, mit Salz und Pfeffer bestreuen und in kurz vorgekochte Wirsingblätter einhüllen. In diesem Fall nicht mit Folie bedecken und die Sauce separat dazu servieren.
- Butter weglassen und den Fisch im Ofen mehrmals mit etwas Champagner be-gießen.

Das Beste vom Besten —
Wolfsbarsch in Champagner gegart.

Loup de mer in Champagnersauce

***
V Kann teilweise vorbereitet werden
Arbeitsaufwand: 15 Min.
Bratzeit: 30 Min.

◁◻

Seeforelle, Äsche, Saibling

Für 2 Personen
1 mittelgroßer Wolfsbarsch (Loup de mer), kochfertig (ca. 800 g)
2 EßI. Zitronensaft
Salz, weißer Pfeffer
4 Schalotten
1 Karotte
1 Lauchstange
50 g Champignons
2 EßI. Gourmet-Butter
1 Piccolo-Flasche trockener Cham-pagner oder Sekt (2 dl)
2—3 EßI. Doppel-rahm
80 g frische Butter

Den ausgenommenen Fisch auf beiden Sei-ten der Länge nach im Zickzack mit einem Küchenmesser einschneiden. Außen und in-nen mit Zitronensaft beträufeln und mit we-nig Salz und Pfeffer bestreuen.
Die Schalotten hacken, die Karotte in Stücke und die Lauchstange in Ringe schneiden. Die Champignons grob hacken. Alle Ge-müse in der Butter anziehen lassen. In eine feuerfeste Form geben und den Fisch dar-auflegen.
15 Min. im vorgeheizten Backofen bei 200 °C braten. Mit der Hälfte des Champa-gners ablöschen. Den Fisch wieder in den Ofen schieben. Nach 10—15 Min. aus der Form nehmen und warm stellen. Die Sauce durch ein Sieb gießen. Den restlichen Champagner beigeben und auf die Hälfte einkochen lassen. Rahm zufügen. Nochmals ein wenig einkochen.
Die frische Butter in Flocken schneiden und unter die Sauce ziehen, bis sie gebunden ist. Mit Salz und Pfeffer nachwürzen. Den Fisch am Tisch häuten und zerlegen. Die Sauce separat dazu servieren.

Wichtig Zu dieser zarten Sauce kann man nur einen delikaten Fisch servieren. Deshalb empfehle ich in erster Linie Wolfsbarsch.

132

Tip Als Beilage passen sehr gut feingeschnittene, in Butter gedünstete Kefen.

Variation Die Sauce nicht binden und den zerlegten Fisch nur mit Champagnerfond und wenig Zitronensaft beträufeln.

Dünngeschnittene Steinbuttschnitzel mit Gurkenkugeln in einer aromatischen Dillsauce — ein wirklich festliches Gericht.

Turbot mit Gurken

**
V Kann teilweise vorbereitet werden
Arbeitsaufwand: 25 Min.
Kochzeit: 2—3 Min.

Wolfsbarsch (Loup de mer), Meerbrasse (Dorade), Seezunge (Sole), Lachs

Für 4 Personen
8 Steinbuttschnitzel (Turbot), dünn geschnitten (ca. 600 g)
1 mittelgroße Gurke
2 Eßl. frische Butter
1 dl «Fischfond» (s. S. 337)
2 dl Rahm
1 Eßl. Dillspitzen
Salz, weißer Pfeffer
1 Spritzer Pernod, nach Belieben
40 g frische Butter
4 Dillzweiglein

Die Gurke schälen. Mit einem sehr kleinen Pariserlöffel Kugeln ausstechen. Diese in 1 Eßl. Butter anziehen lassen, 1 Eßl. Wasser zugeben und bei kleinster Hitze zugedeckt 5 Min. garen lassen.
Den Fischfond auf die Hälfte einkochen lassen. Rahm und die Kochflüssigkeit der Gurken zugeben. Den Dill beifügen und nochmals stark einkochen, bis die Sauce sämig wird. Die Sauce mit Salz, Pfeffer und nach Belieben mit Pernod abschmecken. Unmittelbar vor dem Anrichten die kleingeschnittene, frische Butter darunterrühren.
Die Steinbuttschnitzel rasch beidseitig in 1 Eßl. Butter anziehen lassen. Die Sauce auf große, vorgewärmte Teller geben, den Fisch darauf anrichten. Mit den Gurkenkügelchen und je einem Dillzweiglein garnieren.

Wichtig Am besten läßt man den Steinbutt vom Händler in dünne Schnitzel schneiden.

Tips
— Wirklich nur einen Spritzer Pernod zufügen, damit der intensive Geschmack das zarte Gericht nicht verdirbt!
— Hübsch sieht es aus, wenn man das Gericht mit einer Gurken- oder einer Dillblüte garnieren kann.

Nach wie vor ausgezeichnet schmeckt dieser klassisch im Sud zubereitete Steinbutt. Dazu paßt natürlich am besten die ebenfalls klassische Sauce hollandaise.

Turbot poché

***
V Kann vorbereitet werden
Arbeitsaufwand: 10 Min.
Kochzeit: 25–30 Min.

Für 4 Personen
1 Steinbutt (Turbot) von ca. 1,5 kg ausgenommen, aber ungehäutet
100 g frische Champignons
1 l «Milchsud» (s. S. 339)
20 g Butter
«Sauce hollandaise» (s. S. 324)

Die Champignons waschen, kleinschneiden und zum Milchsud geben. Eine in der Größe passende Kasserolle mit Butter ausstreichen und den Fisch hineinlegen. Mit dem Sud begießen. Im Ofen bei 180 °C oder auf dem Herd ca. 20 Min. zugedeckt ziehen lassen, dann die Kasserolle aus dem Ofen nehmen. Den Fisch noch 5–10 Min. im Sud nachziehen lassen.

Den Steinbutt mit der weißen Bauchseite nach oben anrichten und am Tisch zerlegen. Die Sauce hollandaise dazu servieren.

Wichtig Die Haut des Steinbutts ist sehr gelatinehaltig. Im Restaurant wird er deshalb meist auf einer Serviette serviert. Die schwarze Haut bleibt auf dem Stoff kleben, und das Häuten der Fischunterseite erübrigt sich. Auch die weiße Haut ist gelatinehaltig. Kenner essen sie gerne, wenn sie sehr heiß serviert wird.

Tip Kleinere Steinbutte werden «Turbotins» genannt. Sie haben ein Gewicht von 1 bis 1,5 kg. Größere Steinbutte, die in der Kasserolle keinen Platz haben, können in großen Scheiben pochiert werden. Wer diesen Fisch besonders liebt und ihn gerne im Sud kocht, kann sich eine sogenannte Turbotière anschaffen, eine rhomboide Fischkasserolle mit Siebeinsatz.

Variationen
– Sauce hollandaise durch eine «Beurre blanc» (s. S. 327) ersetzen.
– Den Fisch nur mit flüssig gemachter Butter servieren.
– Im «Weinsud» (s. S. 339) pochieren und aus wenig eingekochtem Fond eine Rahmsauce mit Estragon zubereiten.

Wer wagt den Versuch, eine exotische Frucht mit Fisch zu kombinieren? Es lohnt sich, denn das feine Aroma der Mango paßt gut zum zarten Steinbutt. Allerdings muß die Sauce dezent gewürzt werden.

Steinbutt mit Mango

Die Fischfilets mit Zitronensaft beträufeln. 15 Min. im Kühlschrank ziehen lassen. Die Mango schälen, halbieren und den Kern entfernen. Dabei den Saft auffangen. Die eine Hälfte in 4 Teile schneiden, die andere im Mixer pürieren.

Den vorbereiteten Fischfond in einen kleinen Topf absieben. 1 Eßl. Wermut zugeben und einkochen, bis nur noch ungefähr 1½ dl Flüssigkeit vorhanden ist. Die Steinbuttfilets halbieren und auf einem Küchenpapier trocknen. Beidseitig ganz kurz in Butter dünsten, bis sie knapp gar sind. Die Fischstücke aus der Pfanne nehmen, schwach salzen und warm stellen. Den Saft, der beim Dünsten des Fisches entstanden ist, zum Fischsud geben. Den restlichen Wermut zufügen und nochmals etwas einkochen lassen. Rahm und Mangopüree zugeben. Langsam erwärmen und die Sauce mit Salz und Pfeffer abschmecken.

Die Fischscheiben auf eine vorgewärmte Platte legen, die schwarze Haut entfernen, mit Sauce überziehen und mit den Mangovierteln belegen. Mit Trockenreis servieren.

Wichtig Dieses Rezept läßt sich auch mit Papayas oder Kiwis zubereiten.

Tip Beim Schälen der Mangos Gummihandschuhe tragen! Die Frucht enthält ein Enzym, das die Haut reizen kann.

Variationen
- Mango durch Kiwi ersetzen. Der Sauce 1 Eßl. püriertes Mango-Chutney zufügen.
- Zwei Mangofrüchte pürieren, Wermut durch Sherry ersetzen und Rahm weglassen.

***
V Kann teilweise vorbereitet werden
Arbeitsaufwand: 35 Min.
Kochzeit: 10 Min.

Seezunge (Sole), Glattbutt, Seeteufel (Baudroie)

Für 4 Personen
800 g Steinbuttfilets (Turbotin)
1 Eßl. Zitronensaft
1 Mango
3 dl «Fischfond» (s. S. 337)
3 Eßl. herber Wermut (Noilly Prat oder Martini dry)
1 Eßl. Butter
1½ dl Rahm
Salz, weißer Pfeffer

Ein festliches Gericht, das, auf Teller präsentiert, besonders gut aussieht. Man kann den Steinbutt aber auch ganz zubereiten und die Sauce separat dazu reichen.

Turbot «blanc et noir»

***
V Kann teilweise vorbereitet werden
Arbeitsaufwand: 40 Min.
Kochzeit: 5—8 Min.

Seezunge (Sole), Glattbutt, Heilbutt

Für 4 Personen
600 g Steinbuttfilets (Turbot), mit schwarzer Haut
100 g Karotten
100 g Gurke oder Zucchini
1 Eßl. Butter
Butter für die Folie
2 dl «Fischfond» (s. S. 337)

Sauce
1 dl Champagner oder Weißwein
1 Teel. Estragonessig
1 dl Rahm
30 g kalte, frische Butter
Salz, weißer Pfeffer aus der Mühle

Die Karotten schälen. Gurke ungeschält lassen und gut waschen. Mit dem kleinsten Pariserlöffel aus Karotten und Gurke winzige Kugeln ausstechen, in kochendes gesalzenes Wasser geben und 5 Min. blanchieren. Eine flache Kasserolle mit Butter ausstreichen. Die Fischfilets mit der schwarzen Hautseite nach oben hineinlegen. Eine Pergamentfolie mit Butter bestreichen. Die Fischfilets mit dem erwärmten Fischfond begießen und die Folie mit der bebutterten Seite nach unten darüberlegen. Auf dem Herd bei kleiner Hitze oder im Ofen (180 °C) 5—8 Min. ziehen lassen. Sobald das Fischfleisch weiß wird, sind die Filets gar.
Den Fond der Fischfilets in eine Kasserolle abgießen. Champagner und Essig zugeben. Auf die Hälfte einkochen lassen. Rahm beifügen und nochmals stark einkochen. Die Butter in Flocken schneiden und unter die Sauce schwingen. Nochmals erwärmen, dabei ständig rühren. Mit Salz und Pfeffer abschmecken.
Von der Hälfte der Filets die schwarze Haut entfernen. Die Filets leicht schräg halbieren. Je ein weißes und ein schwarzes Filet auf vorgewärmte Teller legen. Die Sauce ringsum gießen und mit den gut abgetropften Gemüsekugeln garnieren.

Wichtig Da bei diesem Rezept im letzten Moment einige Handreichungen erforderlich sind, ist es empfehlenswert, die Sauce im voraus zuzubereiten. Man kann deshalb 1 dl Fischfond mit dem Champagner, dem Essig und dem Rahm vorher einkochen, damit man zuletzt nur noch die Butter darunterschlagen muß.

Turbot «blanc et noir»
mit Rahmsauce
und Gemüsekugeln

Variationen

- Die Rahmsauce durch «Beurre blanc» (s. S. 327) ersetzen.
- Anstelle von Gurke sehr feine, frische, grüne Erbsen verwenden.
- Mit grünem Spargel garnieren.

Eines der einfachsten, aber besten Fischgerichte — das feine, feste Fleisch des Seeteufels, begleitet von einer gehaltvollen Sauce.

Baudroie in Schnittlauchsauce

**
V Kann weitgehend vorbereitet werden
Arbeitsaufwand: 15 Min.
Kochzeit: 2—3 Min.

Lachs, Kabeljau, Seehecht (Colin), Lengfisch

Für 4 Personen
800 g Seeteufel (Baudroie), Schwanzstück
2 Eßl. Butter
1 dl Weißwein
Salz, Pfeffer
2 Eßl. weißer, trockener Wermut (Noilly Prat)
2 dl Rahm
30 g frische Butter
3 Eßl. Schnittlauch, fein geschnitten

Den Seeteufel zuerst in 2½ cm dicke Scheiben schneiden, die Gräte entfernen und das Fischfleisch in Würfel schneiden. In Butter kurz anziehen lassen. Mit Weißwein ablöschen. Zudecken und 2—3 Min. bei kleiner Hitze ziehen lassen. Die Fischwürfel herausnehmen, mit Salz und Pfeffer bestreuen und warm stellen.

Wermut in den Fischfond gießen und stark einkochen lassen. Rahm zufügen und weiter einkochen, bis eine leicht sämige Sauce entsteht. Die Butter in kleine Stücke schneiden. Zufügen und mit dem Schneebesen gut rühren. Die Fischwürfel und den Schnittlauch zur Sauce geben. Gut mischen, nur erwärmen, nicht mehr kochen und sofort in eine vorgewärmte Schüssel anrichten.

Wichtig Die Fischwürfel dürfen in der Sauce nicht gekocht werden, sonst verlieren sie ihre Zartheit.

Tip Man kann auch Meeresfrüchte mit dem Seeteufel mischen, z. B. Garnelen (Krevetten), Kaisergranate (Scampi), Pilgermuscheln (Coquilles St-Jacques) oder andere Muscheln.

Variation 1 Eßl. gehackte Petersilie mit Rahm im Mixer pürieren und zufügen. Dadurch wird die Sauce grün und ihr Geschmack intensiver.

138

Der Seeteufel erträgt eigenwillige
Saucen wie diese hier sehr gut.
Sie gibt dem Gericht eine südliche
und originelle Note.

Seeteufel
in Paprikasauce

Den Seeteufel in ca. 2 cm dicke Scheiben
schneiden. Den Knochen entfernen und zusammen mit den Fischgräten, der Knoblauchzehe, den Petersilienstielen, dem
Weißwein und 1 dl Wasser 15 Min. auskochen.
chen. Den Fischsud durch ein feines Sieb
gießen, wieder in den Topf geben und bis
auf ca. 1 dl einkochen. Die Paprikaschote
ganz in den Backofen oder auf den Elektrogrill legen und grillieren, bis sie dunkle Flek-
ken bekommt.
Die Tomaten schälen, kleinschneiden und
auspressen. Die Paprikaschote in eine
Schüssel legen, mit einem Tüchlein bedekken und erkalten lassen. Die Haut abziehen,
halbieren und den Stielansatz und die Kerne
entfernen. Das Paprikafleisch in Stücke
schneiden und mit ½ dl des vorbereiteten
Fischsudes, den Tomaten und den Schalotten im Mixer pürieren.
Die Fischstücke beidseitig rasch in der Butter anziehen lassen. 1—2 Eßl. Fischsud zugeben, halb zudecken und bei kleinster
Hitze 3—4 Min. garen. Das Fischfleisch darf
nicht austrocknen und soll deshalb nicht zu
lange gekocht werden. Mit Salz und Pfeffer
würzen. Aus der Kasserolle nehmen und
warm stellen. Unterdessen das Gemüsepü-
ree mit dem Rahm mischen. Aufkochen und
unter Rühren ziehen lassen, bis eine sämige
Sauce entsteht. Den Bratenfond der Fischstücke zufügen und die Sauce mit Salz und
Pfeffer abschmecken.
Die Sauce auf vorgewärmte Teller gießen,
die Fischstücke darauf verteilen und nach
Belieben mit frischen Basilikumblättern garnieren.

**

V Kann vorbereitet
werden
Arbeitsaufwand:
25 Min.
Kochzeit: 25 Min.

Drachenkopf (Ras-
casse), Steinbutt
(Turbot), Glattbutt

Für 4 Personen
800 g Seeteufel
(Baudroie)
300 g Fischgräten
1 Knoblauchzehe
2—3 Petersilien-
stiele
½ dl Weißwein
1 rote Paprikaschote
4 Tomaten
2 Eßl. gehackte
Schalotten
1 Eßl. Gourmet-
Butter
Salz, Pfeffer
2 dl Rahm
Basilikumblätter
zum Garnieren, nach
Belieben

Baudroie in Kiwisauce
mit Poivre rose

Tip Im Winter lassen sich auch grüne Paprikaschoten verwenden. Die Sauce wird dann allerdings etwas herber.

Variationen
- Bei Verwendung von Drachenkopf die Schalotten weglassen und dafür mehr Knoblauch verwenden (beim zarten Steinbutt jedoch weniger).
- Knoblauchcroûtons dazu servieren.

Ein Gericht für Köche, die Neues lieben. Ich habe es mir einfallen lassen, als ich aus vorhandenen Zutaten etwas improvisieren mußte.

Baudroie in Kiwisauce mit Poivre rose

Die Kiwis schälen. 2 Stück davon kleinschneiden und im Mixer pürieren. Das Püree durch ein feines Sieb streichen, weil nur der Saft verwendet werden kann. Den Weißwein auf die Hälfte einkochen.
Einen gelochten Siebaufsatz mit wenig Butter ausstreichen. Die Fischscheiben darauflegen und schwach salzen. Einen passenden Topf ein Drittel hoch mit Wasser füllen, aufkochen und den Siebaufsatz daraufstellen. Zugedeckt 2—3 Min. garen.
Inzwischen den Kiwisaft zum Weißwein geben und aufkochen. Die Butter in kleinen Stücken beigeben, Hitze reduzieren und weiterrühren, bis die Sauce gebunden ist. Mit Salz, Pfeffer und Cayennepfeffer abschmecken. Die Pfefferkörner 1 Min. in der Sauce ziehen lassen.
Den gegarten Fisch auf vorgewärmte Teller anrichten und mit der Sauce überziehen. Mit Kiwivierteln garnieren.

Wichtig Die Sauce ist sehr konzentriert im Geschmack, deshalb braucht es nur wenig davon.

Tip Die Fischscheiben können auch rasch beidseitig in Butter gebraten werden.

*
V Kann teilweise vorbereitet werden
Arbeitsaufwand: 20 Min.
Kochzeit: 2—3 Min.

Steinbutt (Turbot), Seezunge (Sole)

Für 4 Personen
8 Scheiben Seeteufel (Baudroie) zu je 100 g
4 Kiwis (Neuseeland)
1 dl Weißwein
Butter für den Siebaufsatz
Salz, Pfeffer, Cayennepfeffer
80 g frische Butter
1 Teel. rosa Pfefferkörner (Schinusfrüchte)

Der Sauerampfer gibt sowohl der Füllung als auch der Sauce einen eigenwilligen Geschmack, der dieses Gericht abrundet.

Gefüllte Solefilets mit Scampi in Sauerampfersauce

**
V Kann teilweise vorbereitet werden
Arbeitsaufwand:
30 Min.
Koch- und Backzeit:
15 Min.

◁━◁

Goldbutt (Scholle), Rotzunge, Glattbutt

Für 4 Personen
Füllung
1 Seezungenfilet (Sole)
½ Eiweiß
2 Eßl. Schalotten
½ Teel. gehackter Sauerampfer
1½ dl Rahm

8 Seezungenfilets
Salz, Pfeffer
1 Teel. Zitronensaft
4 (ca. 150 g) Kaisergranate (Scampi)
Butter für die Form und die Folie

Sauce
2 Eßl. Schalotten, fein gehackt
1 Eßl. Butter
1 dl Weißwein (Chablis)
2 Eßl. herber weißer Wermut (Noilly Prat)
1 dl Rahm
3 Eßl. Sauerampfer, fein geschnitten
40 g Butter
Salz, weißer Pfeffer

Alle Zutaten für die Füllung 1 Std. kalt stellen.
Die 8 Seezungenfilets beidseitig mit Salz und Pfeffer bestreuen und mit Zitronensaft beträufeln. Die Kaisergranate schälen. Die Schalen auf der Bauchseite mit einem scharfen Messer seitlich aufschlitzen und das Fleisch sorgfältig aus den Schalen lösen. Den gut sichtbaren, braunen Darm am Kopfende herausziehen.
Für die Füllung 1 Filet, leicht geschlagenes Eiweiß, Schalotten, Sauerampfer und Rahm sehr kalt in den Cutter (s. S. 370) geben und fein pürieren. Je ½ Kaisergranate mit ⅛ der Masse einhüllen. Die Filets mit der glatten Seite auf einer Folie ausbreiten, mit der Fischmasse füllen und zusammenklappen. In eine mit Butter ausgestrichene Auflaufform legen.
Für die Sauce die Schalotten in Butter anziehen lassen und mit Weißwein ablöschen. Stark aufkochen. Den Sud über die Seezungenfilets verteilen. Ein Pergamentpapier mit Butter bestreichen, die Auflaufform damit bedecken und im Ofen bei 160 °C ca. 10 Min. ziehen lassen. Sobald die Fischfilets knapp gar sind, den Ofen abstellen. Den Sud aus der Form in einen Topf abgießen und bis auf 2—3 Eßl. einkochen. Den Wermut zugeben, nochmals einreduzieren, den Rahm beifügen und weiterkochen, bis die Sauce leicht sämig wird. Den Sauerampfer zugeben und die in Flocken geschnittene Butter darunterrühren. Mit Salz und Pfeffer abschmecken. Die Sauce über die Fischfilets verteilen.

Wichtig Die Fischfilets dürfen beim Pochieren auf keinen Fall zu heiß bekommen. Deshalb müssen sie im Ofen abgedeckt werden. Die Folie wird mit Butter bestrichen, damit sie nicht an den Fischfilets klebt.

Variationen
- Kaisergranate durch Räucherlachs ersetzen.
- Gericht mit Trüffelscheiben garnieren.
- Sauce mit etwas mehr Rahm zubereiten, mit wenig «Mehlbutter» (s. S. 343) binden, über die Fischfilets geben und kurz überbacken. Mit Kaisergranaten garnieren.

Delikat und immer beliebt — zarte Fischfilets in einer würzigen Weinschaumsauce.

Seezungenfilets in Sabayon

Die Seezungenfilets in Butter beidseitig kurz dünsten. Mit 1 Teel. Zitronensaft beträufeln und mit Salz und Pfeffer würzen. Aus der Pfanne nehmen und warm stellen. Den Weißwein mit den Eigelben im Wasserbad schaumig rühren und den restlichen Zitronensaft sowie den Kerbel beifügen. Sobald die Sauce sämig ist, vom Feuer nehmen. Die Tafelbutter stückweise darunterrühren. Mit Salz und Pfeffer würzen.
Die Sauce über die Fischfilets anrichten.

Wichtig Die Sauce darf nicht zu heiß bekommen. Wer ängstlich ist, sollte sie im Wasserbad zubereiten. Das dauert allerdings etwas länger.

Variationen
- Mit gedünsteten Tomatenwürfeln garnieren.
- «Sauce hollandaise» (s. S. 324) verwenden und zuletzt mit wenig geschlagenem Rahm mischen.

**

V Kann nicht vorbereitet werden
Arbeitsaufwand:
10 Min.
Garzeit: 2—3 Min.

Steinbutt (Turbot), Glattbutt, Petersfisch (St-Pierre), Forelle

Für 4 Personen
4 Seezungenfilets (Sole)
1 Eßl. Butter
2 Teel. Zitronensaft
Salz, Pfeffer
2 Eßl. gehaltvoller Weißwein
2 Eigelb
1 Teel. gehackter Kerbel
50 g Tafelbutter

- Weißwein durch Orangensaft ersetzen und Kerbel weglassen.
- Anstelle von Butter 1 Eßl. steifgeschlagenen Rahm unter die Sauce rühren.

Milde Senfsaucen passen gut zu nicht allzu exklusiven Fischsorten. Sie gefallen auch Gästen, die nicht unbedingt Fischliebhaber sind.

Filets de sole à la moutarde

*
V Kann weitgehend vorbereitet werden
Arbeitsaufwand:
20 Min.

◁━▷

Flunder, Goldbutt (Scholle), Rotzunge, Felchen (Renken), Zander

Für 4 Personen
8 Seezungenfilets (Sole), ca. 800 g
500 g Fischgräten (von Seezungen)
2 Eßl. Schalotten, grob gehackt
1 dl Weißwein (muß gehaltvoll, darf nicht sauer sein)
Salz, Pfeffer
Butter für den Siebaufsatz
1½ dl Doppelrahm (Crème de Gruyère)
2 Teel. Senf (Dijon)
½ Teel. gehackter Estragon

Fischgräten, Schalotten, Weißwein und eine Tasse Wasser 10 Min. kochen. Die Hälfte dieses Sudes in einen Topf mit Siebaufsatz gießen. Den Rest auf 1 dl einkochen lassen und für die Zubereitung der Sauce aufheben.
Den bereitgestellten Fischsud aufkochen. Die Fischfilets mit wenig Salz bestreuen, einmal zusammenfalten und auf den mit Butter bestrichenen Siebaufsatz legen. Zudecken und etwa 5 Min. über dem Dampf garen. Von der Herdplatte wegziehen. Den Rahm mit dem konzentrierten Fischsud 2 bis 3 Min. einkochen, bis eine sämige Sauce entsteht. Mit Senf und Pfeffer abschmekken. Nicht mehr kochen.
Die Fischfilets auf eine vorgewärmte Platte anrichten, mit Sauce überziehen und mit Estragon bestreuen.

Wichtig Der Senf darf in der Sauce nicht gekocht werden, sonst verändert er seinen Geschmack! Wenn möglich, Weißweinsenf verwenden.

Variationen
- Bei einfachen Fischsorten, wie Goldbutt (Scholle), Zander oder Dorsch, kann man zuletzt etwas grobkörnigen Senf unter die Sauce mischen.
- Estragon weglassen und dafür 1 Teel. feingehackte Senffrüchte über das Gericht streuen.

Eingerollte Fischfilets in einer delikaten Basilikumsauce.

Seezungenröllchen mit Jaffarinen und Basilikum

Die Seezungen vom Händler filetieren lassen. Die Gräten für den Sud mitnehmen und mit den geputzten und grob zerkleinerten Gemüsen, der Zwiebel, den Gewürzen und ¼ l Wasser aufkochen. 30 Min. ziehen lassen, dann durch ein Sieb gießen. Die Jaffarinen mit einem scharfen Messer so schälen, daß auch die innere weiße Haut entfernt wird. Aus den Hautkammern geschälte Viertel herausschneiden.

Die Seezungenfilets zwischen zwei Folien etwas klopfen. Mit Salz und Pfeffer würzen und vom schmalen Ende her aufrollen. Jedes Röllchen in der Mitte so durchschneiden, daß es noch etwa ½ cm zusammenhält. Oben auseinanderklappen. Eine flache Auflaufform mit wenig Butter ausstreichen. Die Röllchen hineinstellen. Den Fischfond auf ca. 1 dl einkochen, mit dem Saft mischen und zu den Fischröllchen gießen. Auf dem Herd zugedeckt 2—3 Min. garen.

Die Fischröllchen sorgfältig herausheben und warm stellen. Die zurückgebliebene Flüssigkeit auf ½ dl einkochen. Die Butter eiskalt in kleinen Stücken beigeben. Die Sauce auf eine sämige Konsistenz einkochen lassen. Zitronensaft beifügen, mit Salz und Pfeffer sorgfältig abschmecken und die in Streifen geschnittenen Basilikumblätter und die Jaffarinenfilets beifügen. In der Sauce kurz erwärmen.

Die Sauce auf Teller verteilen und die Röllchen daraufsetzen.

Wichtig Die Fischröllchen nicht zu lange vor dem Servieren warm stellen, sonst verfärben sie sich! .

**
V Sollte erst in letzter Minute zubereitet werden. Fond kann vorbereitet werden
Arbeitsaufwand: 20 Min.
Kochzeit: 6 Min.

◁▭▷
Rotzungen, Goldbutte (Schollen)

Für 4 Personen
4 Seezungen (Soles), ca. 500 g
1 kleines Stück Sellerieknolle (ca. 50 g)
1 Karotte
1 kleine Lauchstange
1 Zwiebel, gespickt mit 1 Lorbeerblatt und 1 Nelke
½ Teel. Pfefferkörner
2 Jaffarinen oder Orangen
Salz, weißer Pfeffer aus der Mühle
1 dl Jaffarinensaft
80 g Butter
Einige Tropfen Zitronensaft
8 Basilikumblätter

Tip Anstatt Röllchen zu formen, kann man die Fischfilets falten oder Krawättchen bilden.

Variation Jaffarinen durch Grapefruit ersetzen.

Fischröllchen mit zarter Füllung in köstlicher Sauce — zum Verwöhnen von Gästen.

Gefüllte Seezungenröllchen in Champagnersauce

**

V Kann teilweise vorbereitet werden
Arbeitsaufwand: 30 Min.
Kühlzeit: 40 Min.
Kochzeit: 2—3 Min.

Felchen (Renken), Rotzunge

Für 4 Personen
Füllung
800 g Seezungen-filets (Sole)
50 g Weißbrot, ohne Rinde
3 Eßl. Rahm
1/2 Eiweiß
2 Eßl. gehackter Sauerampfer oder Kräutermischung aus Petersilie, Salbei, Kerbel und Estragon
1 Eßl. weißer, trockener Wermut (Noilly Prat)
Salz, weißer Pfeffer

Das Brot in kleine Stücke brechen. In eine Tasse geben und mit 3 Eßl. Rahm befeuchten. Eiweiß darübergießen und mindestens 30 Min. kalt stellen. 200 g Fischfilets ebenfalls kalt stellen. Danach Brot und 200 g Fischfilets im Mixer pürieren. Die Masse mit Kräutern, Wermut, Salz und Pfeffer mischen. Die anderen Fischfilets mit der gehäuteten Seite nach unten ausbreiten. Mit der Füllung bestreichen und einrollen. 10 Min. kalt stellen.

Einen Topf mit Siebaufsatz nehmen: Schalotten hacken, Lauch in Ringe schneiden. Mit Champagner, Zitronensaft und 1/2 Tasse Wasser in den Topf geben und aufkochen. Den Siebaufsatz mit Butter ausstreichen, die Fischröllchen hineinlegen, zudecken und 2—3 Min. im Dampf garen. Die Fischröllchen herausnehmen und warm stellen. Den Sud aus dem Topf durch ein feines Sieb gießen. Wieder in den Topf geben und einkochen, bis nur noch 2 Eßl. Flüssigkeit vorhanden ist. Rahm zufügen, nochmals einkochen. Butterflocken zugeben. Den Topf kreisförmig bewegen, bis alle Butter untergemischt ist. Mit Salz und Pfeffer abschmecken und bis vor den Siedepunkt erhitzen.

Die Sauce auf vorgewärmte Teller verteilen und die Fischröllchen daraufsetzen. Sofort servieren. Dazu passen Salzkartoffeln, Reis oder zartes Frühlingsgemüse.

Wichtig Die Fischröllchen aus dem Dampf nehmen, bevor sie ganz durchgegart sind. Sie ziehen beim Warmhalten nach.

Variationen
- Die Röllchen können auch nur mit Kräutern oder einer «Fischmousse» (s. S. 65) gefüllt werden.
- Champagner durch gehaltvollen Weißwein ersetzen.

2 Schalotten
20 g Lauch
2½ dl Champagner
oder Sekt
1 Eßl. Zitronensaft
1 Teel. Butter für den
Siebaufsatz
2½ dl Rahm
20 g Butter

Petersfisch mit zwei Saucen — ein attraktives Fischgericht, dessen Zubereitung allerdings ein wenig Geduld und Geschicklichkeit erfordert.

Filets de St-Pierre «deux couleurs»

Die Paprikaschoten waschen, halbieren, entkernen, in Stücke schneiden und im Cutter (s. S. 370) mit 1—2 Eßl. Wasser fein pürieren. Das Püree durch ein sehr feines Sieb oder durch ein Tuch streichen. Einen Topf zur Hälfte mit Wasser füllen und aufkochen. Einen passenden Siebaufsatz mit Butter ausstreichen. Die Fischfilets schräg halbieren, darauflegen und im Dampf 1—1½ Min. garen. Mit wenig Salz und Pfeffer bestreuen. Das Paprikapüree langsam erwärmen. Auf vier vorgewärmte Teller verteilen. Je 2 Fischfilets in die Mitte legen. Mit 2 Eßl. Beurre blanc begießen und mit 1 Basilikumblatt garnieren.

Wichtig Am besten bereitet man die rote Sauce («Coulis») im voraus zu. Sie muß dann vor dem Anrichten nur noch erwärmt werden. Die Beurre blanc kann bis auf die Beigabe der Butter ebenfalls vorbereitet werden. Während der Fertigstellung dieser Sauce können die Fischfilets im Dampf gegart werden.

***
V Kann teilweise
vorbereitet werden
Arbeitsaufwand:
15 Min.
Zusätzlich Zubereitung der Beurre
blanc
Kochzeit: 5 Min.

⊂◁─▷

Steinbutt (Turbot),
Seezunge (Sole),
Wolfsbarsch (Loup
de mer), Goldbrasse
(Dorade royale)

Für 4 Personen
600 g Filets von
Petersfisch
(St-Pierre)
2 rote Paprika-
schoten
1 Teel. Butter
Salz, Pfeffer
«Beurre blanc»
(½ Rezept von
S. 327)
4 Basilikumblätter

Tip Noch feiner wird die Beurre blanc, wenn man den Weißwein oder einen Teil des Essigs durch Champagner ersetzt. Es gibt im Handel auch Champagneressig, der sich besser als gewöhnlicher Essig eignet.

Variationen
- Beurre blanc weglassen und den Fisch nur mit der roten Sauce servieren. Das Gericht ist auf diese Weise besonders leicht.
- Beurre blanc durch eine Champagner- oder Weißweinsauce ersetzen.
- Das Gericht am Rand der roten Sauce mit winzigen Paprikaschotenwürfelchen (grün und gelb oder beides) garnieren.

St-Pierre — fürs Leben geprägt

Der Petersfisch läßt sich mit keinem anderen Fisch verwechseln, denn er ist auf beiden Seiten mit je einem großen schwarzen Punkt gekennzeichnet. Diesen Punkten verdankt er seinen Namen und die folgende Legende: Als der Jünger Petrus einen dieser Fische aus dem Wasser zog, fing dieser kläglich an zu grunzen. (Das soll er auch heute noch tun, wenn man ihn fängt.) Petrus erschrak darob und über sein häßliches Aussehen so sehr, daß er ihn in großem Bogen wieder ins Meer warf. Die schwarzen Punkte werden seither als die Abdrücke von Petrus' Fingern gedeutet. Der Petersfisch hat zartes, weißes Fleisch von hervorragendem Geschmack. Er läßt sich gut filetieren. Leider ergibt sich dabei ein Verlust von ungefähr 70 % seines Gewichts, was beim Einkauf berücksichtigt werden muß. Am besten eignet er sich für Zubereitungen in feinen Saucen.

Leider ist viel zuwenig bekannt, daß zarte Karotten ausgezeichnet zu Fisch passen. Hier ein Beispiel dafür:

Filets de St-Pierre aux carottes

Den Fisch beim Kauf filetieren lassen. Die Gräten mit nach Hause nehmen und mit 2 dl Wasser, den gehackten Schalotten und dem kleingeschnittenen Lauch 10 Min. zugedeckt kochen, dann passieren und auf 2 Eßl. Flüssigkeit einkochen lassen.

Die Karotten schälen und sehr fein (auf der feinen Seite der Bircherreibe) reiben. Die Butter in einer Kasserolle mit weitem Boden erhitzen. Die Fischfilets hineinlegen, 1 bis 2 Min. anziehen lassen. Die Karotten zufügen und 1—2 Min. mit dünsten. Die Fischfilets vorsichtig wenden und weiterdünsten, bis sie gar sind (das Fischfleisch soll weiß werden, muß aber noch feucht sein). Das Ganze mit Salz und Pfeffer bestreuen. Die Fischfilets aus der Kasserolle nehmen und warm stellen. Je 1 Eßl. Karotten auf ein Fischfilet geben und nochmals warm stellen. Den vorbereiteten, konzentrierten Fond mit dem Wermut zusammen in die Kasserolle gießen und auf die Hälfte einkochen lassen. Den Rahm dazugießen und weiter einkochen, bis die Sauce sämig wird. Nach Bedarf nachwürzen. Die Fischfilets anrichten und die Karottensauce ringsum gießen.

Wichtig Für dieses Gericht sollte man nur wirklich zarte Frühlingskarotten verwenden.

Tip Hübsch sieht es aus, wenn man die Filets mit einer kleinen, geschälten Karotte mit Stielansatz garniert.

Variationen
- Die mit Karotten belegten Fischfilets mit etwas Kerbel bestreuen.
- Der Sauce wenig feingehackten, eingelegten Ingwer beifügen.

**
V Kann teilweise vorbereitet werden
Arbeitsaufwand: 20 Min.
Kochzeit: 14 Min.

Steinbutt (Turbot), Seezunge (Sole), Glattbutt, Wolfsbarsch (Loup de mer), Meerbrasse (Dorade)

Für 4 Personen
1 Petersfisch (St-Pierre), ca. 1,8 kg
2 Schalotten
1 Lauchstange (nur weißer Teil)
300 g zarte Karotten
3 Eßl. frische Butter
Salz, weißer Pfeffer
1 Eßl. trockener Wermut (z. B. Noilly Prat)
2½ dl Rahm

Die Dorade royale und ihre bescheidenen Schwestern

Die Familie der Brassen umfaßt gut 30 Arten, die in Geschmack und Verwendung sehr ähnlich sind. Einige Schwierigkeiten entstehen beim Kauf durch die verschiedenen Bezeichnungen. Beim näheren Hinsehen kann man die wichtigsten Sorten jedoch leicht voneinander unterscheiden.

Die Königin unter den Brassen ist die echte Goldbrasse (Dorade royale). Man erkennt sie am goldenen Streifen zwischen den Augen. Sie besitzt ein außerordentlich zartes und geschmackvolles Fleisch, das auch kräftige Saucen erträgt. Dieser Fisch wird vor allem gedünstet, im Ofen gebraten oder grilliert.

Dann gibt es die etwas einfacheren Meerbrassen (Dorades) und Rotbrassen (Pageaux). Beide Sorten kommen sehr häufig vor, sind sehr schmackhaft und werden im allgemeinen wie die Goldbrassen zubereitet.

Ferner kennen wir noch die Streifenbrasse aus der Nordsee (Dorade grise oder Dorade du nord). Sie hat ähnliche Eigenschaften wie die Gold-, Meer- und Rotbrassen.

Der am häufigsten vorkommende Fisch aus der Familie der Brassen ist die Zahnbrasse mit den großen Augen (Denté aux gros yeux). Sie hat saftiges, aber etwas grobfaseriges Fleisch und eignet sich vor allem zum Grillieren.

Ähnlich ist die vor allem in Spanien (Mittelmeerküste) bekannte Bindenbrasse (Sargo oder Sars). Auch diese Brasse eignet sich zum Grillieren.

Grüner Pfeffer

In gesalzenem Wasser konservierter grüner Pfeffer hat den Vorteil, daß man Schärfe und Aroma selbst bestimmen kann. Sie hängen davon ab, wie lange er direkt in der Speise gekocht wird. Durch längeres Kochen nimmt die Schärfe ab, das Aroma jedoch bleibt erhalten. Zerdrückte Körner geben mehr Schärfe ab.

Wenige, aber besonders gute Zutaten — das ist eines der Geheimnisse der guten Fischküche: Hier eine Goldbrasse mit Sherry, Rahm und grünem Pfeffer.

Dorade royale mit Sherry und grünem Pfeffer

Die Goldbrassen beim Kauf kochfertig zurichten lassen. Innen und außen salzen und pfeffern. Eine große Auflaufform gut mit Butter ausstreichen. Die Fische hineinlegen und mit einigen Butterflocken belegen. Mit einer Aluminiumfolie abdecken und 10 Min. bei 200 °C braten. Dann die Folie entfernen und den Sherry zufügen. 10—15 Min. bei 180 °C weiterbraten. Den Bratensaft in einen Topf passieren. Den Fisch wieder zudecken und im Ofen warm halten.
Den Bratensaft zur Hälfte einkochen. Den grünen Pfeffer in ein kleines Sieb geben, kalt abspülen und mit dem Rahm zum Bratensaft gießen. Einen Moment weiterkochen, bis die Sauce sämig wird. Mit Salz und Pfeffer abschmecken. Den Fisch in der Form auf den Tisch bringen und die Sauce separat dazu servieren.

Wichtig Der Fisch wird abgedeckt, damit er beim Braten schön saftig bleibt.

Tip Wenn Sie Angst vor dem Zerlegen eines Fisches haben, können Sie auch Filets auf diese Art zubereiten. Aber Vorsicht: Nur sehr rasch beidseitig in der Pfanne anbraten, dann im Ofen zugedeckt warm stellen und die Sauce separat zubereiten.

Variation Rahm weglassen und konzentrierten Fond nach Belieben mit einigen Butterflocken verfeinern.

**
V Kann teilweise vorbereitet werden
Arbeitsaufwand:
15 Min.
Bratzeit: 20—25 Min.

◁═◁

Andere Brachsen, Kabeljau oder Seeteufel (Baudroie), Schwanzstück

Für 4 Personen
2 Goldbrassen
(Dorades royales)
Salz, Pfeffer
Butter für die Form
20 g Butterflocken
2 dl trockener Sherry
2 Teel. grüner Pfeffer
2 dl Rahm

151

Die attraktive Meerbarbe mit ihrer rosa Haut kommt bei diesem einfachen Rezept hervorragend zur Geltung.

Rougetfilets in Limonen-Butter-Sauce mit Zitronenmelisse

**

V Kann teilweise vorbereitet werden
Arbeitsaufwand: 20 Min.
Kochzeit: 8 Min.

◁━▷

Meerbrasse (Dorade), Drachenkopf (Rascasse), Seezunge (Sole)

Für 4 Personen
4 Meerbarben (Rougets)
1 EßI. Butter
2 Limonen
1 dl Weißwein
Salz, weißer Pfeffer
6 Blatt Zitronenmelisse
1 Teel. Maisstärke

Eine Kasserolle mit weitem Boden mit Butter auspinseln. Eine Limone auspressen. Die Meerbarben schuppen und die Filets herauslösen. Die Fische nicht häuten! Die Fischfilets in die Kasserolle legen, mit Weißwein und der Hälfte des Limonensaftes begießen, leicht salzen und pfeffern und zugedeckt im Ofen (180 °C) oder auf dem Herd ca. 8 Min. bei kleiner Hitze ziehen lassen. Die Zitronenmelisse in sehr feine Streifen schneiden.

Die Fischfilets anrichten und warm stellen. Den Fischfond mit dem restlichen Limonensaft durch ein feines Sieb passieren. Die Maisstärke mit 2 EßI. Wasser anrühren. Den Fond aufkochen und die Mischung unter Rühren zugeben. Die Zitronenmelisse beifügen und weiterkochen, bis die Sauce klar und gebunden ist. Mit Salz und Pfeffer abschmecken.

Die Sauce auf heiße Teller gießen und die Fischfilets mit der Hautseite nach oben darauf anrichten.

Die zweite Limone in sehr dünne Scheiben schneiden und die Fischfilets damit garnieren.

Wichtig Die Sauce darf nicht zu sauer werden. Deshalb den Limonensaft vorsichtig zufügen oder, wenn nötig, mit etwas Wasser verdünnen.

Tip Kaisergranate (Scampi) lassen sich auf die gleiche Art zubereiten.

152

Rougetfilets
in Limonen-Butter-Sauce
mit Zitronenmelisse

Der Drachenkopf wird in Südfrankreich vorwiegend in die Bouillabaisse
gegeben. Ich mag ihn aber auch sehr
gut in einem Sud gekocht, begleitet
von einer einfachen Limonensauce.

Rascasse im Sud

**
V Kann vorbereitet
werden
Arbeitsaufwand:
5 Min.
Kochzeit: ca. 20 Min.

◁═▷

Seeteufel
(Baudroie),
Kabeljau, Schwanz-
stück

Für 2 Personen
1 großer Drachen-
kopf (Rascasse),
kochfertig (1 kg)
2 l «Salzsud»
(s. S. 340)

Sauce
2 Eßl. Limonensaft
Wenig Salz, frisch
gemahlener weißer
Pfeffer
6 Eßl. Olivenöl,
kalt gepreßt

Den Sud aufkochen. Den Fisch hineingeben
und bei kleiner Hitze 20 Min. leise ziehen
lassen. Im Sud erkalten lassen.
Für die Sauce Limonensaft mit wenig Salz
gut verrühren. Das Öl zufügen und weiter-
schlagen, bis eine weißliche Sauce entsteht.
Mit frisch gemahlenem weißem Pfeffer würzen.
Den Fisch vor dem Servieren nochmals im
Sud leicht erwärmen. Die Sauce separat
dazu servieren.

Wichtig Dieser Fisch schmeckt lauwarm
am besten.

Tip Man kann auch «Aïoli» (s. S. 323) dazu
servieren.

Variation Den Drachenkopf in einem aromatischen «Weinsud» (s. S. 339) kochen
und bei Tisch nur mit kaltgepreßtem Olivenöl beträufeln.

GEBRATEN
UND GEBACKEN

Auch wenn man heute die Tendenz hat, Fische
nur noch «nature» gekocht oder mit einer
delikaten Sauce zu servieren, schätzen vor allem
Fischkenner zwischendurch auch wieder einmal
einen lebendfrischen Fisch schonend in Butter
gebraten oder in der Fritüre ausgebacken. Und
wie herrlich schmeckt doch ein größerer Fisch
mit Gemüse und Wein ganz im Ofen gegart!
Diese Kochmethoden müssen die eigene
Phantasie keineswegs ausschließen. Anstelle der
klassischen Zitrone oder der Mayonnaise lassen
sich originelle Saucen dazu servieren, wie
Limonenbutter, Kräuterquark, Avocadomousse
und viele andere mehr.

Süßwasser

Dieses Gericht gehört zu den «à la meunière» gebratenen Fischen. Die Abwechslung bringt eine aromatische Limonenbutter.

Barschfilets mit Limonenbutter

Die Barschfilets in eine Schüssel geben, mit wenig Salz und Pfeffer bestreuen und mit Zitronensaft beträufeln. 2 Std. kühl ruhen lassen.
Die Filets gut abtropfen, auf Küchenpapier trocknen und im Mehl wenden. Leicht schütteln, damit überschüssiges Mehl abfällt. In der heißen Butter goldgelb ausbakken.
Tafelbutter bei Küchentemperatur weich werden lassen. Limone heiß waschen, dann auf einer feinen Reibe reiben. Saft auspressen. Limonenschale und -saft unter die Butter rühren. Rahm darunterziehen. Mit dem Schneebesen rühren, bis die ganze Flüssigkeit aufgesogen ist. Mit wenig Salz und Pfeffer abschmecken. Unter Rühren leicht erwärmen.
Die Fischfilets auf eine warme Platte anrichten und mit der Limonenbutter begießen.

Wichtig   Die Fischfilets dürfen wirklich nur ganz leicht mit Mehl bestäubt werden. Dies geschieht nur, damit man sie etwas brauner braten kann, was optisch besser aussieht. Man kann das Mehl aber auch weglassen.

Variationen
– In Streifen geschnittene Fischfilets (z. B. Felchen) auf diese Art zubereiten.
– Limone durch Orange oder Zitrone ersetzen.

**
V Kann teilweise vorbereitet werden
Arbeitsaufwand: 10 Min.
Kochzeit: 2–3 Min.
Zusätzlich Marinierzeit

Felchen (Renken), Saibling

Für 4 Personen
400 g kleine, frische Barschfilets (Egli)
Salz, Pfeffer
2 Eßl. Zitronensaft
2 Eßl. Mehl
3 Eßl. eingesottene Butter

Limonenbutter
100 g Tafelbutter
1 Limone
1–2 Eßl. Rahm

Ein Rezept für Leute, die ganze Fische mögen und auf eine Sauce verzichten.

Zander im Ofen auf Spinat

**

V Kann teilweise vorbereitet werden
Arbeitsaufwand: 25 Min.
Backzeit: 20 Min.

◁▭▯

Seeforelle, Fluß-hecht oder andere große Süßwasser-fische

Für 4 Personen
1 Zander (ca. 1,2 kg)
Salz, Pfeffer
½ Zitrone
1 Teel. gehackter Estragon
1 Teel. gehackter Kerbel
1 Knoblauchzehe
Pfeffer aus der Mühle
1 kg junger Spinat, zart
2 dl Rahm
1 Eßl. Gourmet-Butter
30 g Schalotten
60 g Butter, in Flocken geschnitten
2 Eßl. geriebenes Brot
2 Eßl. gehackte Petersilie

Den Fisch vom Händler ausnehmen lassen. Die Haut belassen. In eine große Platte legen und beidseitig leicht salzen. Die halbe Zitrone auspressen. Den Saft mit Estragon, Kerbel, durchgepreßtem Knoblauch und viel Pfeffer aus der Mühle mischen. Den Fisch auf der Hautseite in Abständen von ca. 2 bis 3 cm beidseitig schräg ½ cm tief einritzen. Mit der Zitronensaftmischung beträufeln und zugedeckt 1 Std. im Kühlschrank ziehen lassen. Den Spinat waschen und ohne Zugabe von Flüssigkeit aufkochen, bis er zusammenfällt. Gut ausdrücken, mit dem Rahm mischen und mit Salz und Pfeffer leicht würzen.

Eine große Auflaufform mit Gourmet-Butter ausstreichen. Die Schalotten hacken und auf dem Boden der Form verteilen. In den vorgewärmten Ofen schieben und bei 180 °C 5 Min. anziehen lassen. Den Spinat in die heiße Form geben und gut durchrühren. Den Fisch mit dem Rücken nach oben auf den geöffneten Bauch stellen. Die zurückgebliebene Marinade darüber verteilen. Mit ein paar Butterflocken belegen. 20 Min. im Ofen überbacken. Den Fisch kurz aus dem Ofen nehmen, mit dem geriebenen Brot bestreuen und mit den restlichen Butterflocken belegen. Nochmals 5 Min. in den Ofen schieben und bei Oberhitze leicht bräunen. Den Fisch mit Petersilie bestreuen. Die Haut kann, wenn sie angebacken ist, auf dem Fisch belassen werden. Den Fisch portionenweise zerlegen und auf dem Spinat zusammen mit kleinen neuen, in der Schale gekochten Kartoffeln servieren.

Wichtig Man kann vom Fischhändler auch Kopf, Schwanz und Mittelgräte des Fisches entfernen lassen. Dann legt man den Fisch flach auf den Spinat. Bei Verwendung von

Hecht vor dem Servieren die senkrechten Gabelgräten herausziehen.

Variation Fischfilets oder -scheiben verwenden. In diesem Fall zuerst den Spinat im Ofen vordünsten und die Filets oder Scheiben nur 10 Min. überbacken.

Gebratene Fische müssen nicht langweilig sein. Durch kleine Beilagen können sie zu einer ganz persönlichen Spezialität werden.

Zanderfilets mit Kapern und Nüssen

Die Limone schälen, zuerst in Scheiben, dann in sehr kleine Würfel schneiden. Die Fischfilets beidseitig in der Gourmet-Butter goldgelb braten. Salzen, pfeffern und warm stellen. Das Bratfett abgießen. Frische Butter in die Pfanne geben, aufschäumen lassen und abgetropfte Kapern, Limonenwürfel und Walnußkerne zugeben. Kurz wenden und über die angerichteten Fischfilets verteilen.

Wichtig Die Limonenwürfelchen nicht kochen, sondern erst im letzten Moment mit den Nüssen zufügen! Sonst wird das Gericht zu sauer.

Variationen
– Walnüsse durch ganz kleine, in Butter geröstete Brotwürfelchen ersetzen.
– Anstelle der Walnüsse feingescheibelte, geröstete Haselnüsse über die angerichteten Fischfilets streuen.

*
V Kann teilweise vorbereitet werden
Arbeitsaufwand: 10 Min.
Bratzeit: 10 Min.

Seezunge (Sole), Flunder, Goldbutt (Scholle)

Für 10 Personen
1,8 kg Zanderfilets
1 Limone
100 g Gourmet-Butter
Salz, Pfeffer aus der Mühle
100 g frische Butter
100 g Kapern
100 g Walnußkerne, grob gehackt

Mein ganz persönliches, seit vielen Jahren bewährtes Fritürerezept. Für das gute Gelingen muß der Teig allerdings wirklich nach Rezept gemacht und das Gericht sofort aufgetragen werden.

Gebackene Felchenfilets mit Salbei

*
V Kann teilweise vorbereitet werden
Arbeitsaufwand: 30 Min.
Zusätzlich Zeit berechnen für das Gehenlassen des Teiges

⊂⋊⋉⋊

Barsch (Egli), Zander, Dorsch, Seezunge (Sole), Rotzunge

Für 4 Personen
600 g Felchenfilets (Renken)
Salz, Pfeffer
1 Eßl. Zitronensaft

Weinteig
25 g Hefe
½ Teel. Zucker
180 g Mehl
3 dl Weißwein
5 Eiweiß

Sauce
150 g Mayonnaise
120 g saurer Halbrahm
1 Eßl. gehackte Petersilie

8—12 Salbeiblätter
Erdnußöl zum Fritieren
Zitronenscheiben zum Garnieren

Große Felchenfilets halbieren oder in Streifen schneiden. Die Filets mit Salz, Pfeffer und Zitronensaft würzen. Nach Möglichkeit etwa 1 Std. im Kühlschrank marinieren. Für den Teig Hefe mit Zucker verrühren. 10 Min. stehen lassen. Mehl in eine Schüssel sieben. In der Mitte eine Vertiefung anbringen. Die aufgelöste Hefe hineingeben. Den Wein zugießen und alles rasch zu einem Teig mischen. Er soll fingerhoch, darf aber weder dick noch zäh sein. Die Teigschüssel mit einem Tuch bedecken und den Teig 1 Std. an der Wärme (ca. 35 °C) gehen lassen. Unmittelbar vor Gebrauch die mit Salz steifgeschlagenen Eiweiße unterziehen.
Mayonnaise mit saurem Halbrahm, Pfeffer und Petersilie mischen. Die Felchenfilets aus der Marinade nehmen, gut abtropfen lassen und schräg in 3 cm breite Streifen schneiden. Je ½ Salbeiblatt auf die Fischstreifen drücken und alles im Teig wenden. In der Fritüre bei ca. 180 °C hellgelb ausbakken. Die Fritierzeit richtet sich nach der Größe der Stücke (ca. 2—3 Min.). Die gebackenen Fische abtropfen lassen.
Die Filets auf eine mit Tortenpapier belegte flache Platte anrichten und mit Zitronenscheiben garnieren. Mit der Rahmmayonnaise servieren.

Wichtig Die Hefe macht den Teig besonders leicht und luftig.

Tip Wein durch Bier ersetzen.

Auf diese rustikale Art hat man früher
Felchen oder andere Süßwasserfische
zubereitet.

Felchen
nach alter Fischerart

Die Zwiebeln in feine Scheiben schneiden.
Die Fische mit einem Tuch trockentupfen.
Mit Salz und Pfeffer würzen und im Mehl
wenden.
Die Butter in einer großen Bratpfanne erhitzen. Die Fische darin auf beiden Seiten
goldgelb braten. Mit einem Bratenwender
vorsichtig wenden, damit sie nicht zerfallen.
Die Fische aus der Pfanne nehmen, sorgfältig auf eine warme Platte anrichten und
warm stellen (evtl. im schwach geheizten
Ofen). Die Tafelbutter in den Bratensatz geben, erhitzen, die Zwiebelscheiben darin
goldgelb braten. Den Bratenjus zufügen und
die heiße Sauce über die Fische gießen.

Wichtig   Praktischer ist es, wenn man die
Zwiebeln gleich zu Beginn in einer zweiten
Bratpfanne goldgelb röstet, damit der Fisch
nicht zu lange warm gehalten werden muß.

Tip   Man kann das Mehl weglassen, muß
aber dann die Zwiebeln schön bräunen.

*
V Kann weitgehend
vorbereitet werden
Arbeitsaufwand:
15 Min.
Bratzeit: 15 Min.

Barsche (Egli),
Forellen

Für 4 Personen
4 Felchen (Renken)
zu je 250 g, koch-
fertig
2 Zwiebeln
Salz, Pfeffer
4—5 Eßl. Mehl
3 Eßl. eingesottene
Butter
1 kleines Stück
Tafelbutter
3—4 Eßl. Bratenjus
oder Fleischbrühe

Da, wo in der Schweiz Hecht gefischt
wird, kann man ihn auch gebacken
genießen. So wird er nach einem
Großmutterrezept zubereitet.

Gebackene
Hechtscheiben

Den Hecht beim Kauf kochfertig zurichten
lassen. Die Gabelgräten entfernen, dann
den Fisch in Scheiben schneiden. Auf eine
Platte legen und mit Zitronensaft beträufeln.
1 Std. im Kühlschrank ziehen lassen. Da-

*
V Kann teilweise
vorbereitet werden
Arbeitsaufwand:
10 Min.
Backzeit: 3 Min. pro
Portion

Karpfen, Kabeljau,
Seehecht (Colin)

Für 4 Personen
8—12 Scheiben
Hecht, ca. 1½ cm
dick
Saft von 1 Zitrone
3 dl Milch
Salz, weißer Pfeffer
3—4 Eßl. Mehl
Erdnußöl für die
Fritüre
«Mayonnaise»
(s. S. 321)
1 Zitrone zum Gar-
nieren
Wenig Kresse, nach
Belieben

nach die Scheiben abtropfen und in kalte Milch einlegen. Die Hechtscheiben erneut gut abtropfen lassen, auf Küchenpapier trocknen und die Tranchen beidseitig mit Salz und Pfeffer bestreuen. Das Mehl auf einen Teller geben und die Scheiben beidseitig darin wenden. Überflüssiges Mehl abschütteln. Die Fischscheiben portionenweise im heißen Öl (190 °C) ca. 3 Minuten backen. Sie sollen knusprig und hellbraun werden. Die gebackenen Scheiben auf Küchenpapier etwas abtropfen lassen. Auf einer Platte, die mit einer Papierserviette belegt wird, servieren. Mit Zitronenscheiben und nach Belieben etwas Kresse garnieren. Die Mayonnaise separat dazu servieren.

Wichtig Leider hat der Hecht kleine Gabelgräten, die senkrecht in den Filets stecken, was beim Essen unangenehm ist. Man sollte deshalb, wenn möglich, den Hecht am Stück kaufen und diese Gräten mit einer Pinzette herausziehen. Dies ist besonders empfehlenswert, wenn man die Hechtscheiben in Fritüreteig ausbacken will.

Tip Der Marinade der Fischscheiben gebe ich gerne 1—2 gehackte Salbeiblätter und ein paar Tropfen Worcestersauce bei.

Variationen
— Die Hechtscheiben durch Fritüreteig («Weinteig» s. S. 160 oder «Bierteig» s. S. 163) ziehen.
— Die Fischscheiben panieren oder im verquirlten Ei wenden und in der Pfanne in eingesottener Butter braten.
— Die Hechtscheiben nicht in die Milch legen, sondern nur mit Mehl zerstäuben und dann fritieren.

Salzwasser

Ein Evergreen unter den Fischgerichten. Im Bierteig haben schon
unsere Urgroßmütter Fische
gebacken.

Dorschfilets im Bierteig

Die Fischfilets mit Salz, Pfeffer, Zitronensaft
und Worcestersauce würzen. Etwa 60 Min.
im Kühlschrank marinieren.
Das Mehl in eine Schüssel sieben. In der
Mitte eine Vertiefung anbringen. Wenig Salz
hineingeben. Das Bier dazugießen und alles
rasch zu einem Teig mischen. Er soll beim
Hineintauchen den Finger bedecken, darf
aber weder dick noch zäh sein. Die Teigschüssel mit einem Tuch zudecken und
1 Std. ruhen lassen. Unmittelbar vor Gebrauch die steifgeschlagenen Eiweiße darunterziehen.
Die Mayonnaise mit Joghurt, Pfeffer und
Dillspitzen mischen und ebenfalls stehen
lassen, damit die Dillspitzen ihr Aroma abgeben.
Die Fischfilets gut abtropfen lassen, mit Küchenpapier abtupfen und im Teig wenden.
Im heißen Öl bei ca. 180 °C hellgelb backen.
Die Fritierzeit richtet sich nach der Größe
der Fischfilets (ca. 2–3 Min.). Die gebackenen Fische auf Küchenpapier abtropfen lassen. Die Fischfilets auf eine mit Tortenpapier belegte, flache Platte anrichten und mit
Zitronenscheiben garnieren. Mit der Dill-
Mayonnaise-Mischung servieren.

Wichtig Dieser Bierteig wird ohne Eigelb,
das den Teig nur schwer macht, zubereitet!

Tip Große Fischfilets können vor dem Fritieren in Stücke geschnitten werden.

*
V Kann weitgehend
vorbereitet werden
Arbeitsaufwand:
30 Min.
Backzeit: 2 Min. pro
Portion.

Zander, Felchen
(Renken), Goldbutt
(Scholle), Seezunge
(Sole)

Für 4 Personen
600 g Dorschfilets
Salz, Pfeffer
1 Eßl. Zitronensaft
1 Eßl. Worcester-
sauce
150 g Mehl
3 dl Bier
2 Eiweiß
140 g Mayonnaise
120 g Joghurt
1 Eßl. Dillspitzen
Öl zum Fritieren

Variationen

- Bierteig mit Eigelb anreichern: 2 Eigelb mit Bier verrühren und 20 g mehr Mehl zugeben.
- Anstelle der üblichen Mayonnaise kann man pikante Saucen wie z. B. «Mangosauce» (s. S. 331), «Guacamole» (s. S. 331) oder Kräuterquark dazu servieren.

Ein klassisches Gericht auf meine Art zubereitet.

Flundern nach Grenoblerart

*
V Kann weitgehend vorbereitet werden
Arbeitsaufwand:
15 Min.

⊲⊐⋈

Seezungen (Soles), Rotzungen

Für 4 Personen
4 kleine Flundern, kochfertig
2 Scheiben Weißbrot ohne Rinde
4 Eßl. eingesottene Butter
Salz, Pfeffer
1 Zitrone
1 Eßl. Kapern
50 g Butter

Das Brot in sehr kleine Würfelchen schneiden und in 2 Eßl. eingesottener Butter goldbraun braten.
Die Flundern beidseitig mit Salz und Pfeffer würzen. 2 Eßl. eingesottene Butter nicht allzu stark erhitzen und die Fische darin beidseitig hellbraun braten. Herausnehmen, auf eine vorgewärmte Platte legen und warm stellen.
Die Zitrone mit einem scharfen Messer so schälen, daß die ganze Haut entfernt wird. Das Fruchtfleisch in sehr kleine Würfel schneiden. Zitronenwürfel und Kapern ganz kurz mit frischer Butter im Bratenfond dünsten. Beides über die Flundern verteilen. Die Brotcroûtons darübergeben. Sofort mit Salzkartoffeln auf den Tisch bringen.

Wichtig Die Flundern vor dem Braten gut mit Küchenpapier abtupfen. So können sie gebacken werden, ohne daß man sie mit Mehl bestäuben muß.

Tip Man kann auch Filets auf diese Art zubereiten.

Variation Brot durch grobgehackte Walnußkerne ersetzen.

164

Eine klassische Zubereitungsart nach Müllerinart, die in einem Fischbuch nicht fehlen darf. Sie findet immer wieder Liebhaber. Gewisse Fische schmecken so wirklich gut. Voraussetzung dafür sind gekonnte Zubereitung und hervorragende Produkte.

Rotzunge
à la meunière

Die Fische auf einem Küchenpapier beidseitig trocknen und mit Salz und Pfeffer würzen. Das Mehl in ein Mehlsieb geben und die Fische damit auf beiden Seiten fein bestäuben. Die eingesottene Butter erhitzen, die Rotzungen darin 5 Min. braten. Mit einem Bratenwender sorgfältig wenden und nochmals 4—5 Min. fertigbraten. Die Fische auf warme Teller anrichten. Die in der Pfanne verbliebene Butter weggießen. Frische Butter hineingeben, aufschäumen lassen und über die Fische verteilen. Mit Zitronenvierteln servieren.

Wichtig «Nach Müllerinart» heißt soviel wie «mit Mehl bestäubt»! Damit sollte man vorsichtig sein und nicht zuviel davon verwenden, sonst entsteht auf dem Fisch eine klebrige Schicht. Mit dem Mehlsieb kann die Menge jedoch gut dosiert und regelmäßig verteilt werden. Meistens verzichte ich darauf und brate die Fische ohne Mehl.

Tip Darauf achten, daß die frische Butter nicht braun oder schwarz wird!

Variationen
– Je 1 Salbeiblatt mitbraten.
– Mit gerösteten Mandelnscheibchen oder Pinienkernen bestreuen.
– In Butter gebratene Bananenscheiben dazu servieren.
– Frisch gehackte Kräuter in die schäumende Butter geben und über die Fische verteilen.

*
V Kann weitgehend vorbereitet werden
Arbeitsaufwand: 10 Min.
Bratzeit: 10—15 Min.

Seezunge (Sole), Goldbutt (Scholle), Flunder, Forelle, Felche

Für 4 Personen
4 Echte Rotzungen in Portionengröße (zu je 250 g), kochfertig
Salz, weißer Pfeffer aus der Mühle
1 Eßl. Mehl
4 Eßl. eingesottene Butter
50 g frische Butter
2 Zitronen

Originell und ausgezeichnet —
Fischfilets mit Butter und Pfefferminzblättern im Ofen gedünstet!

Rotbarschfilets mit Limonen und Pfefferminze

*

V Kann vorbereitet
werden
Arbeitsaufwand:
10 Min.
Bratzeit: 20—25 Min.

⊂⊃◁

Meerbrasse
(Dorade), Peters-
fisch (St-Pierre)

Für 4 Personen
4 Rotbarschfilets
zu ca. 150—200 g
1 Prise Cayenne-
pfeffer
Salz
Butter für die Form
1 Handvoll frische
Pfefferminzblätter
1 Limone, mit der
Schale in dünne
Ringe geschnitten
100 g frische Butter

Die Fischfilets mit Cayennepfeffer und Salz würzen. Eine Auflaufform mit Butter ausstreichen und die Fischfilets hineinlegen. Die Pfefferminzblätter darauf verteilen und mit den Limonenscheiben bedecken. Butterflocken darübergeben und im Backofen bei 180 °C 20—25 Min. backen.

Wichtig   Nur wenig Pfefferminze verwenden, damit das Fischaroma nicht zu stark übertönt wird. Wenn nötig, mit Folie etwas abdecken, damit die Butter nicht zu dunkel wird.

Variationen
— Frisch gehackten Estragon oder Kerbel anstelle der Pfefferminze verwenden.
— Butter durch ½ dl Olivenöl ersetzen.

Ein einfaches Fischrezept aus Italien. Die Zubereitung ist denkbar leicht und ohne Tücken.

Seezunge mit Oliven

**

V Kann vorbereitet
werden
Arbeitsaufwand:
10 Min.
Bratzeit: 11—13 Min.

⊂⊃◁

Rotzungen, Flundern

Die Seezungen vom Händler kochfertig vorbereiten lassen. Die Fische im Olivenöl beidseitig rasch anbraten (evtl. 2 Bratpfannen verwenden!). 1 dl Wasser, Zitronensaft und durchgepreßte Knoblauchzehe zufügen. Mit Petersilie, wenig Salz und Pfeffer bestreuen. 8—10 Min. bei kleiner Hitze ziehen lassen. Dann die Oliven und pro Seezunge je 1 Zitronenscheibe beigeben. 3 Min. weitergaren. Die Seezungen auf heiße Teller

166

anrichten und mit Oliven und einer Zitronen-scheibe garnieren.

Wichtig Darauf achten, daß man aroma-tisch eingelegte, nicht zu salzige Oliven kauft. Man kann sie entsteinen und klein-schneiden. Das Gericht läßt sich auch im Ofen (evtl. in zwei Auflaufformen) zuberei-ten. In diesem Fall 2 Eßl. mehr Wasser zuge-ben.

Tip Beim Einkaufen nicht vergessen, die Gräten mitzunehmen! Sie eignen sich her-vorragend für einen Fischfond. Man kann ihn auf Vorrat zubereiten.

Für 4 Personen
4 Seezungen (Soles)
zu je 250 g
2 Eßl. Olivenöl
Saft von ½ Zitrone
1 Knoblauchzehe
2 Eßl. gehackte
Petersilie
Salz, schwarzer
Pfeffer
24 schwarze Oliven
1 Zitrone

Einfach, aber gut und in der Zuberei-tung ohne Problem.

Seezungenfilets mit Erdnüssen

Die Seezungenfilets mit Pfeffer und Fisch-gewürz bestreuen. Erdnüsse in einem Mör-ser grob zerdrücken. Gourmet-Butter erhit-zen. Die Filets darin rasch beidseitig anbra-ten. Kochbutter in einem kleinen Topf erhit-zen. Erdnüsse zufügen. Unter Rühren anzie-hen lassen. Mit wenig Salz und Pfeffer wür-zen. Die Fischfilets auf eine vorgewärmte Platte anrichten. Die Erdnüsse mit der Butter darüber verteilen. Mit Zitronenvierteln gar-nieren. Dazu Salzkartoffeln servieren.

Wichtig Wenn keine ungesalzenen Erd-nüsse erhältlich sind, gesalzene kaufen. In diesem Fall die Erdnußbutter nicht mehr würzen und auch die Seezungen nur vor-sichtig mit Salz bestreuen.

Tip Walnüsse oder Haselnüsse verwen-den.

**
V Muß «à la minute» zubereitet werden
Arbeitsaufwand:
10 Min.
Bratzeit: 5 Min.

Rotzunge, Felchen (Renken), Barsch, Zander

Für 4 Personen
8 Seezungenfilets (Sole)
Salz, Pfeffer aus der Mühle
1 Teel. Fischgewürz
80 g geschälte, ungesalzene Erd-nüsse
2 Eßl. Gourmet-Butter
40 g Kochbutter
1 Zitrone

Nach diesem Rezept zubereitet,
sind gebackene Fische nicht alltäglich.
Außerdem nimmt ihnen die aparte
Füllung etwas von ihrer Üppigkeit.

Seezunge mit Avocadomousse

**

V Kann weitgehend
vorbereitet werden
Arbeitsaufwand:
30 Min.
Bratzeit: 8 Min.

◁⫨

Rotzungen, Flundern

Für 4 Personen
4 ganze Seezungen
(Soles)
1 Teel. Zitronensaft
Salz, weißer Pfeffer
50 g geriebenes Brot
50 g gemahlene
Haselnüsse
2 Eier
2 Eßl. Mehl

Füllung
2 reife Avocados
1 Eßl. Zitronensaft
2 Eßl. Magerquark
¼ Zwiebel, klein
geschnitten
Salz, weißer Pfeffer
1 Eßl. Kerbel, frisch
gehackt
2 Eßl. Rahm, steif
geschlagen
4 Eßl. eingesottene
Butter

Die Seezungen folgendermaßen vorbereiten: Die Fische beim Kauf häuten und kochfertig parieren (Flossen wegschneiden) lassen. Die Kranzgräten ringsum abschneiden.
Die Filets auf ein Brett legen. Entlang der
Mittelgräte einen Schnitt anbringen. Auf der
Kopfseite die Filets beidseitig ungefähr 1½
bis 2 cm quer einschneiden. Sie sollen
am Rand noch am Fisch fixiert bleiben
(s. S. 355).
Die Filets von der Mitte aus mit einem Messer vorsichtig von den Gräten ablösen, jedoch nur soweit, daß die Filets beidseitig
gerollt werden können. Die Gräten ringsum
mit der Schere ebenfalls vorsichtig durchschneiden. Die so vorbereiteten Seezungen
mit Zitronensaft beträufeln und beidseitig
mit wenig Salz und Pfeffer bestreuen. 5—10
Min. im Kühlschrank ziehen lassen. Brot und
Haselnüsse mischen. Die Eier verquirlen.
Die Fische mit Küchenpapier abtupfen, mit
Mehl bestäuben (am besten mit einem
Mehlsieb), durch die verrührten Eier ziehen
und in der Brot-Nuß-Mischung panieren.
Für die Füllung die Avocados schälen, halbieren und entsteinen. ½ Avocado für die
Garnitur längs in Scheiben schneiden und
sofort mit Zitronensaft beträufeln. Die
Früchte in Stücke schneiden und mit Quark,
Zwiebeln und wenig Salz und Pfeffer im
Mixer pürieren. Mit Kerbel und steifgeschla-
genem Rahm mischen. Mit Salz und Pfeffer
abschmecken, dann in einen Dressiersack
füllen und kühl stellen. Die Seezungen in
zwei großen Bratpfannen beidseitig in der
Butter langsam hellbraun braten. Auf vorgewärmte Teller anrichten. Mit der vorbereite-

ten Mousse füllen und mit 1—2 Avocadoscheiben garnieren.

Wichtig Man kann helles Paniermehl verwenden. Besser ist es aber, wenn man altbackenes Brot (ohne Rinde) selbst reibt.

Variationen
- Die Seezungen in einer Fritüre ausbak-
  ken.
- Als Füllung Rahmquark mit steifgeschla-
  genem Rahm und frisch geriebenem
  Meerrettich mischen.

Das Geheimnis der Plattfische

*Wer Plattfische näher betrachtet, ist erstaunt
zu sehen, daß sie beide Augen auf der
gleichen Seite und einen unfreundlich aus-
sehenden verzogenen Mund haben. Das
Eigenartige daran ist, daß sie mit normaler
Augenstellung auf die Welt kommen, das
eine Auge aber während des Wachstums
den Kopf durchwandert, um sich nach sechs
Monaten auf der anderen Seite definitiv zu
plazieren. Danach schwimmen die Plattfische flach im Wasser liegend.
Ihr Fleisch ist in der Gastronomie sehr
gefragt, vor allem das der Seezunge (Sole)
und des Steinbutts (Turbot).*

Die Seezunge
*Sie ist vom Minifischchen über die Portio-
nengröße bis zu über einem halben Meter
Länge zu haben und ist im Fleisch relativ
ergiebig. Die allerbesten Seezungen
kommen heute von der englischen Küste,
aus Belgien, Holland und Dänemark.
Die Seezunge muß ganz frisch zubereitet
werden, sonst weist sie einen leichten Jod-
geschmack auf. Sie ist das ganze Jahr über
erhältlich und deshalb auch auf vielen Speisekarten anzutreffen. Die klassische Zubereitung der Seezunge in Portionengröße ist
«à la meunière». Größere Exemplare werden
gerne pochiert oder filetiert und mit unzähligen Saucen serviert. Die ganz kleinen Seezungen werden in Italien fritiert.*

Lemon sole (Limande sole)

Dieser Plattfisch wird bei uns Limande oder Echte Rotzunge genannt. Er ähnelt der Seezunge und ist ein naher Verwandter der Scholle. Lemon sole ist sehr gefragt als Ersatz für die teurere Seezunge. Er eignet sich vor allem zum Braten.

Die Scholle

Diesen je nach Vorkommen auch Goldbutt (Ostsee) genannten Fisch erkennt man an seiner bräunlichen Farbe mit den zahlreichen orangefarbenen Flecken. Sein Fleisch ist sehr schmackhaft, aber nicht so delikat und fest wie das der Seezunge. Schollen werden gebraten, pochiert und filetiert. Sie sind vor allem tiefgekühlt und oft auch geräuchert erhältlich.

Die Flunder

Ein Fisch, dessen Filets bei uns viel verkauft werden. Das Fleisch dieses Fisches wird etwas geringer bewertet als das des Goldbutts, es eignet sich aber sehr gut zum Braten oder Backen.

Die Kliesche

Auch Scharbe genannt. Sie wird oft mit der Echten Rotzunge (Lemon sole) verwechselt. Meistens bereitet man sie «à la meunière» zu.

Der Steinbutt

Er ist mit Abstand der wichtigste Plattfisch. Seine Form ist fast kreisrund. Die Haut trägt keine Schuppen, dafür enthält sie die sogenannten Steine, kleine Verknöcherungen. Man versucht heute diesen Fisch, der nicht in allzugroßen Mengen gefangen werden kann, zu züchten. Die bisherigen Ergebnisse sind etwas mager, auch weisen gezüchtete Exemplare keine Steine auf.
Das Fleisch des Steinbutts (Turbot) ist weiß und fest und eignet sich für alle Zubereitungen. Große Steinbutte werden ganz pochiert oder in Stücke geschnitten zubereitet. Kleinere Steinbutte nennt man «Turbotins». Sie werden meistens filetiert. Das

Fleisch des Steinbutts ist sehr gelatinös und eignet sich deshalb weniger für kalte Zubereitungen.

Der Glattbutt
Dieser Plattfisch ist ein naher Verwandter des Steinbutts. Seine Haut ist glatt, und sein Fleisch ist etwas weniger fest und delikat, aber trotzdem schmackhaft. Er wird wie der Steinbutt zubereitet.

Der weiße Heilbutt
Das ist der größte aus der Familie der Butte. Er wird in kleineren Mengen gefangen als der Steinbutt und der Glattbutt und ist durch seine Größe ergiebiger. Er wird meistens in Stücke geschnitten und wie Steinbutt zubereitet.

Der schwarze Heilbutt
Bei diesem Fisch ist die Unter- und die Oberseite schwarz. Er wird in großen Mengen gefangen. Meist kommt er bei uns als Filets frisch oder geräuchert in den Handel.

Im Mittelmeerraum ist die Goldbrasse der typische Ofenfisch. Ihre schöne Form, das feste Fleisch und ihr gutes Aussehen, auch nach dem Braten, sind offenbar der Grund dafür.
So habe ich diesen Fisch in Sète gegessen:

Goldbrasse im Ofen «Pescadou»

**

V Kann vorbereitet werden
Arbeitsaufwand: 15 Min.
Bratzeit: 20—30 Min.

Wolfsbarsch (Loup de mer), andere Brassen, Seehecht (Colin), Kabeljau (Schwanzstück)

Für 6 Personen
1 mittelgroße Goldbrasse (Dorade royale)
3 EßI. Zitronensaft
Salz, Pfeffer
150 g Schalotten, fein gehackt
3 EßI. Petersilie, fein gehackt
2 EßI. Butter
1 kleines Stück Selleriestange
2 Karotten
½ Lauchstange
1 Gewürznelke
2 Lorbeerblätter
½ Teel. Salbei
2½ dl Weißwein (gute Qualität)
4 EßI. Butter oder Olivenöl

Den Fisch vom Fischhändler schuppen und ausnehmen lassen. Mit kaltem Wasser spülen, mit Küchenpapier trocknen. Mit Zitronensaft, Salz und Pfeffer innen und außen bestreichen. Schalotten und Petersilie in 2 EßI. Butter auf kleinem Feuer 10 Min. dünsten.
Die Hälfte der Schalotten-Petersilie-Mischung in den Fischbauch einfüllen. Den Fisch in eine lange, feuerfeste Form oder in einen Bräter legen. Geschnittenen Sellerie, halbierte Karotten, Lauchstange, Gewürznelke, Lorbeerblätter, Salbei und Weißwein zugeben. 20 Min. mit Alufolie zugedeckt im Ofen bei 250 °C ziehen lassen. 4 EßI. Butter zu der restlichen Schalotten- und Petersiliemischung geben, erwärmen, bis die Butter flüssig wird. Folie wegnehmen, Mischung über den Fisch verteilen. Nochmals mit wenig Salz und Pfeffer bestreuen. 10 Min. bei Oberhitze schmoren lassen. Prüfen, ob der Fisch gar ist (Kiemenflossen sollten sich herausziehen lassen!).
Nelke und Lorbeerblätter entfernen. In der Form servieren. Salzkartoffeln passen am besten dazu.

Wichtig Fischfilets lassen sich ebenfalls auf diese Art schmoren. Dazu bestreicht man ein Filet mit der Schalotten-Petersilie-Mischung und bedeckt es mit einem zweiten Filet. Die Backzeit wird reduziert. Dieses Gericht kann man auch in der Pfanne zubereiten.

172

Ein originelles Gericht — Meerbarbenfilets, eingebettet in einer halben
Aubergine, mit Kräutern gewürzt und
im Ofen überbacken.

Rouget
im Auberginenbett

Die Meerbarben filetieren. Die Auberginen
halbieren und so aushöhlen, daß ein Hohl-
raum für die Fischfilets entsteht. Die Schale
soll unverletzt bleiben. Die Schnittflächen
mit wenig Salz bestreuen. 15 Min. ruhen lassen. Mit Küchenpapier den braunen, ausge-
tretenen Saft auftupfen. 2 Eßl. Olivenöl erhitzen. Die Auberginen mit der Schnittfläche
nach unten leicht anbraten. Inzwischen in
einer zweiten Pfanne 1 Eßl. Öl erhitzen. Das
herausgeschnittene Auberginenfleisch klein
würfeln und die Tomaten kleinschneiden.
Die Schalotten im Öl dünsten, dann auch
die Auberginenwürfel, die Tomaten, die gehackten Basilikumblätter und den durchgepreßten Knoblauch zufügen. Alles weiterdünsten, bis keine Flüssigkeit mehr in der
Pfanne vorhanden ist. Mit Salz, Pfeffer und
Safran abschmecken. Die vorgedünsteten
Auberginen mit der Schale nach unten in
eine große Gratinplatte legen. Die Hälfte
des Gemüsemuses darin verteilen. Die
Meerbarbenfilets salzen, pfeffern und je eines davon in eine Auberginenhälfte legen.
Mit der restlichen Gemüsemasse belegen
und mit 1 Eßl. Olivenöl beträufeln. Bei Oberhitze (200 °C) 15 Min. überbacken.

Wichtig Die Auberginen müssen gut vor-
gedünstet werden, damit sie bei der kurzen
Backzeit weich werden.

Tip Wer gerne pikante Gerichte hat, kann
die gefüllten Auberginen zum Schluß mit
etwas «Knoblauch-Pfeffer-Öl» (s. S. 329) beträufeln. Bei Verwendung von Sardinen Kopf
und Hauptgräten entfernen und je zwei
Fische gegeneinander in die Auberginen
legen.

**

V Kann vorbereitet
werden
Arbeitsaufwand:
35 Min.
Backzeit: 15 Min.

Knurrhähne, große
Sardinen

Für 4 Personen
4 kleine Meerbarben
(Rougets)
4 große, längliche
Auberginen
Salz, Pfeffer
4 Eßl. Olivenöl
4 geschälte Tomaten
2 gehackte
Schalotten
6—8 Basilikum-
blätter
1 Knoblauchzehe
1 Prise Safranfäden

173

Eine Mittelmeerfritüre lebt natürlich von der Auswahl der Fische und der Meeresfrüchte, wie sie hier aufgeführt sind. Nach dem gleichen Rezept lassen sich aber auch andere Fische ausbacken.

Frittura di mare

**
V Kann weitgehend vorbereitet werden
Arbeitsaufwand:
15 Min.
Fritierzeit:
½ Min. pro Portion

Kleine Meerbarben oder andere Meeresfische, Miesmuscheln (Moules), Sandklaff- oder Teppichmuscheln (Vongole), Garnelen (Krevetten)

Für 4 Personen
800 g sehr kleine Meeresfische wie Stinte, Seezungen, Grundeln, kleine Meeraale, Ährenfische
Mehl
Oliven- oder Erdnußöl zum Fritieren
Salz
2 Zitronen

Die Fische unter fließendem Wasser waschen. Auf Küchenpapier gut trocknen. Etwas Mehl in eine Papiertüte geben.
Die Fische portionenweise hineinlegen, den Sack oben schließen und gut schütteln. Die Fische herausnehmen und einzeln nochmals schütteln, damit nur noch eine sehr dünne Mehlschicht daran hängenbleibt.
Das Öl erhitzten und die Fische bei 180 °C goldgelb ausbacken.
Auf Küchenpapier abtropfen lassen, mit feingemahlenem Salz bestreuen und auf Tortenpapier servieren. Zitronenviertel dazureichen.

Wichtig Die Fischchen müssen trocken sein, damit nicht allzuviel Mehl daran haften bleibt.

Tips
– In Italien fritiert man meistens ein paar Zweige flachblättrige Petersilie mit.
– In großen Delikateßgeschäften kann man bereits fertig zusammengestellte «Frittura-Mischungen» kaufen oder vorbestellen.

Variationen
– Die Fischchen in Bier oder Milch tauchen, gut abtropfen lassen, im Mehl wenden und anschließend fritieren (gibt einen etwas mehligen Überzug, ist aber typisch).
– Die Fischchen durch leichten Fritierteig (evtl. Bierteig) ziehen und ausbacken.
– Zusammen mit verschiedenen roh geöffneten Muscheln (ohne Schalen natürlich), kleinen Kaisergranaten, Garnelen und sehr kleinen Tintenfischen fritieren. Das ergibt, zusammen mit den Fischen, eine «Frittura mista di mare».

In leichtem Fritüreteig ausgebackene Kaisergranate sind immer etwas besonders Gutes. Hier auf meine Art zubereitet.

Scampi fritti

Die Kaisergranate roh schälen, den Darm entfernen und in eine Schüssel legen. Mit wenig Salz und Pfeffer bestreuen und mit Zitronensaft beträufeln. 30 Min. kühl ruhen lassen.
Für den Teig das Mehl sieben und gut mit Weißwein verrühren. 1 Std. kühl ruhen lassen. Die Eiweiße mit etwas Salz steif schlagen. Unter den Teig ziehen.
Die Kaisergranate mit Küchenpapier abtupfen. Durch den Teig ziehen und portionenweise bei 180 °C im Öl ausbacken.
Auf Küchenpapier abtropfen. Auf Papierservietten servieren und halbierte Zitronen dazureichen.

Wichtig   Die Kaisergranate müssen sofort nach dem Fritieren auf den Tisch kommen. Das Warmstellen bekommt dem zarten Teig nicht!

Tips
– Ich hülle die Kaisergranate in Teig, damit sie schonend gebacken werden!
– Zu diesen «Scampi fritti» paßt auch eine leichte «Sauce Tatar» oder eine «Mayonnaise à la provençale» (s. S. 321).

Variationen
– Die Kaisergranate können im Mehl gewendet, durch gewürzte, verrührte Eier gezogen und dann ausgebacken werden. Ab und zu werden sie in Italien auch noch im Paniermehl gewendet.
– Im Mittelmeerraum verzichtet man oft auf einen Teig. Man taucht die Kaisergranate in Milch und zieht sie durchs Mehl, bevor sie ausgebacken werden.

***

V Kann weitgehend vorbereitet werden
Arbeitsaufwand:
30 Min.
Fritierzeit:
1 – 2 Min. pro Portion

Große Garnelen (Riesenkrevetten)

Für 4 Personen
400 g mittelgroße Kaisergranate (Scampi)
Salz, weißer Pfeffer
2 Eßl. Zitronensaft

Teig
150 g Mehl
2½ dl Weißwein, Bier oder Mineralwasser
2 Eiweiß
Salz

Öl für die Fritüre
2 Zitronen

Langoustines oder Scampi?

Je nach Provenienz ändern die Kaisergranate ihre Namen. Was den Franzosen ihre
Langoustines sind, sind den Italienern ihre
Scampi, den Angelsachsen ihre Prawns und
den Nordländern ihre Norway Lobsters.
Immer aber handelt es sich um die gleichen,
hummerähnlichen Langschwanzkrebse,
die bei uns frisch oder tiefgekühlt erhältlich
sind. Weil der Kopf sehr verderblich ist,
werden bei uns meistens nur die Schwänze
verkauft.

EINFACH UND RUSTIKAL

Auf den folgenden Seiten habe ich
Fischgerichte zusammengefaßt, die mit wenig
Aufwand jederzeit zubereitet werden können.
Gleichzeitig habe ich dafür Fischsorten gewählt,
die immer erhältlich und, was ein weiterer
Vorteil ist, preiswert sind.
Hier finden Sie sowohl die «Forelle blau», die in
keinem Fischbuch fehlen darf, die «Trüsche im
Kräutersud», verschiedene Ofengerichte, die
man unbeaufsichtigt schmoren lassen kann,
Fischfilets mit feinen Saucen sowie ein
einfaches «Fischfondue» für eine vergnügte
Tafelrunde. Wie in jedem Kapitel dieses Buches
werden vorab die Gerichte aus einheimischen
Fischen vorgestellt, dann die Zubereitungen
aus Meeresfischen. Gewisse Rezepte lassen
sich aber mit beiden Fischsorten zubereiten,
was aus den Alternativvorschlägen ersichtlich
wird.

Süßwasser

Dieses Rezept gehört einfach in ein Fischbuch. Auf diese Art lassen sich aber auch junge Hechte, Schleien, Karpfen, große Felchen und Saiblinge zubereiten. Je nach Größe variiert die Kochzeit.

Forelle blau

Den nach Rezept vorbereiteten Sud in einer Fischkasserolle wieder aufkochen. Die Forellen auf dem Siebeinsatz in den Sud legen. Bei kleiner Hitze 10—15 Min. ziehen lassen. Sobald sich die Brustflossen mühelos herausziehen lassen, sind die Forellen gar.

In der Fischkasserolle servieren oder auf einer mit Servietten belegten Platte anrichten. Geschmolzene Butter und Zitronenviertel dazu servieren. Die Butter in einem kleinen Topf auf einem Kerzenrechaud warm halten.

Wichtig   In vielen Rezepten liest man, daß Forellen in den stark siedenden Sud geworfen werden müssen, damit sie sich krümmen. Das soll beweisen, daß sie frisch sind. Beim starken Krümmen springen sie jedoch auf, was das Zerlegen erschwert. Durch das zu sehr erhitzte Wasser wird das zarte Forellenfleisch gerne etwas hart und trocken. Ich ziehe deshalb eine nur leichte Krümmung vor und lasse die Forellen im leise köchelnden Wasser ziehen.

Tips
— Die blaue Farbe verdanken die Forellen ihrem schleimigen Überzug, der sich im Kontakt mit der Säure des Weines oder des Essigs verfärbt. Deshalb dürfen die Forellen vor dem Kochen bestenfalls nur kalt abgespült werden. Der Schleim darf nicht entfernt werden. Die blaue Farbe kann verstärkt werden, indem man den rohen Fisch mit etwas Essig begießt.

*
Kann teilweise vorbereitet werden
Arbeitsaufwand:
5 Min.
Kochzeit:
10—15 Min.

Saiblinge, Felchen (Renken), Hecht, Karpfen, Schleien

Für 4 Personen
4 lebendfrische Forellen zu je 250—300 g, kochfertig
2 l «Wein»- oder «Essigsud» (s. S. 339)
100 g Butter
1 Zitrone

- Forellen werden, wenn sie sofort nach dem Töten gekocht werden, gern etwas hart. Deshalb sollten sie vor der Zubereitung 2—3 Std. in den Kühlschrank gelegt werden.
- Die zerlassene Butter darf nur hellgelb, niemals dunkelbraun oder gar schwarz werden. In diesem Zustand ist sie äußerst unbekömmlich und macht vor allem Magen- und Leberempfindlichen zu schaffen.

Balchen sind große, fleischige Felchen, die sich für ein Ofengericht besonders gut eignen. Das Gericht lebt von den frischen, aromatischen Kräutern.

Balchen im Ofen

*
V Kann weitgehend vorbereitet werden. Arbeitsaufwand: 10 Min. Bratzeit: 18 Min.

◁—⊐

Felchen, Zander, Dorsch

Für 4 Personen
8 große Felchen (Balchen, Renken), kochfertig
Butter für die Form
2 Eßl. Schalotten, fein gehackt
Salz, Pfeffer
2 Eßl. Butterflocken
1 dl trockener Weißwein
20 g frische Butter
4 Eßl. frisch gehackte Kräuter (Petersilie, Rosmarin, Thymian, Majoran)

Eine ofenfeste Form gut ausbuttern. Die Fische salzen, pfeffern und in der Form anordnen. Mit den Schalotten bestreuen. Mit Butterflocken belegen. Die Fische in den Ofen schieben und 10 Min. bei 180 °C garen lassen. Den Wein zugeben. Weitere 5 Min. braten. Die Kräuter in der frischen Butter aufschäumen lassen. Über die Fische verteilen und 2—3 Min. bei Oberhitze überbacken. In der Form auf den Tisch bringen.

Wichtig Bei Verwendung von Filets, z. B. Felchen, diese falten, nur 10—12 Min. braten und mit dem Bratenwender aus der Form heben.

Tip Im Winter kann man getrocknete Kräuter mit viel Petersilie und Schnittlauch mischen.

Ein einfaches Gericht, das ich bei einem Fischer kennengelernt habe.

Trüsche im Kräutersud

Alle Zutaten für den Sud mit 1½ l Wasser 1 Std. kochen, dann erkalten lassen. Das Schwanzstück der Trüsche in 5 cm lange Stücke schneiden. In den kalten Sud legen, aufkochen und 5—8 Min. ziehen lassen. Sobald das Fischfleisch weiß wird, ist es gar. Die Butter erhitzen, aufschäumen lassen und über den gehäuteten Fisch gießen.

Wichtig Üblicherweise wird die Trüsche vor der Zubereitung gehäutet. Bei diesem Gericht kann die Haut beim Putzen der Fische belassen werden. Sie läßt sich nach dem Kochen gut wegziehen.

Tip Man kann zu dieser Trüsche auch eine «Sauce hollandaise» (s. S. 324) servieren.

Variation Erwähnte Kräuter durch einen Dillzweig ersetzen.

Sogenannte Ruch- oder Weißfische sind nur von Kennern begehrt. Sie sind, außer dem Karpfen, zu wenig bekannt, obwohl ihr Fleisch, wie bei der Schleie, weiß und zart ist.

Schleie im Ofen

Eine große, ofenfeste Form mit Butter ausstreichen. Die Fische innen und außen mit Salz und Pfeffer bestreuen. Etwas Thymian in die Bauchhöhle legen. Die Fische in die Form legen und die Speckwürfelchen darüber verteilen. 15 Min. bei 200°C anbraten lassen. Inzwischen die Champignons putzen und längs vierteln. Den Lauch in feine Rädchen schneiden und die Zwiebelchen schälen. Die Gemüse zufügen, gut im Bratenfond wenden. Die Temperatur auf 180°C redu-

*
V Kann vorbereitet werden
Arbeitsaufwand: 15 Min.
Kochzeit: 15—20 Min.

Aal, Seeteufel (Baudroie)

Für 4 Personen
1,2 kg Trüsche (Aalquappe), Schwanzstück
100 g Butter

Sud
1 große Zwiebel
1 Lorbeerblatt
Je 1 Zweiglein Thymian, Majoran, Trique-Madame (wenn erhältlich)
2 Salbeiblätter
3—4 Petersilienstiele
6 Pfefferkörner
1 Karotte
1 Lauchstange
1 dl Weinessig
Salz

*
V Kann vorbereitet werden
Arbeitsaufwand: 20 Min.
Bratzeit: 35—40 Min.

Karpfen, Kabeljau (Schwanzstück)

Für 4 Personen
2 Schleien zu je
700 g, kochfertig
1 Eßl. eingesottene
Butter
Salz, Pfeffer
1 Zweiglein Thymian
50 g kleine Speck-
würfelchen
100 g frische
Champignons
1 Lauchstange
50 g frische Perl-
zwiebeln
1 dl Weißwein

*
V Kann teilweise
vorbereitet werden
Arbeitsaufwand:
15 Min.
Bratzeit: 3 Min.

Flunder, Goldbutt
(Scholle)

Für 4 Personen
8 Felchenfilets
(Renken)
2 Eßl. eingesottene
Butter
Salz, Pfeffer
1 große Zwiebel,
fein gehackt
1 Teel. Mehl
1—2 Eßl. Curry-
pulver
1 Becher saurer
Halbrahm (1,8 dl)
1 Kiwi
1 Banane

zieren und nach 5 Min. den Weißwein zu-gießen. 20 Min. weiterbraten und den Fisch ab und zu mit dem Bratenfond begießen. Wenn nötig, noch etwas Wein zugeben. Prüfen, ob die Fische gar sind (Brustflosse herausziehen!). Die Fische in der Form servieren und am Tisch zerlegen. Die Haut nach Belieben abziehen.

Wichtig Weißfische werden vor dem Verkauf meistens lebend einige Tage in Frischwasser gehalten, damit sie keinen Tanggeschmack aufweisen, der von stehenden Gewässern herrührt. Wird die Schleie nach dem Fang sofort getötet, kann man sie in leicht gesalzenem Essigwasser 5—6 Std. wässern. Das Wasser muß mehrmals gewechselt werden.

Ein ausgesprochenes Schnellgericht mit einfachen Zutaten pikant gewürzt.

Curry-Felchen

Die Felchenfilets beidseitig in 1 Eßl. Butter anbraten, dann wenden und mit Salz und Pfeffer bestreuen. Die restliche Butter und die gehackte Zwiebel zugeben. 2 Min. weiterbraten. Die Fischfilets aus der Pfanne nehmen und auf eine warme Platte anrichten. Die Zwiebeln zuerst mit Mehl, dann mit Currypulver bestreuen. Leicht anziehen lassen. Den Sauerrahm langsam zugießen, dabei darauf achten, daß die Hitze in der Pfanne nicht zu groß ist. Die Sauce nur noch erwärmen, nicht mehr kochen. Mit Salz und Pfeffer abschmecken. Mit Bananen- und Kiwischeiben garnieren.

Wichtig Noch besser wird dieses Gericht, wenn man die Bananen zuerst längs, dann quer halbiert und in wenig Butter anbrät. Die Kiwischeiben werden roh zum Gericht gelegt. Durch das Braten verlieren sie Farbe und Aroma.

Tip Die Früchte lassen sich durch geröstete Mandelscheibchen ersetzen.

Salzwasser

Wenn Sie Gäste haben, die mit Fisch noch nicht sehr vertraut sind, servieren Sie ihnen dieses einfache überbackene Gericht!

Dorschgratin mit Champignons

Die Champignons putzen, waschen und in Scheiben schneiden. Die Schalotten hakken. Beides in Butter unter Wenden 5 Min. dünsten. Mit Weißwein ablöschen und etwas einkochen lassen.

Eine Auflaufform mit Butter ausstreichen. Die Hälfte der Champignons mit den Kräutern mischen und auf dem Boden verteilen. Die Fischfilets salzen, pfeffern und darüberlegen. Mit den restlichen Champignons bedecken.

Im Backofen bei 180 °C 20 Min. garen. Inzwischen den Rahm mit den Eigelben verrühren. Den Saft, der sich beim Garen der Fischfilets eventuell gebildet hat, abgießen und unter die Eier-Rahm-Mischung geben. Den Guß mit Salz und Pfeffer abschmecken. Über die Fischfilets verteilen, mit Gruyère und Butterflocken bestreuen und ca. 10—15 Min. bei Oberhitze überbacken. Das Gericht sollte nicht zu braun werden, evtl. mit einer Aluminiumfolie abdecken.

Wichtig   Beim Garen von Fisch bildet sich meistens Flüssigkeit. Da sie die Sauce verwässern kann, muß man sie abgießen. Sollte viel Flüssigkeit entstehen, gießen Sie sie in einen kleinen Topf und kochen Sie sie auf 3—4 Eßl. ein.

Tip   Man kann die untere Champignonschicht durch feingeschnittene, kurz vorgekochte Kartoffeln ersetzen.

*
V Kann vorbereitet werden
Arbeitsaufwand: 25 Min.
Backzeit: 35 Min.

Lengfisch, Rotbarsch

Für 4 Personen
750 g Dorschfilets
500 g frische Champignons
4 Schalotten
2 Eßl. Butter
2 dl Weißwein
Butter für die Form
1 Teel. Majoran oder Origano, frisch gehackt.
Salz, Pfeffer
1 dl Rahm
2 Eigelb
50 g geriebener Gruyère
20 g Butterflocken

Die Preisgünstigen aus dem Norden

Oft hat man ein Vorurteil gegen Fische, die weniger kosten. Besonders im Restaurant findet man es unter der Würde des Hauses, Fische zu verwenden, deren Namen weniger klangvoll sind und die aus dem Atlantik oder aus der Nordsee kommen. Zu Unrecht, denn auch sie können, bei gekonnter Zubereitung, gute Gerichte ergeben. Gerade für rustikalere Spezialitäten, wie Fischsuppen, Eintöpfe und Zubereitungen mit kräftigen Saucen, ist die Verwendung dieser Fische sehr zu empfehlen. Natürlich ist ihr Fleisch nicht immer so zart wie das eines Wolfsbarschs (Loup de mer) oder einer Seezunge (Sole). Aber das wird ja auch nicht immer erwartet.

Meistens sind diese Fische sehr groß und werden deshalb vorwiegend in Scheiben oder bestenfalls ganz als Schwanzstück verkauft. Oft sind sie als tiefgekühlte Filets erhältlich. Die Köpfe werden bereits vom Fischer entfernt. Sie sind in der Regel sehr groß, für uns aber nutzlos und würden nur die Transportkosten verteuern. Am bekanntesten und beliebtesten ist sicher der **Kabeljau** (als Jungfisch Dorsch genannt). Er hat ein wunderbares, weißes Fleisch und läßt sich auf die verschiedensten Arten zubereiten. Ein ähnliches Fleisch hat der **Lengfisch.** Er ergibt dank der gleichmäßigen Form seines Leibes schöne Portionenstücke. Ein wichtiger Fisch aus dieser Kategorie ist der **Seehecht** (Colin), auch fälschlicherweise Seelachs genannt, mit etwas weicherem Fleisch. Er ist in verschiedenen Qualitäten erhältlich und eignet sich für einfache Fischgerichte sehr gut. Vielleicht sind Sie diesem Fisch schon in Nordspanien unter der Bezeichnung «Merluza» begegnet, wo er auf die verschiedensten Arten zubereitet wird. Ferner gibt es den **hellen Seelachs** (auch Pollack genannt), der bei uns noch zu wenig bekannt ist, dann den **dunklen Seelachs** oder Köhler sowie den kleinen Seehecht, **Colinet** genannt.

Weitere preisgünstige Fische sind der **Schellfisch** mit festem, etwas süßlichem Fleisch und der **Wittling** (Merlan) mit zartem Aroma, der sich vor allem für Fischsuppen und Eintopfgerichte eignet.

Die raffinierte rote Tomaten-Paprika-Sauce gibt diesem einfachen Fischgericht die pikante Note.

Kabeljau in roter Sauce

Die Tomate 30 Sek. in kochendes Wasser tauchen, dann schälen, halbieren, auspressen und kleinschneiden. Die Paprikaschote halbieren, entkernen und in sehr kleine Würfel schneiden.
1 Eßl. Butter erhitzen. Zwiebel hacken und zufügen. Kurz anziehen lassen. Tomaten und Paprikaschoten zufügen. 1 Min. mitdünsten. Gewaschenen und grobgeschnittenen Koriander, Currypulver, Bouillon und 1 Teel. Reis zugeben.
25 Min. ungedeckt bei kleiner Hitze kochen. Nach dieser Zeit im Mixer pürieren. Mit Salz, Pfeffer und Cayennepfeffer pikant abschmecken. Inzwischen die Kabeljauscheiben beidseitig auf Küchenpapier gut trocknen. Die restliche Butter heiß machen und die Kabeljauscheiben darin beidseitig leicht anbraten. Den austretenden Saft zur roten Sauce geben.
Die Hälfte der Sauce auf eine vorgewärmte Platte gießen. Die Fischtranchen darauf anrichten. Die restliche Sauce so darüber verteilen, daß man den Kabeljau noch sieht.

Wichtig   Wird die Sauce im voraus zubereitet, muß sie vor dem Anrichten des Fisches wieder richtig erhitzt werden.

Variation   Den Fisch auf der roten Sauce anrichten. Etwas grüne Sauce, z. B. «Kressesauce» (s. S. 330), darübergeben. Das wirkt besonders dekorativ.

*
V Kann weitgehend vorbereitet werden
Arbeitsaufwand:
15 Min.
Kochzeit: 25 Min.

Seehecht (Colin), Lengfisch, Rotbarsch

Für 4 Personen
4 große Scheiben Kabeljau (1 kg)
1 große reife Tomate
1 rote Paprikaschote
3 Eßl. Butter
1 kleine Zwiebel
2—3 Korianderblätter oder -kapseln
½ Teel. Currypulver
1 dl Bouillon
1 Teel. Reis (Camolino oder Vialone)
Salz, Pfeffer
1 Prise Cayennepfeffer

Originelle Sardinen auf Spinat,
im Ofen überbacken.

Sardinenröllchen
auf Spinat

*
V Kann vorbereitet
werden
Arbeitsaufwand:
40 Min.
Backzeit: 30 Min.

Flundern, kleine Fel-
chen (Renken)

Für 4 Personen
1 kg Sardinen, frisch
oder tiefgekühlt
Salz, Pfeffer
2 Knoblauchzehen
Ca. 12—15 Salbei-
blätter
3 Eßl. Olivenöl
1 kg Spinatblätter
1 dl Rahm
Muskatnuß
4 Eßl. geriebenes
Weißbrot
30 g Butterflocken

Die Sardinen schuppen, ausnehmen, Köpfe
und Rückengräten entfernen. Die Sardinen
mit der Hautseite nach unten auf eine Folie
legen. Mit Salz, Pfeffer und durchgepreßtem
Knoblauch bestreuen. Je 1 Salbeiblatt auf
die Fische legen, mit wenig Öl beträufeln
und von der Kopfseite her einrollen.
Den Spinat putzen und in einem Topf ohne
Zugabe von Flüssigkeit erhitzen, bis er zusammenfällt. Gut auspressen und mit dem
Wiegemesser grob hacken. 2 Eßl. Olivenöl
in eine Bratpfanne geben und erhitzen. Den
Spinat darin unter ständigem Wenden dünsten, bis er keine Flüssigkeit mehr abgibt.
Mit dem Rahm mischen und mit Salz, Pfeffer und Muskatnuß abschmecken. In eine
mit Öl ausgestrichene Auflaufform verteilen.
Mit einem Teelöffel kleine Vertiefungen anbringen und die Sardinenröllchen senkrecht
hineinstecken. Mit geriebenem Brot und
Butterflocken bestreuen. 30 Min. bei 200 °C
überbacken.

Wichtig Der Spinat muß gut gedünstet
werden, damit er beim Backen keinen Saft
mehr abgibt. Das würde den Rahm verwässern.

Tip Damit Sie nicht die ganze Küche beim
Schuppen der Sardinen verschmutzen, ver-
richten sie diese Arbeit am besten im Ab-
waschbecken.

Variationen
– Die Sardinen können mit Sardellenfilets
  (aus der Dose) gefüllt werden.
– Sardinenröllchen und Spinat mit gut gedünsteten Tomatenwürfelchen, gehacktem Knoblauch, Petersilie und Weißbrot
  bedecken und mit Olivenöl beträufeln.
– Die Sardinen ungefüllt in den Spinat stek-
  ken.

Dieses einfache Gericht ist geschmacklich gut ausgewogen. Fisch und Lauch werden ergänzt durch eine raffinierte Senfsauce.

Rotzungenfilets in Senfsauce

Eine flache Auflaufform mit wenig Butter ausstreichen. Den Lauch in feine Ringe schneiden. Mit den Schalotten auf dem Boden der Form verteilen. Die Rotzungenfilets in die Auflaufform legen. Mit wenig Salz und Pfeffer bestreuen. Den Wein dazugießen. Ein Pergamentpapier mit der restlichen Butter bestreichen. Mit der bebutterten Seite nach unten die Form abdecken. 15 Min. bei 180 °C im Backofen dünsten. Die Flüssigkeit aus der Form sorgfältig in einen Topf abgießen. Bei starker Hitze einkochen. Rahm und ½ Eßl. Estragon zugeben und nochmals einkochen lassen, bis die Sauce sämig wird. Die beiden Senfsorten zufügen, gut rühren und nach Bedarf mit Salz und Pfeffer abschmecken. Die Sauce über die Fischfilets verteilen. 5 Min. im ausgeschalteten Ofen belassen, dann mit dem restlichen Estragon bestreuen und sofort servieren.

Wichtig   Senf nur erwärmen, nicht kochen!

Tip   Am besten passen Salzkartoffeln oder Kartoffelpüree dazu und ein grünes Gemüse wie Spinat, Brokkoli oder grüne Erbsen.

Variationen
- Kleingewürfelte, geschälte Paprikaschoten unter die Sauce mischen. Estragon durch Basilikum ersetzen.
- Grüne Erbsen in die Sauce geben.
- Die Sauce zuletzt mit 1—2 Eßl. steifgeschlagenem Rahm verfeinern.
- Mit wenig geriebenem Käse bestreuen und kurz gratinieren. Garzeit der Fische etwas verkürzen.

*
V Kann teilweise vorbereitet werden
Arbeitsaufwand: 20 Min.
Garzeit: 20 Min.

Goldbutt (Scholle), Dorsch

Für 4 Personen
750 g Rotzungenfilets
20 g Butter
½ Lauchstange (weißer Teil)
2 Eßl. gehackte Schalotten
Salz, Pfeffer
1 dl Weißwein
2 dl Rahm
1 Eßl. Estragon, frisch gehackt
1 Teel. scharfer Senf (Dijon)
1 Teel. grobkörniger Senf (Meaux)

Eine einfache Art, einen Fisch zu füllen — ein Fischfilet mit Füllung belegen und mit einem zweiten Filet bedecken.

Gefüllter Colin

V Kann weitgehend vorbereitet werden
Arbeitsaufwand:
30 Min.
Backzeit: 35 Min.

⊂◁━◤

Kabeljau, Rotbarsch, Lengfisch

Für 4 Personen
1 kg Seehecht (Colin), Schwanzstück
2 große Zwiebeln
100 g frische Champignons
3 Eßl. Butter
200 g Garnelen (Krevetten), gekocht und geschält
2 Eßl. gemischte Kräuter, gehackt (Petersilie, Majoran, Thymian)
2 Eier
2 Eßl. Weißbrot, frisch gerieben
2 dl trockener Sherry
Salz, Pfeffer
Butter für die Aluminiumfolie
50 g Butterflocken

Sauce
1 Teel. Maisstärke
2 Eßl. Ketchup
2 dl Rahm
1 Prise Cayennepfeffer

Den Fisch beim Kauf filetieren lassen. Die Zwiebeln hacken. Die Champignons putzen und ebenfalls hacken.
Die Butter erhitzen. Zuerst die Hälfte der Zwiebeln hineingeben und kurz andünsten, dann die Champignons zufügen. Unter Wenden 3 Min. dünsten. Die Garnelen grob hacken und mit den Kräutern beigeben. Gut durchrühren, dann die Kasserolle von der Herdplatte wegziehen. Erkalten lassen. Verrührte Eier und geriebenes Brot dazumischen. 2 Eßl. Sherry zugeben. Gut würzen.
Ein großes Stück Aluminiumfolie mit Butter bestreichen. Mit den restlichen Zwiebeln belegen. Ein Fischfilet darauflegen. Mit der Füllung bedecken, dann das zweite Filet darübergeben. Die Folie seitlich etwas hochziehen und den Fisch mit 1—2 Eßl. Sherry beträufeln. Die Folie gut nach oben verschließen. 30 Min. bei 220 °C garen lassen. Nach dieser Zeit das Paket kurz aus dem Ofen nehmen und öffnen. Die Flüssigkeit durch ein feines Sieb in einen Topf gießen. Den Fisch beidseits häuten (vorsichtig wenden), dann mit Butterflocken belegen. Den Fisch in der halbgeöffneten Folie wieder in den Ofen schieben und bei Oberhitze ca. 5 Min. leicht anbräunen lassen.
Inzwischen die Flüssigkeit aufkochen. Restlichen Sherry mit Maisstärke verrühren. Zufügen und unter Rühren eindicken lassen. Ketchup und Rahm zugeben. Einkochen, bis die Sauce sämig wird. Mit Salz und Cayennepfeffer abschmecken. Die Sauce über den Fisch gießen, nochmals für 3 bis 4 Min. in den Ofen geben und sofort servieren.

Wichtig Der Fisch wird in Folie verpackt, damit die Füllung nicht ausläuft. Nach einer gewissen Zeit wird die Füllung durch die

Hitze fest, deshalb kann man beim Öffnen der Folie den Fisch ohne große Mühe häuten. Nur beim Wenden muß man vorsichtig sein. Man kann ihn auch nur auf der Oberseite häuten. Die Haut auf der Unterseite kann dann beim Essen entfernt werden.

Tip Der Fisch läßt sich füllen, in Aluminiumfolie verpacken und im Kühlschrank 3—4 Std. bis zum Garen aufheben.

Variationen
- Anstelle der Garnelen etwas gehackten Schinken unter die Füllung mischen.
- Die beschriebene Sauce durch eine «Safransauce» (s. S. 329) ersetzen.
- Bereits gehäutete Filets verwenden.

Aromatische Fischwürfel — mariniert und ausgebacken.

Gebackene Fischwürfel

Die Gewürznelken mit einem Nudelholz auf einer Folie leicht zerdrücken. Das Lorbeerblatt in Stücke brechen. Das Fischfleisch in Würfel schneiden. In eine flache Schüssel geben. Mit Nelken, Lorbeerblättern, viel Pfeffer, Salz und Paprika bestreuen. Sherry und Sherry-Essig mischen und darübergießen. Zudecken und im Kühlschrank 6 Std. marinieren. Danach die Fischwürfel auf Küchenpapier abtropfen lassen und trockentupfen. Im Mehl wenden und portionenweise in der Fritüre bei 180 °C ausbacken.

Wichtig Die Fischwürfel gut trocknen, damit nicht zuviel Mehl daran hängenbleibt.

Tip «Leichte Mayonnaise» (s. S. 321) oder Quarksauce mit Kräutern und Salzkartoffeln dazu servieren.

Variation Die Würfel mit Zahnstochern versehen und als kleine Aperohappen servieren.

*
V Kann weitgehend vorbereitet werden
Arbeitsaufwand: 10 Min.
Backzeit: 2—3 Min. pro Portion

Dorsch, Lengfisch, Wolfsbarsch (Loup de mer)

Für 4 Personen
600 g Rotbarsch in 2 cm dicken Scheiben oder Filets

Marinade
2 Gewürznelken
1 Lorbeerblatt
Salz, Pfeffer aus der Mühle
1 Teel. Paprika
1 dl trockener Sherry
1 dl Sherry-Essig

2—3 Eßl. Mehl
Öl für die Fritüre

Baudroie — fast so gut wie Hummer

Nur sehr selten kann man in unseren Fischgeschäften einen ganzen Seeteufel (Baudroie) bewundern. Sein enormer Kopf sieht häßlich und grimmig aus. Er ähnelt einer großen Kröte und wirkt eher abschreckend. Dies und die hohen Transportkosten mögen die Gründe dafür sein, warum wir nur das Schwanzstück mit dem ausgezeichneten Fleisch kennen.

Der Seeteufel lebt in seichtem Meerwasser auf dem Grund. Auf der Nase hat er einen fleischigen Fühler, den er wie einen Köder vor seinem großen Maul mit den scharfen Zähnen bewegt und sich so seine Beute angelt. Diese Eigenheit — bereits von Aristoteles beschrieben — gab ihm auch den Namen «Angler».

Das Schwanzstück des Seeteufels hat keine Gräten, sondern nur einen starken Rückenknochen, der sich leicht herauslösen läßt. Vor dem Verkauf wird der Fisch gehäutet. Das Fleisch hat eine gewisse Ähnlichkeit mit dem Fleisch der Languste und des Hummers. Es eignet sich deshalb für die gleichen klassischen Zubereitungen. Beim Kochen verliert es stark an Gewicht. Man muß deshalb pro Person ungefähr 50 g mehr Fleisch berechnen als bei Kabeljau, Seehecht (Colin) oder ähnlichen Fischen. Wie diese bereitet man den Seeteufel meist in Scheiben zu.

Eine Fischspezialität mit Knoblauchduft. Etwas für die Liebhaber der
provenzalischen Küche.

Baudroie auf Spinat mit Aïoli

Den Spinat putzen. In einem Topf ohne
Flüssigkeit erhitzen, bis die Blätter zusammenfallen. Abgießen und sehr gut auspressen. Unter häufigem Wenden mit gehacktem Salbei in Butter dünsten. Mit Salz, Pfeffer und Muskatnuß abschmecken.
Die Fischscheiben mit Weißwein in einer
Kasserolle mit weitem Boden bei kleiner
Hitze zugedeckt 10 Min. garen. Nach halber
Kochzeit wenden. Den Spinat auf eine vorgewärmte Platte anrichten. Den gut abgetropften Fisch darauflegen. Die Kochflüssigkeit des Fisches durch ein feines Sieb passieren. Mit Aïoli mischen und unter Rühren
langsam erwärmen. Nicht kochen! Die
Sauce über Fisch und Spinat anrichten und
mit Petersilie bestreuen.

Wichtig Am besten bereitet man für dieses Gericht die Aïoli im Mixer zu. Sie wird
gleichmäßiger und erträgt das Erwärmen
besser.

Tip Dieses Gericht läßt sich auch mit
Mayonnaise aus dem Glas und Knoblauch
improvisieren: Spinat und Fisch wie beschrieben zubereiten, die Mayonnaise mit
dem Sud etwas verdünnen, nachwürzen
und erwärmen.

Variationen
- Spinat durch gedünstete Zucchinischei-
  ben ersetzen.
- Der Aïoli grüne Pfefferkörner oder feinge-
  würfelte Paprikaschoten zufügen.

**
V Kann weitgehend
vorbereitet werden
Arbeitsaufwand:
30 Min.
Kochzeit: 10 Min.

Seehecht (Colin),
Kabeljau

Für 4 Personen
4 Scheiben See-
teufel (Baudroie)
500 g junger Spinat
2 Salbeiblätter
2 EßI. Butter
Salz, Pfeffer, Mus-
katnuß
3—4 EßI. gehalt-
voller Weißwein
200 g «Aïoli»
(½ Rezept von
S. 323)
2 EßI. gehackte
Petersilie (wenn
möglich glattblätt-
rige)

Heilbuttfilets eignen sich gut für unkomplizierte Gerichte und können im Nu zubereitet werden.

Heilbuttfilets mit Krevetten

*

V Kann vorbereitet werden
Arbeitsaufwand: 15 Min.
Bratzeit: 15 Min.

◁━☓

Dorsch, Rotbarsch

Für 4 Personen
600 g Heilbuttfilets
2 Eßl. gehackte Schalotten
1 Eßl. Butter
Salz, weißer Pfeffer
1½ dl Weißwein
Butter für die Folie
100 g Garnelen (Krevetten), gekocht und geschält
½ Eßl. trockener Wermut (Noilly Prat)
1 dl Rahm
1 Teel. gehackter Estragon
20 g frische Butter

Die Schalotten in 1 Eßl. Butter anziehen lassen. In eine feuerfeste Form verteilen. Die Fischfilets salzen, pfeffern und in der Form anordnen. Mit Weißwein begießen. Eine Folie mit Butter bestreichen und die Fischfilets damit abdecken. 10 Min. bei 180 °C im Backofen oder auf dem Herd garen lassen. Die Garnelen darüber verteilen und bei kleinster Hitze 5 Min. weitergaren. Die Fischfilets und die Garnelen anrichten und warm stellen. Den Sud durch ein feines Sieb in einen Topf passieren. Auf die Hälfte einkochen. Den Wermut zufügen. Nochmals stark aufkochen. Rahm und Estragon zugeben und weiterkochen, bis die Sauce leicht sämig wird. Die frische Butter in Flocken schneiden und unter die Sauce rühren. Die Sauce über die Fischfilets verteilen.

Wichtig Bei Verwendung von gefrorenen Filets diese vor dem Garen im Kühlschrank auftauen lassen und mit Küchenpapier trockentupfen.

Tip Gekochte und geschälte Garnelen kann man in guter Qualität frisch oder tiefgekühlt kaufen.

Variationen
- Miesmuscheln oder Sandklaffmuscheln (Vongole) anstelle der Garnelen verwenden.
- Wird viel Sauce gewünscht, den Fischfond nicht einkochen und die Sauce mit etwas «Beurre manié» (s. S. 343) binden.

Auch der bescheidenste Fisch
schmeckt gut, wenn man ihn auf diese
Art zubereitet.

Rotbarsch mit Sellerie-Tomaten-Sauce

Die Rotbarschfilets in gleich große Stücke
schneiden. Mit Salz, Pfeffer und Rosmarin
bestreuen. Beidseitig im Mehl wenden.
Den Sellerie putzen und die Stangen in
½ cm dicke Stücke schneiden. Die Tomaten
kleinschneiden. Die Butter erhitzen. Die
Zwiebeln darin anziehen lassen, dann die
Tomaten beifügen und 5 Min. mitdünsten.
Den Sellerie und den durchgepreßten
Knoblauch zufügen. 20 Min. zugedeckt dünsten. Rahm zugeben und stark einkochen.
Die Fischfilets in der eingesottenen Butter
beidseitig rasch braten. Die Gemüsesauce
abschmecken, anrichten und die Fischfilets
darauf anrichten.

Wichtig Die Tomaten sollten kräftig sein
im Aroma, was vor allem im Sommer der
Fall ist. Im Winter verwendet man am besten geschälte Tomaten aus der Dose.

Tips
– Das Gemüse kann vorbereitet und die
Fischfilets können gewürzt und zwischen
Küchenpapier bereitgelegt werden.
– Die Fischfilets sollte man nur in trocke-
nem Zustand, und zwar unmittelbar vor
dem Braten, mit Mehl bestäuben.

*
V Kann weitgehend
vorbereitet werden
Arbeitsaufwand:
25 Min.
Kochzeit: 20 Min.

Dorsch, Lengfisch

Für 4 Personen
750 g Rotbarsch-
filets
Salz, Pfeffer
1 Teel. gehackter
Rosmarin
2 Eßl. Mehl
250 g Stangen-
sellerie
2 große, reife
Tomaten, geschält
2 Eßl. Butter
2 Eßl. gehackte
Zwiebeln
2 Knoblauchzehen
1 ½ dl Rahm
2 Eßl. eingesottene
Butter

Etwas für Fischliebhaber, die nicht nur ihren Fisch im aromatischen Sud selbst garen, sondern zum Schluß auch noch eine herrliche Fischsuppe bekommen möchten.

Einfaches Fischfondue

*

V Kann vorbereitet werden
Arbeitsaufwand: 15 Min.

◁◻◁

Kabeljau, Seehecht (Colin), Seezunge (Sole)

Für 4 Personen
800 g Seeteufel (Baudroie), in mundgerechte Würfel geschnitten
1 Zwiebel
1 Lorbeerblatt
1 Nelke
½ l «Fischbouillon» (s. S. 338) oder Gemüsebrühe
½ Teel. Dill, 1 Petersilienstil und 3 Salbeiblätter, in ein Mullsäcklein gebunden
1 l herber Weißwein
1 Eßl. Pernod oder Cognac
2 Eßl. Rahm

Die Zwiebel mit dem Lorbeerblatt und der Nelke spicken und in der Fischbouillon aufkochen. Das Kräutersäcklein zugeben und 30 Min. zugedeckt auf kleinem Feuer ziehen lassen.
Den Sud mit dem Weißwein mischen, das Kräutersäcklein und die Zwiebel herausnehmen und den Sud nochmals erwärmen.
In ein Caquelon oder eine Servierkasserolle gießen. Auf einem Fondue-Rechaud auf den Tisch stellen. Die Fischstücke hübsch anordnen. Jeder Gast spießt nun nach Lust und Laune Fischstücke auf und kocht sie in der Brühe.
Zuletzt kann der inzwischen sehr aromatisch gewordene Fischsud in eine delikate Suppe umgewandelt werden, indem man ihn mit Pernod und Rahm verfeinert, nochmals aufkocht und in Suppentassen verteilt.

Wichtig Die Bouillon nicht zu stark salzen, wenn man sie anschließend als Suppe genießen will.

Tip Als Beilage passen Salzkartoffeln, verschiedene Saucen, z. B. «Rouille» (s. S. 322) oder «Dillsauce» (s. S. 328) und Knoblauchcroûtons.

AUF DEM GRILL
UND IN DER FOLIE

Schon vor 400 000 Jahren bereiteten die Menschen ihre Nahrung auf dem Grill zu. Das Grillieren gilt als die älteste Garmethode und ist auch heute noch sehr beliebt. Besonders in südlichen Gegenden versteht man es vorzüglich, Meeresfische zu grillieren. Allerdings ist auch diese Kochmethode eine Kunst, die verstanden sein will. Besonders bei Fischen muß man vorsichtig sein, man darf sie z. B. nicht direkt auf den heißen Grill legen, so daß sie eine schwarze Gitterzeichnung bekommen. Diese karbonisierten Streifen machen alle Sorgfalt, die bei der Zubereitung des delikaten Fisches aufgewendet wurde, wieder zunichte.

Ich habe für dieses Kapitel Rezepte zusammengetragen, die der Empfindlichkeit von Fischen und Meeresfrüchten Rechnung tragen — von Süßwasserfischen, die auf einer Schieferplatte oder in einer Folie grilliert werden, bis zu Sardinen und Muscheln. Das Ziel war, aus wenigen hervorragenden Zutaten auf schonende Art etwas Exquisites zu machen. Je nach Fisch können zu diesen leichten Gerichten verschiedene Saucen serviert werden. Einige davon habe ich hier ebenfalls aufgeführt.

Süßwasser

Eine besonders schonende und originelle Art Fische zu grillieren — auf einem Stück Schiefer.

Balchen auf Schiefer

Die Fische ausnehmen, kalt abspülen und auf Küchenpapier abtropfen lassen. Innen und außen mit Salz und Pfeffer bestreuen. Die Butter bei Küchentemperatur weich werden lassen.Wenig Thymian und Majoran in die Fischbäuche legen. Die Fische mit Hilfe eines Pinsels mit der weichen Butter bestreichen.

Die Schieferplatte auf dem Grillrost über der Glut erhitzen, bis sie nicht mehr angefaßt werden kann. Die Fische darauflegen. Nach ca. 10 Min. wenden und weitere 5 Min. grillieren, bis die Brustflossen ohne Mühe entfernt werden können.

Die Zitronen quer halbieren und mit je einer Gabel bestecken. So kann jeder Gast seinen Fisch mit Zitronensaft beträufeln.

Wichtig Ganze, portionengroße Fische werden auf der Schieferplatte besonders saftig. Man kann aber auch Fischtranchen oder Filets darauf grillieren, muß aber dann die Grillzeit verkürzen.

Tip Zu diesem Fisch serviere ich absichtlich keine Sauce, weil er «nature», mit wenig Zitrone, am besten schmeckt.

*
V Kann vorbereitet werden
Arbeitsaufwand: 5 Min.
Grillzeit: 15 Min.

Forelle, Saibling, Zander, Wolfsbarsch (Loup de mer)

Für 4 Personen
4 große Felchen (Balchen, Renken) zu je 300 g
Salz, Pfeffer
1 Teel. eingesottene Butter
Je 1 Zweiglein Thymian und Majoran
2 Zitronen

197

Balchen auf Schiefer —
eine schonende Art
zu grillieren

Ein praktisches Rezept für ungeübte Fischköche: Der Fisch wird in Pergamentfolie gegart und mit einer einfachen Sauce serviert.

Forelle in Folie mit Limonen

V Kann vorbereitet werden
Zubereitungszeit: 25 Min.
Kochzeit: 15—20 Min.

Saiblinge, Felchen

Für 2 Personen
2 frische Bach- oder Zuchtforellen, kochfertig (je 250 g)
Salz, Pfeffer
1 Eßl. Butter
2 Limonen
1 Teel. Maispuder
4 Eßl. weißer Portwein
1 Teel. Sojasauce
½ Teel. Ingwerpulver

Die Forellen innen und außen mit Salz und Pfeffer bestreuen. 2 Stück Pergamentpapier zurechtschneiden (15 cm länger und 4mal breiter als die Forelle). Papier mit Butter bestreichen und die Forellen darauflegen. Limonen heiß waschen und gut trocknen. Mit einem Orangenmesser feine Streifen von der Schale abziehen. Die Limonenstreifen in kochendes Wasser geben und 5 Min. kochen, dann abgießen. Limonen auspressen und den Saft aufheben.

Die Forellen mit der Hälfte der Limonenjulienne bestreuen und mit wenig Limonensaft beträufeln. In das Pergamentpapier einpacken. 10—15 Min. bei 200 °C im Ofen oder auf dem Grill garen. Die Folie etwas öffnen. Den entstandenen Saft in einen kleinen Topf abgießen. Die Forellen in der Folie warm halten. Maispuder mit 3 Teel. Limonensaft, Portwein und Sojasauce verrühren. Zum Fischsaft geben und mit den restlichen Limonenstreifen so lange kochen, bis eine klare, leicht gebundene Sauce entsteht. Mit Salz, Pfeffer und Ingwer abschmecken.

Die Forellen in der Folie servieren und die Sauce separat dazu reichen.

Wichtig Noch besser wird dieses Gericht, wenn man 1 Eßl. frisch geriebene Ingwerwurzel verwendet.

Variationen
– Limonen durch Grapefruit ersetzen.
– Limonen weglassen und den Fisch in vorblanchierte Sauerampfer-, Wirsing- oder Brennesselblätter einpacken. Mit wenig Wein beträufeln.
– Andere Fische mit einer Fischmousse füllen (s. «Gefüllte Forelle» S. 201).

Ein anspruchsvolles Gericht, das ohne Schwierigkeiten zubereitet werden kann, denn Garen in der Folie kann jedes Kind!

Gefüllte Forelle

Die Forellen ausnehmen oder bereits ausgenommen kaufen. Alle Zutaten mindestens 1 Std. im Kühlschrank vorkühlen.
Forellen-, Felchen- oder Barschfilets für die Füllung in kleine Stücke schneiden. Evtl. zurückgebliebene Gräten entfernen. Fischstücke mit Doppelrahm, Eiweiß und 2 Eßl. Wermut im Mixer pürieren. Die Masse mit Salz, Pfeffer und 1 Eßl. Estragon abschmecken. Die Forellen damit füllen. Bis zur Weiterverwendung in den Kühlschrank legen. Von Bratfolie, Pergamentpapier oder Aluminiumfolie 2 Stücke abschneiden (25 cm länger als die Forellen). Das eine Ende verschließen. Je 2 Forellen in diese Tüten legen und je 1 Eßl. Wermut zufügen. Die Folien gut verschließen und mit einer feinen Nadel mehrmals einstechen. Die Pakete auf den kalten Rost des Backofens legen und in den auf 200 °C vorgeheizten Ofen schieben. 15 Min. dünsten. Die Pakete aus dem Ofen nehmen und je ein Loch in die Oberseite der Folie schneiden. Den Kochsaft in einen kleinen Topf abgießen. Den restlichen Estragon zugeben und die Flüssigkeit bis auf 2 Eßl. einkochen. Rahm zugeben und weiterkochen, bis die Sauce sämig wird. Nach Bedarf nachwürzen. Die Forellen aus der Folie nehmen und auf eine gut vorgewärmte Platte legen. Die Haut der Forellen am Tisch abziehen, die Fische auf Teller verteilen und die Sauce separat dazu servieren.

Wichtig Die Zutaten für die Füllung müssen in sehr kaltem Zustand püriert werden, damit das empfindliche Eiweiß der Fische nicht ausflockt.

Variationen
– Fischfüllung durch gehackte Champignons und wenig Schinken ersetzen.

*
V Kann vorbereitet werden
Arbeitsaufwand: 15 Min.
Garzeit: 15–20 Min.

Felchen (Renken), Saiblinge

Für 4 Personen
4 frische Forellen (je 200 g)
2½ dl Rahm

Füllung
200 g Forellen-, Felchen- oder Barschfilets (nur eine Sorte oder gemischt)
½ Becher Doppelrahm (Crème de Gruyère)
1 Eiweiß
4 Eßl. herber, weißer Wermut (Noilly Prat)
Salz, Pfeffer
1½ Eßl. Estragon, frisch gehackt

- Die Forellen mit Kräutern füllen.
- Rahm weglassen und die Forellen nur mit dem eingekochten Sud aus der Folie begießen.

Zuchtforellen schonend in Speck eingewickelt und langsam auf dem Grill gegart.

Forelle im Speckmantel

*
V Kann vorbereitet werden
Arbeitsaufwand: 5 Min.
Grillzeit: 25—30 Min.

Felchen (Renken), Wittling (Merlan)

Für 4 Personen
4 Forellen zu ca. 250 g, kochfertig
Salz, grober Pfeffer aus der Mühle
4 kleine Zweige Rosmarin
12 sehr dünne Scheiben Magerspeck oder italienischer Pancetta
2 Zitronen

Die Forellen kalt abspülen und mit Küchenpapier trockentupfen. Wenig Salz und Pfeffer in die Bauchhöhlen geben. Je ein kleines Zweiglein Rosmarin auf die Fische legen. Vom Kopf bis zum Schwanz mit Speck umwickeln.
Die Fische in genügender Distanz von der Glut auf den heißen Grill legen, weil sie langsam garen müssen. Der Speck soll hellbraun und knusprig werden. Halbe Zitronen dazureichen.

Wichtig Der Speck kann beim Servieren entfernt werden. Daran denken, daß die Forellen außen nicht gesalzen werden müssen, weil der Speck bereits Salz enthält!

Variationen
- Rosmarinzweige durch je 1 Salbeiblatt ersetzen.
- Den Speck vor dem Umwickeln mit etwas Paprika bestreuen. Die bestreute Seite auf die Forelle legen.

Der Lachs —
ein unermüdlicher Wanderer

Im 16. Jahrhundert ordnete die Obrigkeit von Basel an, daß den Dienstboten nur noch zweimal wöchentlich Salm vorgesetzt werden dürfe. In einem alten Rezept wird ferner erklärt, wie man Lachs so zubereiten könne, daß er wie Kalbfleisch schmecke. Offensichtlich war Kalbfleisch damals der größere Leckerbissen als der im Rhein so reichlich vorkommende Lachs.

Wie heißt aber der mit der Meerforelle verwandte Fisch mit dem rötlichen Fleisch nun wirklich? Darüber sind sich die Zoologen des deutschen Sprachraumes bis heute nicht einig geworden (in allen anderen Sprachen gibt es nur einen einzigen Namen!). Während die einen behaupten, «Salm» heiße der Fisch, wenn er warm zubereitet, also gebraten, gekocht oder grilliert werde, sagen die anderen, wenn er vom Meer herkommend die Flüsse hinaufschwimme, um zu laichen, heiße er «Salm», wenn er als Jungfisch oder nach dem Laichen ins Meer schwimme, heiße er «Lachs». Wie kaum ein zweiter ist der Lachs ein Wanderfisch und legt in seinem Leben — sofern es nicht durch einen Fischer oder durch Umwelteinflüsse vorzeitig beendet wird — Tausende von Kilometern zurück. Seine eigentliche Heimat sind die Quellgewässer der Bäche und Seen. Nach ein bis zwei Jahren erfaßt ihn der Wandertrieb, er schwimmt stromabwärts ins Meer und verbringt zwei bis drei Jahre im Atlantik oder im Pazifik, wo er sich als gefräßiger Räuber von Fischen und Krustentieren ernährt. Als ausgewachsener Fisch schwimmt er dann wieder zu seiner Geburtsstätte, wobei er pro Tag bis zu 50 Kilometer zurücklegen kann. Aufgrund seines unglaublichen Geruchssinns findet er zu seinen ursprünglichen Quellgebieten zurück. Nach dem Ablegen des Laiches beginnt der Kreislauf von neuem, aber total erschöpft verenden die meisten Lachse auf dem neuerlichen Weg den Fluß hinunter.

Die meisten der bei uns erhältlichen frischen Lachse stammen aus skandinavischen Gewässern, während die in Kanada, Grönland und Schottland gefangenen Lachse vorwiegend geräuchert exportiert werden. In welcher Form wir den Lachs auch auf den Tisch bringen: es wird immer ein zarter Leckerbissen sein!

Einfacher geht es nicht mehr — Lachsfilets mit Kräutern und Butterflocken bestreut und schonend grilliert.

Lachsfilets mit Kräutern

**

V Kann teilweise vorbereitet werden
Arbeitsaufwand: 5 Min.
Grillzeit: 8—10 Min.

Steinbutt (Turbot), Wolfsbarsch (Loup de mer), Petersfisch (St-Pierre), Seeforelle, Zander, Äsche

Für 4 Personen
4 Lachs- oder Seeforellenfilets (zu je 150—200 g)
1 Eßl. eingesottene Butter
Salz, weißer Pfeffer aus der Mühle
2 Eßl. gemischte Kräuter, gehackt (Estragon, Salbei, Petersilie)
2 gehackte Pfefferminzblätter
40 g frische Butter
4 Pfefferminzblätter für die Garnitur

Die eingesottene Butter bei Küchentemperatur weich werden lassen. Die Fischfilets beidseitig damit bestreichen und in eine feuerfeste Form legen. Den Backofen oder den Elektrogrill auf 180 °C vorheizen. Die Form auf die zweitoberste Rille schieben. Die Fischfilets 5 Min. bei Oberhitze dünsten (bei Verwendung des Grills den Fisch mit Aluminiumfolie abdecken). Die Form kurz aus dem Ofen nehmen. Die Lachsfilets beidseitig mit Salz, Pfeffer, Kräutermischung und gehackter Pfefferminze bestreuen. Die Butter in Flocken darübergeben. Nochmals für einige Minuten in den Ofen unter die heiße Grillschlange schieben! Mit Pfefferminzblättern garnieren.

Wichtig Nur vorsichtig mit Pfefferminze würzen, damit dieser Geschmack nicht vorherrscht!

Variationen
— Schalotten sehr fein hacken, in etwas Butter vordünsten und mit Kräutern auf die Fischscheiben verteilen, dann wie beschrieben grillieren.
— Kräuter durch 1 Eßl. frisch gehackten Estragon ersetzen.

204

Grillgerichte müssen nicht langweilig sind. Ein Gericht, das mir einfiel, als ich einen ganzen Aal geschenkt bekam, der noch ungehäutet war.

Grillaal
mit Weinzwiebeln

*
V Kann vorbereitet werden
Arbeitsaufwand:
20—30 Min.
Grillzeit: 20 Min.

Die Sauce im voraus zubereiten: Die Perlzwiebeln schälen. Den Zucker in einem Topf erhitzen, bis er hellbraun wird. 1 Eßl. Essig zugießen, gut umrühren. Die Zwiebeln beifügen. Alles gut mischen. Rotwein, restlichen Essig, geschälte Karotte, Lorbeerblatt, Pfeffer und wenig Salz zugeben. 15 Min. zugedeckt kochen. Nachprüfen, ob die Zwiebeln weich sind. Sollte der Wein stark eingekocht sein, ein wenig Wasser dazugießen. Evtl. 5—10 Min. weiterkochen. Honig, Senf und Butter unter die Zwiebeln mischen.
Die Aalstücke auf den heißen Grill legen. Beidseitig 10 Min. grillieren. Das Aalfleisch aus der Haut holen. Die Sauce lauwarm oder kalt dazu servieren.

Für 4 Personen
1 kg Aal, Schwanzstück mit wenig Gräten

Sauce
250 g frische Perlzwiebeln
2 Eßl. Zucker
3 Eßl. Rotweinessig
3 dl guter Rotwein
1 kleine Karotte
1 Lorbeerblatt
Salz, schwarzer Pfeffer aus der Mühle
3 Eßl. Honig
1 Teel. scharfer Senf
30 g frische Butter

Wichtig Beim Einkauf des Aals ausdrücklich Stücke mit wenig Gräten verlangen.

Tips
– Man kann den Fisch auch gehäutet grillieren, aber in diesem Fall eine Aluminiumfolie auf den heißen Grill legen.
– Zum Grillieren von Aal braucht es kein Öl, das Fischfleisch ist fett genug.

Salzwasser

Eines meiner liebsten, weil natürlichsten Fischgerichte, das ich jeweils an der Costa Brava esse — eine Art «Mixed Grill» von Fischen und Meeresfrüchten.

Parrillada de pescados

**
V Kann teilweise vorbereitet werden
Arbeitsaufwand: 20 Min.
Grillzeit: 5—15 Min.

◁══<

Meerbrasse (Dorade), kleine Krake (Pulpito), Meeraal, Miesmuscheln (Moules)

Für 4 Personen
4 Scheiben Seeteufel (Baudroie)
4 Scheiben Seehecht (Colin)
4 kleine Kalmare
4 Kaisergranate (Langoustines)
4 Sägegarnelen (Gámbas)
4 kleine Meerbarben (Rougets)
Salz, Pfeffer
2 Eßl. Olivenöl
8 Knoblauchzehen
2 Eßl. gehackte Petersilie
2 Zitronen
1 Portion «Salsa Romesco» (s. S. 323)
1 Portion «Mayonnaise» (s. S. 321)

Den Grill mit einer großen Aluminiumfolie bespannen. Ganze Fische schuppen, ausnehmen und von den Flossen befreien. Die Tintenfische ausnehmen und putzen (s. S. 356). (Den Tintensack ebenfalls entfernen.) Die Fische und die Fischscheiben beidseitig mit Salz und Pfeffer bestreuen. Alle Fische mit Olivenöl bestreichen. Auf dem heißen Grill auf beiden Seiten grillieren. Die Knoblauchzehen fein hacken. Mit der Petersilie und etwas grobgemahlenem Pfeffer mischen. Die Fische auf eine vorgewärmte Platte anrichten, die Mischung darüberstreuen und das Gericht auf einem Réchaud servieren. Die Zitronen halbieren, auf je eine Gabel stecken und mit den Saucen dazu servieren. Man kann die beiden Saucen im Teller auch mischen, was sehr gut schmeckt.

Wichtig Beim Grillieren auf die Größe, d. h. auf die unterschiedlichen Garzeiten der Fische achten. Die Fischscheiben sind sehr rasch gebraten. Ganze Fische brauchen etwas länger, bis sie durchgegart sind. Bei den Kaisergranaten und den Garnelen geht es ebenfalls sehr rasch, wenn die Hitze groß ist (mit den Schalen grillieren).

Tip In Spanien werden die Fische auf einer «Plancha», einer Gußeisenplatte, die mit Öl bestrichen wird, grilliert. Das macht das Einölen der Fische natürlich überflüssig. Da unsere Grills meistens aus Stäben bestehen, muß man sie mit einer Aluminiumfolie belegen. So werden die Fische schonend gegart und erhalten keine verkohlte Grillzeichnung.

Variationen
- Beim Grillieren von Miesmuscheln diese roh öffnen, eine Schalenhälfte entfernen und mit der Schalenwölbung nach unten auf den Grill legen.
- Bei einer großen Anzahl von Tischgästen kann man auch größere Fische grillieren und diese am Tisch in Portionen teilen.

Seezungen eignen sich auch zum Grillieren. Voraussetzung dafür ist aber, daß sie nicht zu klein und schön fleischig sind. Die besten grillierten Seezungen habe ich in England gegessen.

Grilled Dover Sole

Die Seezungen vom Fischhändler kochfertig vorbereiten lassen. Die eingesottene Butter bei Küchentemperatur weich werden lassen. Mit Salz, Pfeffer und Worcestersauce mischen. Die Fische beidseitig damit bestreichen. Den Grill mit einer Alufolie bespannen. Die Seezungen auf beiden Seiten grillieren, bis das Fischfleisch weiß wird. Anrichten und Butterflocken darübergeben. Am Tisch zerlegen und mit etwas Brunnenkresse und der halbierten Zitrone servieren.

Wichtig Die Seezungen können auch in einer großen Grillpfanne oder unter der Grillschlange zubereitet werden.

Tip Man kann natürlich auch andere Seezungen, z. B. kleinere in Portionengröße, verwenden.

**
V Kann weitgehend vorbereitet werden
Arbeitsaufwand:
10 Min.
Bratzeit: 10—15 Min.

Echte Rotzungen

Für 4 Personen
2 große fleischige Seezungen
2 Eßl. eingesottene Butter
Salz, Pfeffer
$1/2$ Teel. Worcestersauce
40 g frische, gesalzene Butter
Brunnenkresse zum Garnieren
1 Zitrone

Im Mai gibt es da und dort Alsen —
einen Fisch, der sich sehr gut grillieren
läßt. Eine spezielle Marinade ergänzt
seinen guten Geschmack.

Maifisch mit Kräutern

*
V Kann vorbereitet
werden
Arbeitsaufwand:
10 Min.
Grillzeit: 12 — 15 Min.

Hering,
große Sardinen,
Felchen (Renken)

Für 4 Personen
4 kleine oder
2 große Alsen
(Maifische),
ca. 1,4 kg
4 Eßl. Zitronensaft
1 Knoblauchzehe
1 Lorbeerblatt
2 — 3 Zweiglein
Petersilie
(wenn möglich
flachblättrige)
Je 1 Zweiglein Thy-
mian und Origano
5 Eßl. Olivenöl
Salz, Pfeffer

Die Fische schuppen, ausnehmen, putzen
und kalt abspülen. Mit Küchenpapier gut
abtupfen. 2 Eßl. Zitronensaft, durchgepreßten Knoblauch, zerzupftes Lorbeerblatt und
die mit der Schere geschnittenen Kräuter
mit 2 Eßl. Olivenöl mischen. Wenig Kräuter
für die Sauce zurückbehalten. Die Fische in
eine flache Platte legen, mit der Marinade
begießen und 1 Std. im Kühlschrank ruhen
lassen. Ein- bis zweimal wenden.
Den heißen Grill mit einer Aluminiumfolie
abdecken. Die Alsen darauflegen, mit Salz
und Pfeffer bestreuen und je nach Größe
beidseitig 6 — 13 Min. grillieren. Ab und zu
mit Olivenöl bestreichen.
Die Marinade durch ein Sieb passieren.
Restlichen Zitronensaft zufügen und mit
dem Schneebesen schlagen, bis die Sauce
milchig wird. Mit Salz und Pfeffer nachwürzen und separat zu den grillierten Fischen
servieren.

Wichtig In Italien wird dieser Fisch vor
dem Grillieren beidseitig in feingeriebenem
Brot gewendet und sehr langsam grilliert. In
diesem Fall den Grill noch höher über die
Glut stellen.

Tip Bei Verwendung eines anderen Fisches die Grillzeit der Größe anpassen, damit er nicht austrocknet.

Diese Brasse wird mit den Schuppen auf den Grill gelegt — ein natürlicher Schutz gegen allzu große Hitze. Eine feurige Sauce paßt gut dazu.

Rotbrasse mit roter, scharfer Zwiebelsauce

Die Zwiebeln fein hacken. Die Pfefferschoten längs halbieren, entkernen und ebenfalls hacken. Die Avocado schälen, in kleine Würfel schneiden und mit wenig Essig beträufeln. Das Öl erhitzen. Die Zwiebeln zugeben, kurz dünsten, dann die Pfefferschoten und den restlichen Essig dazufügen und 30 Min. bei kleiner Hitze zu einem Mus kochen. Avocado und Senf zufügen. 15 Min. weiterkochen. Erkalten lassen. Mit Salz und Pfeffer abschmecken.

Die Fische ausnehmen und innen und außen mit Salz und Pfeffer einreiben. Den Rosmarin in die Fischbäuche legen. Mit Öl bestreichen und auf den heißen Grill legen. Mit etwas Abstand von der Glut ca. 12 Min. grillieren. Ab und zu mit Öl bestreichen. Nach dieser Zeit wenden und weitere 8 Min. grillieren.

Wichtig   Vor dem Zerteilen die Haut des Fisches samt den Schuppen vorsichtig entfernen.

Tip   Die Sauce läßt sich heiß in Gläser mit Bügelverschluß einfüllen und längere Zeit aufbewahren. Die Gläser müssen aber sofort verschlossen werden.

*
V Kann vorbereitet werden
Arbeitsaufwand: 5 Min.
Grillzeit: 20 Min.

Goldbrasse (Dorade royale), Großaugen-Zahnbrasse, Meerbarben (Rougets)

Für 2 Personen
2 Rotbrassen zu je 450 g
Salz, Pfeffer
1 Zweiglein Rosmarin
2 Eßl. Olivenöl

Sauce
3 große Zwiebeln
80 g frische Pfefferschoten, rot und scharf
1 Avocado
3 Eßl. Weinessig
2 Eßl. Olivenöl
1 Eßl. Senf

Ein Fisch, den wir vor allem aus der Dose kennen. Frisch hat er ein ausgeprägtes Aroma, schmeckt aber auch grilliert ausgezeichnet, wenn man die Gräten entfernt. Als Beilage eine interessante Sauce.

Makrelenkoteletts

*
V Kann vorbereitet werden
Arbeitsaufwand: 40 Min.
Grillzeit: 10–15 Min.

◁▭▷

Kleine Stöcker, Weißfische, z. B. Hasel, große Sardinen

Für 4 Personen
8–12 kleine Makrelen (ca. 1,5 kg)
Salz, Pfeffer
4 Eßl. Olivenöl, kalt gepreßt
50 g feingeriebenes Weißbrot, altbacken
2 Eßl. gemahlene Haselnüsse

Sauce
500 g Stachelbeeren (evtl. Johannisbeeren)
1 Eßl. Zitronensaft
2 Eßl. Zucker
1 Prise Cayennepfeffer

Die Fische putzen, ausnehmen und die Köpfe entfernen. Das Schwanzende lösen und die Mittelgräte sorgfältig aus dem Fleisch lösen. Alle Flossen wegschneiden. Die flach geöffneten Fische kurz abspülen und auf Küchenpapier trocknen. Mit Salz und Pfeffer bestreuen und beidseitig mit Olivenöl bestreichen. Das geriebene Brot und die gemahlenen Nüsse mischen und die Fischkoteletts darin panieren. Die Panade fest andrücken.

Für die Sauce die geputzten und gewaschenen Beeren mit Zitronensaft, 1 Prise Salz, dem Zucker und 3 Eßl. Wasser aufkochen, bis sie weich sind. Durch ein Sieb streichen oder im Mixer pürieren. Das Mus mit Cayennepfeffer abschmecken. Erkalten lassen.

Die Fischkoteletts beidseitig mit dem restlichen Olivenöl beträufeln und langsam auf einer Aluminiumfolie grillieren, bis sie hellbraun sind. Die Sauce separat dazu servieren.

Tip Wenn man das Schwanzende gut in die Hand nimmt, kann man die Mittelgräte mit einem Messer ohne Mühe vom Fleisch lösen.

Variationen
– Auf die Sauce verzichten und die grillierten Koteletts mit sehr wenig kaltem Oliven- oder Haselnußöl beträufeln und nach Belieben mit feingehackter Petersilie bestreuen.
– Auch eine «Pikante Mangosauce» (s. S. 331) oder eine «Guacamole» (s. S. 331) passen gut zu diesen Makrelenkoteletts.

Etwas zum Grillieren im Freien. Die Sardinen kann man in der Marinade mitnehmen.

Sardinen auf dem Grill

Für diese Zubereitung werden die Sardinen weder geschuppt noch ausgenommen. Olivenöl mit Salz und Pfeffer abschmecken. Die Sardinen in ein flaches Gefäß legen und mit dem Öl begießen.
12 Std. im Kühlschrank marinieren. Ab und zu wenden. Vor dem Grillieren aus dem Öl nehmen. Auf dem heißen Grill in genügendem Abstand über der Glut grillieren. Darauf achten, daß sie nicht zu heiß bekommen, sonst werden sie trocken.

Wichtig Man kann nur frische Sardinen auf diese Art grillieren. Tiefgekühlte müssen geschuppt und ausgenommen werden. Vor dem Marinieren auftauen lassen und auf einer Aluminiumfolie grillieren.

Tips
– Die Schuppen schonen den Fisch beim Grillieren. Beim Zerlegen im Teller kann man die Haut und die Gräten mit Leichtigkeit wegziehen.
– Saucen wie «Rouille» (s. S. 322) oder «Aïoli» (s. S. 323) passen gut dazu.

Variation Die Sardinen wie im Baskenland nur für 15 Min. in Salz einlegen und ohne Öl grillieren. Auch in diesem Fall weder schuppen noch ausnehmen.

*
V Kann vorbereitet werden
Arbeitsaufwand: 10 Min.
Grillzeit: 10—15 Min.

Meerbarben (Rougets)

Für 4 Personen
1 kg frische Sardinen
2 dl Olivenöl
Salz, Pfeffer

211

Miesmuscheln —
die Austern der Armen

Miesmuscheln (Moules) findet man in vielen Sorten auf der ganzen Welt. Diese zweischaligen schwarzen Muscheln mit ovaler, spitz zulaufender Form werden auch an fast allen europäischen Küsten gefischt oder gezüchtet. Es gibt sie in verschiedenen Größen und Preislagen. Am bekanntesten sind bei uns die kleinen dänischen und holländischen, die sehr preisgünstig sind, dann die großen, gelben spanischen und die besonders aromatischen kleinen aus Frankreich.

Bereits die Römer züchteten Miesmuscheln. Man erzählt auch, daß ein Irländer namens Patrick Walton, der bei La Rochelle Schiffbruch erlitten hatte und sich dort niederließ, eines Tages beobachtete, wie sich die Pfähle, die er zum Auslegen von Vogelnetzen eingerammt hatte, mit Muscheln belegten. Die Muscheln klammerten sich mit dem Bart an den Pfählen fest. Deshalb nennt man sie auch Pfahlmuscheln. Daraus soll später ein Zuchtsystem entwickelt worden sein.

Miesmuscheln werden lebend geliefert und kommen in Körben oder Netzen zu uns. Sie sollten bis drei Tage nach Ankunft gegessen werden. Die Schalen müssen beim Kauf geschlossen sein. Sie reagieren aber auf Temperaturunterschiede. Deshalb öffnen und schließen sie sich. Solange sie dies tun, leben sie noch. Muscheln, die sich beim Kochen nicht öffnen, sollte man wegwerfen. Wichtig ist, daß sie vor der Zubereitung gründlich gereinigt werden (s. S. 357). Miesmuscheln sind kalorienarm und enthalten viel Kalzium, Jod und Eisen. Früher nannte man sie wegen des großen Vorkommens und ihres günstigen Preises die «Austern der Armen».

Miesmuscheln können auch schonend grilliert gut schmecken. Dazu werden sie an Spießchen gesteckt und paniert.

Moules-Spießchen

Die Miesmuscheln putzen (s. S. 357), über dem Dampf oder in einem großen Topf ohne Flüssigkeit erhitzen, bis sich die Schalen öffnen. Den Speck in kleine Stücke schneiden und die Tomätchen halbieren. Etwas Rosmarin fein hacken. Die Eier verquirlen. Mit Salz, Pfeffer und Rosmarin würzen. Das Paniermehl in eine flache Schale geben.

Die Miesmuscheln abwechslungsweise mit Speckscheiben und halben Tomaten auf 8 Metallspieße stecken. Die Spieße durch das Ei ziehen und im Paniermehl wenden. Den Grill mit Aluminiumfolie bespannen, mit reichlich Olivenöl bestreichen und die Spießchen darauf goldbraun grillieren (5—6 Min.).

Wichtig Die Spießchen können auch ohne Aluminiumfolie grilliert werden. Dabei muß man aber sehr aufpaßen, daß die Panade nicht schwarz wird.

Tip Man kann das Paniermehl weglassen. Dabei riskiert man, daß die Muscheln etwas trockener werden. Die Panade schützt die Zutaten vor dem Austrocknen. Die Spießchen lassen sich zu Hause vorbereiten und panieren. Man kann sie in Aluminiumfolie einpacken und zum Picknick mitnehmen.

Variationen
- Seeteufelstückchen mit grillieren.
- Cherry-Tomaten durch kleine Paprikaschotenwürfel ersetzen.
- «Pikante Mangosauce» (s. S. 331) dazu servieren.

*
V Kann vorbereitet werden
Arbeitsaufwand: 40 Min.
Grillzeit: 5—6 Min.

Kamm-Muscheln (Vanneaux), Tintenfische

Für 4 Personen
48 Miesmuscheln (Moules), am besten große spanische Sorte
200 g Magerspeck, in feine Scheiben geschnitten
12 Cherry-Tomaten (Miniaturtomaten)
1 Zweiglein Rosmarin
2 Eier
Salz, Pfeffer
100 g Paniermehl
2 Eßl. Olivenöl

Beim schonenden Grillieren kommt das zarte Fleisch dieses Krustentieres besonders gut zur Geltung. Mit der aromatischen Limonenbutter wird gar eine Delikatesse daraus.

Langoustines au beurre de citron vert

***
V Kann weitgehend vorbereitet werden
Arbeitsaufwand: 25 Min.
Grillzeit: 7—8 Min.

Große Garnelen (Riesenkrevetten), Langustenschwänze

Für 4 Personen
12—16 große Kaisergranate (Langoustines)
1 Eßl. Olivenöl

Sauce
100 g frische Butter
1 Eßl. Rahm
Saft von 1 Limone
Salz
Weißer Pfeffer aus der Mühle
3 Blatt Zitronenmelisse
1 Pfefferminzblatt

Kopf und Glieder der Kaisergranate entfernen. Die Bauchseite längs der Schale beidseitig mit Hilfe einer kleinen Schere aufschneiden und den weichen Schalenteil entfernen.

Die Butter bei Küchentemperatur weich werden lassen, in eine Schüssel geben und mit dem Schneebesen tüchtig durchrühren. Rahm und Limonensaft ebenfalls dazurühren. Mit Salz, weißem Pfeffer, feingehackter Zitonenmelisse und Pfefferminze abschmecken. (Nicht in den Kühlschrank stellen oder mindestens 30 Min. vor dem Essen herausnehmen!)

Den Grill mit einer Aluminiumfolie bespannen. Die Folie mit Öl bestreichen. Stark erhitzen und die Kaisergranate darauf ca. 7—8 Min. grillieren. Sie sind gar, wenn das Fleisch milchig-weiß wird. Sofort servieren und die Sauce separat dazureichen. Auf dem warmen Teller wird die Sauce leicht fließen, was erwünscht ist. Um so leichter kann man die Kaisergranate hineintauchen.

Wichtig Die Aluminiumfolie erlaubt das schonende Grillieren der Krustentiere. Ungeschützt auf den Grill gelegt, würden die Schalen schnell ansengen, was einen penetranten Horngeschmack bewirken und das Aroma dieses Gerichtes beeinträchtigen würde. Man kann die Kaisergranate aber auch unter der Grillschlange grillieren.

Tip Bei Verwendung von großen Garnelen kann die Schale zum Grillieren belassen oder entfernt werden.

IN TEIG VERPACKT

Fische in Blätterteig verpackt sind nicht nur Schaustücke, sie können auch vorzüglich schmecken. Da es aber nicht ohne Tücken ist, einen Fisch so auszunehmen und zu entgräten, daß er anschließend gefüllt werden kann, habe ich auf den folgenden Seiten ein einfaches Vorgehen beschrieben, das auch Ungeübte ermutigen wird, sich einmal an ein solch dekoratives Gericht heranzuwagen.

Ohne Probleme lassen sich hingegen Quiches, Pies und Krapfen zubereiten — herrliche Lückenfüller, die man jederzeit servieren kann: als Vorspeise im Kleinformat, als Zwischenmahlzeit, als kleines Abendessen oder, ergänzt durch einen Salat im voraus, als sättigende Hauptmahlzeit.

Feine Fische verlangen aber auch einen guten Teig. Wenn Sie ihn nicht selbst zubereiten können, kaufen Sie ihn beim Konditor. Sparen am falschen Ort schmälert nur das Resultat!

Süßwasser

Wenn Sie Ihren Gästen ein Meister-
stück Ihrer Kochkunst zeigen wollen,
dann servieren Sie ihnen diesen Fisch.
Wenn das Rezept genau befolgt wird,
gelingt es auch Ungeübten. Allerdings
müssen Sie ein bißchen Zeit dafür aufwenden. Das Aussehen des Blätter-
teigfisches hängt von Ihrem künstleri-
schen Talent ab!

Seeforelle
in Teigkruste

Die Seeforelle beim Kauf filetieren lassen.
Das Lachsfilet in dünne Schnitzel schneiden
lassen. Forellenfilets, Rahm und Ei kalt stellen. Den Wirsing in Blätter zerteilen. Die
größten und schönsten auswählen und die
Rippen herausschneiden. Die Blätter 1 Min.
in kochendes, gesalzenes Wasser legen und
gut abtropfen lassen. Die Hälfte der Wirsingblätter auf einer Folie ausbreiten. Die
Fischfilets mit Salz und Pfeffer bestreuen.
Die Forellenfilets in Stücke schneiden. Mit
dem Ei, dem Rahm und dem Wermut in den
Cutter (s. S. 370) geben und pürieren. Mit
Salz, Pfeffer und Estragon würzen.
Ein Seeforellenfilet auf den Wirsing legen.
Die Hälfte der vorbereiteten Fischmasse
darauf verteilen. Die Lachsschnitzel in
dünne Scheiben schneiden und das Püree
damit bedecken. Die restliche Fischmasse
darauf verteilen. Etwa ein Fünftel für das
Formen des Kopfstückes zurückbehalten.
Das zweite Seeforellenfilet darauflegen. Die
Wirsingblätter seitlich hochziehen, die restli-
chen Blätter über das Filet legen und alles
gut andrücken.
Auf einen dünnen Karton (Pappdeckel) einen Fisch in der Größe des vorbereiteten
Paketes zeichnen. Einen Rand von ca. 5 cm

**
V Kann vorbereitet
werden
Arbeitsaufwand:
1½ Std.
Backzeit:
40—45 Min.

Äsche, Saibling,
Lachs, Wolfsbarsch
(Loup de mer)

Für 4—6 Personen
1 große Seeforelle
(ca. 1 kg)
400 g Lachsfilet
200 g Forellenfilets
1 dl Rahm
1 Ei
1 zarter Wirsing
oder Chinakohl
Salz, Pfeffer
1 Eßl. gehackter
Estragon
1 Eßl. trockener
Wermut (Noilly Prat)
750 g Blätterteig,
beste Qualität
2 Eigelb und
1 Eiweiß
zum Bestreichen
«Beurre blanc»
(Rezept s. S. 327)

Seeforelle
in
Teigkruste

und den fehlenden Kopf dazurechnen. Die Hälfte des Blätterteigs 3 mm dünn ausrollen. Mit der Schablone einen Fisch ausschneiden. Das Fischpaket auf das Teigblatt legen. Mit den restlichen Wirsingblättern und der restlichen Füllung einen Fischkopf nachbilden. Den vorstehenden Teigrand mit leicht verquirltem Eiweiß bestreichen. Ein zweites Teigblatt ausrollen und auf den Fisch legen. Die Enden zusammenkleben und unter den Fisch zurücklegen. Den Teigfisch mit Eigelb bestreichen. Aus einer ausgestanzten Teigrosette gleichzeitig ein Auge formen und ein Dampfloch anbringen. Das Fischmaul mit einem schmalen Teigband markieren. Weitere kleine Rosetten ausstechen. Diese vom schmalen Ende her dachziegelartig aufeinanderkleben, so daß sie wie Schuppen aussehen. Aus Teigabfällen Bauchflossen und Schwanz formen und auf der Unterseite des Fisches als Garnitur anbringen. Das Kunstwerk nochmals ganz mit Eigelb bestreichen. Den Fisch 1 Std. kühl stellen.

Den Teigfisch zuerst bei 250 °C 10 Min. backen, dann die Temperatur auf 180 °C reduzieren und 30—35 Min. weiterbacken. Wenn der Teig zu rasch Farbe annehmen sollte, mit Alufolie abdecken.

Den Fisch auf einem Brett servieren und am Tisch aufschneiden. Die Beurre blanc separat dazu servieren.

Wichtig Den Fisch nicht allzu satt in Teig einpacken, damit er beim Backen nicht platzt. Aufschneiden lassen sich solche Pasteten am besten mit Hilfe eines elektrischen Messers (im Haushaltgeschäft erhältlich). Die Scheiben sollen 3—4 cm breit sein.

Tip Mit kleinen Seeforellen oder anderen Fischen in Portionengrößen kann man pro Person einen Fisch formen. In diesem Fall den Teig 4 mm dick ausrollen und die Schuppen nur mit einem runden, kleinen Ausstecher markieren. Als Auge ein Pfefferkorn einsetzen.

Variationen
– Forellenfüllung durch eine Lachsfüllung (gleiches Rezept) ersetzen. In diesem Fall keine Lachsscheiben dazwischenlegen.
– Ganz exklusiv wird dieses Gericht, wenn man Krebsschwänze in die Forellenfüllung legt und den Lachs wegläßt.

Ein festliches Gericht, das seine Wirkung nie verfehlt. Auch für Ungeübte einfach auszuführen.

Lachs in Blätterteig

Die Gräten und den Fischkopf mit Weißwein und 1 dl Wasser 10 Min. auskochen. Den Sud durch ein feines Sieb passieren, wieder in den Topf geben und auf 2 Eßl. Flüssigkeit einkochen. Erkalten lassen und kühl stellen. Alle Zutaten für die Füllung 30 Min. in den Kühlschrank geben. Danach das Fischfleisch mit dem Rahm, den Eiweißen und dem Fischfond im Cutter (s. S. 370) pürieren. Mit Salz, Pfeffer, Estragon und Wermut abschmecken.
Die Lachsfilets in 8 ungefähr gleich große Stücke schneiden (evtl. schon vom Fischhändler schneiden lassen). Leicht salzen und pfeffern. Den Blätterteig ausrollen und in 4 Rechtecke von 20 x 10 cm schneiden. Mit je einer Lachsscheibe belegen. Dabei einen Teigrand von ca. 1 cm frei lassen. Die Füllung gleichmäßig darauf verteilen und mit den restlichen Lachsscheiben bedecken. Die Teigränder mit Wasser befeuchten, die Rechtecke zusammenfalten, die Ränder gut anpressen und mit Hilfe einer Gabel ringsum verzieren. Die Teigtaschen mit verrührtem Eigelb bestreichen und nach Belieben mit Teigmotiven dekorieren. Nochmals mit Eigelb bestreichen. Bei 200 °C ca. 20 bis 25 Min. goldgelb backen.

Wichtig   Man kann auch mit einer Kartonschablone Portionenfische aus dem Teig schneiden und diese wie beschrieben fül-

**

V Kann vorbereitet werden
Arbeitsaufwand: 40 Min.
Backzeit: 20–25 Min.

Wolfsbarsch (Loup de mer), Petersfisch (St-Pierre), Seezunge (Sole)

Für 4 Personen
750 g Lachsfilets (Gräten und Kopf mit nach Hause nehmen!)
1 dl Weißwein
500 g Blätterteig
2 Eigelb

Füllung
400 g Fischfleisch ohne Gräten, z. B. Seeteufel (Baudroie), Rotzunge
1 ½ dl Rahm
2 Eiweiß
Salz, weißer Pfeffer
2 Teel. Estragon, frisch gehackt
1 Eßl. trockener Wermut (Noilly Prat)

len. «Eier-Rahm-Sauce» (s. S. 342) oder «Beurre blanc» (s. S. 327) dazu servieren.

Tip Die vorbereiteten Blätterteigpasteten lassen sich mindestens 6—8 Std. im Kühlschrank aufbewahren.

Variationen

– Den Teig mit verquirltem Eiweiß bestreichen und mit kurz in gesalzenem Wasser blanchierten Brennessel- oder Sauerampferblättern belegen. Die Füllung daraufgeben und mit Blättern abdecken. Den Teigdeckel ebenfalls mit Eiweiß bestreichen, damit die Feuchtigkeit der Blätter den Teig nicht aufweicht.
– Lauch seitlich aufschneiden. Die größeren Blätter kurz in gesalzenem Wasser kochen, abtropfen lassen und, wie oben beschrieben, um die Füllung legen.

Eine russische Fischpastete, die ich in Paris kennengelernt habe. Sie war ein Lieblingsgericht der französischen Schriftstellerin Colette und wurde deshalb unter anderem zur Spezialität eines sehr bekannten Restaurants, das ihr dieses Fischgericht ins Haus lieferte.

Kulibiaka

**

V Kann vorbereitet werden
Arbeitsaufwand:
60 Min.
Backzeit:
60—80 Min.
Zusätzlich Geh- und Kühlzeit des Teiges

◁>◁

Aal, Flußhecht

Für 6—8 Personen
Teig
500 g Weißmehl
½ Eßl. Salz
20 g Hefe

Für den Teig das Mehl in eine Schüssel geben und in der Mitte eine Mulde formen. Das Salz über den Rand verteilen. Die Hefe mit dem Zucker anrühren. 75 g Butter schmelzen, die kalte Milch zugeben, das Ei verrühren. Alle Zutaten zum Mehl geben, mit einem Holzlöffel mischen, dann von Hand 10—15 Min. oder mit dem Knethaken des Rührgerätes ca. 5 Min. tüchtig kneten, bis der Teig elastisch und glatt ist und beim Durchschneiden kleine Luftlöcher aufweist. In die Schüssel zurückgeben und mit einem feuchten Tuch bedeckt bei Zimmertemperatur (22 °C) ca. 1½ Std. gehen lassen. Der

Teig sollte um das halbe Volumen aufge-hen. Die restlichen 100 g Butter in Flocken schneiden und unter den Teig arbeiten. Kneten, bis der Teig glatt ist und nicht mehr klebt. Nochmals zum Aufgehen an die Wärme stellen und alle 15 Min., im ganzen dreimal, immer wieder auseinanderziehen und zusammenfalten. Vor der Verarbeitung 2—3 Std. kühl ruhen lassen (im Gemüsefach des Kühlschrankes). Den Teig vor dem Ver-arbeiten nochmals zwei- bis dreimal ausein-anderziehen und wieder zusammenfalten. Ca. 300 g Teig (Verwendung des Rests siehe «Tip») zu einem Rechteck von ca. 30 × 40 cm ausrollen. Die Zwiebeln schälen und in dünne Ringe schneiden. In der Butter anzie-hen lassen. Die Champignons in Scheiben schneiden und beigeben. Mit Salz, Pfeffer und Muskatnuß würzen und weitere 10 Min. dünsten. 100 g Rundkornreis zufügen, mit Wasser auffüllen, bis der Reis knapp be-deckt ist. Die Kasserolle zudecken und die gemischte Masse während 15 Min. bei sehr kleiner Hitze ziehen lassen. Sobald die Flüs-sigkeit aufgesogen ist, die Kasserolle von der Herdplatte wegziehen und 1 verquirltes Ei daruntermischen. Den Weißwein mit 1½ dl Wasser, der in Stücke geschnittenen Karotte und dem Zitronensaft aufkochen und schwach salzen. Den Lachs am Stück darin 10 Min. ziehen lassen. Gleichzeitig 2 Eier 10 Min. kochen, kalt abspülen und schälen. Die Hälfte des ausgerollten Teiges der Länge nach mit der halben Reismi-schung, einem Teil des entgräteten und zer-pflückten Lachses, den beiden ganzen Eiern, die man hintereinander legt, wieder mit Lachs und zuletzt nochmals mit Reismi-schung belegen. Die Teigränder mit ver-quirltem Eiweiß bepinseln und von beiden Seiten über die Füllung schlagen. Die Kan-ten gut andrücken. Mit dem Verschluß nach unten auf das Blech legen. Oben zwei bis drei Dampflöcher anbringen oder die Ober-fläche regelmäßig einstechen, damit der Dampf entweichen kann. Mit Eigelb bestrei-chen und während einer guten Stunde im vorgeheizten Ofen bei Mittelhitze backen.

½ Teel. Zucker
175 g Butter
2½—3 dl Milch
1 Ei nach Belieben

1 Eigelb und
1 Eiweiß
zum Bestreichen

Füllung
350 g frischer Lachs, am Stück
2 große Zwiebeln
3 Eßl. Gourmet-Butter
100 g Champignons
Salz, Pfeffer, Mus-katnuß
100 g Rundkornreis
3 Eier
1½ dl Weißwein
1 Karotte
Saft von ½ Zitrone

Sauce
100 g Butter
2 Eßl. Rahm
Salz, Pfeffer
2 Eßl. Petersilie, Dill, Rosmarin und Salbei, fein gehackt
Saft von ½ Zitrone

Inzwischen die Sauce zubereiten: Die Butter im heißen Wasserbad flüssig werden lassen, Rahm, Salz, Pfeffer, Kräuter und den Saft der halben Zitrone beigeben. Leicht schlagen. Lauwarm zur «Kulibiaka» servieren.

Tip Aus dem nichtverwendeten Teig kann man in einer Cakeform oder in einer runden Form eine Brioche backen. Wenn man sich die Herstellung des Briocheteiges ersparen möchte, läßt sich die Kulibiaka auch mit Blätterteig herstellen.

Variation Bei der echt russischen Kulibiaka werden der Füllung ca. 30–40 g Vésiga (Viziga), getrocknetes Rückenmark des Störs, beigefügt. Vor der Beigabe wird dieses Produkt 5 Std. in Wasser eingelegt, danach in leicht gesalzenem Wasser bei kleinster Hitze 4 Std. gegart. Es wird der Pastete lagenweise, gehackt beigefügt und gibt ihr den ganz spezifischen Geschmack.

Fische aus dem Rauch

Die vielen geräucherten Fische, die im Handel erhältlich sind, sollen in diesem Buch nicht unerwähnt bleiben. Rezepte für die Weiterverwendung oder das Servieren führe ich aber nicht auf. Dafür gibt es, vor allem in Deutschland, genügend Literatur und Anregungen. Hier ein kleiner Überblick über das große Angebot: Aal; Bücklinge, ganz und in Filets; Felchenfilets (Renken); Forellen, ganz und in Filets; Schellfische, ganz und in Filets; Heilbutt; Heringe, ganz und in Filets; Kipper (gepökelte, geräucherte Heringe); Schillerlocken (Dornhai); Makrelen, ganz und in Filets; Rotbarsch; Sprotten; Steinbeißer; Stör.
Die Räuchermethoden können sehr unterschiedlich sein und ganz verschiedene Verfahren aufweisen. Heringe z. B. werden gesalzen, auf eiserne Stangen aufgezogen, getrocknet und dann im vorgeheizten, mit Laubholz gespeisten Räucherofen goldbraun geräuchert. Am besten schmecken sie direkt aus dem Ofen, noch lauwarm mit

etwas Meerrettichrahm. Das gilt auch für geräucherte Süßwasserfische, auf die sich gewisse Fischer spezialisiert haben.
Wer Fische selbst räuchern und sie so zu einer eigenen Spezialität machen möchte, findet im Haushaltgeschäft kleine Apparate mit einfacher Gebrauchsanweisung.

Aparter Blätterteigkuchen, gefüllt mit Räucherforellen und Birnen — etwas ungewöhnlich, aber raffiniert.

Pastete mit Räucherforellen

Das Kuchenblech kalt ausspülen. Den Teig 3 mm dick ausrollen. Das Blech so damit belegen, daß der Teig ca. 1 cm ringsum vorsteht. Die Forellenfilets quer in 2½ cm breite Streifen schneiden. Den Teigboden mit einer Gabel mehrmals einstechen, dann mit den Fischfilets belegen. Mit Thymian bestreuen. Eier und Rahm verrühren, mit wenig Salz und Pfeffer (Achtung, die Forellen sind bereits gesalzen!) abschmecken und über die Fische gießen.
Die Birnen schälen, entkernen und in sehr feine Scheiben schneiden. Über den Guß verteilen.
Aus dem restlichen Teig einen Deckel von ca. 30 cm Durchmesser ausschneiden. Auf den Kuchen legen und über den Blechrand ziehen. Beide Ränder leicht zurückrollen, damit ein fester Rand entsteht. Eigelb mit 1 Teel. Wasser verrühren. Den Teigdeckel damit bestreichen. Den Kuchen mit Teigstreifen verzieren. In der Mitte ein kleines Dampfloch anbringen. Nochmals mit Eigelb bestreichen. 35 Min. bei 220 °C in der Mitte des Ofens backen. Lauwarm servieren.

Wichtig Der Guß darf erst unmittelbar vor dem Backen auf den Teig gegeben werden.

Tip Man kann auch geriebenen Teig oder speziellen Pastetenteig verwenden.

*
V Kann vorbereitet werden
Arbeitsaufwand: 25 Min.
Backzeit: 35 Min.

Geräucherte Felchen

Für ein Kuchenblech von 26 cm Durchmesser
4 große, geräucherte Forellenfilets (ca. 400 g)
500 g Blätterteig (je 250 g für Deckel und Boden)
1 Teel. gehackter Thymian
2 Eier
2 dl Rahm
Salz, Pfeffer
2 reife Birnen (am besten Williams)
1 Eigelb

Salzwasser

Was im Innern Frankreichs die Quiche Lorraine ist, ist an den Küsten dieses Landes die «Quiche aux fruits de mer».

Quiches mit Meeresfrüchten

**
V Kann vorbereitet werden
Arbeitsaufwand: 25 Min.
Backzeit: 35 Min.

◁━━▷

Pilgermuscheln (Coquilles St-Jacques), Sandklaffmuscheln (Clams), Tintenfische

Für 8 Formen von ca. 12 cm Durchmesser
200 g Seeteufel (Baudroie), ohne Gräten
3 Schalotten
1 Eßl. Butter
3 Eßl. Weißwein
500 g geriebener Teig
Butter für die Formen
500 g Miesmuscheln (Moules), vorgekocht und ohne Schalen
150 g Garnelen (Krevetten), geschält und gekocht
1 Eßl. gemischte Kräuter (Basilikum, Rosmarin, Thymian, Majoran, Bohnenkraut, Salbei), frisch gehackt
3 Eier
2½ dl Doppelrahm oder Rahm

Den Seeteufel in kleine Würfel schneiden. Die Schalotten hacken. Beides in Butter leicht anziehen lassen. Mit Weißwein ablöschen. Den Teig 3 mm dick ausrollen. Die Formen mit Butter ausstreichen und mit dem Teig belegen.
Die Teigböden mit einer Gabel mehrmals einstechen. Die abgetropften Fischstücke, die Miesmuscheln und die Garnelen darauflegen. Mit Kräutern bestreuen. Die Bratflüssigkeit des Seeteufels auf die Hälfte einkochen. Mit Eiern und Rahm verquirlen. Den Guß unmittelbar vor dem Backen über die belegten Teigböden gießen.
20 Min. in der Mitte des Ofens mit Unterhitze bei 220 °C backen. Danach Oberhitze einschalten oder die Kuchen etwas höher einschieben und 15 Min. fertigbacken. Auf der Oberfläche der Quiches sollten sich Krusten bilden.

Wichtig Je nach Art der Meeresfrüchte und der gewählten Mischung entstehen große geschmackliche Differenzen. Die Miesmuscheln z. B. haben die Tendenz, im Geschmack vorzuherrschen. Wenn man Pilgermuscheln verwenden will, läßt man die Miesmuscheln am besten weg. Natürlich kann man die Meeresfrüchte auch einzeln verwenden.

Tip Anstelle von geriebenem Teig Blätterteig verwenden.

Ein pizzaähnliches Gebäck aus Spanien. Man kann es je nach Saison und Einkaufsmöglichkeiten mit verschiedenen Zutaten abwandeln. Hier ein Originalrezept mit Sardinen.

Coca Mallorquina

Den Teig ½ cm dick ausrollen. Einen ovalen Fladen formen. Ringsum einen 1½ cm hohen Rand hochziehen. Den Fladen auf ein mit Öl bestrichenes rechteckiges Blech legen und mit einer Gabel mehrmals einstechen. Die Paprikaschote halbieren, entkernen und in 1½ cm breite Streifen schneiden. Die Zucchini ungeschält in ½ cm dicke Rädchen schneiden. Beides in 3 Eßl. Olivenöl ca. 10 Min. leicht anbraten. Die Gemüse aus der Pfanne nehmen. Die kleingeschnittenen Tomaten mit der gehackten Zwiebel und den ganzen Knoblauchzehen hineingeben. Unter Wenden dünsten, bis ein Mus entsteht. Die Sardinen ausnehmen und die Köpfe wegschneiden. Das Tomatenmus mit Salz, Pfeffer und Zucker abschmecken. Die Sardinen innen und außen ebenfalls würzen. Den Fladen und den Teigrand mit Eigelb bestreichen und mit dem Tomatenmus belegen. Paprikaschoten, Zucchini und Sardinen darauf verteilen. Mit dem restlichen Öl beträufeln und ca. 35 Min. bei 200 °C backen. Heiß oder lauwarm servieren.

Wichtig Gewöhnlicher Brotteig ist zu hart für dieses Gebäck. Der Teig sollte etwas Öl oder Butter enthalten.

Tip Pimientos morrones sind rote, in Salzlake eingelegte, bereits geschälte Paprikaschoten. Sie sind sehr aromatisch und leicht verdaulich.

Variation Je nach Saison andere Gemüse verwenden, z. B. Tomaten und grüne Erbsen oder Bohnen, Wirsing, Kohl, kleine zarte Artischocken (oder Artischockenherzen aus der Dose) und Oliven.

*
V Kann vorbereitet werden
Arbeitsaufwand: 45 Min.
Backzeit: 35 Min.

Sardellen, Thunfische

Für ca. 6 Personen
500 g Sardinen, frisch oder tiefgekühlt
600 g Hefeteig (evtl. Milchbrötchen- oder Zopfteig)
4 Eßl. Olivenöl
1 Paprikaschote (grün, gelb oder rot) oder ¼ Dose Pimientos morrones
2 kleine Zucchini
6 geschälte Tomaten (evtl. Dose)
1 Zwiebel
2 Knoblauchzehen
Salz, Pfeffer
1 Prise Zucker
1 Eigelb

Eine festliche Schüsselpastete, die sich im voraus backen läßt und bestechend aussieht.

Pie mit Meeresfrüchten

**
V Kann vorbereitet werden
Arbeitsaufwand: 40 Min.
Backzeit: 30—35 Min.

Rotzungen, Miesmuscheln (Moules), Pilgermuscheln (Coquilles St-Jacques)

Für 8—10 Personen
6 rohe Kaisergranate (Scampi)
200 g kleine Tintenfische, kochfertig
200 g frische Champignons
Saft von ½ Zitrone
1 große Zwiebel
1 Eßl. Butter
Salz, Pfeffer
Butter für die Form
500 g Seezungenfilets (Sole)
1 Lorbeerblatt
1 Eßl. Dillspitzen
3—4 Zweiglein Petersilie (wenn möglich flachblättrige)
300 g Blätterteig oder geriebener Teig
1 Eiweiß
1 Eigelb
4 dl gelierender «Fischfond» (s. S. 337)

Die Kaisergranate schälen. Die Tintenfische in Ringe oder, wenn sie groß sind, in kleine Stücke schneiden. Mit 1 l Wasser oder Fischfond 30 Min. weich kochen (im Dampfkochtopf 10 Min.). Die Champignons putzen und in Scheiben schneiden. Sofort mit Zitronensaft mischen. Die Zwiebel hacken und in Butter anziehen lassen. Die Champignons beifügen und kurz mitdünsten. Mit Salz und Pfeffer abschmecken.

Eine runde oder ovale, feuerfeste Form mit Butter ausstreichen. Die Seezungenfilets von der Mitte aus fächerartig anordnen, so daß ein Teil davon über den Formrand hinausragt. Mit Salz und Pfeffer bestreuen. Zwiebeln, Lorbeerblatt, etwas Dill und Champignonmasse lagenweise einfüllen. Die Petersilie mit der Schere grob schneiden und darüber verteilen. Den restlichen Dill darübergeben und die Seezungenfilets auf die Füllung zurückschlagen.

Den Blätterteig 3 mm dick ausrollen. Einen Deckel zurechtschneiden. Den äußeren Rand der Form 1 cm tief mit leicht verquirltem Eiweiß bestreichen. Den Teigdeckel über die Form legen und seitlich gut andrücken. Die Oberfläche der Pastete mit verquirltem Eigelb bestreichen, aus Teigresten Verzierungen ausstechen und anbringen. Nochmals mit Eigelb bestreichen. In der Mitte des Deckels ein rundes, mit einer Rosette verziertes Dampfloch anbringen. Die Pastete zuerst 10 Min. bei 300 °C backen, dann die Temperatur auf 200 °C zurückschalten und während 20—25 Min. fertigbacken. Wenn nötig, mit etwas Aluminiumfolie abdecken. Nach der Hälfte der Backzeit die Pastete rasch aus dem Ofen nehmen und den lauwarmen Fischfond durch das

Dampfloch gießen. Nach dem Backen die Pastete aus dem Ofen nehmen, erkalten lassen, dann in Portionenstücke teilen.

Wichtig Wenn Blätterteig verwendet wird, muß die Pastete sofort nach dem Erkalten serviert werden. Blätterteig schmeckt nur gut, wenn er frisch ist. Der geriebene Teig erträgt etwas längere Wartezeiten.
Wer keinen Fischfond zur Verfügung hat, kann Sülze aus dem Beutel zubereiten. Nicht oder nur schwach gelierender Fischfond kann durch Beigabe von 1–2 Blättern Gelatine oder Sulzpulver verstärkt werden. Der Fond hat die Funktion, die Meeresfrüchte im Innern der Pastete zusammenzuhalten.

Tip Am besten läßt sich diese Pastete wie auch andere delikate Gebäcke mit einem elektrischen Messer (im Haushaltgeschäft erhältlich) zerschneiden.

Krapfen aus einem ausgezeichneten, zarten Teig mit einer einfachen Fischfüllung. Dazu eine rohe, pikante Tomatensauce.

Fischkrapfen mit roter Sauce

Milch und 1½ dl Wasser lauwarm mit dem bei Zimmertemperatur weich gewordenen Schweinefett mischen und salzen. Das Mehl auf den Tisch zu einem Kranz sieben. Die Milch-Wasser-Fett-Mischung hineingeben und alles zu einem glatten Teig verarbeiten.
Das Öl erhitzen. Zwiebeln, Knoblauch und Kräuter darin anziehen lassen. Kabeljau in kleine Würfel schneiden und beifügen. Mit Salz, Pfeffer, Koriander und Cayennepfeffer pikant abschmecken. Die Oliven entsteinen und kleinschneiden. Zugeben.
Den Teig 3 mm dick ausrollen und Plätzchen von 10 cm Durchmesser ausstechen. Reste

*
V Kann vorbereitet werden
Arbeitsaufwand:
40 Min.
Fritierzeit: 5–6 Min. pro Portion

⊂⊃
Seehecht (Colin), Lengfisch, Katfisch (Steinbeißer)

Für 4 Personen (8 Krapfen)
Teig
1½ dl Milch
80 g Schweinefett

oder eingesottene
Butter
200 g Mehl
Salz

Füllung
250 g Kabeljau,
ohne Gräten
1 Eßl. Olivenöl
2 Eßl. gehackte
Zwiebeln
2 durchgepreßte
Knoblauchzehen
1 Eßl. gehackte
Kräuter (Basilikum,
Petersilie)
Salz, Pfeffer aus der
Mühle
1 Prise Koriander-
pulver
1 Prise Cayenne-
pfeffer
6 grüne Oliven

Rote Sauce
500 g Tomaten,
geschält und ent-
kernt
2 Eßl. gehacktes
Basilikum
1 kleine Zwiebel,
gehackt
1 Prise Zucker
1 Prise Cayenne-
pfeffer
Salz

verkneten und wiederverwenden. Je ein Löffel Füllung auf die Teigrondellen geben. Diese zu Krapfen zusammenfalten und die Ränder fest zusammendrücken.
Im heißen Öl bei 180 °C portionenweise ausbacken.
Tomaten mit Basilikum und Zwiebeln sehr fein mixen. Mit Zucker, Cayennepfeffer und Salz abschmecken. Kühl servieren.

Wichtig Der Teig muß sehr gut durchgearbeitet werden, damit das Mehl gut vom Fett durchdrungen wird. Nur so wird er mürbe.

Tip Man kann die Krapfen auch mit Eigelb bestreichen und im Ofen bei 220 °C 15 bis 20 Min. backen.

Variation Der Füllung anstelle von Oliven und Koriander feingehackte Paprikaschoten zufügen.

MIT TEIGWAREN
ODER REIS

Wer Fische liebt und auch schon in Italien an der Küste war, erinnert sich sicher mit Vergnügen an die Nudeln und Spaghetti mit Muscheln oder Meeresfrüchten oder schwelgt in der Erinnerung an ein venezianisches Reisgericht. Zu solchen klassischen Zubereitungen, die ich gerne auf die verschiedensten Arten variiere, gesellen sich neuere Gerichte wie «Nudeln mit Lachs und Spinat», Ravioli oder Canalones mit Fischfüllung oder katalanische Spezialitäten wie der etwas eigenartig aussehende, aber vorzüglich schmeckende schwarze Reis, der seine Farbe der Tinte von Sepia verdankt. An warmen Tagen sind attraktive Reissalate willkommen. Sie eignen sich, in kleinen Mengen serviert, auch als Vorspeisen.

Süßwasser

Eine delikate Spezialität, die hausgemachte Nudeln besonders zur Geltung bringt: Nur die besten Zutaten sind dafür gut genug!

Nudeln mit Lachs und Spinat

Die Schalotten fein hacken. Den Spinat putzen, naß in einen gutschließenden Topf geben und kochen, bis er zusammenfällt. Gut auspressen und in 1 Eßl. Butter mit den Schalotten und dem durchgepreßten Knoblauch dünsten, bis alle Flüssigkeit verdampft ist. Mit Salz und Pfeffer abschmecken. Den Rahm unterdessen in einem Topf mit weitem Boden auf die Hälfte einkochen lassen. Den Lachs in kleine Würfel schneiden. In 1 Eßl. Butter 2—3 Min. dünsten.

Die Nudeln «al dente» kochen. Den Lachs und den Käse zum Rahm geben. Die Nudeln abgießen und einen Moment verdampfen lassen. Zum Spinat in den Topf geben und sehr gut mischen. Die Rahmsauce in eine vorgewärmte Schüssel gießen. Die Nudeln darauf anrichten.

Die Nudeln auf dem Tisch mit zwei Gabeln kräftig mit der Sauce mischen.

Wichtig Wenn man die Nudeln nicht selbst herstellen will, kann man frische Nudeln im Spezialgeschäft kaufen.
Den Lachs nur sehr kurz dünsten.

Variationen
- Anstelle von Spinat kann man auch feingeschnittenen und in wenig Wein gedünsteten Lauch verwenden.
- 100 g in Streifen geschnittenen Räucherlachs zufügen.
- Rahm und Käse weglassen, dafür zuletzt 20 g frische Butter unter die Mischung ziehen.

*
V «À la minute» zubereiten
Arbeitsaufwand: 25 Min.

Kaisergranate (Scampi), Meerbarben (Rougets)

Für 4 Personen
250 g Lachs
2 Schalotten
300 g zarter Blattspinat
2 Eßl. Butter
½ Knoblauchzehe
Salz, Pfeffer
2½ dl Rahm
500 g Nudeln, am besten frische, hausgemachte
3 Eßl. Sbrinz, frisch gerieben

Nicht alltäglich sind mit Fischfarce gefüllte Ravioli. Man kann dazu fast alle Fischsorten verwenden. Auf einer Speisekarte eines Restaurants machen sich allerdings Steinbutt, Seeteufel oder Wolfsbarsch besser!

Ravioli mit Hechtfüllung

*

V Kann vorbereitet werden
Arbeitsaufwand:
1 Std., zusätzlich
30 Min. Kühlzeit
Kochzeit: 5—7 Min.

⊲▭⊳

Lachs, Felchen (Renken), Wittling (Merlan), Seeteufel (Baudroie)

Für 4 Personen
Teig
200 g Mehl
2 Eier
1 Eßl. Öl
Salz

Füllung
250 g Hechtfleisch, ohne Gräten
2 Eßl. Butter
2 Eßl. gehackte Schalotten
100 g frische Champignons
1 durchgepreßte Knochlauchzehe
1 Teel. gehackter Estragon
1 Eßl. gehackte Petersilie

1 Eigelb
Salz, Pfeffer
1 Prise Cayennepfeffer
1 Eiweiß
zum Bestreichen des Teiges
40 g frische Butter

Für den Teig das Mehl sieben, eine Vertiefung anbringen. Verquirlte Eier, Öl, 1 Eßl. Wasser und Salz hineingeben und alles von Hand oder in der Küchenmaschine zu einem festen Teig kneten.

Das Hechtfleisch würzen, kurz in 1 Eßl. Butter anziehen lassen, herausnehmen. Schalotten zufügen und 1 Min. mitdünsten. Die restliche Butter zugeben. Die Champignons putzen, in Scheiben schneiden, beifügen und unter Wenden garen, bis keine Flüssigkeit mehr austritt. Knoblauch und Kräuter dazufügen.

Das Fischfleisch und die übrigen Zutaten 30 Min. kalt stellen. Dann im Cutter (s. S. 370) pürieren oder durch die feinste Scheibe des Fleischwolfs drehen. Die Masse durch ein sehr feines Sieb streichen. In einen Topf geben und unter ständigem Rühren 2—3 Min. erwärmen. Das Eigelb dazumischen. Mit Salz und Cayennepfeffer pikant würzen.

Mit der Nudelwalze (kleine italienische Maschine) oder dem Nudelholz den Teig so dünn wie nur möglich ausrollen. 2 Rechtecke von 25 × 35 cm schneiden. Ein Raviolibrett mit Mehl bestäuben, die Teigrechtecke darauflegen und die Masse in die Vertiefungen einfüllen. Die Zwischenräume mit leicht verquirltem Eiweiß bestreichen. Das zweite Rechteck darüberlegen. Mit dem Nudelholz darüberfahren, damit die Ränder der Ravioli gut angedrückt werden. Mit einem Messer den Teigrand wegschneiden und die Ravioli auseinanderschneiden. Das Brett stürzen,

die Ravioli auf ein mit wenig Mehl bestreutes Tuch ausbreiten. 5—7 Min. in leicht gesalzenem Wasser kochen und abgießen.
Die frische Butter schmelzen und über die Ravioli gießen. Sofort servieren.

Wichtig Die Ravioli nach dem Herstellen ausbreiten und nicht aufeinanderlegen, sonst kleben sie zusammen. Sie lassen sich lose tiefkühlen, sollten aber nicht allzulange aufbewahrt werden. Frisch schmecken sie am besten!
Die Fischmasse muß durch ein Sieb gedrückt werden, weil der Hecht kleine, senkrechte Gabelgräten besitzt, die entfernt werden müssen.

Tip Attraktiv ist die Verwendung von Lachs, weil die rosa Füllung beim Essen zum Vorschein kommt.

Variationen
- Rahm mit etwas Wermut (Noilly Prat) aufkochen. Sehr wenig Parmesan zufügen und die Ravioli in dieser Sauce servieren.
- Die Ravioli in einer Basilikum-Tomaten-Sauce (roh im Mixer zubereitet und erwärmt) anrichten.
- Estragon in der Füllung weglassen und 1 Teel. gehackte Salbeiblätter in der Butter erhitzen.
- Als Vorspeise sieht es hübsch aus, wenn man drei relativ große Ravioli aus verschiedenfarbigem Teig — weiß, grün (mit Spinat gefärbt), rot (mit Tomatensaft gefärbt — mit der Farce füllt.
- Man kann diese dreifarbigen Ravioli auch auf einfache Art füllen, und zwar nur mit gewürztem rohem Fischfleisch: im weißen Ravioli z. B. ein Stücken mit Dill gewürztem Lachs, im grünen ein Kaisergranat (Scampo) oder eine große Garnele (Krevette) und im roten ein Stück zarten weißen Fisch. Es genügt, wenn man diese Fische und Meeresfrüchte zuvor in Zitronensaft und Gewürzen oder in gewürztem Doppelrahm mariniert. Durch das Kochen der Ravioli werden sie gar.

Salzwasser

Ein Gericht «aux fruits de mer» für Nudelliebhaber. Als Vorspeise genügt die halbe Menge in Portionenpfännchen serviert.

Nudeln mit Meeresfrüchten

**

V Kann teilweise vorbereitet werden
Arbeitsaufwand:
30 Min.
Kochzeit: 20 Min.

Kaisergranate (Scampi), Garnelen (Krevetten), Sandklaff- oder Teppichmuscheln (Vongole), Miesmuscheln (Moules)

Für 4 Personen
Je 250 g frische Pilgermuscheln (Coquilles St-Jacques) und Kaisergranate (Langoustines), ohne Schalen
250 g frische Kefen, Erbsen oder sehr feine grüne Bohnen
250 g hausgemachte Nudeln
2 EßI. Schalotten, fein gehackt
2 EßI. Lauch, fein gehackt
1½ dl Weißwein
2 EßI. Weißweinessig
100 g Tafelbutter
1—2 EßI. Rahm
Salz
½ Teel. weißer Pfeffer, grob gemahlen

Die Kefen in gesalzenem Wasser ca. 10 Min. garen, dann abgießen und kalt abspülen oder, noch besser, in Eiswasser legen. Die Nudeln «al dente» kochen. Die Schalotten mit Lauch und Weißwein 10 Min. kochen. Die Meeresfrüchte darin, je nach Größe, 3—5 Min. ziehen lassen und im Sud warm halten. Die Nudeln mit den kleingeschnittenen Meeresfrüchten (einige davon ganz als Garnitur zurückbehalten) mischen. Den Sud durch ein Sieb in einen Topf mit weitem Boden gießen. Essig zufügen. Auf die Hälfte einkochen lassen. Die Tafelbutter in kleine Stücke schneiden und mit dem Schneebesen unter die leise kochende Sauce rühren. Den Rahm zufügen und mit Salz und Pfeffer abschmecken. Die Nudeln mit den Meeresfrüchten und den Kefen mischen. Die Sauce darüber anrichten.

Wichtig   Diese Nudeln werden in einer sogenannten «Beurre blanc» angerichtet. Mehr über diese Sauce s. S. 327.

Variationen
— Lauch weglassen, dafür frisch gehackten Estragon oder frisch gehacktes Basilikum zur Sauce geben.
— Anstelle der Buttersauce eine Rahmsauce zubereiten.
— Bei Verwendung von Miesmuscheln diese mit gehackten Schalotten und etwas Weißwein aufkochen, den Sud filtrieren und für die Sauce verwenden.

Ein nicht nur sehr gutes, sondern auch
ein besonders schönes Fischgericht.
Der grüne Spargel, die rötlichen Fischfilets und der Kerbel geben dem
Ganzen ein frühlingshaftes Aussehen.

Fettuccine mit Spargel und Meerbarben

Die Meerbarben beim Kauf schuppen und
filetieren, aber nicht häuten lassen. 1 l gesalzenes Wasser aufkochen. 10 g Butter und
den Würfelzucker zugeben. Den Spargel zu-
sammenbinden und mit den Spitzen nach
oben im Wasser knapp garen. Die Spitzen
(ca. 8 cm) sorgfältig abschneiden und im
Spargelwasser warm halten. Etwa 4 der
restlichen Spargelstangen kleinschneiden
und mit 2 Eßl. Spargelsud im Cutter
(s. S. 370) pürieren. Den Rahm in eine Kasserolle mit weitem Boden geben und einkochen, bis eine leicht sämige Sauce entsteht.
Das Spargelpüree zugeben. Mit Salz und
Pfeffer abschmecken.
Die Nudeln «al dente» kochen. Die Fischfilets in kleine Stücke schneiden. Einen
Siebaufsatz mit 1 Teel. Butter ausstreichen.
Die Fischstückchen darauflegen, einen passenden Topf 3 cm hoch mit Wasser füllen
und den Aufsatz daraufstellen. Den Fisch
1—2 Min. über dem Dampf garen.
Die Nudeln mit den Fischstückchen und der
Sauce gut mischen. Mit den Spargelspitzen
garnieren. Den Kerbel mit der Schere klein-
schneiden (nicht hacken!) und über das Gericht verteilen. Nach Belieben mit einem
Kerbelzweiglein dekorieren.

Wichtig Die Fischfilets dürfen in der
Sauce nur noch erwärmt werden, sonst zerfallen sie.

Tip Die restlichen Spargelstangen lassen
sich für eine Suppe verwenden.

**
V Kann teilweise
vorbereitet werden
Arbeitsaufwand:
20 Min.
Kochzeit:
12—15 Min.

Lachs, Seeteufel
(Baudroie), Kaiser-
granate (Scampi),
Languste, Hummer,
Krebse

Für 4 Personen
4 Meerbarben (Rou-
gets), ca. 800 g
250 g hausgemachte
schmale Nudeln
10 g Butter
1 Würfelzucker
500 g grüner
Spargel
2 dl Rahm
Salz, weißer Pfeffer
1 Teel. Butter
1 kleines Sträuß-
chen Kerbel

Variation Die Meerbarbenfilets ganz belassen und mit der Hautseite nach unten in wenig Olivenöl rasch anbraten. Auf die Nudeln anrichten.

Eine raffinierte südfranzösische Variante der «Spaghetti alle vongole» — mit Miesmuscheln zubereitet.

Spaghetti mit Muscheln

*
V Kann vorbereitet werden
Arbeitsaufwand:
35 Min.
Kochzeit: 20 Min.

◁⋈

Sandklaff- oder Teppichmuscheln (Vongole, Clams, Palourdes), Herzmuscheln (Coques), Vernis

Für 4 Personen
1 kg Miesmuscheln (Moules)
400 g Spaghetti
1 große Zwiebel
1 Lauchstange
2 Knoblauchzehen
3 Eßl. Olivenöl
2 geschälte Tomaten
½ Teel. Tomatenpüree
1 dl «Fischfond» (s. S. 337) oder Bouillon
Salz, Pfeffer
1 Prise Zucker
1 dl Weißwein
1 Messerspitze Safran
40 g frische Butter
50 g geriebener Käse (½ Gruyère, ½ Parmesan), nach Belieben

Zwiebel, Lauch und Knoblauch fein hacken. Olivenöl erhitzen. Das Gemüse darin anziehen lassen. Die Tomaten kleinschneiden, mit dem Tomatenpüree zugeben und kurz mitdünsten. Fischfond zugießen und zugedeckt 20 Min. kochen lassen. Mit Salz, Zucker und Pfeffer abschmecken.
Die Miesmuscheln putzen (s. S. 357), dann in einem Topf mit dem Weißwein aufkochen. Die Muscheln aus den Schalen lösen und mit der Kochflüssigkeit und dem Safran zur Sauce geben.
Die Spaghetti «al dente» kochen, abgießen, mit der kleingeschnittenen Butter gut mischen, in eine vorgewärmte Schüssel anrichten. Nach Belieben Käse dazu servieren.

Wichtig Die Sauce soll sehr konzentriert werden. Evtl. muß sie vor dem Beigeben der Muscheln bei offenem Topf etwas reduziert werden.

Tip Man kann anstelle des gewöhnlichen Olivenöls «Knoblauch-Pfeffer-Öl» (s. S. 329) verwenden. Dadurch wird die Sauce sehr pikant, was ich besonders liebe.

Variation Viele verschiedene Muschelsorten verwenden.

238

Muscheln noch und noch

«Coquillages» nennt man in Frankreich die große Auswahl an Muscheln, die täglich ganz frisch vom Meer auf den Tisch kommen. Die Vielfalt ist erstaunlich und bei uns nicht sehr bekannt. Miesmuscheln (Moules) und Pilger- oder Jakobsmuscheln (Coquilles St-Jacques) haben sich bei uns jedoch durchgesetzt und sind auf den Speisekarten guter Restaurants keine Seltenheit mehr. Auch die kleinen Sandklaff- oder Teppichmuscheln (Vongole) brauchen nicht mehr extra vorgestellt zu werden, sind sie doch in den «Spaghetti alle vongole» eine bekannte Spezialität. Andere zweischalige Muscheln werden bei uns meistens unter ihrem französischen Namen gehandelt.

Amande de mer, Samtmuschel

Eine zweischalige Muschel, die auf dem sandigen Meeresgrund lebt und einen Durchmesser von ca. 5 cm hat. Ihre kreisförmig gestreifte Schale ist cremefarben und braun gefleckt. Das Scharnier der Schale ist mit vielen kleinen Zacken versehen.

Die Samtmuschel sieht man vor allem auf den «Plateaux de fruits de mer» in französischen Restaurants. In Frankreich ißt man sie meist roh, mit wenig Zitronensaft beträufelt, oder gefüllt. Qualitativ ähnelt sie der Pétoncle, ist aber nicht so zart. Alle Zubereitungen für Miesmuscheln passen auch für die Amandes de mer.

Clam, Sandklaffmuschel

Diese Muschel ist meistens größer (8—10 cm Durchmesser) als die aus der gleichen Familie stammende Vongola und besitzt relativ große, glatte Schalen. Im Deutschen hat sie — wie auch die Vongola — je nach Provenienz die verschiedensten Namen.

Am bekanntesten sind die Clams in Amerika, wo sie vorwiegend für den bekannten «Clam chowder» (s. S. 97), eine Muschelsuppe, verwendet werden.

Coque, Herzmuschel

Eine 3—4 cm große Muschel mit 26 Rillen
auf jeder Schale. Sie enthält, ähnlich wie die
Pilgermuschel, eine «Nuß» und einen
kleinen «Corail». Die Herzmuscheln werden
roh gegessen oder in ähnlichen Zubereitungen serviert wie die Miesmuscheln. Die
berühmtesten Coques kommen aus der Pi-
cardie und heißen «Hénons».

Couteau, Meerscheide

Diese Muschel hat die längliche Form einer
kleinen Messerscheide. Es gibt zwei Sorten:
die eine ist gerade und 10—20 cm lang, die
andere ist gebogen und 10—15 cm lang. Bei
Ebbe vergräbt sie sich tief in den Sand. Man
fängt sie, indem man auf das gegrabene
Loch etwas Meersalz streut, was sie an die
Oberfläche lockt.
Gastronomisch gesehen ist sie nicht besonders geschätzt.

Praire, Venusmuschel

Eine kleine Muschel von 3 bis 6 cm Länge
mit dicken, stark gewölbten Schalen. Ihre
Farbe ist Graugelb. Die Schalen weisen
kreisförmige Vertiefungen auf und haben oft
kleine Warzen. Die Venusmuschel lebt im
Sand. Man ißt sie roh ohne Zitronensaft,
weil die Säure ihr subtiles Aroma zerstören
würde.

Palourde, Teppichmuschel

Die Teppichmuschel, am Mittelmeer auch
«Clovisse» genannt, ist eine kleine Muschel
von 2 bis 5 cm Länge mit einer dünnen, in
der Mitte stark gewölbten Schale. Sie ist
hellgelb bis grau und weist feine braune,
gitterartig angeordnete Streifen auf.
Es gibt auch die Fausses Palourdes, die
man an ihrem goldgelben oder rosafarbenen Muschelfleisch erkennt.
Die Palourdes werden roh oder wie Miesmuscheln gefüllt gegessen.

Pétoncle, Kamm- oder Pilgermuschel

Sie ist etwas kleiner als die bekannte Pilgermuschel (ca. 4 cm) und am Mittelmeer und
am Atlantik unter dem Namen «Pétoncle»
bekannt.

Vanneau, Kamm-Muschel

Die Kamm-Muschel sieht aus wie die Pilgermuschel, ist aber kleiner. Sie wird 4—6 cm
groß.
Sie wird wie die Coquille St-Jacques
zubereitet.

Vernis

Diese Muschel stammt aus der gleichen
Familie wie die Sandklaff- und die Venusmuscheln. Sie ist 6—10 cm groß und hat
braune, sehr glatte und glänzende Schalen
mit dunklen Streifen. Dem glatten, lackähn-
lichen Aussehen verdankt sie ihren Namen.
Sie wird vorwiegend roh gegessen.
Auf den «Plateaux de fruits de mer» findet
man in Frankreich auch schneckenartige
Muscheln.

Bigorneau, Strandschnecke

Eine kleine Muschel mit braunem oder
schwarzem wunderschönem Schnecken-
haus. Sie kommt vorwiegend an den Küsten
der Normandie und der Bretagne vor.
Sie wird roh gegessen. Dabei muß die
kleine Membrane, die die Schnecke verschließt, entfernt werden. Das Fleisch wird
mit einem kleinen Spieß aus der Schale
geholt.

Buccin, Wellhornschnecke

Eine etwas größere Meeresschnecke, die an
den Atlantikküsten und am Ärmelkanal sehr
häufig vorkommt. Dort wird sie auch «Bulot»
oder «Ran» genannt.
Die Buccins werden 8—10 Min. in gesalzenem Wasser oder in einem Sud gekocht
und kalt gegessen, meistens zusammen mit
Brot und Butter. Sie können aber auch in
einer Sauce serviert werden.

Ormeau, Seeohr

Die Schale dieser Muschel hat eine gewisse
Ähnlichkeit mit einem Ohr, daher ihr deutscher Name. Der Schalenrand weist kleine,
rotbraune Löcher auf, und die Innenseite ist
perlmutterartig. Das Seeohr wird 8—12 cm
groß.
Das Fleisch ist ganz eßbar, muß aber vor
der Zubereitung geschlagen werden, damit

es nicht zäh ist. Es ist dann weiß und aromatisch. Meistens wird es rasch in Butter
gedünstet.
Eine exotische Variante dieser Muschel ist
bei uns unter der Bezeichnung «Abalone»
bekannt. Sie wird mit Vorliebe in chinesischen Restaurants serviert.

Patelle, Napfschnecke
Eine Muschel, die vor allem im Atlantik vor-
kommt und wie die oben beschriebenen
Muscheln roh oder gekocht gegessen wird.

Ein klassisches Rezept aus der italieni-
schen Küche — Spaghetti mit kleinen
Muscheln. Heiß geliebt, auch von
Leuten, die sonst keine Meeresfrüchte
essen. So habe ich sie am liebsten.

Spaghetti alle vongole

*
V Kann teilweise
vorbereitet werden
Arbeitsaufwand:
25 Min.
Kochzeit:
25—30 Min.

Für 4 Personen
1 kg Sandklaff- oder
Teppichmuscheln
(Vongole)
1 dl Olivenöl
3 Knoblauchzehen
1 Zwiebel
1 dl Weißwein
6 große Tomaten,
geschält, oder
1 Dose Pelati
400 g Spaghetti
1 kleine rote Pfeffer-
schote, scharf
Salz und Pfeffer
2 Eßl. gehackte
Petersilie (wenn
möglich glattblätt-
rige)

Die Muscheln unter fließendem Wasser gut
abspülen, dann 30 Min. in viel kaltes Wasser
legen. Das Wasser wechseln. Nochmals
10 Min. im Wasser belassen. In dieser Zeit
sollte der in den Schalen vorhandene Sand
ausgespült sein.
In einem Topf 1 Eßl. Olivenöl erhitzen. 2
Knoblauchzehen und die Zwiebel fein hakken. Knoblauchzehen und die Hälfte der
Zwiebeln im Öl anziehen lassen. Mit Weißwein ablöschen, die Muscheln beifügen, zudecken und bei guter Hitze aufkochen. Sobald sich die Schalen öffnen, die Muscheln
abgießen und die Kochflüssigkeit auffangen. Die restlichen Zwiebeln in 1 Eßl. Öl
kurz dünsten. Die Tomaten kleinschneiden,
zufügen und unter gelegentlichem Rühren
zu einem Mus kochen. Die Spaghetti «al
dente» kochen. Inzwischen das restliche Öl
in einer Bratpfanne erwärmen. Pfefferschote
halbieren und entkernen.
Eine in Scheiben geschnittene Knoblauchzehe und 2—3 kleine Stücke Pfefferschote
darin hellgelb anbraten. Den Knoblauch und
die Pfefferschoten aus dem Öl entfernen

und die Muscheln sehr rasch darin anziehen lassen. Die Tomatensauce mit Salz und Pfeffer abschmecken, die Muscheln und die Petersilie zufügen und mit dem Muschelsud mischen. Die Sauce über die Spaghetti anrichten.

Wichtig   Sehr oft werden die Muscheln zu lange in der Sauce gekocht, und sie werden hart. Um der Sauce den Muschelgeschmack zu vermitteln, gebe ich den Kochsud bei.

Tip   Vielerorts in Italien wird zu diesen Spaghetti geriebener Parmesan gereicht. Ich persönlich ziehe sie ohne Käse vor.

Variation   Tomaten und Zwiebeln weglassen und die Muscheln nur schnell in etwas Olivenöl mit Knoblauch und viel gemischten Kräutern (Basilikum, Thymian, flachblättriger Petersilie und scharfer Pfefferschote) anziehen lassen. Dann über die Spaghetti geben und mit viel schwarzem Pfeffer aus der Mühle bestreuen.

Es muß nicht immer Fleisch sein. Breite Lasagnestreifen lassen sich ebensogut mit Fisch und Meeresfrüchten füllen. Jedenfalls hat mir dieses Gericht im Hafen von Barcelona bestens geschmeckt!

Canalones Barceloneta

Die Lasagne in kochendem, gesalzenem Wasser 7—10 Min. (je nach Kochanweisung auf dem Paket) «al dente» kochen. Abgießen und in kaltes Wasser legen, damit sie nicht zusammenkleben.
Zwiebel hacken und in Butter hellgelb dünsten. Die Mittelgräte des Seeteufels entfernern und das Fischfleisch in kleine Stücke schneiden. Mit Kräutern und Salbeiblatt zu den Zwiebeln geben und bei kleiner Hitze mitdünsten, bis das Fischfleisch milchig-

*
V Kann vorbereitet werden
Arbeitsaufwand:
55 Min.
Backzeit: 20 Min.

Dorsch, Kabeljau, Lengfisch, Krebsfleisch (Crab Meat)

Für 4—6 Personen
600 g Seeteufel
(Baudroie)
12 Lasagnestreifen
(ca. 6½ cm breite
und 13 cm lange
Nudeln)
1 große Zwiebel
2 Eßl. Butter
2 Eßl. frische
Kräuter, gehackt
(Petersilie, Ros-
marin, Basilikum,
Thymian)
1 Salbeiblatt
150 g Garnelen (Kre-
vetten), gekocht und
geschält
Salz, Pfeffer
250 g zarte Spinat-
blätter
1 Ei
2 Eßl. Rahm

Sauce
1 gehackte Zwiebel
2 Eßl. Olivenöl
1 kg geschälte
Tomaten (evtl.
Pelati)
1 Prise Zucker
1 Prise Cayenne-
pfeffer
3 dl leichte Bécha-
melsauce (s. S. 342)
40 g geriebener
Käse (Gruyère)

weiß wird. Die Garnelen beigeben. Mit Salz und Pfeffer abschmecken. Die Füllung durch die mittlere Scheibe des Fleischwolfs drehen. Die Spinatblätter ohne Beigabe von Wasser dünsten, bis sie zusammenfallen, dann hacken und mit verquirltem Ei und Rahm unter die Füllung geben. Nach Bedarf nachwürzen.

Für die Sauce zuerst die Zwiebeln im Olivenöl anziehen lassen. Die kleingeschnittenen Tomaten zufügen. 20 Min. unter gelegentlichem Rühren kochen. Mit Zucker, Salz und Cayennepfeffer pikant würzen. Eine leichte Béchamelsauce zubereiten.

Die Lasagnestreifen gut abtropfen, in Quadrate schneiden und auf einem Küchentuch oder auf einer Folie ausbreiten. Auf die Mitte eines jeden Teigplätzchens ein längliches Häufchen Füllung legen und einrollen. Eine Auflaufform mit Butter ausstreichen und die «Canalones» hineinlegen. Die Teigenden müssen auf der Unterseite sein, damit die Rollen zusammenhalten. Die Canalones zuerst mit Tomatensauce, dann mit Béchamelsauce überziehen. Dabei darauf achten, daß die Tomatensauce noch etwas sichtbar bleibt. Mit Käse bestreuen und 20 Min. bei Oberhitze (220 °C) überbacken.

Wichtig Das Gericht kann einige Stunden vor dem Essen zubereitet und muß nur noch in den Ofen geschoben werden. Kommt es kalt in den Backofen, muß man es zuerst mit einer Aluminiumfolie abdecken und erhitzen. Erst dann wird es mit Käse bestreut und überbacken. Die Canalones sollen nicht nur gratiniert, sondern durch und durch heiß werden.

Tip Um die Arbeit zu vereinfachen, kann man tiefgekühlten Spinat verwenden. Es lohnt sich, größere Portionen zuzubereiten und die Hälfte davon tiefzukühlen.

Variationen
— Béchamelsauce durch etwas Doppelrahm ersetzen.
— Große gerillte Makkaroni («Zementröhren») kochen und mit Hilfe eines Spritzsackes mit der Masse füllen.

Ein festlicher, aromatischer Reis, der nur für wirkliche Liebhaber von Meeresfrüchten gedacht ist.

Reis
mit Langoustines

Die Schalen der Kaisergranate an der Bauchseite mit einem scharfen Messer seitlich aufschlitzen. Das Fleisch vorsichtig aus den Schalen lösen und den gut sichtbaren, dunkelbraunen Darm am Kopfende herausziehen. Die kalt abgespülten Schalen im Fischfond 15 Min. auskochen. Dann durch ein Sieb abgießen. Öl erhitzen. Zwiebeln und Lauch 3 Min. darin anziehen lassen, Reis zugeben und unter Rühren 2 Min. dünsten. Mit Weißwein ablöschen, Feuer klein stellen. Nach 5 Min. Fischfond, Lorbeerblatt, Gewürznelken und Knoblauch beifügen und weitere 5 Min. unter gelegentlichem Rühren leise köcheln lassen. Kaisergranate (große halbieren), Salz, Pfeffer, Majoran, Thymian und Cognac zugeben. Während 10 Min. leise ziehen lassen. Wenn der Reis zu trocken wird, etwas mehr Fond nachgießen. Rahm beifügen, aufkochen, Topf vom Herd ziehen, Petersilie, Butter und Parmesan unter den Reis ziehen und anrichten.

Wichtig Der Reis ist ein ausgezeichneter Geschmacksträger. Er saugt das Aroma des Fischfonds und der Kaisergranatschalen auf und gefällt deshalb nur Liebhabern, denen aber ganz besonders gut.

Tips
– Festlich wirkt dieses Gericht, wenn pro Person 1 Kaisergranat in der Schale gekocht und als Garnitur verwendet wird.
– Bei Verwendung von Lachs die Filets in Würfeln zum Reis geben.

Variationen
– Feine Lauchstreifen 5 Min. vor Ende der Kochzeit unter den Reis ziehen.
– Einen Teil der Kaisergranate durch Fischfleisch ersetzen (z. B. Seeteufel).

***
V Kann teilweise vorbereitet werden
Arbeitsaufwand: 30 Min.
Kochzeit: 18 Min.

Garnelen (Krevetten), Lachs

Für 4 Personen
400 g rohe Kaisergranate (Langoustines)
5 dl «Fischfond» (s. S. 337)
1 Eßl. Olivenöl
1 gehackte Zwiebel
100 g fein geschnittener Lauch
300 g Vialone-Reis
2½ dl herber Weißwein
1 Lorbeerblatt
2 Gewürznelken
1 durchgepreßte Knoblauchzehe
Salz, Pfeffer
1 Prise Majoran
1 Prise Thymian
1 Eßl. Cognac
2 Eßl. Rahm
1 Eßl. gehackte Petersilie
50 g Butter
50 g geriebener Parmesan, nach Belieben

Eine gute Zusammenstellung —
würzig gekochter Reis mit kräftigem
Laucharoma und aromatischem
Meeresfisch. Mit einem kleinen Salat
voraus ergibt dieses Gericht eine
sättigende Mahlzeit.

Reis mit Baudroie und Lauch

*

V Kann teilweise
vorbereitet werden
Arbeitsaufwand:
20 Min.
Kochzeit: 18 Min.

Meeraal, Dorsch,
Rotbarsch

Für 4 Personen
300 g Seeteufel
(Baudroie)
1 Eßl. Butter
1 gehackte Zwiebel
300 g zarter Lauch,
fein geschnitten
300 g Vialone-Reis
2½ dl herber Weiß-
wein
5 dl «Fischfond»
(s. S. 337) oder
Bouillon
½ Lorbeerblatt
1 Gewürznelke
1 durchgepreßte
Knoblauchzehe
Salz, Pfeffer
1 Eßl. trockener
Wermut (Noilly Prat)
50 g Butter

Den Fisch in kleine Würfel schneiden. Die
Butter in einer großen Kasserolle erhitzen.
Zwiebeln und Lauch 3 Min. darin anziehen
lassen, den Reis zugeben und unter Rühren
2 Min. dünsten. Mit Weißwein ablöschen
und die Hitze reduzieren. Nach 5 Min. Fischfond, halbes Lorbeerblatt, Gewürznelke und
Knoblauch beifügen und weitere 5 Min. unter gelegentlichem Rühren leise köcheln
lassen. Fischwürfel, Salz, Pfeffer und Wermut zugeben. Während 10 Min. leise ziehen
lassen. Wenn der Reis zu trocken wird, etwas mehr Fond nachgießen. Lorbeerblatt
und Nelke entfernen. Butter unter den Reis
ziehen und anrichten.

Wichtig Der Risotto sollte leicht suppig
sein.

Ein sommerlicher, farbenfroher Salat,
der durch die Beigabe von Pfirsichen,
scharfem Paprika und Oliven besonders interessant schmeckt.

Thunfischsalat nach Kreolenart

5 dl Wasser mit Salz und 1 Eßl. Paprika aufkochen. Reis zugeben und 18 Min. kochen.
Abgießen und erkalten lassen.

246

Thunfisch in kleine Stücke teilen. Pfirsiche kurz in heißes Wasser tauchen, schälen und klein würfeln.

Paprikaschoten und Selleriestange putzen, waschen und in Stücke schneiden. Den Reis mit kaltem Wasser abspülen, gut abtropfen lassen und in eine Schüssel geben. Das Olivenöl beifügen und gut durchrühren. Paprikaschoten und Selleriewürfel, Pfirsichstücke und Thunfisch beifügen.

Den Rahm mit Senf, Zitronensaft, Salz, Pfeffer, Salatkräutern, restlichem edelsüßem und scharfem Paprika zu einer pikanten Sauce mischen.

Die Eier in Scheiben schneiden und zwei davon hacken. Die feingehackten Eier unter den Reis mischen. Die Sauce unmittelbar vor dem Servieren über den Salat gießen. Mit schwarzen Oliven und Eischeiben und nach Belieben mit einigen Stückchen Paprikaschote garnieren.

Wichtig Man kann diesen Salat auch als Portionen auf Teller anrichten.

Tip Der Salat läßt sich gut im voraus zubereiten. Auf jeden Fall aber die Pfirsichstückchen und die Sauce erst unmittelbar vor dem Servieren zugeben. Die angegebene Menge reicht für 4 Personen als Hauptgericht, kann aber auch für 8 Personen als Vorspeise serviert werden.

Variationen
- Wenn keine frischen Pfirsiche erhältlich sind, Äpfel oder Ananasstückchen verwenden.
- Rahm durch Joghurt ersetzen. Anstelle von scharfem Paprika Cayennepfeffer verwenden.

*
V Kann vorbereitet werden
Arbeitsaufwand: 25 Min.
Kochzeit: 15 Min.

Seeteufel (Baudroie), Kabeljau

Für 4 Personen
200 g Thunfisch, frisch gekocht oder aus der Dose
Salz, Pfeffer
1½ Eßl. edelsüßer Paprika
200 g Langkornreis
2 weiße Pfirsiche
½ rote Paprikaschote
½ grüne Paprikaschote
1 Selleriestange
2 Eßl. Olivenöl
¼ l Rahm oder Halbrahm
1 Eßl. scharfer Senf (Dijon)
4 Eßl. Zitronensaft
1 Teel. Salatkräuter, (Petersilie, Schnittlauch, Kerbel)
4 hartgekochte Eier
50 g schwarze Oliven

Der Thunfisch

Eigentlich kennen wir diesen aromatischen Fisch nur aus Dosen. Wer die Beschriftung auf diesen Dosen etwas genauer studiert, stellt fest, daß es verschiedene Sorten gibt:

Roter Thunfisch *Dieser Fisch ist sehr groß. Meistens kommt er direkt nach dem Fang in die Konservenfabrik. Kleinere Exemplare kann man ab und zu auf Fischmärkten am Mittelmeer und am Atlantik bewundern.*

Weißer Thunfisch *Er ist bei uns auch unter dem französischen Namen «Germon» bekannt und eignet sich für Konserven am besten. In den USA wird dieser Thunfisch sehr geschätzt. Im Mittelmeer kommt er nicht vor.*
Zu den weißen Thunfischen gehören auch der kleinere Albacore, der Thonine — in Italien unter der Bezeichnung «Tonnetto» bekannt — und der vor allem in lateinamerikanischen Ländern geschätzte Bonito. Er ist ebenfalls ein beliebter Konservenfisch. Allerdings darf er nicht unter dem Namen «Thunfisch» in den Handel kommen, weil sein Fleisch weniger fein und die Farbe dunkler ist. Meistens wird er mit Gewürzen eingelegt oder leicht geräuchert.
Jährlich einmal begibt sich der Thunfisch in die Nähe der Küste, was ihm meistens schlecht bekommt. Er wird dann zu einer Attraktion für Hobbyfischer, die sich mit Harpunen auf ihn stürzen.
Während kurzer Zeit, so ungefähr von Juni bis Oktober, ist Thunfisch frisch erhältlich. Wer einmal Gelegenheit hat, welchen zu kaufen, sollte das tun. Sein Fleisch ähnelt in der Konsistenz dem Kalbfleisch, ist sehr aromatisch und eignet sich für viele Zubereitungen. Es erträgt starke Gewürze wie Knoblauch, Rosmarin und Salbei, ebenso Sardellen und Oliven, und darf sowohl grilliert als auch geschmort werden. Ich bereite Thunfisch am liebsten als Salat zu.
Neuerdings wird Thunfisch sehr gerne roh, leicht mariniert, gegessen.

Ein etwas unansehnliches, aber sehr aromatisches Gericht — Reis mit Tintenfischen.

Arròs negre

Die Tintenfische putzen (s. S. 356), die Tintensäcke dabei sorgfältig aufheben und darauf achten, daß sie unversehrt bleiben.
Das Olivenöl erhitzen. Die Zwiebeln darin anziehen lassen. Die Tintenfische und die abgetrennten Fangarme beifügen. Leicht rösten, bis sie rötlich werden. Den Reis zugeben und 1—2 Min. mitdünsten. Nach und nach Fischbouillon zugeben. Immer wieder etwas umrühren. Nach ungefähr 10 Min. Kochzeit 3—4 Tintenbeutel aufstechen und die Tinte in eine Tasse gießen. Mit etwas Bouillon mischen und unter den Reis ziehen. Den Reis fertiggaren und mit Salz und Pfeffer abschmecken. Knoblauch fein hakken und vor dem Anrichten mit der Petersilie und dem Reis mischen.

Wichtig Kleine Tintenfische werden zusammen mit dem Reis gar. Sind nur größere erhältlich, z. B. Sepien, muß man sie kleinschneiden und halbgar vordünsten, bevor der Reis zugegeben wird, sonst bleiben sie zäh.

Tip Beim Anrichten ziehe ich einige Tintenfische an die Oberfläche des Reises und bestreue das Ganze mit Petersilie. So sieht es etwas schöner aus.

Variationen
- Andere Meeresfrüchte mit garen.
- Den Reis mit einigen kleinen, in der Schale gekochten Garnelen (Krevetten) garnieren.
- In Katalonien serviert man ab und zu «Aïoli» (s. S. 323) als Beilage.
- Die Tinte weglassen, z. B. bei Verwendung von tiefgekühlten Fischen.

*
V Kann vorbereitet werden
Arbeitsaufwand: 35 Min.
Kochzeit: 18—20 Min.

Kalmar, Sepia

Für 4 Personen
250 g kleine Tintenfische (Pulpitos), mit der Tinte
½ dl Olivenöl
2 gehackte Zwiebeln
250 g Rundkornreis
7½ dl «Fischbouillon» (s. S. 338) oder Hühnerbrühe
Salz, Pfeffer
2 Knoblauchzehen
2 Eßl. Petersilie (wenn möglich flachblättrige)

Ein exotisch anmutender Reissalat, der aussieht wie ein Blumenbeet. Daher der Name «Jardin de la Reina», «Garten der spanischen Königin».

Reissalat «Jardin de la Reina»

**
V Kann vorbereitet werden
Arbeitsaufwand: 30 Min.
Kochzeit: 10 Min.

Krebsfleisch (Crab meat), Kaisergranate (Scampi)

Für 4 Personen
300 g Garnelen (Krevetten), gekocht und geschält
½ Blumenkohl
⅛ l Milch
1 Eßl. Zitronensaft
3 Kartoffeln, in der Schale gekocht
1 kleine Dose Palmenherzen
300 g Mayonnaise
½ Teel. Rosmarin
1 Prise Cayennepfeffer, Salz
200 g Geflügelfleisch (Poulet- oder Trutenbrust)
5 dl Fleischbrühe
1 kleine, frische Ananas
300 g gekochter Langkornreis
1 Teel. Currypulver
1 Bund Radieschen

Den in Röschen geteilten Blumenkohl in gesalzenem Wasser, dem man Milch und Zitronensaft beigegeben hat, knapp gar kochen, dann abgießen.

Mit den geschälten, in Scheiben geschnittenen Kartoffeln, den in Rädchen geschnittenen Palmenherzen und 250 g Garnelen mischen, dann 200 g nicht zu dicke Mayonnaise darunterziehen. Mit Rosmarin und Cayennepfeffer würzen. Das Geflügelfleisch in der Fleischbrühe kurz kochen, abgießen, erkalten lassen und in kleine Würfel schneiden. Die Ananas schälen und klein würfeln. Gekochten Reis, Ananasviertel und restliche Mayonnaise, die man zuvor pikant mit Currypulver gewürzt hat, mischen.

Die beiden Salate auf einer runden, flachen Schüssel anrichten und mit Scheiben von Palmenherzen, Radieschen, Ananas und den restlichen Garnelen garnieren.

Tip Mayonnaise teilweise durch Rahmquark ersetzen.

Variation Anstelle von Geflügelfleisch gekochte Fischwürfel verwenden.

SPEZIALITÄTEN
AUS ALLER WELT

Überall, wo es Flüsse, Seen und Meere gibt, werden Fische nach überlieferten Rezepten zubereitet. So bunt wie die Spezialitäten aus aller Welt, so abwechslungsreich sind auch die regionalen Zubereitungen der Fische. Oft werden sie mit typischen Erzeugnissen der jeweiligen Gegend oder des jeweiligen Landes gekocht oder zumindest ergänzt. Nicht immer können wir solchen Spezialitäten etwas abgewinnen, aber viele davon wecken schöne Ferienerinnerungen oder vermögen etwas Abwechslung in unsere eigene Fischküche zu bringen.

Es war für mich schwierig, eine repräsentative Auswahl zu treffen. Ich habe mich deshalb vor allem auf Gerichte beschränkt, die ich einmal irgendwo gegessen und dann zu Hause nachgekocht habe. Nicht immer entsprechen sie haargenau den Originalrezepten. Das ist auch nicht nötig, denn es gibt davon immer mehrere Varianten. Zum Teil habe ich diese Rezepte «à ma façon» leichter gemacht oder sie unseren Einkaufsmöglichkeiten angepaßt. Das Typische eines Gerichts habe ich aber immer beibehalten.

Am Ende des Kapitels habe ich noch einige exotische Rezepte angefügt, z. B. aus der chinesischen Küche. Ich mag sie gerne, denn man merkt, daß die Chinesen mit Fisch umzugehen wissen.

Süßwasser

In England wird der Karpfen gerne gekocht. Eine Zubereitung, die gut schmeckt, wenn der verwendete Sud kräftig und aromatisch ist.

Karpfen blau

Den Karpfen ausnehmen und ganz kurz kalt abspülen. Den Fisch auf das Einsatzsieb der Fischkasserolle legen. Essig erhitzen und darübergießen, 2 l Wasser, Weißwein, geschnittene Zwiebeln, Zitronenscheiben, Salz und alle Gewürze in die Kasserolle geben. Alles ungefähr 30 Min. kochen, dann den Karpfen auf dem Siebeinsatz in die Kasserolle legen. Bei kleiner Hitze 15—20 Min. ziehen lassen.

Rahm steif schlagen. Mit frisch geriebenem Meerrettich mischen, abschmecken und in einer Saucière auf den Tisch bringen. Den Karpfen mit Zitronenscheiben und Petersilie garnieren.

Wichtig Bei dieser Zubereitungsart ist es wichtig, daß der Karpfen nicht geschuppt wird, weil dabei der Schleim auf der Haut entfernt würde. Dieser Schleim begünstigt das Blauwerden des Fisches. Die Haut mitsamt den Schuppen beim Servieren entfernen.

Tip Salzkartoffeln in Silberfolie dazu servieren.

*
V Kann vorbereitet werden
Arbeitsaufwand: 25 Min.
Kochzeit: 15—20 Min.

Flußhecht, Zander, Brachse, Schleie, Kabeljau (Schwanzstück)

Für 4 Personen
1 lebendfrischer Spiegelkarpfen (ca. 1,2—1,5 kg)
1 dl Essig

2 dl Rahm
1 Stück frischer Meerrettich
1 Zitrone
1 Petersilienstiel

Sud
½ l Weißwein
2 Zwiebeln
2 Zitronenscheiben
Salz, Pfeffer
2 Lorbeerblätter
1 Gewürznelke
6 Pfefferkörner
6 Wacholderbeeren, leicht zerdrückt
1 Teel. Senfkörner

Ein italienisches Karpfengericht für schöne Sommerabende, das, in kleineren Portionen serviert, sich auch als Vorspeise oder auf einem kalten Buffet sehr gut ausmacht.

Carpa in bianco

*

V Kann vorbereitet werden
Arbeitsaufwand:
20 Min.
Kochzeit: 30 Min.

◁━▷

Trüsche, Aal (Aalquappe)

Für 4 Personen
1 Karpfen
(ca. 1,2 kg),
kochfertig
200 g kleine Zwiebeln (evtl. Perlzwiebeln)
2 dl Weißwein
2 Eßl. Weißweinessig
2 Lorbeerblätter
1 Salbeiblatt
Salz, Pfeffer aus der Mühle
2 Zitronen
Kaltgepreßtes Olivenöl

Den Fisch in 8 Stücke teilen. Die Zwiebeln in Streifen schneiden. Fischstücke, Zwiebeln, Weißwein, Essig, Lorbeerblätter und Salbeiblatt in einen großen Topf geben. Etwas Salz zufügen, mit Wasser auffüllen, bis die Fischstücke bedeckt sind. 20 Min. bei kleiner Hitze ziehen lassen. Die Fischstücke mit dem Schaumlöffel sorgfältig aus der Flüssigkeit heben. Den Sud auf die Hälfte einkochen lassen und über den Fisch verteilen. Mit Folie abdecken und erkalten lassen. Kalt mit halbierten Zitronen und kaltgepreßtem Olivenöl im leicht gelierten Sud auf den Tisch bringen. Jeder Tischgast kann die Fischtranchen nach Belieben mit Zitronensaft und Öl begießen und mit Pfeffer aus der Mühle bestreuen.

Wichtig Beim Garen der Karpfenstücke darauf achten, daß sie nicht zerfallen. Je nach Größe und Alter des Karpfens kann die Kochzeit unterschiedlich sein. Der Fisch ist gar, sobald das Fleisch milchig-weiß wird.

Variation Ersetzt man den Weißwein durch Rosé- oder Rotwein, wird der Gelee rosafarben, was attraktiv aussieht und kräftiger schmeckt. Allerdings stimmt dann die Bezeichnung «in bianco» nicht mehr!

Im Elsaß, in Deutschland und in gewissen osteuropäischen Ländern wird der Karpfen hoch geschätzt, und man weiß ihn auch schmackhaft zuzubereiten. Hier ein Beispiel dafür:

Gefüllter Karpfen nach Elsässerart

Den Karpfen vom Fischhändler schuppen und ausnehmen lassen. Das Brot in der lauwarmen Milch einweichen, gut ausdrücken und durch die Passiermaschine treiben. Zwiebeln, Petersilie und Champignons in 1 Eßl. Butter kurz dünsten. Mit dem Brot, dem ganzen Ei, dem Eigelb, Salz und Pfeffer mischen.

Den Fisch waschen, mit Küchenpapier abtupfen und mit der Mischung füllen. Mit Küchenfaden zunähen. Mit Salz und Pfeffer bestreuen, in eine mit ½ Eßl. Butter bestrichene Auflaufform legen und mit der restlichen, flüssig gemachten Butter begießen. 15 Min. im vorgeheizten Backofen bei 220 °C anbraten, dann mit dem Rahm begießen und noch etwa 20 Min. fertigschmoren (Ofentemperatur auf 180 °C reduzieren). Bei Bedarf mit Aluminiumfolie abdecken. 10 Min. vor Ende der Schmorzeit die entstandene Flüssigkeit in einen kleinen Topf abgießen. Eine Zitrone auspressen und den Saft dazugießen. Aufkochen, dann vom Feuer nehmen. Die restlichen 2 Eigelb in einer kleinen Schüssel verrühren, die Sauce unter Rühren daruntermischen. Wieder in den Topf geben und nur noch knapp bis vor den Siedepunkt bringen. Den Karpfen in der Form servieren. Die andere Zitrone in Viertel schneiden. Die Sauce separat dazu servieren. Salzkartoffeln passen gut dazu.

Wichtig Darauf achten, daß die Füllung nicht zu flüssig wird, damit sie während des Bratens nicht aus dem Bauch austritt.

Tip Der Zitronensaft läßt sich durch einen guten Elsässer Wein ersetzen.

*
V Kann vorbereitet werden
Arbeitsaufwand: 35 Min.
Bratzeit: 35–40 Min.

Brachse, Schleie

Für 4 Personen
1 Spiegelkarpfen (ca. 1,2–1,5 kg)
Salz, Pfeffer
2½ Eßl. eingesottene Butter
1,5 dl Rahm
2 Zitronen
2 Eigelb

Füllung
1 Scheibe Weißbrot
⅛ l Milch
2 gehackte Zwiebeln
2 Eßl. gehackte Petersilie
50 g gehackte Champignons
1 Eßl. Butter
1 Ei
1 Eigelb

Unverkennbar eine ungarische Zubereitung, die auch Gästen gefallen wird, die gegen Karpfen Vorurteile haben.

Paprikakarpfen

*

V Kann vorbereitet werden
Arbeitsaufwand:
30 Min.
Kochzeit:
18—20 Min.

Zander, Brachse, Trüsche (Aalquappe), Kabeljau

Für 4 Personen
1 Karpfen
(ca. 1,2 kg),
kochfertig
1—2 Eßl. edelsüßer Paprika
1 Teel. abgeriebene Zitronenschale
Salz, Pfeffer
2 große Zwiebeln, gehackt
2 Eßl. eingesottene Butter
1 grüne Paprikaschote
2 dl Rotwein
1 Eßl. Tomatenpüree
1 kleines Stück rote Pfefferschote oder
1 Prise scharfer Paprika
1 dl saurer Halbrahm

Den Kopf des Karpfens und die wichtigsten Gräten entfernen. Den Fisch in Stücke teilen. Mit der Hälfte des Paprikas, der Zitronenschale, wenig Salz und Pfeffer bestreuen. Die Zwiebeln in der Butter hellgelb dünsten. Die Paprikaschote halbieren, entkernen, in Streifen schneiden und kurz mit den Zwiebeln anziehen lassen. Die Karpfenstücke hineingeben, mehrmals wenden. Dann Rotwein und Tomatenpüree beifügen. Bei kleiner Hitze halb zugedeckt 15—20 Min. schmoren lassen. Die Karpfenstücke aus der Sauce nehmen und warm stellen. Die Sauce mit der Pfefferschote auf zwei Drittel einkochen lassen. Den sauren Halbrahm unter die Sauce ziehen. Nochmals erwärmen und über die Fischstücke anrichten. Mit Paprika nachwürzen.

Wichtig Wie bei allen Fischragouts ist es von Vorteil, wenn man alle Gräten vor der Zubereitung entfernt. Es ist sehr unangenehm, dauernd aufpassen zu müssen. In der Sauce kann man die Fischgräten nicht immer erkennen.

Tip Mit Kartoffelpüree oder Salzkartoffeln servieren.

Auf diese Art habe ich den Karpfen einmal am Main gegessen, wo er die Spezialität eines Fischrestaurants war.

Gebackener Karpfen

Kopf und Flossen des Fisches entfernen. In Scheiben schneiden, in eine Schüssel geben und mit Salz und Pfeffer bestreuen. Mit Zitronensaft begießen. 30 Min. im Kühlschrank ziehen lassen. Die Fischstücke nach der halben Zeit wenden und mit der Marinade begießen. Die Karpfenstücke gut abtropfen lassen und mit Küchenpapier abtupfen. Beidseitig im Mehl wenden. Durch die leicht geschlagenen Eier ziehen und panieren. Das Paniermehl gut andrücken. Die Fischstücke im Öl schwimmend ausbacken, bis sie goldgelb sind. Mit Zitronenvierteln und Petersilie garnieren. Mayonnaise oder Kräutersauce dazu servieren.

Wichtig Die Karpfenstücke mit Küchenpapier gut abtupfen, damit nicht zuviel Mehl daran haften bleibt, das die Panade schwer und matschig machen würde.

Tip Man kann das Paniermehl auch weglassen. Oft wird die Petersilie ebenfalls fritiert und dazugelegt.

Der Karpfen — ein Methusalem

Heute wird der Karpfen vielfach etwas verkannt. In alten Zeiten war er jedoch hoch geschätzt und wurde an königlichen Tafeln aufgetischt. Sein weißes, zartes Fleisch war überaus beliebt, und die Hofköche verwendeten viel Zeit und Aufwand für seine Zubereitung. Karpfen genossen zudem den Ruf, ein legendäres Alter zu erreichen, was ihnen einen besonderen Nimbus verlieh. So war es z. B. in Frankreich Brauch, bei königlichen Empfängen dem Gast den «ältesten» Karpfen vorzusetzen. Anläßlich eines Besuchs in Straßburg wurde Napoleon denn auch ein Karpfen serviert, der ein Zeitgenosse Ludwigs XVI. gewesen sein soll. Die gleiche Ehre wurde auch der zukünftigen Kaiserin Marie-Louise zuteil, als sie in Frankreich eintraf. Der damals servierte Karpfen soll 100jährig gewesen sein. Auch bei den Fischern war es Tradition, glückliche Ereignisse ihres Lebens (Geburt eines Kindes, Heirat usw.) mit einem Karpfen zu feiern. Sie sperrten den Fisch in ein spezielles Fischbassin, wo er viele Jahre verblieb, bis man ihn schließlich an einer

*

V Kann weitgehend vorbereitet werden
Arbeitsaufwand: 30 Min.
Backzeit: 2—3 Min. pro Portion
Zusätzlich Marinierzeit: 30 Min.

Flußhecht

Für 4 Personen
1 Karpfen, kochfertig (ca. 1,2 kg)
Salz, Pfeffer
Saft von einer Zitrone oder 3 Eßl. Weinessig
100 g Mehl
2 Eier
100 g Paniermehl
Öl zum Ausbacken
2 Zitronen
1 Petersilienstiel
200 g «Leichte Mayonnaise» (s. S. 321) oder «Kräutersauce» (s. S. 330)

solchen Ehrentafel verspeiste. Andere Fischer verehrten besonders große Karpfen ihrem Herrn und Gebieter. Dieser ließ den Fisch nicht immer für seine Tafel zubereiten, sondern warf ihn in den Teich seines Schlosses, um ihn dort altern zu lassen.

Eine besonders zu empfehlende Zubereitungsart für Karpfen — mit exotischen Gewürzen und Tomaten.

Karpfen nach chinesischer Art

*
V Kann weitgehend vorbereitet werden
Arbeitsaufwand:
20 Min.
Bratzeit: 20 Min.
Zusätzlich Marinierzeit: 30 Min.

Meerbrasse
(Dorade)

Für 4 Personen
1 Karpfen
(ca. 1,2 kg),
kochfertig
Salz oder Glutamat
6 Eßl. Sojasauce
Wenig Mehl
4 Eßl. Erdnußöl
1 Stück frische Ingwerwurzel oder
½ Teel. Ingwerpulver
2 Schalotten
1 Stange Sellerie, nach Belieben
3 Eßl. Saké oder trockener Sherry
(Jerez)
1 Teel. Essig
2 dl Bouillon
3 geschälte Tomaten
½ Teel. brauner Zucker

Den Fisch innen und außen mit wenig Salz einreiben und mit etwas Sojasauce bestreichen. 30 Min. im Kühlschrank marinieren. Den Karpfen mit Küchenpapier abtupfen und im Mehl wenden.
Den Fisch beidseitig 1—2 Min. im heißen Öl anbraten, dabei immer mit dem Bratenfond begießen. Sorgfältig wenden, damit die Haut nicht verletzt wird! Ingwer reiben, Schalotten und Sellerie fein hacken, zum Fisch geben und kurz anziehen lassen. Restliche Sojasauce, Saké, Essig und Bouillon mischen, in die Kasserolle geben und den Fisch halb zugedeckt ca. 15 Min. schmoren lassen. Inzwischen die Tomaten halbieren, die Kerne entfernen und das Fleisch auspressen. In kleine Würfelchen schneiden und mit dem Zucker zum Fisch geben. Nochmals aufkochen. Den Fisch anrichten. Die Sauce nachwürzen und noch 1—2 Min. etwas einkochen lassen, dann mit Reis servieren.

Wichtig Dieser Karpfen schmeckt auch kalt, z. B. als Vorspeise, sehr gut.

Tip Man kann die Sauce mit etwas Maispuder binden.

258

In Frankreich wird die «Matelote» je nach Gegend anders zubereitet. Alle Variationen gehen aber zurück auf ein altes Fischergericht, das meistens aus Süßwasserfischen, vorwiegend auch Flußfischen, und Wein zubereitet wurde. Hier eines dieser Fischragouts mit Rotweinsauce:

Matelote au vin rouge

Den Speck in kleine Würfel schneiden. 2 dl Wasser aufkochen und die Speckwürfel darin kurz abbrühen und abgießen. 2 Eßl. Butter erhitzen. Geschälte Karotten in Scheiben, Lauch in Ringe schneiden. In der Butter anziehen lassen. Zwiebelchen, ganze Knoblauchzehen und Speck zufügen. Gut wenden, dann Kräuter und Gewürze beifügen. Den Wein nach und nach dazugießen und bei offenem Topf einkochen lassen. Die Köpfe von den Fischen abschneiden, in große Stücke schneiden und in der restlichen Butter kurz anbraten. Nach halber Bratzeit (ca. 5 Min.) die Köpfe wieder herausnehmen und die geviertelten Champignons beifügen. Mit Salz und Pfeffer bestreuen. Die Fischscheiben und die Champignons zur Sauce geben. 5 Min. weiterkochen. Das Mehl mit der frischen Butter verkneten. Zur Sauce geben, gut umrühren und bei kleiner Hitze weiterkochen, bis die Sauce gebunden ist.

Wichtig Wenn man die Gräten fürchtet, kann man auch Fischfilets verwenden. Allerdings schmeckt dann die Matelote etwas weniger herzhaft.

Tip Man kann das Gericht mit in Butter gerösteten Brotscheiben garnieren.

*
V Kann vorbereitet werden
Arbeitsaufwand: 30 Min.
Schmorzeit: 20—30 Min.

Brachse, Felchen (Renken), große Barsche (Egli)

Für 4—6 Personen
1,5 kg Süßwasserfische wie Aal, Karpfen, Schleie, kochfertig
100 g Speck aus dem Salz (gepökelt)
4 Eßl. Butter
2 Karotten
3 Lauchstangen (nur weißer Teil)
12 Perlzwiebeln
3 Knoblauchzehen
1 Zweiglein Selleriekraut
2—3 Petersilienstiele
1 Lorbeerblatt
1 rote scharfe Pfefferschote, klein
7 dl guter französischer Rotwein (Burgunder)
100 g Champignons, nach Belieben
Salz, Pfeffer
1 Eßl. Mehl
1½ Eßl. Butter

Der Zander wird in Ungarn, aber auch in Wien, «Fogosch» genannt. Nach dem folgenden Rezept habe ich ihn in diesen Gegenden gegessen und für sehr gut befunden:

Zanderfilets «Karoly»

*

V Kann vorbereitet werden
Arbeitsaufwand: 20 Min.
Kochzeit: 20 Min.

⊂◁

Seeteufel (Baudroie), Dorsch, Seehecht (Colin)

Für 4 Personen
4 große Zanderfilets (ca. 800 g)
Salz, Pfeffer
1 Eßl. Zitronensaft
2 Eßl. Gourmet-Butter
1½ gehackte Zwiebeln
1½ Eßl. milder Paprika
1 Messerspitze scharfer Paprika
2 dl Milch
1 Teel. Dill
4 Eßl. saurer Halbrahm

Die Zanderfilets mit Küchenpapier abtupfen, beidseitig salzen und pfeffern und mit Zitronensaft einreiben. In Butter kurz anbraten. Aus der Pfanne nehmen. Die Zwiebeln in den Bratenfond geben, 10 Min. unter Wenden dünsten. Mit Paprika bestreuen und mit Milch ablöschen. 10 Min. auf kleinem Feuer unter gelegentlichem Rühren zu Zwiebelmus kochen. ½ Teel. Dill zugeben und nach Bedarf mit Salz und Pfeffer nachwürzen. Die Fischfilets sorgfältig in die Sauce legen, 2—3 Min. ziehen lassen, bis sie wieder heiß sind. Anrichten, jedes Fischfilet mit 1 Eßl. saurem Halbrahm belegen und mit dem restlichen Dill bestreuen.

Wichtig Besonders hübsch sieht es aus, wenn man die Fischfilets als Einzelportionen anrichtet. Dann kommt auch der weiße Tupfer des Rahms besser zur Geltung. Salzkartoffeln passen sehr gut dazu.

Variation Feine Streifen von geschälten Paprikaschoten unter die Sauce mischen.

Salzwasser

Die Basis für dieses Gericht ist ein uraltes Fischrezept. Bestechend sind seine Einfachheit und das hervorragende geschmackliche Resultat.

Dorada a la sal

Den Fisch beim Kauf ausnehmen lassen (an der Bauchhöhle möglichst kleine Öffnung anbringen!). Den Fisch nicht schuppen und auch die Flossen belassen. Zu Hause kalt abspülen und mit Küchenpapier trockentupfen. Die Butter mit Kerbel und 2—3 Umdrehungen Pfeffer mit Hilfe einer Gabel zu einer Paste verarbeiten. Den Fischbauch damit ausstreichen. Salz, Eiweiße und 1 dl Wasser gut mischen.
Eine längliche, ofenfeste Tonform 1½ cm hoch mit der Salzmasse belegen. Den Fisch daraufgeben. Mit einer zweiten, gleich dicken Salzschicht bedecken. Mit beiden Händen das Salz gut andrücken. Den Ofen auf 300 °C vorheizen. Den Fisch 35 Min. bei 300 °C in der Mitte des Ofens garen lassen. Den Fisch in der Form auf den Tisch bringen. Die Salzkruste seitlich vorsichtig aufbrechen (evtl. einen Hammer zu Hilfe nehmen). Den Fisch am Tisch häuten und das Fischfleisch von den Gräten abheben. Im Teller mit Zitronensaft beträufeln (halbe Zitrone mit einer Gabel einstechen und auspressen).

Wichtig Beim Prüfen der Salzkruste diese nicht zerstören, sonst bleibt das Salz beim Servieren am Fisch kleben! Das grobe Meersalz kann man im Reformhaus oder in einer Drogerie kaufen.

Tip Zu diesem Fischgericht passen als Beilage nur Salzkartoffeln oder Kartoffeln in der Schale. Wird er als Vorspeise serviert, nur frisches Brot dazureichen.

**
V Kann vorbereitet werden
Arbeitsaufwand: 10 Min.
Backzeit: 35 Min.

⊲▭⊳

Goldbrasse (Dorade royale), Rotbrasse, Wolfsbarsch (Loup de mer)

Für 2 Personen
1 Meerbrasse (Dorade),
ca. 700—800 g
50 g frische Butter
2 Eßl. Kerbel
Weißer Pfeffer aus der Mühle
2 kg grobes Meersalz
2 Eiweiß
1 Zitrone

Dorada a la sal —
Meerbrasse in Salzkruste

Variationen

– Den Bauch des Fisches nicht mit Butter ausstreichen, sondern nur mit Pfeffer bestreuen. In diesem Fall evtl. zerlassene Butter dazureichen.
– Ein Zweiglein Fenchelkraut in den Bauch des Fisches legen, und das Fischfleisch auf dem Teller mit wenig kaltgepreßtem Olivenöl beträufeln und mit schwarzem Pfeffer aus der Mühle bestreuen.
– Den Fisch ohne Kräuter oder Butter im Salz garen und, wie in Spanien, eine Mayonnaise und eine «Salsa Romesco» (s. S. 323) dazu servieren.

Ein Fisch mit orientalischer Note — interessant gefüllt mit Reis, Oliven und Gewürzen.

Gefüllte Meerbrasse

**
V Kann vorbereitet werden
Arbeitsaufwand:
30 Min.
Bratzeit: 40 – 50 Min.

Wolfsbarsch (Loup de mer), Rotbarsch

Für 4 – 6 Personen
1 Meerbrasse (Dorade), kochfertig (ca. 1,5 kg)
Marinade (s. «Gebackene Meeräsche» S. 270)
500 g Tomaten
100 g grüne Oliven
1 Zitrone, nach marokkanischer Art eingelegt (s. «Tip») oder 1 Teel. abgeriebene Zitronenschale
100 g Reis
Salz, Pfeffer
80 g frische Butter

Den kochfertigen Fisch mit Küchenpapier abtupfen, in ein passendes Gefäß legen und mit Marinade begießen.
Inzwischen die Tomaten kurz in kochendes Wasser tauchen und schälen. Die Oliven entsteinen und hacken. Von der eingelegten Zitrone das Innere entfernen und die Schale fein hacken. Den Reis 5 Min. in leicht gesalzenem Wasser vorkochen und abgießen.
Den Fisch aus der Marinade nehmen. Die Tomaten auspressen und kleinschneiden, mit den Oliven und der Zitronenschale (Saft aufheben) mischen. Die Hälfte davon mit der Hälfte der Marinade, dem vorgekochten Reis und 50 g kleingeschnittener Butter mischen. Den Fisch mit dem Reis füllen und die Öffnung mit Küchenfaden zunähen. Die Tomaten mit Pfefferpaste oder kleingeschnittener Pfefferschote mischen. Den Fisch in eine große, mit Öl ausgestrichene Auflaufform legen. Mit den restlichen Oliven, Tomaten und Zitronenschalen belegen.

Mit 30 g Butterflocken bestreuen und 40—50 Min. bei 180 °C im Ofen schmoren lassen. Wenn nötig, mit Aluminiumfolie abdecken. Den Fisch während der Schmorzeit ab und zu mit dem sich bildenden Saft begießen.

Wichtig Man darf den Fisch nicht zu prall füllen, da der Reis während der Schmorzeit aufgeht und dadurch den Fischbauch sprengen könnte.

Tip Wer Lust hat, Zitronen für dieses Gericht oder für andere nordafrikanische Gerichte einzulegen, kann dies auf folgende Art tun: Schöne, reife und unbehandelte Zitronen (Reformhaus) von oben zum Stielansatz hin so vierteln, daß sie unten noch zusammenhängen. Das Fruchtfleisch mit Salz bestreuen. Die Zitronen wieder zu ihrer ursprünglichen Form zusammendrücken, in ein sauberes Konservenglas einschichten und bis hinauf zum Rand mit abgekochtem, noch lauwarmem Wasser auffüllen. Einen gut gewaschenen Stein auf die Früchte legen und alles gut zusammenpressen.
Das Glas verschließen und in einem trockenen, nicht zu warmen Raum einen Monat ruhen lassen. Das Innere der Zitronen wird entfernt und nur die Schale verwendet.

½ Teel. scharfe Pfefferpaste (Harissa) oder 1 Stück rote Pfefferschote, scharf
Öl für die Form

Meerbrasse auf Kartoffeln gegart — ein sehr schmackhaftes und rustikales Gericht mit einfacher Zubereitung.

Dorade im Ofen nach Art von Marrakesch

Die Marinade zubereiten. Den Fisch waschen, mit Küchenpapier gut trocknen, beidseitig mit einem scharfen Messer im Zickzack einritzen, damit die Gewürze eindringen können. Mit Marinade begießen, ab und zu wenden und 5—6 Std. oder länger marinieren lassen.

**
V Kann weitgehend vorbereitet werden
Arbeitsaufwand: 30 Min.
Bratzeit: 60 Min.

Goldbrasse (Dorade
royale), Rotbrasse,
Wolfsbarsch (Loup
de mer)

Für 4—6 Personen
1 Meerbrasse
(Dorade), kochfertig
(ca. 1,5—2 kg)
Marinade
(s. «Gebackene
Meeräsche» S. 270)
2 Paprikaschoten,
grün, rot oder gelb
500 g Kartoffeln
½ dl Erdnuß- oder
Olivenöl
3 dl Bouillon oder
«Fischfond»
(s. S. 337)
1 kleine rote Pfeffer-
schote
1 kg Tomaten
Salz, Pfeffer

Die Paprikaschoten schälen (s. S. 323). Die
Kartoffeln unmittelbar vor der Zubereitung
schälen, waschen und in sehr feine Scheiben schneiden. Eine passende Auflaufform
mit etwas Öl ausstreichen. Die Kartoffeln
hineingeben, mit Bouillon begießen, mit einer Aluminiumfolie abdecken und 20 Min.
im Ofen bei 180 °C vorgaren.
Den Fisch auf die Kartoffeln legen. Die
scharfe Pfefferschote halbieren, entkernen
und kleinschneiden. Die Tomaten halbieren,
über einer Schüssel ausdrücken, dann in
Scheiben schneiden. Zusammen mit der
Pfefferschote über den Fisch verteilen. Die
geschälten Paprikaschoten in breite Streifen
schneiden und ebenfalls über den Fisch geben. Das Ganze mit Salz und Pfeffer bestreuen. Den ausgepreßten Tomatensaft mit
der Marinade des Fisches mischen und
über das Gericht verteilen. Mit dem restlichen Öl begießen und das Gericht für
40—50 Min. auf der mittleren Rille in den
Ofen schieben. Darauf achten, daß die Gemüse nicht zu stark angebräunt· werden.
Wenn nötig, mit einer Aluminiumfolie etwas
abdecken.

Wichtig Dieses Gericht soll wohl pikant,
aber für unsere Gaumen nicht allzu scharf
werden. Deshalb die rote Pfefferschote vorsichtig dosieren und auf jeden Fall die
scharfen Kerne herausnehmen. Man kann
auch getrocknete Pfefferschoten oder rote
Pfefferpaste (Harissa) verwenden.

Eine gute spanische Art, den bei uns zuwenig bekannten Seehecht zuzubereiten — mit luftgetrocknetem Schinken und Gemüse.

Merluza
con jamón serrano

*
V Kann vorbereitet werden
Arbeitsaufwand:
35 Min.
Kochzeit: 35 Min.

Die Fischgräten und -köpfe mit 5 dl Wasser, Selleriekraut, Lorbeer, Thymian und in Scheiben geschnittenen weißen Rüben und Karotten 15 Min. kochen. Die Schinkenscheiben halbieren. Die Zwiebeln in Butter anziehen lassen. Die Champignons waschen, putzen, in Scheiben schneiden und zufügen. Die Gewürznelken mit wenig Salz in den Mörser geben und mit dem Stößel zerdrücken. Wenig Salz, Muskatnuß, geschälte Knoblauchzehen und Mandeln zufügen. Alles zu einer gleichmäßigen Paste zerstoßen.
Maisstärke zugeben und die Paste mit 2 dl passiertem Fischfond gut auflösen. Die Mischung zu den Champignons geben. Mit Salz und Pfeffer abschmecken und aufkochen.
Die Hälfte der Sauce in eine feuerfeste Form geben. Die Fischscheiben hineinlegen und mit den Schinkenscheiben und dem Gemüse aus dem Sud bedecken. Mit der restlichen Sauce überziehen. 20 Min. im vorgeheizten Backofen bei 180 °C überbacken. Mit Petersilie bestreuen.

Wichtig Die Sauce muß gut abgeschmeckt werden, damit das Gericht pikant gewürzt auf den Tisch kommt. Evtl. am Schluß nochmals nachwürzen.

Tip Man kann den Mörser durch den Mixer ersetzen!

Kabeljau, Lengfisch

Für 4 Personen
8 Scheiben Seehecht (Colin)
500 g Fischgräten und -köpfe von Kabeljau
1 Zweiglein Selleriekraut
2 Lorbeerblätter
1 Zweiglein Thymian
2 kleine, weiße Rüben (Navets) oder 1 gewöhnliche weiße Rübe
1 große Karotte
8 dünne Scheiben geräucherter Schinken
2 mittelgroße Zwiebeln, gehackt
50 g Butter
200 g frische Champignons
2 Gewürznelken
Salz, Pfeffer, Muskatnuß
2 Knoblauchzehen
100 g geschälte Mandeln, geröstet
1 Eßl. Maisstärke, nach Belieben
2 Eßl. gehackte Petersilie

Eine eigenwillige Komposition —
Fisch in Apfelwein gekocht und mit
Äpfeln garniert.

Kabeljau in Apfelwein

*

V   Kann weitgehend
vorbereitet werden
Arbeitsaufwand:
35 Min.
Bratzeit: 40 Min.

◁▭▷

Seeteufel
(Baudroie), See-
hecht (Colin)

Für 4 Personen
1,2 kg Kabeljau,
Schwanzstück
2 große, säuerliche
Äpfel
2 dl Apfelwein
1 Teel. Zucker
2 Eßl. frische Butter
1 dl Fleischbouillon
Salz, Pfeffer
2 Eßl. eingesottene
Butter
2 dl Rahm
½ Teel. Maisstärke
1 Teel. scharfer Senf
(Dijon)
2 Eßl. Calvados
30 g frische Butter
für die Sauce
½ Teel. gehackter
Thymian
1 Eßl. gehackte
Petersilie

Die Äpfel schälen, halbieren und das Kern-
haus entfernen. Mit wenig Apfelwein beträufeln. Den Zucker in einer Bratpfanne
schmelzen, bis er hellbraun ist. Frische Butter zugeben, zerfließen lassen. Die Apfel-
hälften von der gewölbten Seite her in Abständen von ca. 3 mm so einschneiden, daß
sie unten noch zusammenhalten. Die Apfel-
hälften beidseitig in der Butter anziehen lassen. 1—2 Eßl. Apfelwein zugeben und bei
kleiner Hitze knapp weich garen.
Den Kabeljau mit dem restlichen Apfelwein
und der Fleischbouillon in einen Bräter geben. Zudecken, erhitzen, dann die Temperatur reduzieren und zugedeckt 5 Min. garen.
Den Kabeljau aus dem Bräter nehmen und
häuten. Das Fischfleisch mit Küchenpapier
abtupfen und in eine mit Butter ausgestrichene Auflaufform legen. Salzen, pfeffern
und mit erhitzter eingesottener Butter begießen. 30 Min. bei 180 °C braten. Inzwischen
den Sud aus dem Bräter durch ein feines
Sieb gießen. Auf 1 dl einkochen. Den Rahm
mit Maisstärke gut verrühren. Zur Sauce geben und sämig werden lassen. Die vorbereiteten Äpfel zum Fisch in den Ofen geben
und warm werden lassen. ½ Teel. Senf mit
Calvados verrühren. Den Kabeljau damit
bestreichen. 10 Min. überbacken. Die frische Butter in kleine Stücke schneiden.
Unter die Sauce rühren. Mit Salz, Pfeffer,
Thymian und dem restlichen Senf abschmecken. Den Fisch mit Petersilie bestreuen und die Sauce separat dazu servieren.

Wichtig   Je nach Säuregrad des Apfelwei-
nes einen Teil davon durch Apfelsaft ersetzen.

Tip   Das Schwanzstück ist nicht gleichmäßig dick. Deshalb beim Garen im Ofen den

schlankeren Teil mit etwas Folie abdecken, damit er langsamer gar wird. Der Fisch ist gar, wenn der dickere Teil milchig-weiß und fest anzufühlen ist.

Variationen
- Anstelle der Äpfel Kefen oder frische grüne Erbsen beifügen.
- 1 Eßl. Quittengelee unter die Sauce ziehen, mit Cayennepfeffer pikant würzen und dafür den Senf weglassen.

Ein geschmacklich gut abgerundetes Fischgericht aus einfachen Zutaten.

Kabeljau nach portugiesischer Art

Die Tomaten halbieren. etwas ausdrücken und kleinschneiden. Die Champignons in Scheiben und die Zwiebel in Streifen schneiden. 2 Eßl. Olivenöl erhitzen. Die Champignons darin kurz dünsten. Aus dem Topf nehmen. Zwiebel und Tomaten hineingeben und 10 Min. dünsten. Die Champignons wieder zufügen. Den Knoblauch auspressen und mit der Hälfte der Kräuter darüber verteilen.
Den Fisch beidseitig salzen und pfeffern und in 1 Eßl. Olivenöl anbraten. Mit Weißwein ablöschen. Zugedeckt 5 Min. bei kleiner Hitze ziehen lassen. Die Sauce abschmecken. Die Fischscheiben anrichten, die Sauce darübergeben. Die restlichen Kräuter in Butter kurz wenden. Über das Gericht verteilen.

Wichtig Sollte der Fisch beim Garen zuviel Flüssigkeit abgeben, kann man die Scheiben aus der Pfanne nehmen und den Saft einkochen lassen.

Tip Das Gericht kann vorbereitet und zuletzt noch im Ofen kurz überbacken werden. In diesem Fall mit 1 Eßl. geriebenem Brot bestreuen und Butterflocken darübergeben.

*
V kann vorbereitet werden
Arbeitsaufwand: 20 Min.
Kochzeit: 10 Min.

Lengfisch, Rotbarsch, Glattbutt

Für 4 Personen
8 Scheiben Kabeljau
500 g geschälte Tomaten
100 g frische Champignons
1 große Zwiebel
3 Eßl. Olivenöl
2 Knoblauchzehen
2 Eßl. gemischte Kräuter (Petersilie, Basilikum, Majoran, Thymian)
Salz, Pfeffer aus der Mühle
½ dl Weißwein
20 g Butter

Die nordafrikanische Küche ist voller Geheimnisse. Auch die Fische werden für uns auf ganz unübliche Art und Weise gewürzt. Sie schmecken jedoch köstlich, wenn man die Regeln befolgt.

Gebackene Meeräsche nach marokkanischer Art

*

V Kann weitgehend vorbereitet werden
Arbeitsaufwand: 15 Min.
Backzeit: 2—3 Min.
Zusätzlich Marinierzeit: 5—6 Std.

⊂⟨⟩⟨

Wittling (Merlan), Seeteufel (Baudroie), Alse, Schwertfisch

Für 4 Personen
1,2 kg Meeräsche, in 2½ cm dicke Scheiben geschnitten

4 Eßl. Mehl
Öl zum schwimmend Ausbacken

Marinade
12 Korianderkapseln
2 Knoblauchzehen
1 Eßl. edelsüßer Paprika
1 Teel. Kreuzkümmel
½ Mokkal. rote scharfe Pfefferpaste (Harissa)
1 Eßl. Erdnuß- oder Olivenöl
3 Eßl. Weinessig, nach Belieben
Salz

Die Korianderkapseln mit 3 Eßl. Wasser und den geschälten Knoblauchzehen im Mixer pürieren. Die Gewürze zufügen und alles gut mischen. Zuletzt Öl und Essig dazugießen und nochmals durchmixen. Sollte die Marinade etwas zu dick sein, ½ dl Wasser zugeben. Die Marinade nach Wunsch salzen. Die Fischscheiben halbieren und die Gräten entfernen, nebeneinander in eine Platte legen und mit der Marinade begießen. 5—6 Std. marinieren lassen. Die Fischstücke aus der Marinade nehmen, gut abtropfen, mit Küchenpapier trockentupfen, dann im Mehl wenden. Das Öl auf 180 °C erhitzen und die Fischscheiben schwimmend ausbacken.

Wichtig Die Fischstücke müssen nach dem Marinieren gut getrocknet werden, damit nicht zuviel Mehl daran hängenbleibt.

Variationen
— In Marokko wird die Marinade meistens weiterverwendet und mit einem verrührten Ei und gesiebtem Mehl zu einem Fritüreteig verarbeitet. Dazu gibt man 20—25 g in Wasser verrührte Hefe. Den Teig 1 Std. aufgehen lassen. Nach dem Fritieren der Fischstücke mit einem Dessertlöffel etwas Teig abstechen, in das heiße Öl geben und zu Küchlein ausbacken. Diese Küchlein werden mit serviert.
— Bei Alsen werden die Fischeier sorgfältig entnommen und zuerst im Mehl gewendet und anschließend ebenfalls fritiert.

Meeräsche nach Art von Dakar — ein Gericht für all jene, die kräftigen Fisch in pikanter Sauce lieben. Er wird im Reisring angerichtet und mit frischen, in Butter karamelisierten Datteln garniert.

Mulet à la mode de Dakar

Die Meeräsche beim Kauf entgräten und häuten lassen. Die Gräten und den Kopf mit nach Hause nehmen.

Das Fischfleisch in Würfel schneiden. Die Gräten und den Fischkopf in 3 dl Wasser 10 Min. auskochen. Den Sud passieren und aufheben. Die Zwiebeln hacken. In 2 Eßl. Öl dünsten, bis sie hellgelb und weich sind. Die Tomaten kleinschneiden, mit kleingeschnittener, entkernter Pfefferschote zufügen und 20 Min. weiterdünsten, bis ein Mus entsteht. Den Reis in gesalzenem Wasser «al dente» kochen. Inzwischen die Zucchini waschen und ungeschält in kleinfingerdicke Stäbchen schneiden. 2 Eßl. Öl in einer Bratpfanne erhitzen. Die Zucchinistäbchen hineingeben und allseitig leicht anbraten. Sie müssen oft gewendet werden. Die Hitze muß so reguliert werden, daß die Stäbchen keine Flüssigkeit abgeben. Die Zucchini zu den Tomaten geben. 1 Eßl. Öl in die Pfanne geben und die Fischstücke darin rasch anziehen lassen. Mit Salz und Pfeffer bestreuen.

Den Reis gut abtropfen lassen und anrichten. Eine Vertiefung anbringen. Die Fischstücke darin anrichten. Die Sauce etwas nachwürzen und darüber verteilen. Die Datteln entsteinen, kleinschneiden und rasch in Butter anziehen lassen. Über das Gericht verteilen.

Wichtig Noch besser wird dieses Gericht, wenn man den Reis nach dem Abtropfen im schwach geheizten Backofen etwas trocknet.

*
V Kann weitgehend vorbereitet werden.
Arbeitsaufwand:
40 Min.
Garzeit: 30 Min.

Meerbrasse
(Dorade),
Wittling (Merlan)

Für 4 Personen
1 Meeräsche
(ca. 1,3 kg)
2 große Zwiebeln
1 dl Erdnußöl
500 g geschälte Tomaten
1 kleine, rote Pfefferschote, scharf
250 g Langkornreis
500 g Zucchini
Salz, Pfeffer
150 g frische Datteln
1 Eßl. Butter

Variation Anstelle von Reis kann das Fischgericht auf gekochter Hirse oder auf Couscousgrieß (nach Anleitung zubereitet) angerichtet werden.

Ein rassiges Fischgericht, das auch mit weniger delikaten Fischen gut schmeckt.

Baskisches Fischragout

**
V Kann vorbereitet werden
Arbeitsaufwand: 20 Min.
Kochzeit: 10 Min.

Kabeljau

Für 4 Personen
1 kg Fische und Meeresfrüchte, wie Seeteufel (Baudroie), Drachenkopf (Rascasse), Seehecht (Colin), Kaisergranate (Langoustines), Miesmuscheln (Moules)
1 große Zwiebel
2 EßI. Olivenöl
2 EßI. Paprikaschoten, fein gewürfelt
1 Tomate
2–3 Basilikumblätter
Salz, Pfeffer
3 Knoblauchzehen
3 EßI. gehackte Petersilie

Die Zwiebel hacken und im Öl anziehen lassen. Die Paprikaschoten ebenfalls zufügen. Mit wenig Wasser 10 Min. kochen. Die kleingeschnittene Tomate und die Basilikumblätter beigeben.
Die Fische in Stücke schneiden. Zuerst die Fische mit festem Fleisch hineingeben, dann den Seehecht, die Kaisergranate und die Muscheln. 10 Min. ziehen lassen. Mit Salz und Pfeffer würzen. Das Ganze mit feingehacktem Knoblauch und gehackter Petersilie bestreuen. Sofort servieren.

Wichtig Trotz der einfachen Zubereitung darauf achten, daß die Fische nur leise im Wasser ziehen und nicht verkochen!

Tip Beim Zerschneiden der Fische evtl. Gräten entfernen.

Variation Das Ragout zusammen mit gerösteten Brotscheiben oder mit «Knoblauchbrot» (s. S. 332) servieren.

Eine ausgezeichnete Spezialität aus der Provence für Knoblauchliebhaber — verschiedene Fische aus dem Mittelmeer mit Kartoffeln in einer ganz speziellen Sauce. Hier eine einfache Variante:

Bourride

Die Fische entgräten, häuten, in Stücke schneiden und in eine Schüssel geben. Die Zwiebel in feine Scheiben schneiden. Mit Fenchel, Salz, Pfeffer, durchgepreßtem Knoblauch und Olivenöl unter die Fischstücke mischen. Im Kühlschrank 1 Std. ziehen lassen. Inzwischen die Aïoli und die Fischbouillon zubereiten. Die Kartoffeln schälen und in dicke Scheiben schneiden. Zuerst die Kartoffeln in die heiße, mit Salz und Pfeffer abgeschmeckte Fischbouillon geben und halbgar kochen. Dann die Fische mit festem Fleisch, z. B. Meeraal und Seeteufel, hineingeben. Nach 5 Min. die zarten Fische, z. B. Wolfsbarsch und Meerbrasse, zufügen. 3—4 Min. weitergaren. Die Fische und die Kartoffeln mit dem Schaumlöffel aus dem Sud heben und in vorgewärmte Suppenteller anrichten. Die Fischbouillon auf 2½ dl einkochen lassen, von der Herdplatte wegziehen. Aïoli und Safran darin verrühren. Nur noch erwärmen, nicht mehr kochen. Die Bourride mit der Sauce überziehen.

Wichtig In rustikalen Rezepten wird die Bourride mit Fischstücken samt Gräten zubereitet. Weil es bei uns viele Leute gibt, die Fischgräten fürchten, habe ich hier eine Variante mit Fischbouillon gemacht.

Tips
— Man kann die Bourride mit in Olivenöl gebackenen Knoblauchcroûtons garnieren oder die Suppenteller mit einer dünnen Scheibe geröstetem Brot auslegen.
— Die Bourride läßt sich natürlich auch in einer großen Schüssel servieren.

**
V Kann vorbereitet werden
Arbeitsaufwand: 40 Min.
Kochzeit: 8—9 Min.

Katfisch (Steinbeißer), Rotbarsch, Kabeljau, Seehecht (Colin)

Für 6 Personen
2—2½ kg Meeresfische wie Seeteufel (Baudroie), Meeräsche, Meeraal, Meerbrasse (Dorade), Rochen, Wolfsbarsch (Loup de mer)
1 Zwiebel
½ Teel. Fenchelsamen
Salz, Pfeffer
2 Knoblauchzehen
2 Eßl. Olivenöl (evtl. «Knoblauch-Pfeffer-Öl», s. S. 329)
1 Portion «Aïoli» (1 × das ganze Rezept s. S. 323)
3 dl «Fischbouillon» (aus Gräten und Köpfen zubereitet, s. S. 338)
200 g Kartoffeln
1 Messerspitze Safran

Variationen

– Nur eine Fischsorte verwenden, am besten Seeteufel.
– Die Sauce mit Weißwein oder trockenem Wermut (Noilly Prat) verfeinern.
– Der Sauce 2—3 Eßl. in wenig Olivenöl gedünstete Tomatenwürfel zugeben.
– Die Bourride mit Sardinen zubereiten (Köpfe und Hauptgräten entfernen, Fischbouillon aus Seezungengräten kochen).

Originelle Fische, die nicht jeder kennt

Wer auf Reisen in fremde Länder auf den Fischmarkt geht, entdeckt Fische, die er nie zuvor gesehen hat. Auch mir passiert das immer wieder. Hier soll nun von fünf solchen Fischen die Rede sein, die man nicht nur im Ausland entdecken, sondern im guten Delikateßgeschäft auch gleich kaufen oder zumindest bestellen kann.

Der Rochen *(Raie) — ein Fisch mit «Flügeln»*
Dieser meist große Fisch fällt durch seine dreieckige Form und den langen schlanken Schwanz auf, der je nach Sorte mit Dornen versehen ist. Interessant ist, daß man von diesem Fisch in der Küche nur die Flossen verwendet. Sie enthalten keine eigentlichen Gräten, sondern ein Skelett, das sich nach dem Kochen mühelos abstreifen läßt. Diese Flügel, wie man die Flossen auch nennt, sind im Delikateßgeschäft erhältlich. Das Fleisch hat einen sehr aromatischen Geschmack und schmeckt herrlich mit hellbrauner Butter und einem Schuß Essig übergossen oder in einer zarten Rahmsauce.
Frischen Rochen erkennt man am Schleim, der die schuppenlose Haut überzieht, und am leichten Ammoniakgeschmack, der aber sehr bald verschwindet. Meist sind die Flügel bereits gehäutet zu kaufen. Rochen findet man in Paris sehr oft auf den Speisekarten von Bistros.

Der Hai — der Größte unter allen
Ein anderer Fisch, der mich immer wieder
beeindruckt, ist der massive Hai, den ich als
kulinarische Spezialität lange Zeit nicht zu
schätzen wußte. Der Hai gehört, wie der
Rochen, zur Familie der Quermäuler. Auf
den Märkten sieht man ihn in beachtlichen
Größen, und verkauft wird er meistens in
Scheiben. Sein Fleisch ist ähnlich wie Kalbfleisch und leicht rosafarben. Bei der Zubereitung muß man allerdings, wie eigentlich
bei allen Fischsorten, darauf achten, daß die
Hitze nicht zu groß wird, vor allem beim Grillieren, weil das Haifleisch gerne etwas
trocken wird.
Das beste Fleisch stammt vom Heringshai.

Der Hornhecht — ein Fisch
mit grünen Gräten
Diesem interessanten grünlichen Fisch, der
auch den hübschen französischen Namen
«Orphie» trägt, begegnete ich erstmals in
Brüssel auf dem Fischmarkt. Sein langer
schnabelförmiger Kiefer beeindruckte mich,
und als man mir sagte, daß dieser Fisch nur
im Mai gefangen werden könne und als ein-
ziger grüne Gräten habe, wollte ich ihn
natürlich ausprobieren. So suchte ich mir
ein Restaurant, wo dieser Fisch auf der
Speisekarte stand, und tatsächlich kamen
unter der knusprig gebackenen Haut und
dem kräftigen weißen Fleisch die grünen
Gräten, die sich leicht lösen ließen, zum
Vorschein.

Das Neunauge — der Seltsame
aus Bordeaux
Diesen Meeres- und Flußfisch ohne Flossen
und Schuppen, der eher wie eine häßliche
Schlange aussieht und bis zu einem Meter
lang werden kann, findet man vorwiegend
in den Flußmündungen Frankreichs, vor
allem in der Gironde. Das Neunauge mit
seinem saugnapfähnlichen Mund war
bereits zur Zeit der Römer eine Spezialität
für Patrizier, die keine Distanzen scheuten,
um diesen Fisch zu bekommen. Auch Saint
Louis (Ludwig IX.) ließ ihn in Wasserfässern

transportieren, um ihn frisch genießen zu können. Sehr bekannt ist heute noch das altüberlieferte Rezept «Lamproie à la bordelaise». Dazu wird der Fisch zuerst von seinem Blut entleert, gehäutet und in Stücke geschnitten, danach in einer Weinsauce gedämpft. Sein Fleisch ist dem Aal ähnlich, ebenfalls etwas fett, aber besonders zart.

Der Schwertfisch — ein Außenseiter
Diesen großen, schweren Fisch aus der Familie der Thunfische findet man in warmen Gewässern, wo er ein Gewicht bis zu 500 kg erreichen kann. Sein schwertartig verlängerter Oberkiefer gibt ihm seinen Namen. Er ist eine sehr begehrte Beute für die Sportfischer. Sein festes Fleisch ist geschmacklich ausgezeichnet und eignet sich vor allem zum Braten und Grillieren.

«Zarzuela» heißt auf spanisch Operette oder Singspiel. Tatsächlich ist dieses Gericht so etwas wie eine Operette aus Fischen und Meeresfrüchten — ein Querschnitt aus dem Mittelmeer in einer pikanten Sauce!

Zarzuela

**
V Kann weitgehend vorbereitet werden
Arbeitsaufwand: 45 Min.
Kochzeit: 8 Min.

Wolfsbarsch (Loup de mer), Seehecht (Colin), Brachse, Sägegarnelen (Gámbas), Sandklaffmuscheln (Clams)

Fischgräten und -köpfe vom Fischhändler mitgeben lassen. Daraus mit Lorbeerblättern, Thymian und wenig Salz (die Gemüse können bei diesem Fond weggelassen werden) 5 dl Fischfond kochen.
Die Muscheln und die Tintenfische gründlich putzen (s. S. 356 f.). Die Fischscheiben und die Meerbarben mit Küchenpapier trockentupfen, mit Salz und Pfeffer bestreuen und im Mehl wenden. Beidseitig in 2 Eßl. Olivenöl leicht anbraten. Aus der Pfanne nehmen. 2 Eßl. Olivenöl zufügen, die Tintenfische hineingeben und bei starker Hitze braten, bis sie knapp gar sind. Die Tintenfische herausnehmen. Die ganzen Kaisergranate und die Garnelen im Bratenfond beid-

seitig anziehen lassen. Herausnehmen und ebenfalls beiseite stellen.

Die Zwiebel und den Knoblauch fein hakken. In 2 Eßl. Olivenöl anziehen lassen. Die Tomaten kleinschneiden, beifügen und alles zu einem Mus kochen.

Den Safran in einen Mörser geben. Mit wenig Salz, Pinienkernen oder Mandeln, 4 kleingeschnittenen Knoblauchzehen, dem Biskuit und der Petersilie zu einer Paste verarbeiten. Wenig Fischfond zufügen und gut mischen. Diese Mischung mit Paprika, Cognac und Pernod verrühren. Zum Tomatenmus geben. Aufkochen und durch ein feines Sieb drücken. Die Sauce mit Salz und Pfeffer abschmecken und in eine große, feuerfeste Tonschüssel geben. Die Fischstücke und die Meeresfrüchte darin gut verteilen. Auf dem Herd bei kleiner Hitze oder im vorgeheizten Ofen bei 180 °C 8 Min. garen. Nach Bedarf etwas Fischfond zugeben.

Wichtig Das Biskuit und die Pinienkerne oder Mandeln sollen die Sauce sämig, aber nicht zu dickflüssig machen. In Spanien wird sie noch zusätzlich mit etwas Mehl gebunden, was ich hier weggelassen habe. Die «Picada» kann auch im Mixer zubereitet werden.

Tip Die Sauce kann gekocht und später wieder aufgewärmt werden. Sie wird dadurch sogar besser.

Die Tintenfische

Unter diesem Sammelbegriff kennen wir drei Sorten von Tintenfischen: den Kalmar, die Sepia und die Krake. Hier ein kleiner Steckbrief, nach dem man sie gut auseinanderhalten kann:

Kalmar (Calamar)
Man begegnet diesem Tintenfisch in Frankreich je nach Gegend unter verschiedenen Namen. Gewöhnlich heißt er «Calamar», aber am Mittelmeer wird er auch oft «Encornet» oder «Soupion» und im Baskenland «Chipiron» genannt. Sein Körper ist

Für 4 Personen
Fischfond
(s. auch S. 337)
Fischgräten und
-köpfe
3 Lorbeerblätter
1 Teel. gehackter
Thymian
Salz

500 g Miesmuscheln
(Moules)
4 kleine Tintenfische
(Pulpitos)
4 Scheiben Seeteufel (Baudroie)
4 Scheiben Meeraal
4 kleine Meerbarben
(Rougets), kochfertig
Salz, Pfeffer
2 Eßl. Mehl
4 Eßl. gutes Olivenöl
4 Kaisergranate
(Scampi), mit Kopf
4 große Garnelen
(Krevetten), mit Kopf

**Sofrito (Zwiebel-
Tomaten-Mus)**
1 große Zwiebel
4 Knoblauchzehen
2 Eßl. Olivenöl
3 große Tomaten,
geschält

**Picada (Würzpaste,
im Mörser zubereitet)**
1 Prise Safranfäden
Salz
50 g geröstete
Pinienkerne oder
Mandeln
4 Knoblauchzehen
1 Biskuit (Petit-
Beurre oder
Crackers)
2 Eßl. gehackte
Petersilie
1 Eßl. Fischfond
1 Eßl. Paprika
2 Eßl. Cognac
1 Teel. Pernod
Salz und Pfeffer

länglich zugespitzt und von einer schwarzen Membrane überzogen. An den Seiten hat er zwei dreiecksförmige Flossen. Der Kopf ist klein und weist zehn Tentakel (Fangarme) auf, wovon zwei sehr lang sind. Seine Gesamtlänge beträgt ca. 50 cm. Der Kalmar hat einen Tintensack.

Die Kalmare werden ganz (vor allem, wenn sie klein sind) oder in Ringen frisch oder tiefgekühlt verkauft. Kleine Kalmare eignen sich gut zum Füllen.

Sepia

Dieser Tintenfisch wird ca. 30 cm lang. Sein Körper ist sackähnlich, hat eine ovale Form und ist graubeige mit violetten Reflexen. Der Kopf ist verhältnismäßig groß und weist unregelmäßig große Tentakel auf. Zwei davon sind sehr lang. Der Körper besitzt Flossen und enthält einen länglichen Knochen. Wie der Kalmar hat er einen Tintensack. Sein Fleisch ist etwas zäher als das des Kalmars. Es muß deshalb nach dem Fang geschlagen werden.

Krake (Poulpe)

Die Krake wird in Frankreich «Poulpe» oder «Pieuvre» genannt. Sie ist von den drei Sorten der größte Tintenfisch und mißt oft 80 cm. Man findet sie vor allem in Spanien und in Italien. Auf dem Markt sind auch sehr kleine Kraken, Pulpitos oder Moscardinos, anzutreffen. Der Kopf dieses Tintenfisches hat zwei harte Kiefern und acht Tentakel, die mit zwei Reihen Saugnäpfen versehen sind. Sein Fleisch ist sehr gut, muß aber nach dem Fang ebenfalls geschlagen und vor der Zubereitung blanchiert werden, damit es zart ist. Kleine Kraken werden in Spanien und in Italien oft in ihrer Tinte zubereitet.

Eine Abwandlung der Paella Valenciana, die man an der spanischen Mittelmeerküste zubereitet.

Paella del mar

Die Paprikaschote halbieren, entkernen und in 2 cm breite Streifen schneiden. Die Zwiebeln und den Knoblauch fein hacken. 3 Eßl. Olivenöl in einer Bratpfanne erhitzen. Zwiebeln und Knoblauch darin hellgelb anziehen lassen. Die Tomaten in Stücke schneiden, auspressen (Saft auffangen) und zufügen. Unter öfterem Wenden zu einem konzentrierten Mus kochen.

½ dl Olivenöl in einer passenden Paellapfanne oder in einer sehr großen Bratpfanne heiß werden lassen.

Die geputzten Tintenfische (s. S. 356) ganz kurz darin anbraten und herausnehmen. Den Meeraal häuten, entgräten, in Stücke schneiden, ebenfalls beidseitig anbraten und aus der Pfanne nehmen. Restliches Öl zufügen und darin die Gámbas und die Scampi ganz leicht anbraten. Ebenfalls herausnehmen. Den Reis im Bratenfond mit den Paprikaschotenstreifen 5 Min. unter Rühren leicht anrösten. Das vorbereitete Tomatenmus zufügen. Weiterdünsten, bis fast alle Flüssigkeit verdampft ist, nach und nach etwas Fischfond dazugießen. Den Reis würzen. Nach 10 Min. Safran, Fischstücke, alle Meeresfrüchte und die Erbsen zugeben. Den restlichen Fischfond nach Bedarf zufügen. 8—10 Min. weitergaren. Die Paella mit halbierten Zitronen garnieren und in der Pfanne auftragen.

Wichtig Der Reis muß im Bratenfond der Fische leicht geröstet werden, damit er den typischen Geschmack annimmt. Unterläßt man diesen Vorgang, entsteht anstelle der Paella eine Art Risotto, was unerwünscht ist.

Tip In Spanien wird die Paellapfanne nach der Beigabe der Fische in den Ofen geschoben. Unsere Backöfen sind dafür oft zu klein.

**

V Kann weitgehend vorbereitet werden
Arbeitsaufwand: 40 Min.
Kochzeit: 20 Min.

Anstelle von Meeraal auch Seeteufel (Baudroie)

Für 4 Personen
1 rote Paprikaschote
2 mittelgroße Zwiebeln
2 Knoblauchzehen
1½ dl gutes Olivenöl
3 reife Tomaten, geschält, oder
1 Dose Pelati
250 g kleine Tintenfische (Pulpitos)
250 g Meeraal
4 Sägegarnelen (Gámbas)
4 Kaisergranate (Scampi)
400 g Rundkornreis
5 dl «Fischfond» (s. S. 337)
Salz, Pfeffer
1 Prise Safranfäden
4—8 große spanische Miesmuscheln (Moules), geputzt
20 Sandklaffmuscheln (Almejas), geputzt
100 g grüne Erbsen (evtl. tiefgekühlt)
2 Zitronen

Ein neueres spanisches Rezept, das wahrscheinlich von unserem Fondue Bourguignonne inspiriert wurde. Am Mittelmeer wurde es zu einem Hit!

Fondue mediterraneo

**
V Kann vorbereitet werden
Arbeitsaufwand: 25 Min.
Backen am Tisch

⊂━▷

Seehecht (Colin), Kabeljau, kleine Tintenfische (Pulpitos)

Für 4 Personen
16 Sägegarnelen (Gámbas)
8 sehr dünne Speckscheiben
300 g Seeteufel (Baudroie)
24 Miesmuscheln (Moules)
4 Eßl. gehackte Petersilie (wenn möglich flachblättrige)
4 Knoblauchzehen, durchgepreßt oder fein gehackt
«Salsa Romesco» (1 × das Rezept s. S. 323)
Mayonnaise oder «Aïoli» (s. S. 323)
2 Zitronen
1 l gutes Olivenöl

Die Garnelen roh schälen. Die Speckscheiben halbieren und um die Garnelen wickeln. Den Seeteufel in mundgerechte Würfel schneiden. Die geputzten Muscheln roh öffnen, was ein bißchen schwierig ist, oder sie ganz kurz über dem Dampf erhitzen, bis sich die Schalen öffnen. Eine Schalenhälfte entfernen. Alles auf einer großen Platte bereitstellen.

Petersilie und Knoblauch gut mischen und mit den Saucen und den halbierten Zitronen auf den Tisch stellen.

Das Öl in einem Kupfer- oder einem Gußcaquelon erhitzen. Auf ein Spiritus-Rechaud stellen.

Jeder Tischgast steckt Fischstücke oder Meeresfrüchte auf Holzspieße, taucht sie ins leise ziehende Öl und ißt sie danach mit der gewünschten Beilage.

Wichtig Die Fischstücke und die Garnelen vor dem Servieren mit Küchenpapier trockentupfen, damit sie im heißen Öl nicht spritzen!

Die Bezeichnung «Fondue» hat sich an der Costa Brava durch die Touristen in die Speisekarten eingeschlichen.

Tip Die halbierten Zitronen mit je einer Gabel bestecken, damit man sie mühelos auspressen kann. Ganz vornehm ist es, wenn man die Zitronenhälften in unbehandelte Gaze einpackt und am Stielansatz mit einem Faden zusammenbindet. Beim Auspressen werden die Hände nicht klebrig, und die Kerne können nicht austreten!

Fisch im Ofen — ein Gericht, das auch Zaghafte zu Fischliebhabern werden läßt. An der Costa Brava wird es in unzähligen Varianten serviert.

Pescado al horno

Den Fisch beim Kauf kochfertig zurichten, aber nicht häuten lassen.
Die Kartoffeln schälen und in 2 mm dicke Scheiben schneiden. Die Zwiebeln quer in Scheiben schneiden. 3 Eßl. Öl in einer großen Bratpfanne erhitzen. Die Zwiebelscheiben darin beidseitig hellbraun braten. Aus der Pfanne nehmen und gut abtropfen lassen. Die Kartoffelscheiben hineingeben und hell anbraten. Sie sollen nur halbgar werden. Wenig Salz und Pfeffer darüberstreuen und feingehackten Knoblauch zugeben. Den Fisch innen und außen mit Salz und Pfeffer bestreuen. Den Rosmarin in die Bauchhöhle geben. Die Kartoffeln in eine große, ofenfeste Form verteilen. Den Fisch darauflegen. Mit dem restlichen Olivenöl beträufeln. Wein über die Kartoffeln gießen. Die kleinen Tomaten halbieren und darauf verteilen. 25—30 Min. bei 200 °C im Ofen schmoren lassen. Wenn nötig, mit einem mit Öl bepinselten Pergamentpapier abdecken. Die Fischhaut darf leicht anbraten. Den Fisch von Zeit zu Zeit mit dem Fond begießen.
Den Steinbutt in der Form auf den Tisch bringen. In Portionen teilen und Kartoffeln dazu servieren.

Wichtig Cherry-Tomaten sind sehr klein und deshalb auf diesem Gericht besonders dekorativ. Sie können durch Tomatenscheiben ersetzt werden. Diese müssen aber vorher kurz in Olivenöl gebraten werden, damit sie die Sauce nicht verwässern.

Tips
— Man kann dieses Gericht auch mit dickgeschnittenen Fischtranchen zubereiten und als Einzelportionen in kleinen Eierpfännchen servieren.

**

V Kann vorbereitet werden
Arbeitsaufwand: 40 Min.
Bratzeit: 25—30 Min.

Wolfsbarsch (Loup de mer), Goldbrasse (Dorade royale), Rotbrasse, Seeteufel (Baudroie), Schwanzstück

Für 4 Personen
1 Steinbutt (Turbot), ca. 1,5 kg
400 g Kartoffeln
2 große Zwiebeln
1 dl Olivenöl
Salz, Pfeffer
2 Knoblauchzehen
1 Zweiglein Rosmarin
3 dl Weißwein oder trockener Sherry
12 Cherry-Tomaten

Pescado al horno —
eine katalanische Spezialität
aus dem Ofen

- Bei Verwendung eines großen, runden Fisches, z. B. eines Seeteufels, die Schmorzeit um 5 – 10 Min. verlängern.

Variationen
- Frische grüne Erbsen (10 Min. vor Ende der Schmorzeit) beifügen.
- Das Gericht mit geviertelten Zitronenscheiben belegen und diese kurz mit braten.
- 10 Min. vor Ende der Schmorzeit 500 g geputzte Miesmuscheln zufügen.

In der Provence weiß man genau, daß Tintenfische nur gut sind, wenn sie weich gekocht werden. Dieses Schmorgericht ist ein Beweis dafür.

Tintenfisch mit Tomaten

*
V Kann vorbereitet werden
Arbeitsaufwand:
30 Min.
Kochzeit:
1½ – 2 Std.

Kalmar, Sepia

Für 4 Personen
800 g Krake
2 Eßl. Olivenöl
1 große Zwiebel
1½ kg reife Tomaten
6 Knoblauchzehen
2 Lorbeerblätter
1 kleine rote Pfefferschote, scharf
1 Prise Zucker
1 Eßl. gehacktes Basilikum
Salz, Pfeffer

Den Tintenfisch putzen (s. S. 356), in kleine Stücke schneiden und in Olivenöl rasch leicht anbraten. Die Zwiebel hacken, zufügen und 1 – 2 Min. mitdünsten. Die Tomaten kurz in kochendes Wasser tauchen, schälen, halbieren und ausdrücken, dann kleinschneiden. Zu den Zwiebeln geben. Knoblauchzehen hacken und mit den Lorbeerblättern, der entkernten und kleingeschnittenen Pfefferschote und dem Zucker beigeben. Zugedeckt 1½ Std. kochen. 15 Min. vor dem Anrichten das Basilikum beifügen. Mit Salz und Pfeffer abschmekken. Mit frischem Brot oder mit Trockenreis servieren.

Wichtig Das Ganze soll zu einem Mus geschmort werden. Sollte die Sauce zu flüssig bleiben, 5 – 10 Min. ungedeckt eindicken lassen.

Tip Anstatt nur mit Basilikum kann das Gericht mit gemischten Kräutern abgeschmeckt werden (Basilikum, Petersilie, Rosmarin, Majoran, Thymian, Bohnenkraut).

284

Eine aparte Zubereitung für
Tintenfische, die für dieses Gericht
tiefgekühlt sein dürfen.

Tintenfisch
in Ingwerkruste

Die Tintenfische längs halbieren, auf eine
Platte legen, mit Zitronensaft beträufeln und
mit wenig Salz bestreuen. 15 Min. ruhen lassen. Danach mit Küchenpapier trockentupfen.
Für den Teig Saké mit verquirltem Ei, Schalotten, geriebener Ingwerwurzel und 3 Eßl.
Wasser gut verrühren. Zuerst Mandeln,
dann nach und nach Maisstärke dazumischen. Es soll ein Teig in halbflüssiger Konsistenz entstehen. 15 Min. ruhen lassen.
Für die Sauce die Jaffarine so schälen, daß
auch die weißen Häutchen entfernt werden.
Aus den Fruchtkammern geschälte Viertel
herausschneiden. Die Viertel mit Knoblauch,
Saké und Sojasauce im Mixer pürieren. Das
Püree mit 1—2 Eßl. Wasser und Maisstärke
gut verrühren. Aufkochen, bis die Sauce
leicht gebunden ist. Mit Glutamat, Sambal
Oelek und Zitronensaft pikant abschmekken. Erkalten lassen.
Die Tintenfische durch den Teig ziehen. Bei
180 °C im Öl schwimmend ausbacken. Sofort, zusammen mit der Sauce, servieren.

Wichtig   Nur kleine Tintenfische sind für
dieses Gericht zart genug. Ringe von großen
Tintenfischen müssen vor dem Fritieren vorgekocht werden.

Tip   Die Sauce paßt auch zu den «Gold-
Shrimps» (s. S. 288).

Variation   Man kann Fischstücke durch
diesen Teig ziehen und ausbacken.

*
V Kann teilweise
vorbereitet werden
Arbeitsaufwand:
15 Min.
Backzeit: 2 Min. pro
Portion
Zusätzlich Ruhezeit
des Teiges: 30 Min.

⊂▭▷
Krake, große
Garnelen (Riesen-
krevetten)

Für 4 Personen
400 g junge, zarte
Tintenfische (Kal-
mare), frisch oder
tiefgekühlt, geputzt
und kochfertig
1 Teel. Zitronensaft
Salz oder Glutamat
Erdnußöl zum Fri-
tieren

Teig
1 Eßl. Saké oder
trockener Sherry
1 Ei
1 Eßl. Schalotten,
sehr fein gehackt
1 Eßl. Ingwerwurzel,
gerieben
2 Eßl. geriebene
Mandeln
2—3 Eßl. Maisstärke

Sauce
1 Jaffarine oder
Mandarine
1 Knoblauchzehe
1 Eßl. Saké
1 Eßl. Sojasauce
1 Teel. Maisstärke
Wenig Glutamat
1 Prise Sambal
Oelek
½ Teel. Zitronensaft

Eine ungewöhnliche, aber herrlich schmeckende Kombination — Fisch mit gedünstetem Wirsing und schwarzen Pilzen.

Fisch mit Gemüse und Pilzen

*
V Kann teilweise vorbereitet werden
Arbeitsaufwand: 20 Min.
Kochzeit: 5 Min.

⊂⊃✕

Meerbrasse (Dorade), Wittling (Merlan)

Für 4 Personen
400 g Stint ohne Gräten
4 schwarze Pilze (Mu-Errh), getrocknet
4 schöne Wirsing-blätter
1 Karotte
2 Schalotten
2 Eßl. Erdnußöl
Salz
1 dl Hühnerbouillon
1 Eßl. Maisstärke
1 Eßl. Sojasauce
1 Eßl. Saké oder trockener Sherry

Die Pilze 6—12 Std. in kaltes Wasser einlegen. Die Wirsingblätter vom Strunk befreien und in 1½ cm breite Streifen schneiden. Die Karotte schälen und grob reiben. Die Schalotten hacken. Den Fisch in mundgerechte Stücke schneiden. Öl in einem Wok oder in einer großen Bratpfanne mit wenig Salz erhitzen. Wirsing, Schalotten, abgetropfte und halbierte Pilze und Karotten hineingeben und unter ständigem Rühren 2—3 Min. dünsten. Die Fischstücke zugeben und kurz weiterdünsten. Sobald der Fisch milchig-weiß wird, alles aus dem Wok nehmen und warm stellen.

Bouillon mit Maisstärke verrühren. Mit Sojasauce und Saké aufkochen, bis eine sämige, aber klare Sauce entsteht. Mit Salz abschmecken. Die Sauce über den Fisch und die Gemüse anrichten und sofort servieren.

Wichtig Der Fisch darf nicht verkochen. Deshalb lieber etwas zu früh aus dem Wok nehmen. Beim Warmstellen gart er nach!

Tips
— Man kann die Karotten auch in dünne Scheiben schneiden und mit einem Förmchen zu Röschen ausstechen. Das sieht sehr dekorativ aus.
— Wenn das Öl mit wenig Salz erhitzt wird, behalten die Gemüse beim Anziehen ihre Farbe.

Variation Wirsing durch kleine zarte, längs halbierte Frühlingszwiebeln ersetzen. In diesem Fall Schalotten weglassen.

Eines meiner liebsten chinesischen Fischgerichte. Ich habe es in den verschiedensten Variationen schon gegessen und hier auf meine Art nachgekocht.

Gebackener Fisch in süß-saurer Sauce

Den Fisch in 2½ cm große Würfel schneiden. Sojasauce und Sherry mit dem Ei und wenig Salz gut verrühren. Mit den Fischwürfeln mischen, bis alles von der Flüssigkeit überzogen ist. Nach und nach die Maisstärke zufügen, dabei dauernd umrühren, bis der Fisch gleichmäßig davon bedeckt ist. 15—30 Min. ruhen lassen.
Die Fischwürfel in der Fritüre bei 180 °C goldgelb ausbacken und auf Küchenpapier abtropfen lassen.
Den Knoblauch fein hacken. 1 Teel. Erdnußöl in einem Wok oder einer Bratpfanne erhitzen. Knoblauch und Lauchstreifen darin unter Wenden 1 Min. dünsten. Ketchup, Essig, Rohrzucker, Sojasauce und Sherry mischen und zufügen. Maisstärke mit Bouillon verrühren. Zufügen und unter Rühren aufkochen, bis eine klare, leicht gebundene Sauce entsteht. Mit wenig Salz und Sambal Oelek pikant abschmecken.
Die Fischstücke mit der Sauce mischen und anrichten.

Wichtig Alle Zutaten sorgfältig bereitstellen, damit man zum Schluß nur noch die Fischstücke fritieren und die Sauce fertigkochen muß.

Variationen
– Den Teig weglassen und den Fisch nur ganz kurz in wenig Öl mit Knoblauch anziehen lassen.
– Streifen von Paprikaschoten mitdünsten.
– Wenige frische Ananasstücke oder feingeschnittene Kumquats (Miniaturorangen) zugeben.

*
V Kann weitgehend vorbereitet werden
Arbeitsaufwand: 25 Min.
Kochzeit: 10 Min.

Rotbarsch, Meeräsche

Für 4 Personen
400 g Seeteufel (Baudroie), ohne Gräten
1 Eßl. Sojasauce
2 Eßl. trockener Sherry oder Saké
1 Ei
Salz oder Glutamat
3—4 Eßl. Maisstärke
Erdnußöl für die Fritüre

Sauce
1 Knoblauchzehe
1 Teel. Erdnußöl
1 Eßl. feingeschnittener Lauch
3 Eßl. Ketchup
1 Eßl. Essig
1 Eßl. Rohrzucker
1 Eßl. Sojasauce
2 Eßl. trockener Sherry oder Saké
1 Eßl. Maisstärke
4 Eßl. Hühnerbouillon oder Wasser
Salz oder Glutamat
1 Messerspitze Sambal Oelek (scharfe Pfefferpaste)

Eine besonders leichte Variante der beliebten, ausgebackenen Garnelen.

Gold-Shrimps

***
V Kann teilweise vorbereitet werden
Arbeitsaufwand: 30 Min.
Backzeit: 2 Min. pro Portion

Kaisergranate (Scampi)

Für 4 Personen
400 g große Garnelen (Riesenkrevetten), roh und geschält
Erdnußöl zum Ausbacken

Marinade
2 EßI. Saké oder trockener Sherry
1 Teel. Sojasauce

Teig
2 Eiweiß
2 EßI. Maisstärke
½ Mokkal. Backpulver

Sauce
½ dl Essig
4 EßI. Rohrzucker
1 EßI. Maisstärke
1 EßI. Sojasauce
2 Knoblauchzehen
2 EßI. Ketchup
3—4 Tropfen Sesamöl
1 Messerspitze Sambal Oelek (scharfe Pfefferpaste)
1 Teel. geriebene Ingwerwurzel, nach Belieben

Die Garnelen in eine Schüssel legen. Saké mit Sojasauce mischen und darüber verteilen. 1 Std. marinieren. Danach die Garnelen gut abtropfen und auf Küchenpapier trocknen.
Für den Teig die Eiweiße steif schlagen. Maisstärke mit Backpulver mischen. Auf das Eiweiß geben und sorgfältig darunterheben. Die Garnelen in Maisstärke wenden, gut abschütteln, dann durch den Teig ziehen.
1½ dl Wasser, Essig und Rohrzucker zu Sirup kochen. Maisstärke mit Sojasauce und 2 EßI. Wasser gut verrühren. Zum Essigsirup geben, weiterkochen, bis die Sauce sämig wird. Vom Feuer nehmen. Durchgepreßten Knoblauch und Ketchup zufügen. Mit Sesamöl, Sambal Oelek und, nach Belieben, mit Ingwer abschmecken.
Die Garnelen in der heißen Fritüre (190 °C) portionenweise ausbacken, auf Küchenpapier gut abtropfen und sofort, zusammen mit der Sauce, servieren.

Wichtig In gewissen Rezepten wird für chinesische Shrimps die Verwendung von Mehl empfohlen. Maisstärke gibt aber einen festeren und knuspigeren Teig.

Tips
— Hübsch sieht es aus, wenn man beim Schälen der großen Garnelen das Schwanzende stehen läßt. Auf diese Weise kann man sie auch leichter in den Teig tauchen.
— Am besten eignen sich sehr fleischige große Garnelen, evtl. auch tiefgekühlte asiatische.

KRUSTENTIERE

Es war nicht möglich, in diesem Buch die Meeresfrüchte konsequent zusammenzufassen, gibt es doch fast in jedem Kapitel Fischgerichte, die z. B. mit Krustentieren angereichert werden. Deshalb habe ich mich in diesem Kapitel auf Spezialrezepte für Krustentiere beschränkt, die man zu Hause üblicherweise nicht zubereitet. Diese Rezepte sind etwas ausführlicher beschrieben, ebenso der Umgang mit Krustentieren wie Krebsen, Hummern und Langusten.

Außerdem habe ich einige ganz persönliche Rezepte für Kaisergranate (Scampi oder Langoustines) und Garnelen (Krevetten) angefügt, die in der Zubereitung einfach und problemlos sind.

Auch hier wie im ganzen Buch sollen die Variationsvorschläge dazu anregen, die Rezepte abzuwandeln und ihnen eine persönliche Note zu verleihen.

Süßwasser

So schmecken Flußkrebse am besten — in einem aromatischen Sud gekocht und mit einer delikaten Dillsauce serviert.

Écrevisses à la nage

Karotten und Sellerie in sehr kleine Würfel und die Zwiebel in Streifen schneiden. In einen hohen Topf geben. Petersilienstiele, Thymian, Lorbeerblatt und Pfefferschote beifügen. 5 dl Wasser dazugießen und 30 Min. kochen. Dann abkühlen lassen, den Wein zufügen und den Sud salzen. Den vorbereiteten Sud aufkochen und die Krebse einzeln kopfvoran in den sprudelnden Sud geben, um sie zu töten. Darin 2—3 Min. (je nach Größe) kochen.
Mit «Dillsauce» (s. S. 328) oder flüssiger Butter servieren.

Wichtig Die Krebse im Sud in einer vorgewärmten Suppenschüssel oder, wenn er hübsch genug ist, im Topf auf den Tisch bringen. Wie man die Krebse aufbricht, s. S. 378.

Tips
– Werfen Sie die Schalen nicht weg! Sie können damit eine Krebssuppe oder eine Krebssauce zubereiten (s. S. 65).
– In Frankreich werden vor dem Anrichten dieser Krebse noch 100—200 g Butter und 2—3 Eßl. gehackte Petersilie in den stark eingekochten Sud gegeben. Das ist zu empfehlen, wenn keine Sauce mit serviert wird.

***
V Kann teilweise vorbereitet werden
Arbeitsaufwand: 15 Min.
Kochzeit: 4—5 Min.

Frische Kaisergranate mit Kopf (Langoustines)

Für 4 Personen
20 mittelgroße Krebse (ca. 2 kg)
50 g Karotten
50 g Sellerie
1 Zwiebel
3—4 Petersilienstiele
1 Zweiglein Thymian oder Dill
1 Lorbeerblatt
1 kleines Stück rote Pfefferschote, scharf
5 dl Weißwein
Salz

Eine nordische Art, Flußkrebse zu genießen — im Dillsud gekocht und mariniert.

Krebse in Dill

**
V Kann vorbereitet werden
Arbeitsaufwand:
15 Min.
Kochzeit: 4 Min.

Kleine Kaisergranate (Scampi)

Für 4 Personen
1,5 kg Flußkrebse
1 Eßl. Fenchelsamen
1 Eßl. Salz
150 g frischer Dill
5 Pfefferkörner

Fenchelsamen mit 3½ l Wasser und Salz in einem hohen Topf aufkochen. Ein Drittel des Dills und die Pfefferkörner hineingeben. 30 Min. bei mittlerer Hitze kochen lassen. Den Sud abkühlen, durch ein Sieb passieren und wieder aufkochen. Die Krebse portionenweise (2 auf einmal) kopfvoran in den kochenden Sud geben.
4 Min. garen lassen, dann mit dem Schaumlöffel herausnehmen und die weiteren Krebse auf dieselbe Art kochen.
Eine große, tiefe Schüssel mit dem zweiten Drittel des Dills auskleiden. Die Krebse darauf anordnen. Den Sud um ein Drittel einkochen lassen. Über die Krebse gießen. Erkalten lassen, dann mit Aluminiumfolie abdekken und für 18 Std. in den Kühlschrank stellen.
Die Schüssel 2 Std. vor dem Essen aus dem Kühlschrank nehmen. Eine zweite, nicht zu tiefe Schüssel mit dem restlichen Dill auskleiden und die marinierten, gut abgetropften Krebse darauflegen.

Wichtig Die Krebse ohne Beigabe von Sauce servieren. Roggenbrot oder Pumpernickel mit Butter passen gut dazu. Worauf man beim Krebsekochen achten muß und wie man sie serviert, können Sie auf S. 360, 378 nachlesen.

Tip Will man dieses Rezept einmal mit Kaisergranaten (Scampi) ausprobieren, sollte man die Köpfe vorher abschneiden, da sie sehr verderblich sind.

Variationen
– Fenchelsamen weglassen.
– In Skandinavien wird der Fenchelsamen oft durch Kümmel ersetzt. Ich finde diesen Geschmack jedoch etwas aufdringlich.

Süßwasserkrebse — eine gesuchte Rarität

Süßwasserkrebse können in der Qualität je nach Herkunft sehr unterschiedlich sein. Krebse aus schweizerischen oder deutschen Gewässern sind heute nur noch durch gute Beziehungen erhältlich. Wenn man das Glück hat, einmal davon zu essen, dann staunt man über die großen, fleischigen und zarten Exemplare mit dem delikaten Geschmack.

Die meisten Krebse kommen aus der Türkei, aus Jugoslawien, Rumänien oder Polen zu uns. Sie sind kleiner als unsere heimischen Krebse und eignen sich weniger für die Zubereitung im Sud als für die Zubereitung von Suppen, Saucen oder als Garnitur.

Die Krebssaison beginnt frühestens Ende Juni und endet im September.

Der Krebsanfall ist von Jahr zu Jahr verschieden. Meistens werden sie ausgesetzt, entsprechend gepflegt und durch Schonzeit geschützt.

Der Krebs sprengt seinen Panzer durch das Wachstum und wirft ihn jährlich einige Male ab. Im ersten Lebensjahr häutet er sich achtmal, dann wächst er langsamer, und im vierten Jahr häutet er sich nur noch einmal. Der Krebs ist erst nach vier bis fünf Jahren geschlechtsreif. Nach zwölf Jahren ungefähr hat er ein Gewicht von 100—120 g. Seine Durchschnittsgröße beträgt etwa 10 cm, einige können bis zu 15 cm groß werden. Dies alles erklärt, weshalb dieses Krustentier nicht in rauhen Mengen produziert werden kann.

Man unterscheidet vor allem im kulinarischen Bereich zwei Sorten: die Écrevisses à pieds rouges, die Krebse mit den roten Füßen, und die Écrevisses à pieds blancs, die Krebse mit den weißen Füßen. Die Pieds rouges sind die gefragtesten.

Die skandinavischen Krebse sind kleiner als unsere einheimischen Sorten, aber sehr aromatisch. Es gibt sie in Skandinavien noch in so großer Anzahl, daß ein Krebsessen dort nichts Außergewöhnliches ist.

Flußkrebse sind bei uns so selten geworden, daß man sie nur auf eine edle Art zubereiten sollte, z. B. mit einer delikaten Rahmsauce kurz überbacken.

Écrevisses au gratin

***

V Kann vorbereitet werden
Arbeitsaufwand:
35 Min.
Backzeit: 3—4 Min.

Kaisergranate
(Langoustines)

Für 4 Personen
12 mittelgroße Flußkrebse
Butter für die Förmchen
1 Eßl. «Glace de poisson» (s. S. 337) oder Krebsfond, nach Grundrezept «Hummerfond» zubereitet (s. S. 341)
2 dl. Doppelrahm
2 Eßl. «Eier-Rahm-Sauce» (s. S. 342)
Salz, weißer Pfeffer

Die Krebse in gesalzenem Wasser knapp vorkochen (s. S. 360), aufbrechen und das Fleisch in Portionenförmchen legen, die man zuvor mit Butter ausgestrichen hat. Die Glace de poisson aufkochen. Rahm zufügen, etwas einkochen lassen. Die Eier-Rahm-Sauce beifügen und von der heißen Herdplatte wegziehen. Mit Salz und Pfeffer abschmecken. Die Sauce über die Krebse verteilen.
Bei Oberhitze kurz überbacken, bis die Sauce leicht angebräunt ist (ca. 3—4 Min.).

Wichtig Die Krebse nur 2—3 Min. im Sud kochen, damit sie durch die Hitze im Ofen nachher nicht zu gar werden.

Tip Alles gut vorbereiten: Krebse in die Förmchen legen. Rahm mit Fond etwas einkochen und unmittelbar vor dem Überbacken nochmals kurz aufkochen. Die Eier-Rahm-Sauce darunterziehen und überbacken.

Variationen
– Je 2—3 dünne Trüffelscheiben zufügen.
– Wenig Dill oder 1 Prise Thymian unter die Sauce mischen.
– Fisch- oder Krebsfond durch trockenen Wermut (Noilly Prat) ersetzen.
– Sehr wenig Pernod zufügen.
– Anstatt Doppelrahm im letzten Moment steifgeschlagenen Rahm unter die Eier-Rahm-Sauce ziehen.

Was sind Krustentiere?

Krustentiere sind Meeres- und Süßwasser-
tiere (z. B. Flußkrebse), deren Körper gegliedert und von einer mehr oder weniger
harten Schale, dem Panzer, umschlossen
ist. Lebend ist die Hülle bei den größeren
Tieren wie Languste und Hummer, die zeitweise abgestoßen und erneuert wird, je
nach Provenienz graubraun bis schwarz. Bei
kleineren Krustentieren wie Kaisergranaten
(Scampi) oder Garnelen (Krevetten) ist sie
hellrosa bis dunkelrot. Die Schale enthält
Chitin, einen Stoff, der sich beim Kochen rot
verfärbt und vor allem Langusten und
Hummer optisch attraktiv macht.
Grundsätzlich sollten Krustentiere genauso
wie Fische ganz frisch in die Küche
kommen. Vor allem Langusten, Hummer
und Süßwasserkrebse sollten lebend in den
Sud gegeben werden.
Gewisse Sorten, z. B. Kaisergranate, Garnelen und Langustenschwänze, ertragen
aber das Tiefkühlen recht gut. Der Vorteil
dabei ist, daß diese Tiere gleich nach dem
Fang in die Kälte kommen und so absolute
Frische garantiert ist. Das Fleisch von Langusten, Hummern und Taschenkrebsen wird
hingegen durch das Tiefkühlen meistens
faserig und etwas trocken.

Languste und Hummer

Die Languste hat, im Gegensatz zum
Hummer, keine Scheren, dafür lange Fühler
und an den Bauchsegmenten Stacheln.
Sie lebt auf felsigem Meeresboden in einer
Tiefe von 20 bis 150 m. Eine Languste muß
ihre Schale zwanzigmal abstoßen, bis sie
ungefähr im Alter von fünf Jahren gefischt
werden darf. Dann hat sie eine Größe von
etwa 24 cm. Älter kann sie bis zu 4 kg
schwer werden. Leider wird dieses Krustentier immer seltener, und man muß es in
immer entfernteren Gewässern fischen, z. B.
an den afrikanischen Küsten. Diese Langusten erkennt man an der dunklen Farbe und
den sehr schön gezeichneten Schalen. Lan-

gusten aus Nordafrika sind blaugrün, jene aus Südafrika braunrot im Gegensatz zu den europäischen rosafarbenen aus dem Mittelmeer und dem Ärmelkanal. Geschmacklich und qualitativ sind die rosafarbenen die besten. Heute versucht man Langusten auch zu züchten, und zwar in Frankreich bei Roscoff.

Der Hummer, auf englisch «Lobster» genannt, lebt ebenfalls auf felsigem Meeresboden. Er kommt vorwiegend aus Kanada zu uns und hat eine Größe von 30 bis 35 cm. Es gibt auch kleinere Hummer, z. B. aus dem Ärmelkanal, die in Frankreich «Demoiselles de Cherbourg» genannt werden. Ihr Fleisch ist feiner als das der kanadischen Sorte. Die Hummer haben zwei fleischige Scheren, die unterschiedlich groß sind. Die kleinere Schere ist mit Sägezähnen versehen und dient dazu, die Beute zu fassen; die andere, die größere und schwerere, ist dazu bestimmt, die Weichtiere, von denen sich der Hummer ernährt, zu zerdrücken.

Das Fangen der Hummer ist Schwerarbeit für die Fischer. Allein das erklärt schon den hohen Preis dieses Tieres. Und noch ein interessantes Detail: Beim Fischen wurde festgestellt, daß die kleine Höhle, in der der Hummer lebt, gleichzeitig von einem Meeraal bewohnt wird. Es scheint, daß die beiden Tiere zusammen wohnen und den günstigsten Moment abwarten, um sich gegenseitig aufzufressen. Der Hummer nämlich interessiert sich vor allem für die Eier und den Nachwuchs des Aals, und der Aal wartet die Häutung des Hummers ab — wenn er weich ist —, um ihn anzufallen.

Gekocht hat der Hummer eine scharlachrote Farbe. Er ist bei vielen Feinschmeckern besser bekannt als die Languste. Ob er auch besser schmeckt, darüber ist man sich nicht einig. Ich persönlich ziehe die Languste vor. Hummer und Languste werden auf ähnliche Weise zubereitet und schmecken pochiert oder grilliert am besten.

Salzwasser

Ein interessant zusammengesetztes Gericht — Garnelen in Portweinsauce mit dem Geschmack von Brüsseler Endivien.

Krevetten mit Endivien

Die Garnelen roh schälen (s. S. 383). Die Schalotten fein hacken. In 1 Eßl. Butter anziehen lassen. Mit 3 Eßl. Portwein ablöschen und bei kleiner Hitze etwas einkochen. Inzwischen die Endivien putzen und mit wenig Wasser und Salz vorkochen, bis sie sehr weich sind. Sud nicht weggießen. Das untere Ende der gekochten Endivien wegschneiden und dicke Exemplare längs halbieren. Die so vorbereiteten Endivien zwischen 2 Küchenpapiere legen und auspressen. Die Endivien mit sehr wenig Mehl beidseitig bestäuben. Die restliche Butter in einem flachen Topf erwärmen. Die Garnelen hineingeben und anziehen lassen, bis sie gar sind. Aus dem Topf nehmen und warm stellen. Die vorbereiteten Endivien hineingeben und kurz wenden. Zu den Garnelen geben. Den restlichen Portwein und 2 Eßl. Kochsud der Endivien in den Bratenfond der Garnelen und Endivien gießen und stark aufkochen. Rahm beifügen und einkochen, bis die Sauce sämig wird. Mit Salz, Pfeffer und Cayennepfeffer abschmecken und über die Garnelen und die Endivien anrichten.

Wichtig Die Endivien müssen ganz weich gedünstet werden, damit sie ihr zartbitteres Aroma entfalten. Wer es noch besser machen will, kann mit den Schalen der Garnelen einen konzentrierten «Fond» (s. S. 341) zubereiten und 1—2 Eßl. davon zur Sauce geben.

Tip Für dieses Gericht kann man tiefgekühlte Garnelen verwenden (vor dem Dünsten auftauen lassen).

***
V Kann teilweise vorbereitet werden
Arbeitsaufwand:
35 Min.
Kochzeit:
20—25 Min.

Kaisergranate (Scampi), Glattbutt, Steinbutt (Turbot)

Für 4 Personen
20 mittelgroße Garnelen (Krevetten)
3 Schalotten
50 g Butter
1 dl weißer Portwein
4 Brüsseler Endivien
1 Teel. Mehl
2 dl Rahm
Salz, Pfeffer
1 Prise Cayennepfeffer

Krevetten

Garnelen (Krevetten) gibt es in unzähligen Arten, von den kleinen, überaus schmackhaften Crevettes grises, die im Ärmelkanal, im Atlantik und in der Nordsee gefangen werden, über die Crevettes roses, die bei uns am besten bekannt und in den verschiedensten Größen erhältlich sind, bis zu den tiefroten spanischen oder afrikanischen Gámbas. Garnelen gehören zu den verbreitetsten Krustentieren. Man kann sie mit Kopf frisch oder tiefgekühlt kaufen oder gekocht und geschält, besonders wenn es sich um kleine Exemplare handelt.

Ein Gericht, das immer gut ankommt. Ich serviere es ab und zu auch auf einem Brunchbuffet, um nach einem kleinen Fest am Vorabend die Lebensgeister wieder zu wecken.

Scampi à l'indienne

*
V Kann weitgehend vorbereitet werden
Arbeitsaufwand: 30 Min.
Kochzeit: 10 Min.

Große Garnelen (Riesenkrevetten)

Für 4 Personen
20 Kaisergranate (Scampi) mittlere Größe, ohne Kopf
1 Eßl. Butter
1 kleine Zwiebel, gehackt
1—2 Eßl. Currypulver
100 g frisches Ananasfleisch
½ Teel. Zucker
1 Eßl. Cognac
1½ dl Rahm
1 Eßl. Mango-Chutney

Die Kaisergranate roh schälen (s. S. 382). Die Butter erhitzen und die Zwiebeln darin anziehen lassen. Die Kaisergranate zufügen, mit Curry bestreuen und bei kleiner Hitze garen, bis sie milchig-weiß werden. Aus der Kasserolle nehmen und warm stellen. Ananas in sehr kleine Fächer schneiden und zusammen mit dem Zucker in die Kasserolle geben, mit Cognac ablöschen. Rahm zugeben und einkochen lassen, bis die Sauce leicht sämig wird. Mango-Chutney durch ein feines Sieb streichen und zufügen. Mit Salz und Pfeffer und nach Belieben mit mehr Currypulver abschmecken. Die Kaisergranate kurz in der Sauce erwärmen. Mit dem steifgeschlagenen Rahm mischen. Anrichten und mit gerösteten Mandeln bestreuen.

Wichtig Die Kaisergranate dürfen nicht zu stark gedünstet und beim Erhitzen nicht gekocht werden. Die Sauce kann im voraus zubereitet werden.

Tip Am besten paßt Trockenreis dazu.

Variationen
- Ananas aus der Dose verwenden. In diesem Fall Zucker und evtl. Mango-Chutney weglassen.
- Das Gericht mit gedünsteten Tomatenwürfelchen anreichern.
- Anstelle von Rahm sauren Halbrahm oder Joghurt verwenden.

Salz, Pfeffer
3 Eßl. steifgeschlagener Rahm
2 Eßl. Mandeln, geschält, gehobelt und geröstet

Farblich schön und nicht minder gut sind Meeresfrüchte, kombiniert mit frischem, knackigem Gemüse. Hier eine Variante mit Kaisergranaten:

Scampi mit Kefen

Die Kaisergranate roh schälen (s. S. 382). Den Darm entfernen. Schalotten, Weißwein und 1 dl Wasser in einen Topf geben und aufkochen. Einen gelochten Siebaufsatz mit 1 Teel. Butter ausstreichen und die Kaisergranate darauflegen. Zudecken und 2−3 Min. garen.
Die Fäden der Kefen abziehen, und die Kefen längs in feine Streifen schneiden. Die frische Butter erwärmen. Die Kefenstreifen wenig salzen und unter ständigem Rühren dünsten, bis das Gemüse gar, aber noch knackig ist. Mit Sherry ablöschen. Das Gemüse über die Kaisergranate verteilen.

Wichtig Die im Dampf gegarten Kaisergranate bleiben fest und sehen auch farblich schön aus. Wenn die Kefen richtig gedünstet sind, behalten sie ebenfalls ihre schöne grüne Farbe.

Tip Ein attraktives Gericht für eine Schlankheitskur.

Variationen
- Kefen durch frische oder tiefgekühlte grüne Erbsen ersetzen.
- Verschiedene Meeresfrüchte verwenden.
- Seeteufel ohne Gräten in Stücke schneiden und auf dieselbe Art zubereiten.

**
V Kann teilweise vorbereitet werden
Arbeitsaufwand: 35 Min.
Garzeit: 3−4 Min.

Garnelen (Krevetten), Pilgermuscheln (Coquilles St-Jacques), Seeteufel (Baudroie)

Für 4 Personen
20 mittelgroße Kaisergranate (Scampi)
3 Schalotten, fein gehackt
1 dl Weißwein
1 Teel. Butter
250 g zarte Kefen
30 g frische Butter
Salz, Pfeffer
1 Eßl. Sherry

Hummerfleisch ist so delikat, daß sein Geschmack nicht mit stark gewürzten Saucen konkurrenziert werden sollte. Hier deshalb ein subtil gewürztes Hummergericht.

Homard à la crème

***
Arbeitsaufwand:
30 Min.
Kochzeit: 4—5 Min.

◁▭◁

Languste, Kaisergranate (Langoustines oder Scampi)

Für 2 Personen
1 Hummer
(ca. 800 g)
1 zarte Lauchstange
1 Eßl. gehackte Schalotten
2 dl Champagner oder Sekt
2 Eßl. Butter
2 Eßl. weißer Portwein
2 dl Rahm
20 g Butterflocken
Salz, weißer Pfeffer aus der Mühle
1 Teel. Zitronensaft
1 Prise Cayennepfeffer

Den Hummer lebend in kochendes gesalzenes Wasser (s. S. 362) geben. 3 Min. kochen, dann abgießen. Die Schalen sorgfältig mit einer starken Schere öffnen und das Hummerfleisch herauslösen. Das Schwanzstück in 1 cm dicke Medaillons schneiden. Die Scheren so öffnen, daß das Fleisch ganz herausgenommen werden kann (s. S. 380 f.). Den grünen Teil des Lauchs in 3 cm dicke Stücke schneiden. Diese längs in sehr feine Streifen schneiden. Die Schalotten in 1 Eßl. Butter anziehen lassen. Den Champagner zugeben, auf die Hälfte einkochen lassen, dann durch ein feines Sieb passieren. Die restliche Butter erhitzen, das Hummerfleisch und den Lauch zufügen und unter vorsichtigem Wenden 1—2 Min. dünsten. Mit dem vorbereiteten Champagnersud ablöschen und bei kleinster Hitze 1 Min. ziehen lassen. Die Hummerstücke herausnehmen und warm stellen. Den Fond mit Portwein stark aufkochen, Rahm zufügen und einkochen lassen, bis eine leicht sämige Sauce entsteht. Die eiskalten Butterflocken unter die Sauce rühren. Mit Salz, weißem Pfeffer, Zitronensaft und ein wenig Cayennepfeffer abschmecken. Über das Hummerfleisch anrichten.

Tip Man kann den cremigen grünen Teil im Innern des Hummers mit dem Champagner mitkochen. Das gibt der Sauce noch etwas mehr Geschmack.

Variationen
– 50 g Melonenfleisch pürieren und zur Sauce geben. In diesem Fall den Portwein durch trockenen Sherry ersetzen. Das Gericht mit kleinen ausgestochenen Melo-

nenkugeln garnieren und die Sauce pikant mit Cayennepfeffer abschmecken.
- Den Portwein durch erstklassigen Cognac oder Armagnac ersetzen.
- Anstelle von Lauch Gemüsejuliennes (Karotten, Lauch, Navets) zugeben.
- Lauch weglassen und der Sauce zuletzt 1 Eßl. Kaviar beifügen.

Leider viel zuwenig bekannt sind bei uns die großen Krebse. Besonders dekorativ ist es, wenn man das Krebsfleisch in ihren Schalen anrichten kann.

Taschenkrebs mit Sherrymayonnaise überbacken

Das Fleisch aus den gekochten Krebsen herauslösen und kleinschneiden. Die Sherrymayonnaise zubereiten und die Eiweiße mit 1 Prise Salz steif schlagen. Den Knoblauch durchpressen und mit dem Rahm unter die Mayonnaise mischen. Die Eiweiße ebenfalls darunterziehen. Mit dem Krebsfleisch sorgfältig mischen. Nach Bedarf nachwürzen. Die Rückenschalen der Krebse mit Butter ausstreichen. Die Mischung einfüllen. Mit Käse bestreuen.
7—8 Min. bei Oberhitze überbacken, bis der Käse schmilzt und leicht Farbe annimmt.

Wichtig Wie Taschenkrebse gekocht werden, können Sie auf S. 360 nachlesen. Am besten verwendet man Mayonnaise, die mit dem Mixer zubereitet wurde. Sie erträgt die Hitze im Ofen besser als handgerührte.

Tip Man kann einen Teil der Mayonnaise durch etwas Quark ersetzen. Das Gericht wird dadurch leichter. In diesem Fall noch 1 Eßl. Sherry zugeben, damit der typische Geschmack erhalten bleibt.

**
V Kann weitgehend vorbereitet werden
Arbeitsaufwand: 20 Min.
Backzeit: 7—8 Min.

Krebsfleisch (Crab meat).

Für 4 Personen
2—4 Taschenkrebse (ca. 2 kg)
200 g «Sherrymayonnaise» (s. S. 322)
2 Eiweiß
Salz, weißer Pfeffer
1 Knoblauchzehe
1 Eßl. Rahm
1 Eßl. Butter
2 Eßl. geriebener Gruyère

Variationen

– Mayonnaise durch «Eier-Rahm-Sauce» (s. S. 342) oder «Sauce hollandaise» (s. S. 324) ersetzen.
– Anstelle von Sherry 1—2 Eßl. gemischte Kräuter beifügen.
– Die Masse in Muschelschalen einfüllen und überbacken (ideal für kleine Vorspeisen).
– Bei Krebsfleisch aus der Dose das Fleisch auseinanderzupfen und die durchsichtigen Knorpeln herausnehmen. Das Gericht zuletzt in Portionenförmchen oder in Muschelschalen anrichten.

Taschenkrebs

In unseren Breitengraden ist er der bekannteste Meereskrebs. Er hat in der Regel einen Durchmesser von 10 bis 20 cm, kann aber bis zu 40 cm groß werden. Er lebt auf felsigem Meeresboden in einer Tiefe von oft mehr als 100 m. Sein Panzer ist sehr hart und nicht ganz leicht zu öffnen (s. S. 360 f.).
*Ebenfalls erhältlich ist bei uns die **Seespinne** (Araignée de mer). Man erkennt sie an der mit Dornen gespickten Schale und den langen dünnen Beinen.*
*Bekannt ist auch die **Schwimmkrabbe** (Étrille), die etwas kleiner als der Taschenkrebs ist. Ihr Fleisch wird sehr geschätzt.*

SCHALENTIERE

Wie die Krustentiere passen auch die Muscheln als Ergänzung oder Garnitur sehr gut zu Fischen. Sie ergeben aber auch raffinierte kleine Vorspeisen oder Gerichte, bei denen sie allein die Hauptrolle spielen.
Leider kennen wir außer den Austern, den Miesmuscheln (Moules), den Sandklaffmuscheln (Vongole) und vielleicht noch den Pilgermuscheln (Coquilles St-Jacques) wenige andere Sorten. In Frankreich jedoch kann man sie in den verschiedensten Variationen auf den herrlichen «Plateaux de fruits de mer» antreffen.
In unseren Breitengraden sind wir gegen den Verzehr von rohen Muscheln aus verständlichen Gründen etwas skeptisch eingestellt. Deshalb habe ich hier vor allem Rezepte mit den üblichen Muschelsorten aufgeführt und die anderen als alternative Möglichkeiten erwähnt, und zwar so, daß sie gekocht auf den Tisch kommen.
Zu den Muscheln gibt es auch viel Interessantes zu berichten, was ich hier ebenfalls — ohne Anspruch auf Vollständigkeit — getan habe.

Salzwasser

Eine Fischsauce mit Zitronenmelisse kann herrlich schmecken, vorausgesetzt, sie wird subtil gewürzt. Hier ein Gericht für Fans von Meeresfrüchten, die etwas ausgefallene Rezepte lieben.

Coquilles St-Jacques in aromatischer Buttersauce

Den Fischfond erhitzen. 2 Zweiglein Zitronenmelisse in einen Krug geben. Den Fond darübergießen und 20 Min. ziehen lassen, dann passieren.

Schalotten, 1 dl Zitronenmelissenfond. Limonensaft und leicht zerdrückte Pfefferkörner auf kleinem Feuer kochen, bis die Schalotten weich sind und nur noch ungefähr 4 Eßl. Flüssigkeit zurückbleibt.

Die Pilgermuscheln öffnen (s. S. 358). Das Muschelfleisch vom «Corail» (dem roten Teil) trennen und beides sehr gut unter fließendem Wasser waschen. Den restlichen Zitronenmelissenfond durch ein feines Sieb passieren, aufkochen, dann das Muschelfleisch hineingeben. 2 Min. kochen lassen. Den Topf von der Herdplatte wegziehen.

Das Konzentrat mit den Schalotten durch ein feines Sieb in einen Topf mit weitem Boden pressen. Die Butter in kleine Stücke schneiden. Nach und nach unter die heißgemachte Essenz rühren. Nach Bedarf noch $1/2 - 1$ dl heißen Muschelfond zufügen. Bei kleiner Hitze weiterrühren, bis eine sämige Sauce entsteht. Die Sauce nachwürzen und auf vorgewärmte Teller verteilen. Die Muscheln daraufgeben. Mit Zitronenmelissenblättchen garnieren.

Wichtig Bei der Zubereitung dieser Sauce darauf achten, daß die Flüssigkeit nicht zu

**

V Kann teilweise vorbereitet werden
Arbeitsaufwand: 40 Min.
Kochzeit: 2 Min.

Flußkrebse, Kaisergranate (Scampi), große Garnelen (Riesenkrevetten), Seeteufel (Baudroie)

Für 4 Personen
12 Pilgermuscheln (Coquilles St-Jacques)
3 dl «Fischfond» (s. S. 337)
3 Zweiglein Zitronenmelisse
2 Eßl. Schalotten, fein gehackt
$1/2$ dl Limonensaft
5—6 weiße Pfefferkörner
60 g frische Butter
Salz, weißer Pfeffer

stark einkocht. Sonst hat es im Topf nur noch Butter, die sich durch die Hitze verflüssigt.

Man kann gegen Ende der Kochzeit 1 bis 2 Eßl. Rahm zufügen, was die Sauce etwas milder macht und das Gelingen garantiert.

Frische Pilgermuscheln schmecken herrlich, besonders wenn die Sauce so delikat ist wie bei diesem Rezept.

Coquilles St-Jacques in Champagnersauce

**

V Kann weitgehend vorbereitet werden
Arbeitsaufwand:
30 Min.
Garzeit: 5 Min.

Kamm-Muscheln (Vanneaux)

Für 4 Personen
16 Pilgermuscheln (Coquilles St-Jacques)
50 g Schalotten
2 Eßl. Butter
3 dl Champagner
2½ dl Rahm
40 g frische Butter
Salz, Pfeffer
1 Teel. Zitronensaft
1 Eßl. gehackter Kerbel

Die Muscheln öffnen (s. S. 358). Das Muschelfleisch herausnehmen. Nur das Weiße für das Gericht verwenden. Gut abspülen und auf Küchenpapier trocknen.
Die Schalotten fein hacken. In 1 Eßl. Butter anziehen lassen. Den Champagner zufügen. 10 Min. kochen, dann durch ein feines Sieb gießen. Den Rahm dazumischen. Auf die Hälfte einkochen lassen. Frische Butter in Flocken zur Sauce rühren. Mit Salz, Pfeffer und wenig Zitronensaft abschmecken.
Die Muscheln quer halbieren. 1 Eßl. Butter erhitzen. Die Muscheln beidseitig 1 Min. leicht anbraten. Mit Salz und Pfeffer bestreuen und in die warme Sauce geben. Nicht mehr kochen, nur noch 3 Min. ziehen lassen. In hübsche kleine Schalen anrichten und mit dem Kerbel bestreuen.

Wichtig Für sehr delikate Gerichte wird nur der weiße Teil der Pilgermuscheln verwendet. Den sogenannten «Corail» (den roten Teil) kann man in etwas Weißwein garen und als Salatgarnitur verwenden oder unter einen «Meeresfrüchtesalat» (s. S. 40) mischen.

Tip Man kann auch Sekt verwenden. In diesem Fall beim Abschmecken mit Zitronensaft besonders vorsichtig sein.

Die Pilgermuschel

Die Pilger- oder Jakobsmuscheln (Coquilles St-Jacques) sind zweischalig und haben eine wunderschöne Form. Die meisten von uns kennen sie, weil oft kleine Vorspeisen darin serviert werden.

Ihren Namen verdankt diese Muschel ihrer Herkunft. Früher kam sie vor allem an den Küsten von Galicien (Nordspanien) vor, wo sie den Pilgern, die nach Santiago de Compostela gingen, als Emblem diente. Sie behängten sich mit den leeren Schalen, und noch heute findet man dieses Symbol den ganzen Pilgerweg entlang.

Die Pilgermuschel hat eine abgeflachte, leicht gewölbte Schale, die mit strahlenförmigen Vertiefungen, die vom Schließmuskel ausgehen, verziert sind. Sie bewegt sich auf dem Meeresgrund fort, indem sie ihre Schalen abwechslungsweise öffnet und schließt. Ihr Durchmesser beträgt 10—15 cm. Es gibt verschiedene Sorten in unterschiedlichen Größen. Die Muschel ohne Schale ist ca. 90 g schwer. Das weiße Muschelfleisch ist sehr zart, der «Corail» (die Genitaldrüse) hingegen weniger. Er wird deshalb bei delikaten Zubereitungen oft weggelassen.

Die Saison der Pilgermuscheln dauert von Ende September bis Mai.

Eine exquisite Vorspeise in Timbaleformen, die anspruchsvolle Tischgäste erfreuen wird.

Timbale de coquilles St-Jacques au safran

**
V Kann vorbereitet werden
Arbeitsaufwand: 40 Min.
Garzeit: 20 Min.

Das Muschelfleisch vom Rogen trennen. Mit Seezungenfilets, Eiweiß und Rahm kühl stellen.

Inzwischen die Schalotte hacken und in Butter anziehen lassen. Mit 1 Eßl. Weißwein ablöschen und weich dünsten. Wermut beifügen, gut mischen und die Masse durch ein

307

Für 6 Personen
500 g Pilgermu-
scheln (Coquilles
St-Jacques), geputzt
und ohne Schalen
100 g Seezungen-
filets (Sole)
1½ Eiweiß
3 dl Rahm
1 Schalotte
1 EßI. Butter
1 EßI. Weißwein
1 EßI. trockener
Wermut (Noilly Prat)
2 EßI. Doppelrahm
Salz, Pfeffer
1 EßI. gehackter
Kerbel
Butter für die Form
Kerbelblätter zum
Garnieren

Sauce
2 EßI. Weißwein
4—5 Safranfäden
1½ dl Doppelrahm
Salz, Pfeffer

feines Sieb drücken. Mit Doppelrahm zu einer sämigen Sauce kochen. 6 Rogen in Scheiben schneiden. Mit Schalottenpüree und Kerbel mischen, würzen und kalt stellen.

6 Timbale- oder Souffléförmchen von ca. 1,5 dl Inhalt mit Butter gut ausstreichen.

300 g Muscheln (weißer Teil), kleingeschnittene Seezungenfilets und ½ Eiweiß im Cutter (s. S. 370) grob hacken. Restliches Eiweiß leicht schlagen, zufügen und das Ganze pürieren. Würzen. Nach und nach den ebenfalls leicht geschlagenen Rahm daruntermischen. Den Boden und die Wände der Förmchen mit dem Fischpüree ausstreichen. Das Rogenragout einfüllen und mit dem Fischpüree abschließen.

Ein Gefäß ca. 2½ cm hoch mit heißem Wasser füllen, die Förmchen hineinstellen, mit einer Aluminiumfolie leicht abdecken und im Ofen bei 160 °C 20 Min. garen. Das Wasser im Wasserbad sollte nie kochen, sondern nur 80 °C heiß werden.

Für die Sauce Weißwein auf 1—2 EßI. einkochen. Die Safranfäden zufügen, dann den Rahm beigeben. Weiterkochen, bis die Sauce leicht sämig wird. Mit Salz und Pfeffer abschmecken.

Die Timbaleförmchen auf vorgewärmte Teller stürzen, die Sauce ringsum gießen. Mit einem Kerbelblättchen garnieren.

Wichtig Die Förmchen erst 20 Min. vor dem Servieren in den Ofen geben. Danach müssen sie sofort serviert werden, damit das Gericht in der Konsistenz perfekt ist.

Tip Das Fischpüree vor dem Einfüllen nochmals kalt stellen, es wird dadurch fester und läßt sich besser in den Förmchen verstreichen.

Variationen
- Andere Fischsorten verwenden.
- Kleinere Formen nehmen und mit je 1 Auster oder 1 Miesmuschel füllen. In diesem Fall Schalotten, Rahm und Kerbel weglassen.
- «Beurre blanc» (s. S. 327) oder andere Sauce dazu servieren.

Pilgermuscheltimbale
in Safransauce

Die Austern

Bereits die Kelten, die Griechen und die Römer liebten es, Austern zu essen. Die Griechen verstanden es sogar, sie zu züchten. Dieses Wissen ging aber wieder verloren, und die Austern wurden bis ins 19. Jahrhundert hinein gefischt. Es gab so viele davon, daß die Leute diesen Segen für unerschöpflich hielten.

In Frankreich kannte man bis zu diesem Zeitpunkt nur die flache Auster. Als 1870 ein Schiff vor den Küsten Aquitaniens (Guyenne) Schiffbruch erlitt, tauchten plötzlich die tiefen Austern auf, die man «Portugiesische Austern» nannte. Nach einer anderen Version soll ein gewisser Kapitän Patoiseau eine Ladung dieser Austern 1868 ins Meer geworfen haben, die sich dann vermehrten. Dies gab den Anlaß, sie zu züchten. Später wurden die Portugiesischen Austern dezimiert und durch tiefe Austern aus dem Pazifik ersetzt.

Trotz der vielen Provenienzen der Austern gibt es grundsätzlich nur zwei Arten: die flache Auster (Huître plate) mit einer geraden und leicht gewölbten Schale und die tiefe Auster (Huître creuse) mit einer gewölbten und zerklüfteten Schale.

Die flachen und meist auch teureren Austern tragen außerdem den Namen ihres Herkunftsgebietes. So kennt man in Frankreich die Belons, die Marennes, die Arcachons und die Bouzigues.

Die tiefe Auster, auch Felsenauster oder früher Portugiesische Auster genannt, ist preislich günstiger und wird nach ihrer Zuchtmethode benannt. So gibt es die Huîtres de parc und die raffinierten Fines de Claires, die in Klärteichen («Claires») einen herberen Geschmack bekommen und von Kennern geschätzt werden. Sie werden zwei Monate in den Teichen gehalten, wobei für 20 Austern ein Quadratmeter Fläche reserviert werden muß. Dann gibt es noch die Spéciales de claires, absolute Spitzenprodukte, die sechs Monate zu fünft pro Quadratmeter in den Teichen verweilen.

Die Austern kommen heute fast nur noch aus Kulturen. Ihre Aufzucht dauert zwei bis fünf Jahre bei dauernder Überwachung. In den Klärteichen werden sie gereinigt und so gezüchtet, daß sie beim Transport zum Verbraucher ihre Schalen geschlossen halten. Die flachen Austern werden im Handel nach ihrer Größe und ihrem Gewicht mit Nummern bezeichnet und gelangen in Spezialkörben in den Handel:

Nr. 7/0 ca.	120 g
Nr. 6/0	95—100 g
Nr. 5/0	80— 85 g
Nr. 4/0	70— 75 g
Nr. 3/0	60— 65 g
Nr. 2/0	50— 55 g
Nr. 1/0	40— 45 g

Die tiefen Austern (Fines de claires und Spéciales de claires):

Klein	(ca. 300 Austern pro 13 kg)
Mittel	(ca. 200 Austern pro 13 kg)
Groß	(ca. 150 Austern pro 13 kg)
Sehr groß	(ca. 120 Austern pro 13 kg)

Dank dem in den Schalen enthaltenen Meerwasser können die Austern auch außerhalb ihres Lebensbereiches eine Zeitlang überleben. Ihre Schalen bleiben bei einer konstanten Temperatur von +2 bis 7 °C 20 Tage geschlossen. Beim Lagern sollte die tiefe Schale unten liegen. Je frischer sie konsumiert werden, je besser schmecken sie natürlich. Nach dem Kauf darf man sie nicht länger als eine Woche zu Hause aufbewahren. Ängstliche Austernesser können mit einem Tropfen Zitronensaft prüfen, ob die Auster noch lebt. Sie ist sehr empfindlich und reagiert auf die Säure, indem sie zusammenzuckt. Die Italiener beispielsweise träufeln aus diesem Grunde immer etwas Zitronensaft auf die Austern, was von vielen Feinschmeckern verpönt wird.
Auch in bezug auf das in den Austernschalen enthaltene Wasser gibt es zwei Auffassungen. Die meisten Austernliebhaber schlürfen das Wasser genüßlich mit.

Auf jeden Fall sollte eine Auster, die trocken in der Schale liegt, weggeworfen werden. Denn ohne dieses Wasser ist sie nicht lebensfähig. Bis vor einigen Jahren aß man in unseren Breitengraden nur Austern in den Monaten mit «r». Nachdem sich die Transportmöglichkeiten verbessert haben, werden Austern nun überall das ganze Jahr hindurch angeboten.

Wer nicht gerne rohe Austern ißt, kann sie ganz leicht dünsten.

Austern in Dillbutter

**

V Kann teilweise vorbereitet werden
Arbeitsaufwand: 25 Min.
Garzeit: 5 Sek.

Sandklaffmuscheln (Clams)

Für 4 Personen
24 große Austern («plates» oder «creuses»)
60 g frische Butter
Weißer Pfeffer aus der Mühle
1 Teel. Dill, frisch gehackt
1 Eßl. herber Wermut (Noilly Prat)

Die Austern öffnen (s. S. 359). Den Saft aus den Schalen durch ein feines Sieb in ein Schüsselchen geben und aufheben.
Die Butter in Stücke schneiden, in einer Bratpfanne erhitzen. Sobald sie schäumt, die Austern beifügen und wenden. Nach 5 Sek. mit dem Schaumlöffel aus der Pfanne nehmen und warm stellen. Mit 2—3 Umdrehungen Pfeffer bestreuen.
Dill in die Butter geben, hellgelb werden lassen, dann den Wermut und den Austernsaft dazugießen. Die Butter über die Austern verteilen und sofort servieren.

Wichtig Die Austern brauchen wirklich nur 5 Sek., um gar zu werden. Am besten zählt man 21, 22 bis 25! Die Butter nicht braun oder schwarz werden lassen. Sie würde dadurch unbekömmlich.

Tip In Pilgermuschelschalen oder in kleinen Souffléförmchen servieren. Toast oder ganz frisches, knuspriges Weißbrot (Baguette) dazureichen.

312

Es gibt Gelegenheiten, wo eine Vorspeise nicht festlich genug sein kann.
Dann sind Austern, in Champagner
pochiert, vielleicht das Richtige.

Austern
in Champagnersauce

Die Austern öffnen (s. S. 359) und die salzige Flüssigkeit durch ein feines Sieb in eine
Schüssel gießen. Das Austernfleisch kurz
kalt abspülen.
Den Lauch in feine Streifen schneiden, in
1 Eßl. Butter anziehen lassen, mit Fischfond
ablöschen und zugedeckt 8—10 Min. garen
lassen. Mit Salz und Pfeffer abschmecken.
Champagner und filtriertes Austernwasser
in einen kleinen Topf geben und aufkochen.
Die Austern zufügen, von der Herdplatte
wegziehen und 20 Sek. ziehen lassen. Die
Austern sofort mit einem Schaumlöffel aus
dem Sud nehmen und warm stellen. Den
Sud bis zu einem Drittel einkochen. Rahm
zugießen, weiter einkochen, dann die Butter
flockenweise dazugeben. Die Sauce soll
leicht sämig werden. Mit Salz, Pfeffer und
Zitronensaft abschmecken. Den steifgeschlagenen Rahm darunterziehen.
Den gut abgetropften Lauch in vorgewärmte
Schälchen verteilen und die Austern darauflegen. Die Sauce über die Austern und den
Lauch anrichten und mit Schnittlauch bestreuen.

Wichtig Die Austern sollen nicht länger
als angegeben im Sud ziehen, sonst werden
sie zäh.

Tip Hübsch sieht es aus, wenn man dieses Gericht in den schönen Schalen der Pilgermuscheln anrichtet.

Variationen
– Champagner durch trockenen Wermut
  oder Sherry ersetzen.
– Lauch durch gedünsteten Spinat ersetzen.

***
V Kann teilweise
vorbereitet werden
Arbeitsaufwand:
30 Min.
Garzeit: 8—10 Min.

**Für 4 Personen
(als Vorspeise)**
20 Austern («plates»
oder «creuses»)
2 zarte Lauch-
stangen (nur weißer
Teil)
1 Eßl. Butter
2—3 Eßl. «Fisch-
fond» (s. S. 337)
oder Champagner
Salz, weißer Pfeffer
2 dl trockener
Champagner
½ dl Rahm
30 g frische Butter
1 Teel. Zitronensaft
2 Eßl. steifgeschla-
gener Rahm
1 Eßl. Schnittlauch,
fein gehackt

Ein sehr einfaches Gericht, das den typischen Geschmack der Muscheln gut zur Geltung kommen läßt.

Muscheln nach portugiesischer Art

*
V kann vorbereitet werden
Arbeitsaufwand:
20 Min.
Kochzeit: 20 Min.

◁☐☒

Venusmuscheln
(Praires)

Für 4 Personen
2 kg Miesmuscheln
(Moules)
4 Knoblauchzehen
1 Lorbeerblatt
4 Umdrehungen
weißer Pfeffer
1 dl gehaltvoller
Weißwein (weißer
Rioja oder portugie-
sischer Wein)

Für die Zubereitung eignet sich ein Römer-topf oder eine Tonform, die man mit Alumi-niumfolie verschließen kann. Die Muscheln gut unter fließendem Wasser putzen (s. S. 357). In den Topf geben. Mit feinge-hacktem oder durchgepreßtem Knoblauch bestreuen. Das Lorbeerblatt darüber zer-bröckeln. Mit Pfeffer bestreuen und den Wein dazugießen.

Den Ofen auf 180° C vorheizen. Die gut ver-schlossene Form hineingeben und das Ge-richt 20 Min. garen lassen. In der Form zu-sammen mit frischem Weißbrot servieren.

Wichtig   Die Muscheln dürfen nicht zu lange im Ofen bleiben, sonst werden sie hart. Man kann das Gericht auch auf der Herdplatte zubereiten.

Sobald sich die Schalen öffnen, können die Muscheln serviert werden.

Variation   Eine reife, geschälte und klein-geschnittene Tomate zufügen.

Sherry gibt Fischgerichten das gewisse Etwas, was gewöhnlicher Wein oft nicht vermag. Das merkt man besonders bei dieser Zubereitung.

Moules in Sherryrahm

*
V Kann weitgehend vorbereitet werden
Arbeitsaufwand:
30 Min.
Kochzeit: 2—3 Min.

Die Miesmuscheln gründlich putzen (s. S. 357). Schalotten, Knoblauchzehe, Mu-scheln, 1 dl Sherry, 1 dl Wasser und viel Pfeffer aus der Mühle aufkochen. Sobald sich die Schalen der Muscheln öffnen, von der Herdplatte wegziehen. Den Sud durch ein feines Sieb in einen Topf gießen, den restlichen Sherry zugeben und bis auf 1 dl einkochen. Rahm zugeben, weiterkochen, bis die Sauce leicht gebunden ist. Inzwischen die Schalen der Miesmuscheln entfernen. In eine gut vorgewärmte Schüssel anrichten. Die Sauce mit wenig Salz und Cayennepfeffer nachwürzen und über die Muscheln anrichten. Mit Schnittlauch bestreuen und zusammen mit Reis servieren.

Wichtig Wenn mehr Sauce gewünscht wird, 2½ dl Sherry und 2½ dl Rahm verwenden und die Sauce zuletzt mit wenig «Beurre manié» (s. S. 343) binden.

Tip Besonders gut eignen sich für dieses Gericht die großen spanischen Miesmuscheln.

Variation Man kann diese Muscheln auch ohne Rahm zubereiten. In diesem Fall nur 1 dl Sherry und 1 dl Wasser verwenden und den etwas eingekochten Sud zuletzt über die Muscheln gießen.

Sandklaff- oder Teppichmuscheln (Vongole), Pilgermuscheln (Coquilles St-Jacques)

Für 4 Personen
2 kg Miesmuscheln (Moules)
3 Eßl. gehackte Schalotten
1 Knoblauchzehe
2 dl halbtrockener Sherry (Amontillado)
Salz, Pfeffer aus der Mühle
2 dl Rahm
1 Prise Cayennepfeffer
2 Eßl. Schnittlauch, fein gehackt

Miesmuscheln haben ein sehr eigenwilliges Aroma, das sich mit dem einer ausgewogenen Currymischung gut verträgt.

Moules in Currysauce

Die Muscheln sehr gut putzen (s. S. 357). 2 Eßl. Butter erhitzen. Schalotten fein hacken, Curry und Pfefferschote beifügen und anziehen lassen. Die Muscheln und den Weißwein zugeben. Zudecken und aufkochen. Sobald sich die Schalen öffnen, den Topf von der Herdplatte wegziehen.

Den Sud durch ein Sieb in einen Topf gießen. Auf die Hälfte einkochen lassen. Rahm beigeben und nochmals einkochen, bis die Sauce leicht sämig wird. Die Butter in kleine Stücke schneiden und unter die Sauce rühren. Mit wenig Salz und Pfeffer abschmecken.

Die Muscheln in vorgewärmte Suppenteller verteilen. Die Sauce darübergeben und mit Petersilie bestreuen.

*
V Kann teilweise vorbereitet werden
Arbeitsaufwand: 35 Min.
Kochzeit: 2—3 Min.

Sandklaffmuscheln (Clams), Teppichmuscheln (Palourdes), Samtmuscheln (Amandes de mer)

Für 4 Personen
2 kg Miesmuscheln (Moules)
2 Eßl. Butter
50 g Schalotten
1 Eßl. Currypulver (Madras)

1 kleines Stück rote
Pfefferschote, scharf
2½ dl Weißwein
2½ dl Rahm
40 g Butter
Salz, Pfeffer
2 Eßl. Petersilie
(wenn möglich
flachblättrige)

Wichtig Die Güte dieses Gerichtes steht und fällt mit der Qualität des Currypulvers. Also nicht irgendeine Sorte kaufen, sondern Madras-Curry in Originalverpackung!

Tip Für dieses Gericht ziehe ich die kleinen französischen Miesmuscheln vor.

Variation Milch anstelle von Rahm verwenden und die Sauce mit 1 Teel. Maisstärke binden.

Miesmuscheln lassen sich auf die vielfältigsten Arten zubereiten. Dies ist mit ein Grund, weshalb sie so beliebt sind und mehr und mehr auch in der Privatküche Eingang finden.

Muscheln in Calvadossauce

*

V Kann weitgehend
vorbereitet werden
Arbeitsaufwand:
25 Min.
Kochzeit: 3—5 Min.

◁━━▷

Sandklaffmuscheln
(Clams), Teppich-
muscheln
(Palourdes), Samt-
muscheln (Amandes
de mer)

Für 4 Personen
1 kg kleine Miesmu-
scheln (Moules)
2 Eßl. Schalotten,
fein gehackt
1 Lorbeerblatt
Salz, Pfeffer aus der
Mühle
1½ dl Apfelwein
½ Teel. Maisstärke
2 Eßl. Calvados
1½ dl Rahm
1 Prise Cayenne-
pfeffer
1 Eßl. gehackte
Petersilie

Die Muscheln sauber putzen (s. S. 357). Schalotten, Lorbeerblatt, frisch gemahlener Pfeffer und Apfelwein in einen hohen Topf geben. Die Muscheln darauflegen, zudekken und aufkochen, bis sich die Schalen öffnen. Die eine Schale entfernen und die Muscheln in vorgewärmte Suppenteller anrichten. Den Muschelfond durch ein Sieb gießen. ½ dl davon mit der Maisstärke gut verrühren. Den Rest in eine Kasserolle geben und bis auf die Hälfte einkochen lassen. Calvados, angerührte Maisstärke und Rahm zugeben. Einkochen, bis die Sauce leicht sämig wird. Mit Salz und Cayennepfeffer abschmecken. Die Sauce über die Muscheln verteilen und mit Petersilie bestreuen.

Wichtig Für dieses Gericht schmecken die kleinen französischen oder dänischen Miesmuscheln besser als die großen gelben aus Spanien.

Tip Noch besser, aber etwas üppiger wird dieses Gericht, wenn man 1 dl Doppelrahm und ½ dl sauren Halbrahm verwendet.

Ein klassisches überbackenes Gericht, das man gut vorbereiten kann und vor dem Essen nur noch kurz in den Ofen schieben muß. In kleinen Portionen eignet es sich als Vorspeise. Als Hauptgericht serviert man dazu Kartoffeln oder etwas Reis.

Gratin de moules

Die Muscheln unter fließendem Wasser gut putzen (s. S. 357). Weißwein, Schalotten, Lorbeerblatt, ganze Knoblauchzehe und Pfefferkörner in einen Topf geben. Aufkochen, bis sich die Muscheln öffnen. Etwas erkalten lassen. Eigelbe, Rahm und ½ Teel. Salz in einen kleinen Topf gießen, in ein Wasserbad stellen und erhitzen. Die Ei-Rahm-Mischung so lange schlagen, bis eine sämige Sauce von der Konsistenz einer «Sauce hollandaise» entsteht. Die Sauce in eine kalte Schüssel gießen und bis zum Gebrauch im Kühlschrank aufbewahren.

Eine flache Auflaufform oder kleine Portionenförmchen mit Butter ausstreichen. Die Muscheln aus der Schale nehmen und hineinlegen. Den Sud der Muscheln passieren und in einem kleinen Topf auf die Hälfte einkochen lassen. 2 Eßl. davon mit Wermut, Safran und der vorbereiteten Sauce mischen, dann bei sehr kleiner Hitze erwärmen (vorsichtshalber im Wasserbad). Mit weißem Pfeffer und evtl. wenig Salz nachwürzen. Die Sauce über die Muscheln verteilen und bei 225 °C Oberhitze ca. 5 Min. überbacken. Die Sauce darf nicht braun werden, sie soll nur kleine hellbraune Flecken erhalten.

In der Form servieren und nach Belieben Salzkartoffeln dazureichen.

Variation Noch interessanter wird dieses Gericht, wenn man beim Einkochen des Muschelsudes 2 Eßl. feingeschnittenes Gemüse zugibt (Karotten, Lauch, Sellerie).

*
V Kann vorbereitet werden
Arbeitsaufwand: 40 Min.
Backzeit: 5—10 Min.

Pilgermuscheln
(Coquilles
St-Jacques)

Für 4 Personen
2 kg Miesmuscheln (Moules)
2½ dl Weißwein
1 gehackte Schalotte
½ Lorbeerblatt
1 Knoblauchzehe
4—5 Pfefferkörner
2 Eigelb
1½ dl Rahm
Salz, weißer Pfeffer aus der Mühle
1 Teel. Butter für die Form
1 Teel. herber Wermut (Noilly Prat oder Martini dry)
1 Prise Safran

«À la provençale» ist eine Zubereitungsart, die viele besonders mögen. Man denkt dabei an Kräuter- und Knoblauchduft, was auch bei diesen Muscheln zutrifft.

Moules
à la provençale

*

V Kann vorbereitet werden
Arbeitsaufwand: 40 Min.
Backzeit: 6—7 Min.

◁─╳

Kamm-Muscheln (Vanneaux)

Für 4 Personen
2 kg Miesmuscheln (Moules)
4 Knoblauchzehen
2 Eßl. gehackte Kräuter (Rosmarin, Basilikum, Petersilie, Bohnenkraut, Majoran, Thymian)
2 Eßl. gepökeltes Schweinefleisch aus dem Salz oder Magerspeck, sehr fein gehackt
2 Eßl. Olivenöl
2 Eßl. geriebenes Weißbrot
Salz, Pfeffer
1—2 Eßl. erstklassiger Cognac (Fine Champagne)

Zuerst die Füllung vorbereiten: Die Knoblauchzehen fein hacken. Mit den Kräutern und dem Schweinefleisch kurz in 1 Eßl. Olivenöl anziehen lassen. Geriebenes Brot dazumischen. Mit Salz und Pfeffer abschmekken.
Die Muscheln putzen (s. S. 357). In einem Siebaufsatz über dem Dampf kurz garen, bis sich die Schalen öffnen. Je eine Schale entfernen.
Das Muschelfleisch mit der Füllung bedekken. Die Muscheln kranzförmig auf feuerfeste Teller anordnen. Die Füllung zuerst mit sehr wenig Cognac beträufeln, dann das restliche Öl tropfenweise daraufgeben. Im Backofen bei Oberhitze (220 °C) ca. 6 bis 7 Min. überbacken.

Wichtig Für dieses Gericht schmecken die kleinen französischen Miesmuscheln am besten. Sie sind auch im Sommer erhältlich.

Tip Die Füllung sollte beim Überbacken nicht austrocknen. Evtl. mit einem Stück Aluminiumfolie etwas abdecken.

Variation Die Miesmuscheln auf gutgewürzten Spinat legen, etwas eindrücken und wie beschrieben überbacken. Buttercroûtons dazu servieren. Die Kräuter evtl. durch einige in Cognac eingeweichte Korinthen ersetzen und mit wenig Cayennepfeffer würzen.

SAUCEN UND BEILAGEN

Auf den nächsten Seiten finden Sie die verschiedenen Rezepte für Saucen und Beilagen, auf die in den einzelnen Kapiteln hingewiesen wurde. Zum Teil sind es klassische Saucen wie die «Sauce hollandaise» oder die «Mayonnaise», zum Teil Spezialitäten wie die «Rouille» zur «Bouillabaisse», die «Aïoli», die zu vielen südlichen Fischgerichten gehört, oder die pikante spanische «Salsa Romesco». Dazu gesellen sich neuere Saucenkreationen, die Quark, Sauerrahm oder andere moderne Produkte enthalten.
Meine Auffassung über Beilagen, die zu Fisch passen, können Sie ebenfalls hier nachlesen. Ich habe sie als Richtlinie aufgeführt, aber es steht natürlich jedermann frei, die Fische auf seine Art anzurichten.

Mayonnaise

Von Hand gerührt
Die Eigelbe in eine kleine Schüssel geben. Mit Senf verrühren. Dann tropfenweise Öl zugeben, dabei ständig mit dem Schneebesen rühren. Sobald die Sauce fest ist, unter Rühren langsam den Zitronensaft beifügen. Dann unter tüchtigem Rühren das restliche Öl gleichmäßig dazugießen, bis die Mayonnaise die gewünschte Konsistenz hat. Mit Salz und Pfeffer abschmecken.

Arbeitsaufwand: 15 Min.

2 Eigelb
½ Teel. scharfer Senf (Djion), nach Belieben
3—5 dl Öl
Saft von 1 kleinen Zitrone oder
1—2 Teel. Weißweinessig
Salz, weißer Pfeffer

Im Mixer zubereitet
Diese Mayonnaise kann mit 1 Eigelb und 1 ganzen Ei zubereitet werden. Zuerst die Eier mit oder ohne Senf im Mixer verquirlen, dann Öl und zuletzt Zitronensaft oder Essig zufügen.

Wichtig Alle Zutaten müssen die gleiche Temperatur haben. Deshalb 1 Std. vorher in der Küche bereitstellen. Mayonnaise sollte nicht länger als 1—2 Tage im Gemüseabteil des Kühlschranks aufbewahrt werden.

Tips
- Damit die Schüssel beim Rühren der Mayonnaise nicht rutscht, kann man ein feuchtes Tuch darunterlegen.
- Retten läßt sich eine mißlungene Mayonnaise im Mixer, durch Zugabe von 1 bis 2 Eßl. heißem Wasser oder von einem zerdrückten gekochten Eigelb, das man gründlich unter die Sauce rührt.

Variationen, passend zu Fischgerichten:

Leichte Mayonnaise:
Mayonnaise mit Quark, saurem Halbrahm, Joghurt oder steifgeschlagenem Rahm mischen.

Grüne Mayonnaise:
Gehackte Kresse oder Spinat und/oder Kräuter darunterrühren. Evtl. Quark zugeben.

Mayonnaise à la provençale:
Tomatenpüree, gehackte Sardellenfilets, Knoblauch, wenig Cayennepfeffer und Kräuter beifügen.

Mayonnaise mit Nüssen:
1–2 Eßl. geröstete gemahlene Haselnüsse darunterziehen.

Orangenmayonnaise:
Saft von 1 Orange (am besten Blutorange), abgeriebene Orangenschale und wenig Cayennepfeffer dazumischen.

Dillmayonnaise:
Joghurt und Dillspitzen zufügen.

Sherrymayonnaise:
1 Eßl. trockenen Sherry zufügen.

Rouille

*
V Kann vorbereitet werden
Arbeitsaufwand:
20 Min.
(von Hand)
5 Min. (im Mixer)

Für 6–7 Personen
2 kleine rote Pfeffer-schoten, scharf
1 Prise Salz
1 Prise Safran oder
4–5 Safranfäden
4 Knoblauchzehen
1 kleine Kartoffel, frisch gekocht
1 Eigelb
1 dl Olivenöl, kalt gepreßt
2–3 Eßl. Fisch-bouillon (von der «Bouillabaisse», s. S. 104)
Salz

Die Pfefferschoten längs halbieren, entkernen und in kleine Stücke schneiden. Mit Salz, Safran und den geschälten, kleingeschnittenen Knoblauchzehen im Mörser zu einer Paste zerreiben. Die noch warme Kartoffel kleinschneiden, zufügen und mit dem Stößel unter die Paste arbeiten. Eigelb zufügen und nach und nach, wie bei einer Mayonnaise, das Öl unter ständigem Rühren dazugießen. Wenn nötig, mit wenig warmem Sud (von der Bouillabaisse) verdünnen. Mit Salz abschmecken.

Wichtig Die «Rouille» darf zu einer klassischen Bouillabaisse auf keinen Fall fehlen. Sie gibt dem Gericht die pikante Note und ist mehr als nur eine scharf gewürzte Mayonnaise.
Man kann diese Sauce auch im Mixer oder im Cutter (s. S. 370) zubereiten. Hat man keine roten Pfefferschoten, kann man etwas Harissa (rote, scharfe Pfefferpaste) verwenden. Die Rouille sollte immer frisch, eigentlich parallel zur Bouillabaisse, zubereitet werden. Sobald sie einige Stunden aufbewahrt wird, nimmt sie wegen des Knoblauchs einen eigenartigen Geschmack an. Das merkt man in Restaurants, wo diese Sauce im voraus zubereitet wird.

Tip Auch für die Rouille gibt es verschiedene Rezepte. Die einen ersetzen die Kartoffel durch eingeweichtes Brot, die anderen bereiten diese Sauce im Schnellverfahren zu und würzen eine Mayonnaise mit roter Pfefferpaste und durchgepreßtem Knoblauch.

Aïoli

Die Zutaten für die Sauce 1 Std. vor der Zubereitung aus dem Kühlschrank nehmen, damit alles die gleiche Temperatur hat. Die Knoblauchzehen schälen, halbieren, in einen Mörser geben und mit wenig Salz zerreiben. Die Eigelbe dazumischen. 20 Min. beiseite stellen. Dann das Öl tropfenweise, wie bei einer Mayonnaise, darunterarbeiten. Wird die Sauce zu dick, kann man 1—2 Eßl. warmes Wasser dazumischen. Mit Salz und Zitronensaft abschmecken.

Für 4 Personen
4—6 große
Knoblauchzehen
Salz
2 Eigelb
3—4 dl Olivenöl, kalt gepreßt
1 Teel. Zitronensaft

Wichtig Die Aïoli muß gleichmäßig, immer in der gleichen Richtung, gerührt werden. Sollte sie mißraten, kann man sie in den Mixer geben und auf diese Art retten. Sie kann auch im Mixer zubereitet werden. In der Provence sagt man aber, daß sie von Hand gerührt besser schmeckt.

Tip Besonders würzig wird diese Sauce, wenn man 1 Eßl. «Knoblauch-Pfeffer-Öl» (s. S. 329) zufügt.

Salsa Romesco

Die Paprikaschoten halbieren, entkernen und auf dem heißen Grill oder im Ofen braten, bis die Haut braune Flecken bekommt. In eine Schüssel legen und mit einem Tüchlein zudecken. Nach dem Erkalten die Haut abziehen. Die Tomaten kurz in heißes Wasser tauchen und schälen, halbieren und entkernen. Zwiebel und Knoblauchzehen hacken. In ½ dl Öl anziehen lassen. Paprikaschoten und Tomaten kleinschneiden und mit den zerkleinerten und entkernten Pfefferschoten ebenfalls zufügen. 20—30 Min.

Für 4—6 Personen
2 rote Paprikaschoten, groß
2 reife Tomaten
1 kleine Zwiebel
4 Knoblauchzehen
1½ dl Olivenöl
2 kleine Pfefferschoten, rot und scharf
50 g geschälte Mandeln, geröstet
1 Eßl. edelsüßer Paprika

1 Eßl. Weinessig
Salz, Pfeffer

unter öfterem Wenden dünsten, bis ein Mus entsteht.

Die Mandeln im Mörser zerdrücken oder mahlen. Mit dem roten Mus, dem Paprika, dem restlichen Öl und dem Essig in einen Mixer geben. Das Püree mit Salz und Pfeffer abschmecken, dann durch ein feines Sieb streichen.

Wichtig In Spanien verwendet man anstelle der frischen Paprikaschoten kleine runde, getrocknete, die «Noras» heißen. Außerdem fügt man den Zutaten noch einen gerösteten und gemahlenen Brotanschnitt zu, der mit gemixt wird.

Tip Diese Paprikasauce nach spanischer Art läßt sich 3—4 Tage im Kühlschrank aufbewahren.

Sauce hollandaise

Arbeitsaufwand:
20 Min.

Für 4 Personen
150—200 g frische Butter
3 Eigelb von ganz frischen Eiern
Etwas Salz
Weißer Pfeffer aus der Mühle
2 Teel. Zitronensaft

Den Topf für das Wasserbad und den Schneebesen bereitstellen. Die Butter in kleine Stücke schneiden. Den Untersatz des Wasserbadtopfs mit heißem Wasser füllen. Die Eigelbe in den Topf geben. Salz, Pfeffer und ein kleines Stückchen Butter zufügen, verquirlen und ½ Teel. Zitronensaft beigeben. Den Topf auf den mit Wasser gefüllten Untersatz setzen. Die Temperatur auf Mittelhitze stellen. So lange mit dem Schneebesen schlagen, bis eine dicke Creme entsteht. Dabei immer die Wassertemperatur des Wasserbades kontrollieren. Sie muß vom Finger noch ertragen werden. Wenn das Wasser zu heiß wird, besteht die Gefahr, daß sich die Sauce zersetzt. Deshalb von Zeit zu Zeit vom Feuer nehmen. Sobald die Eigelbe sämig sind und im Schneebesen als Creme hängenbleiben, den Topf aus dem Wasserbad nehmen und die in kleine Stückchen geschnittene Butter mit dem Schneebesen unterrühren. Von Zeit zu Zeit wieder kurz ins heiße Wasser stellen, damit die Sauce nicht erkaltet und die Butterstückchen zergehen. können. Sobald alle Butter verarbeitet ist, die Sauce probieren und evtl.

mit Salz und Pfeffer nachwürzen und mit Zitronensaft abschmecken. Die Sauce sofort lauwarm servieren (nicht auf ein Rechaud stellen!).

Tip Siehe Saucenrührwerk S. 370.

Variationen
- Diese mit Zitronensaft zubereitete «Sauce hollandaise» ist besonders delikat. Wenn man eine etwas rezente oder charaktervolle Sauce wünscht, kann man den Zitronensaft durch folgende Mischungen ersetzen:

1. ½ dl Weißwein (oder halb Weißwein, halb Fischsud)
   1 Schalotte, fein gehackt
   Weißer Pfeffer
   Salz

2. ½ dl Champagner
   Weißer Pfeffer
   Salz

In diesem Fall muß man zuerst den Wein und die gehackte Schalotte oder nur den Champagner mit Salz und Pfeffer in einem separaten Topf aufkochen und bis auf einen Teelöffel voll einkochen lassen. Dann den Sud passieren und erkalten lassen. Anschließend kann man wie bei der beschriebenen Sauce hollandaise vorgehen. Zitronensaft weglassen.
- Für eine leichtere Sauce hollandaise 1 dl saurer Halbrahm oder Sauermilch, 1 Ei, ½ Teel. Senf und 1 Teel. Zitronensaft im Mixer gut mischen. 60 g lauwarme, flüssige Butter zufügen und nochmals mixen. Nach Belieben abschmecken.

Abwandlungen der Sauce hollandaise für Fischzubereitungen
Die Beigaben sind für ca. 300 g Sauce berechnet und werden immer erst im letzten Moment zugegeben.

Mit Orange oder Jaffarine:
Saft von 1 Orange (wenn möglich Blutorange) oder Jaffarine
½ Teel. abgeriebene Orangenschale
Diese Sauce heißt «Sauce maltaise».

Mit Zitrone, Grapefruit oder Limone:
Saft von ½ Zitrone, von ½ Grapefruit oder
von 1 Limone
½ Teel. abgeriebene Zitronenschale
Die Sauce heißt dann «Sauce hollandaise
au citron», «au pamplemousse» oder «au
citron vert».

Mit Nüssen:
1 EßI. geschälte, feingemahlene Haselnüsse
oder Mandeln

Mit Doppelrahm:
3 EßI. saurer Halbrahm
3 EßI. Doppelrahm

Mit Fischfond:
1 EßI. sehr konzentrierter Fischfond
2 EßI. steifgeschlagener Rahm

Mit Muscheln:
1 EßI. stark eingekochter Muschelsud
Einige gekochte, gehackte Muscheln, nach
Belieben

Mit Trüffel:
1 schwarze Trüffel, fein gehackt, 2 EßI. steifgeschlagener Rahm
Einen Teil der Butter je nach Geschmack
durch Krevettenbutter (wie «Hummerbutter»
S. 343 zubereiten) ersetzen.

Mit Schlagrahm:
3 EßI. steifgeschlagener Rahm
Die Sauce heißt dann «Sauce mousseline»
oder «Sauce chantilly».

Mit Senf:
½ Teel. englisches Senfpulver mit 1 EßI.
Wasser anrühren und beifügen.

Mit Krebsbutter:
3 Teel. Krebsbutter (evtl. aus der Tube)
2 EßI. steifgeschlagener Rahm

Mit Ei:
1 Ei, hart gekocht und gehackt

Mit Sardellen:
½ Tube Sardellenbutter (in bester Qualität
im Handel erhältlich)

Mit Champignons:
1 EßI. gehackte Champignons
1 EßI. gehackte Petersilie

Mit Austern:
12 gekochte Austern
1 Eßl. Austernsud

Mit Kaviar:
30 g russischer Kaviar
Schmeckt ausgezeichnet zu frischem, pochiertem Lachs.

Mit Kapern:
2 Teel. Kapern

Beurre blanc

Schalotten mit Essig und Weißwein bei kleiner Hitze einkochen, bis nur noch 3 Eßl. Flüssigkeit vorhanden ist. Durch ein feines Sieb in einen Topf gießen und dabei die Schalotten gut auspressen. Die Butter in kleine Stücke schneiden. Den Extrakt wieder erhitzen, Rahm zugeben, kurz einkochen, dann die Temperatur stark reduzieren und die Butter stückchenweise darunterschlagen. Die Sauce soll dabei heiß bleiben, sollte aber nicht kochen. Mit Salz und Pfeffer abschmecken.

Wichtig Für diese etwas heikle Sauce gibt es unzählige Rezepte. Auch ich variiere die «Beurre blanc» je nach Weiterverwendung. Den Rahm füge ich bei, weil die Sauce dadurch stabiler wird. Nach klassischen Rezepten sollte viel mehr Butter zugefügt werden. Es geht aber auch so. Merken muß man sich bei der Zubereitung, daß die Butter mit genügend Flüssigkeit geschlagen werden muß. Verdampft der Essig oder der Wein zu stark, scheidet die Butter wieder aus. Man kann durch Beifügen von etwas warmem Wein oder Wasser die Sauce im Mixer retten.

Die Beurre blanc sollte nach Möglichkeit sofort nach der Zubereitung auf den Tisch kommen. Geht das nicht, muß man sie vorsichtig warm halten und evtl. im letzten Moment im Mixer nochmals rühren. Zum Warmhalten stellt man das Gefäß auf einen mit heißem Wasser gefüllten Topf (das

Arbeitsaufwand:
15 Min.

Für 4 Personen
50 g Schalotten, fein gehackt
2 Eßl. Weißweinessig
4 Eßl. trockener Weißwein
100 g frische Butter
2 Eßl. Rahm
Salz, weißer Pfeffer

Wasser darf aber nicht kochen!). Sollten Fettaugen sichtbar werden, muß man die Sauce sofort wieder durchrühren.

Tip Für Ängstliche gibt es kleine Saucenrührwerke mit eingebautem Thermostat zu kaufen. Darin läßt sich der Extrakt zubereiten und danach bei richtiger Temperatur die Butter einrühren. Alles geht von selbst, ohne Risiko. Das Ganze dauert aber eine Weile, und das Gerät muß zeitlich so eingestellt werden, daß die Zubereitung mit der Garzeit des Fisches übereinstimmt.

Variationen
- Champagner-, Sherry- oder Estragonessig verwenden.
- 1 Eßl. Noilly Prat zufügen.
- 1 Eßl. Kaviar oder Kräuter darunterziehen.
- Die Schalotten in der Sauce belassen (z. B. wenn die Sauce zu «Hecht blau» serviert wird).

Dillsauce

Arbeitsaufwand:
15 Min.
Kochzeit: 10 Min.

Für 4 Personen
1 Eßl. gehackte
Schalotten
1 Eßl. Butter
3 dl «Fischfond»
(s. S. 337)
3 dl Rahm
1 Eßl. Dillspitzen
Salz, weißer Pfeffer
½ Teel. Pernod,
nach Belieben
30 g frische Butter

Die Schalotten in Butter anziehen lassen. Mit Fond ablöschen. Auf 1 dl Flüssigkeit einkochen. Durch ein feines Sieb gießen und wieder aufkochen. Rahm zugeben. Weiterkochen, bis die Sauce leicht sämig wird. Dill zufügen und mit Salz, Pfeffer und evtl. Pernod abschmecken. Die Butter in Flocken darunterrühren.

Wichtig Man kann die Sauce vor der Beigabe von Dill kurz im Mixer schaumig schlagen. Darauf achten, daß sie dabei nicht kalt wird! In diesem Fall ist die Butter bereits zugefügt oder wird überhaupt weggelassen.

Tip Wünscht man etwas mehr Sauce, kocht man sie nach dem Beifügen des Rahms nicht mehr ein, sondern bindet sie mit etwas «Eier-Rahm-Sauce» (s. S. 342).

Variation Pernod durch 1 Eßl. Noilly Prat ersetzen.

Knoblauch–Pfeffer–Öl

Die Pfefferschoten halbieren und entkernen. In kleine Stücke schneiden, in einen Mörser geben und mit wenig Salz zerreiben. Knoblauch schälen, halbieren und zufügen. Im Mörser zerdrücken. Tropfenweise 1 Eßl. Öl zugeben. Sobald eine gleichmäßige Paste entstanden ist, in ein Konservenglas geben. Öl darübergießen, bis die Paste ganz bedeckt ist. 1 Std. ruhen lassen

Wichtig Pfefferschoten und Knoblauch müssen ganz fein zerrieben werden. Wer die Geduld nicht aufbringen kann oder will, kann die Paste in einem Cutter (s. S. 370) herstellen.

Tip Diese Paste läßt sich längere Zeit im Kühlschrank aufbewahren. Einige Tropfen Öl geben südlichen Fischgerichten eine pikante Note.

Als Saucenbasis
5 kleine, rote Pfefferschoten, scharf
Salz
7 Knoblauchzehen
1—2 dl Olivenöl, kalt gepreßt

Safransauce

Die Schalotten in Butter anziehen lassen. Mit Fischfond ablöschen. Bis auf 1 dl Flüssigkeit einkochen, dann Rahm, Wermut und Safran beifügen und weiterkochen, bis die Sauce sämig wird, aber noch fließend ist. Mit Salz und Pfeffer abschmecken.

Wichtig Nur wenig Safran beifügen, sonst beeinträchtigt dieses etwas aufdringliche Aroma den Geschmack des Fischgerichts.

Für 4 Personen
1 Eßl. Schalotten, fein gehackt
1 Eßl. Butter
3 dl «Fischfond» (s. S. 337)
2 dl Rahm
1—2 Eßl. trockener Wermut (Noilly Prat)
1 Prise Safran
Salz, weißer Pfeffer

Cocktailsauce

Mayonnaise, Ketchup, Rahmquark und 1 Eßl. Cognac gut verrühren. Nach Belieben Schlagrahm oder Doppelrahm darunterziehen und pikant mit Salz, Pfeffer und Cayennepfeffer abschmecken.

Für 4 Personen
4 Eßl. Mayonnaise
2 Eßl. Ketchup
2 Eßl. Rahmquark oder saurer Halbrahm

1 Eßl. Cognac
2 Eßl. Schlagrahm
oder Doppelrahm,
nach Belieben
Salz, weißer Pfeffer
1 Prise Cayenne-
pfeffer

Wichtig Je nach Verwendung kann man diese Sauce mit mehr oder weniger Mayonnaise und mehr Quark oder Sauerrahm zubereiten. Ich bereite sie seit vielen Jahren nach diesem Rezept zu und variiere sie je nachdem mit kleinen Beigaben.

Variationen
- Für Cocktail mit Garnelen (Krevetten) oder Kaisergranaten (Scampi) wenig geriebene Ingwerwurzel zufügen.
- Für Melonencocktail mit Garnelen zusätzlich 1 Eßl. feingehackter, kandierter Ingwer (in Gläsern erhältlich) unterrühren.
- Für Fischcocktail ½ Teel. Dillspitzen oder Zitronenmelisse beigeben.
- Für besonders raffinierten Meeresfrüchtecocktail den Inhalt von 2 Seeigeln unter die Sauce rühren. In diesem Fall keinen Schlagrahm zugeben und nur 1 Eßl. Ketchup verwenden.

Kalte Kressesauce

Für 4 Personen
200 g Gartenkresse
2 Schalotten
2 dl Doppelrahm
oder 1 dl Doppel-
rahm und 1 dl saurer
Halbrahm
Salz, Pfeffer

Die Kresse gut waschen, ausschwingen und zusammen mit den grobgehackten Schalotten und 1 Eßl. Wasser im Cutter (s. S. 370) pürieren. Das Püree mit Rahm mischen. Mit Salz und Pfeffer abschmecken. Mindestens 15 Min. vor dem Servieren ziehen lassen.

Wichtig Im Mixer gelingt diese Sauce nicht so gut, weil sich die Kresse um den Stab wickelt. Der Cutter hat ein scharfes Messer und eignet sich deshalb besser.

Tip Der Rahm läßt sich teilweise durch Quark und Joghurt ersetzen.

Kalte Kräutersauce

Für 4 Personen
150 g Rahmquark
2 Eßl. gehackte
Kräuter, je nach
Saison und Rezept

Quark in eine Schüssel geben, mit dem Schneebesen luftig schlagen. Mit Kräutern mischen. Den Rahm darunterziehen. Mit Salz, Pfeffer und eventuell Cayennepfeffer abschmecken.

330

Wichtig Die Sauce ca. 1 Std. im Kühlschrank stehen lassen, damit sich das Aroma der Kräuter entfalten kann.

Tip Man kann noch ganz wenig Senf oder 1—2 Eßl. Mayonnaise unter die Sauce ziehen. In diesem Fall den Doppelrahm oder den steifgeschlagenen Rahm weglassen.

2 Eßl. Doppelrahm oder steifgeschlagener Rahm
Salz, Pfeffer
1 Prise Cayennepfeffer, nach Belieben

Pikante Mangosauce

Die Mangos dünn schälen und das Fleisch vom Stein abschneiden. Mit der entkernten Pfefferschote, den kleingeschnittenen Knoblauchzehen und dem Olivenöl im Mixer pürieren. Mit Salz abschmecken.
Zu grillierten Meeresfischen servieren.

Wichtig Mangos und auch Papayas sollten mit Gummihandschuhen geschält werden. Sie enthalten ein Enzym, das Allergien hervorrufen kann. Auch mit Pfefferschoten sollte man auf diese Art umgehen.

Tip Man kann die Sauce in ein Konservenglas füllen, mit Öl bedecken und gut verschließen. Kühl aufbewahrt ist sie ungefähr 4 Wochen haltbar.

Für 8 Personen
500 g reife Mangos
1 rote scharfe Pfefferschote oder 1 Messerspitze Sambal Oelek
2 Knoblauchzehen
3 Eßl. Olivenöl, kalt gepreßt
Salz

Guacamole

Die Avocado halbieren, den Kern entfernen und das Fleisch mit einem Löffel herauskratzen. Mit einer Gabel fein zerdrücken und mit Zitronensaft mischen.
Die Tomate halbieren, die Kerne und den Saft auspressen und das Fruchtfleisch in ganz kleine Würfel schneiden. Die Zwiebel sehr fein hacken und zusammen mit der Tomate zum Avocadofleisch geben. Mit wenig Salz und Pfeffer und mit der sehr fein gehackten Pfefferschote pikant abschmecken. Alles gut mischen.
Die Sauce bis zum Servieren mit Klarsichtfolie abdecken und kühl aufbewahren.
Zu grillierten Meeresfischen servieren.

Für 4 Personen
1 reife Avocado
Saft von 1 Zitrone
1 große, reife Tomate, geschält
1 Zwiebel
Salz, Pfeffer
1 kleines Stück rote scharfe Pfefferschote oder 1 Messerspitze Sambal Oelek

Wichtig Diese Sauce läßt sich auch im Mixer zubereiten. Sie wird dadurch etwas feiner in der Konsistenz. Ich mag sie jedoch lieber, wenn sie etwas gröber ist.

Tip Avocados werden reif, wenn man sie, zusammen mit einem Apfel, in einer Plastiktüte bei Zimmertemperatur 1—2 Tage liegen läßt.

Knoblauchbrot

Für 4 Personen
4—8 Scheiben
Weißbrot (Baguette)
2 Eßl. Butter oder
Olivenöl
4—8 Knoblauch-
zehen

Die Brotscheiben beidseitig in Butter hellgelb backen, auf Teller verteilen und mit durchgepreßtem Knoblauch beträufeln.

Wichtig Man kann die Brotscheiben auch grillieren und danach mit Knoblauchbutter bestreichen, indem man 50 g frische, gesalzene Butter mit durchgepreßtem Knoblauch gut vermischt.

Tips
— Knoblauchbrot sollte nicht zu lange im voraus zubereitet werden, weil der Knoblauch durch das Stehenlassen einen unangenehmen Geschmack bekommt. Am besten schmeckt Knoblauchbrot ganz frisch, wenn möglich noch lauwarm.
— Wird zum Fisch schon eine knoblauchhaltige Sauce serviert, genügt es, wenn man nur getoastetes oder geröstetes Brot ohne Knoblauch dazureicht.

Variationen
— **Sardellenbrot:** 6 feingehackte Sardellen mit geschälten, kleingeschnittenen Tomaten mischen. Mit Salz und Pfeffer würzen und auf getoastetes Brot streichen. Man kann nach Belieben etwas durchgepreßten Knoblauch zufügen.
— **Korianderbrot:** 3—4 Korianderkapseln mit dem Nudelholz zerdrücken. Mit 50 g Butter, Pfeffer, Salz und nach Belieben etwas Knoblauch mischen und auf die heißen Brotscheiben streichen.

Baked Potatoes

Die Kartoffeln sauber waschen und bürsten, nicht schälen! Mit einer Gabel mehrmals einstechen. Passende Rechtecke aus Aluminiumfolie zurechtschneiden, mit Öl bestreichen und die Kartoffeln darauflegen. Die Folie oben zusammenfalten, dann seitlich wie ein Paket verschließen und die Enden nach unten an die Kartoffeln andrücken. Die ganze Folie glattstreichen, damit sie die Kartoffel überall dicht umschließt.
40—50 Min. im Backofen bei 220 °C oder auf dem Grill garen. Vorsichtshalber eine Garprobe machen: mit einer Nadel prüfen, ob das Innere weich ist.
Zum Servieren die Kartoffeln durch die Folie kreuzweise einschneiden. Die Ecken der Folie etwas zurückbiegen und die Kartoffeln von den beiden Enden her leicht zusammendrücken, damit das Innere zum Vorschein kommt.

Tip Will man diese Kartoffeln zu Kaviar servieren, kann man sie in Goldfolie wickeln.

Für 4 Personen
4 große Kartoffeln
1 Teel. Erdnußöl

Blätterteigfischchen

Kleine, einfache Fischchen auf einen Karton zeichnen und ausschneiden. Den Teig 3 mm dick ausrollen. Die Kartonfischchen auf den Teig legen und mit einem gutgeschliffenen Messer ausschneiden. Ein Backblech kalt abspülen, die Fischchen sorgfältig darauf verteilen, zweimal mit verquirltem Eigelb bestreichen und 10—15 Min. bei 180 °C backen.
Das Auge kann mit einem Pfefferkorn markiert werden.

Wichtig Diese Fischchen lassen sich schwach vorbacken und einige Stunden aufbewahren (bei Küchentemperatur, nicht im Kühlschrank!). Vor dem Servieren 3 bis 4 Min. aufbacken, damit sie ganz frisch und warm serviert werden können.

100 g Blätterteig
1 Eigelb

333

GRUNDREZEPTE

Kochen ist eine Kunst, und wie bei jeder Kunst muß man zuerst das Handwerk beherrschen, bevor man sich an die Ausführung eines Meisterwerks wagen kann. Das gilt auch für das Kochen von Fischen. Was würde aus einem herrlichen Steinbutt oder einem Wolfsbarsch, wenn er in einem faden Sud zubereitet oder mit einer Sauce serviert würde, für die nur Wasser anstatt Rahm, Eier, Wermut usw. verwendet worden wäre!

In diesem Kapitel sind die Grundrezepte beschrieben, die durch das ganze Buch hindurch Verwendung finden, vom einfachen «Fumet de poisson» über die verschiedenen «Court-bouillons» bis zum Fond für Suppen und Saucen aus Krustentieren. Die Herstellung dieser oft unentbehrlichen Grundzubereitungen ist einfacher, als man denkt. Auch können sie zum größten Teil im voraus zubereitet und, wenn nötig, bis zur Verwendung tiefgekühlt werden.

Fumet de poisson
Grundrezept

Die Zwiebeln in der Butter anziehen lassen. Alle Zutaten, ausgenommen Fischgräten und -köpfe, zusammen mit 2 l Wasser aufkochen. 20 Min. kochen. Die Fischgräten und -köpfe zugeben und 10 Min. weiterkochen. Ab und zu abschäumen. Erkalten lassen, absieben und bis zur Verwendung kühl stellen oder (in kleinen Bechern oder Eiswürfelbehältern) einfrieren.

Tip Gräten, Fischköpfe und andere Fischabfälle vor der Verwendung kalt abspülen.

Variation Als Basis für Rotweinsaucen den Weißwein durch Rotwein ersetzen sowie 100 g Champignons, 2 Lorbeerblätter und 5 Knoblauchzehen beifügen. Diesen Fischfond nennt man in der Fachsprache «Fond de poisson au vin rouge».

Glace de poisson:
Der oben beschriebene «Fumet de poisson» läßt sich unter Rühren in einem großen Topf zur konzentrierten «Glace de poisson» einkochen. Dieser Extrakt ist im Kühlschrank 2—3 Wochen haltbar und kann auch (in Eiswürfelbehältern oder Joghurtbechern) tiefgekühlt werden.

Wichtig Die Glace de poisson leistet bei der Zubereitung von delikaten Fischsaucen unersetzliche Dienste, denn nicht immer hat man gerade einen Fumet de poisson zur Hand oder verfügt über Fischgräten und -köpfe, um einen Fond zuzubereiten.

Fischgelee:
Zur Zubereitung von Fischen in Sülze.
Der oben beschriebene Fumet de poisson wird mit der doppelten Menge Steinbuttgräten und -häuten zubereitet, die Gelierstoffe abgeben. Danach wird er noch um die Hälfte eingekocht.
Um zu prüfen, ob der Sud genug eingekocht ist, gibt man ein wenig davon auf einen kleinen Teller. So sieht man die Festigkeit des Gelees. Ist der Fond noch zuwenig fest,

Arbeitsaufwand:
10 Min.
Kochzeit: 30 Min.

100 g geschnittene Zwiebeln oder Schalotten
2 Eßl. Butter
1—2 Petersilienstiele
2½ dl Weißwein
1 Teel. weiße Pfefferkörner
1½ kg Fischgräten und -köpfe

kann man durch die Beigabe von wenig Gelatine nachhelfen. Leider hinterläßt die Gelatine, wenn sie nicht mehr frisch ist oder falsch behandelt wird, einen unangenehmen Leimgeschmack. Deshalb die Gelatine zuerst kalt einweichen, auspressen und in etwas warmem Fischsud auflösen, durch ein feines Sieb abgießen und unter den noch flüssigen Gelee mischen. Nicht mehr kochen!

Fischbouillon
Grundrezept für Fischsuppen

Arbeitsaufwand:
10 Min.
Kochzeit: 15 Min.

Für ca. 2,2 l
1 große Zwiebel
oder 4 Schalotten
1 Lauchstange
1 kleines Stück
Sellerie
1 Eßl. Butter
2½ dl Weißwein
1½ kg Fischgräten,
-köpfe und -abfälle
1—2 Petersilien-
stiele
1 Knoblauchzehe
½ Lorbeerblatt
1 Teel. weiße Pfef-
ferkörner

Zwiebel, Lauch und Sellerie grob schneiden. In der Butter kurz anziehen lassen, mit dem Weißwein ablöschen und 2 l Wasser dazugießen. Fischgräten und -köpfe, Petersilie, Knoblauch und Lorbeerblatt beifügen. Aufkochen und halb zugedeckt 15 Min. weiterkochen. Ab und zu abschäumen. Den Pfeffer mit dem Nudelholz oder im Mörser leicht zerdrücken. 5 Min. vor Ende der Kochzeit zufügen. Die Fischbouillon erkalten lassen, absieben und bis zur Verwendung kühl stellen oder einfrieren.

Wichtig Guten Weißwein verwenden! Nur ganz frische Gräten, Köpfe und Fischabfälle kochen. Keine Haut von fetten Meeresfischen oder großen Süßwasserfischen verwenden, sie könnten einen Trangeschmack abgeben. Am besten eignen sich die Fischabfälle der für die Suppeneinlage verwendeten Fische oder Seezungengräten.

Tip Gräten, Köpfe und andere Fischabfälle vor der Verwendung gut kalt abspülen.

Court-bouillons

Für Forellen, Hecht und delikate
Meeresfische wie z. B. Wolfsbarsch
(Loup de mer), Petersfisch (St-Pierre),
Krustentiere und Muscheln.

Weinsud

Alle Zutaten mit 2 dl Wasser 30 Min.
kochen, den Sud erkalten lassen. Den ganzen Fisch oder große Fischscheiben in den
kalten Sud legen und langsam erwärmen.
Den Fisch garen lassen (nie strudelnd kochen!).

6 dl Weißwein (gute
Qualität)
Wenig Thymian
1 Lorbeerblatt
4 — 5 Pfefferkörner,
leicht zerdrückt
Je 1 Zweiglein
Petersilie und
Selleriekraut
1 Eßl. Salz
1 große Zwiebel,
geschnitten
Ein Kräutersäcklien
mit Salbei, Kerbel,
Dill, Estragon,
Trique-Madame,
nach Belieben

Für Meeresfische mit kräftigem Fleisch
wie z. B. Steinbutt (Turbot), Heilbutt,
Kabeljau, gesalzene und getrocknete
Fische (Stockfisch/Klippfisch).

Milchsud

1 l Wasser mit den Zitronenscheiben, den
Zwiebeln, dem Thymian und den Pfefferkörnern 10 Min. kochen. Die Milch und das
Salz zufügen und nochmals aufkochen. Erkalten lassen, den Fisch langsam darin erwärmen und garen lassen.

Wichtig Für gesalzenen Fisch, z. B. Klipp-
fisch, den Sud nicht salzen.

1 Zitrone, in
Scheiben
geschnitten
1 Zwiebel, grob
geschnitten
1 Zweiglein Thymian
6 Pfefferkörner
1 l Milch
1 — 2 Eßl. Salz

Für Forellen (Seeforellen) mit rötlichem
Fleisch, Lachs, Saiblinge, Krustentiere,
Hecht, Karpfen, Schleien und Meeres-
fische.

Zitronen- oder Essigsud

Die Karotten schälen und in Rädchen
schneiden. Die Zwiebel vierteln. Alle Zutaten, außer den Pfefferkörnern, zusammen in
2 l Wasser 30 Min. kochen. Die Pfefferkörner

3 Karotten
1 große Zwiebel
1 Lorbeerblatt
1 Gewürznelke
1 — 2 Eßl. Salz

Saft von 2 Zitronen
oder 1½ dl Weiß-
weinessig
6—10 weiße Pfeffer-
körner

zugeben und 10 Min. weiterkochen. Die Fi-
sche in den kochenden Sud geben. Die
Hitze sofort reduzieren und die Fische im
Sud garen lassen.

Wichtig Im Zitronen- oder Eissigsud kocht
man mit Vorliebe Fische und Schalentiere,
deren Farbe durch die Säure besonders intensiv zur Geltung kommen soll (z. B. «Forelle blau», Hummer, Langusten, Krebse
usw.).
Die Farbe von Forellen, Karpfen usw. wird
durch diesen Sud nur verstärkt, wenn die
Fische lebendfrisch, d. h. spätestens 2 Std.
nach dem Töten, darin gekocht werden. Der
Schleim auf der Oberfläche der Haut be-
wirkt die Färbung beim Kontakt mit dem
Zitronensaft oder dem Essig.

Für Meeresfische und Krustentiere
wie Hummer, Kaisergranate (Scampi),
Langusten.

Salzsud

2 gehäufte Eßl.
gereinigtes Meer-
salz (grobes Koch-
meersalz)
1 Lorbeerblatt
1 Zweiglein Thymian
oder 2 Salbeiblätter,
nach Belieben

Alle Zutaten zusammen mit 2 l Wasser aufkochen, bis sich das Salz ganz gelöst hat.
Abkühlen lassen und die Fische darin langsam garen.

Wichtig Der Salzsud eignet sich nicht für
Muscheln, weil sie bereits in den geschlos-
senen Schalen Salzwasser enthalten. In diesem Sud würden sie zu salzig. Hingegen ge-
winnen gewisse Meeresfische und die süß-
lichen Langusten und Hummer durch das
Kochen in diesem Sud an Geschmack.
Vor allem im Mittelmeerraum werden Fische oft in Meerwasser gekocht. Dieser
Salzsud ist ein Ersatz dafür.

Tip Meersalz ist im Reformhaus erhältlich.

Basis für gewisse raffinierte Saucen, die einen Muschelgeschmack aufweisen sollen.

Muschelsud

Die Muscheln unter fließendem Wasser sehr gut abbürsten. Schalotten und Zwiebel hacken und in Butter anziehen lassen. Petersilie, Lorbeerblatt und durchgepreßten Knoblauch zufügen. Mit Weißwein ablöschen, kurz aufkochen, dann 2 l Wasser zugeben. Wenig salzen und pfeffern. 30 Min. kochen, dann den Sud durch ein feines Sieb passieren, wieder in den Topf geben und auf die Hälfte oder noch konzentrierter einkochen. Die ausgekochten Muscheln sind nicht mehr verwendbar. Der Sud läßt sich auch tiefkühlen.

Wichtig Ab und zu enthalten solche Muscheln etwas Sand. Deshalb muß die Flüssigkeit gut passiert werden. Ist noch Sand vorhanden, kann man die Flüssigkeit auch filtrieren, z. B. durch einen Kaffee-Papierfilter.

2 kg Muscheln, wie Venusmuscheln (Praires), Sandklaffmuscheln (Clams/ Vongole), Teppichmuscheln (Palourdes), Herzmuscheln (Coques) usw.
100 g Schalotten
1 Zwiebel
2 Eßl. Butter oder Olivenöl (je nach Weiterverwendung)
2–3 Petersilienstiele
1 Lorbeerblatt
1 Knoblauchzehe
½ l guter Weißwein
Wenig Salz, Pfeffer

Fond für Suppen und Saucen aus Schalentieren

Die Schalen in kleine Stücke brechen. Die Butter erhitzen. Die Schalen zufügen und unter ständigem Rühren mit einem Holzlöffel leicht anrösten. Sobald die Schalen rot werden, die Gemüse zugeben und 1 bis 2 Min. mitrösten. Mit Cognac begießen und das Ganze flambieren. Wein zugießen. Fischfond, Lorbeerblatt, Thymian, Pfefferkörner, Nelken, Pfefferschote und evtl. Fenchelsamen beifügen. Zugedeckt bei kleiner Hitze 30 Min. kochen. Durch ein Tuch oder ein feines Sieb gießen. Je nach Verwendung weiterverarbeiten.

Für ca. 5 dl
400 g Hummer-, Langusten- oder Krebsschalen
3 Eßl. eingesottene Butter oder Olivenöl
300 g verschiedene Gemüse (Karotten, Sellerie, Zwiebel, Lauch, evtl. Fenchel), in sehr kleine Würfel geschnitten
2 Eßl. Cognac
3 Eßl. Weißwein
5 dl «Fischfond» (s. S. 337)

1 Lorbeerblatt
1 Zweiglein Thymian
1 Teel. Pfefferkörner
2 Gewürznelken
1 kleines Stück rote
Pfefferschote, scharf
1 Prise Fenchel-
samen, nach
Belieben

Wichtig Meistens werden bereits gekochte Schalen für einen Fond weiterverwendet. In diesem Fall kann man wenig Tomatenpüree mit den Gemüsen mitdünsten,
damit die Farbe intensiver wird.

Tip Dieser Fond läßt sich in Joghurtbechern tiefkühlen. Dazu kann man ihn etwas
mehr einkochen.

Béchamelsauce
Grundrezept

Für 4 Personen
1½ Eßl. Butter
1 Eßl. Mehl
3 dl Milch
Salz, weißer Pfeffer,
Muskatnuß

Die Butter erwärmen, Mehl zufügen und
beides zusammen kurz dünsten. Den Topf
von der Herdplatte wegziehen. Nach und
nach unter Rühren die kalte Milch zugeben.
Sobald die Sauce glatt ist, wieder aufsetzen
und 10 Min. unter gelegentlichem Rühren
bei kleiner Hitze kochen.
Mit Salz, Pfeffer und Muskatnuß abschmekken.

Wichtig Je nach Weiterverwendung die
Sauce etwas dünner oder dicker zubereiten.
Für gewisse Gerichte kann sie mit Rahm angereichert werden, z. B. für klassische Gratins.

Eier-Rahm-Sauce
Grundrezept

Für 4 Personen
2 Eigelb
2 dl Rahm
Salz, je nach Weiter-
verwendung

Ein Wasserbad bereitstellen. Eigelbe und
Rahm in einem passenden Gefäß gut verrühren. Evtl. würzen. In das Wasserbad stellen und so lange schlagen, bis die Sauce im
Schneebesen hängenbleibt. Die Sauce sofort in ein kaltes Gefäß geben. Nach dem Erkalten mit Klarsichtfolie abdecken und im
Kühlschrank bis zur Weiterverwendung aufbewahren.

Wichtig Bei der Zubereitung dieser Sauce
darf das Wasser im Wasserbad nicht zu heiß
werden. Deshalb das Gefäß ab zu von der
Herdplatte wegziehen.

Diese «Eier-Rahm-Sauce» ist ein Erstaz für die «Sauce hollandaise». Ich habe sie bereits in meinem Buch *Kreativ kochen* publiziert, erwähne sie hier aber wieder, weil sie gerade für die Zubereitung von Fischsaucen ideal ist. Man kann sie im Kühlschrank 3—4 Tage aufbewahren, und sie läßt sich, im Gegensatz zur Sauce hollandaise, im Wasserbad wieder erwärmen.

Man kann sie auch mit etwas konzentriertem «Fumet de poisson» (s. S. 337), mit Wein, mit trockenem Wermut oder anderen Zutaten aufschlagen und nach Belieben würzen.

Tip Die Eier-Rahm-Sauce ist besonders für Saucen, die «à la minute» zubereitet werden müssen, zu empfehlen. Der Fond wird ja ebenfalls im voraus gekocht, und bei einer richtigen Zeiteinteilung läßt sich dann aus diesen beiden Grundzutaten sehr schnell eine exquisite Sauce fertigstellen.

Hummerbutter

Den Hummerfond einkochen, bis nur noch 3 Eßl. dickflüssiger Fond zurückbleibt. Erkalten lassen. Die Butter bei Küchentemperatur weich werden lassen, dann schaumig rühren. Unter den Fond schlagen, mit Salz und Pfeffer abschmecken und bis zur weiteren Verwendung kalt stellen.

3 dl «Hummerfond» (s. S. 341)
100 g Butter
Salz, Pfeffer

Tip Man kann auf diese Weise auch Krevettenbutter usw. zubereiten.

Beurre manié

Die Butter bei Küchentemperatur etwas weich werden lassen und zu gleichen Teilen mit Mehl gut verkneten. Diese Mehlbutter kann zum Binden von Saucen verwendet.

Frische Butter
Mehl

DER UMGANG MIT FISCHEN, SCHALEN- UND KRUSTENTIEREN

Für das Gelingen eines Fischgerichtes ist sicher das schonende Kochen sehr wichtig, aber ebenso entscheidend ist bei vielen Zubereitungen die gute Vorbereitung. Der Fisch muß fachgerecht ausgenommen, exakt filetiert und zuletzt gekonnt präsentiert werden. Vieles wird auf Wunsch bereits im Spezialgeschäft gemacht. Diejenigen aber, die es einmal selbst versuchen möchten, finden in diesem Kapitel Anleitungen mit Illustrationen, die ihnen dabei helfen werden. Aber auch hier macht die Übung den Meister. Haben Sie deshalb etwas Geduld und seien Sie nicht entmutigt, falls das Schuppen und Ausnehmen, das Häuten und Filetieren oder das kunstgerechte Füllen eines Fisches nicht auf Anhieb zu Ihrer vollen Zufriedenheit ausfällt.

Das Vorbereiten der Fische

Das Schuppen

Die meisten Fische müssen geschuppt werden. Ausnahmen sind zum Beispiel der Aal, die Trüsche (Aalquappe) oder das Neunauge, deren Haut abgezogen wird. Man sollte die Fische vor dem Ausnehmen schuppen. Der Körper leistet dann noch mehr Widerstand und macht die Sache einfacher. Große Fische, die im Sud gekocht, oder solche, die grilliert werden, können ungeschuppt zubereitet werden. Die Schuppen formen dann einen Panzer, der das zarte Fischfleisch vor dem Austrocknen schützt.

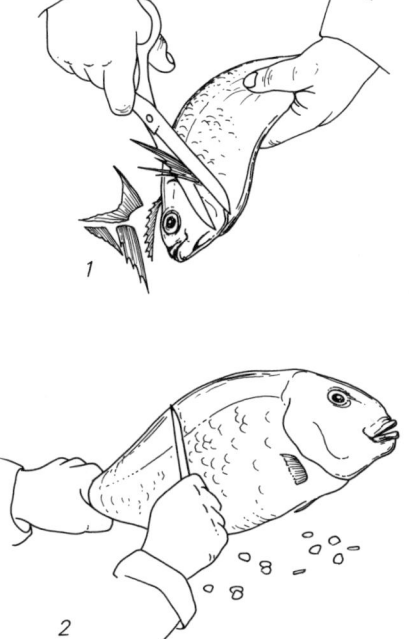

1
Als erstes den Fisch von den Flossen befreien und eventuelle Stacheln entfernen. Wenn der Fisch entgrätet werden soll, entfernt man die Rückenflosse vollständig. Ansonsten schneidet man sie nahe dem Rücken ab.

2
Dann den Fisch am Schwanz festhalten und den Körper mit einem Fischschupper oder der stumpfen Seite eines Messers zum Kopf hin schaben. Dies geschieht am besten auf einer großen Folie oder im Spülbecken, damit die wegfliegenden Schuppen nicht die ganze Küche verschmutzen.

Das Ausnehmen

Man kann Fische auf zwei Arten ausnehmen: indem man den Bauch von den Afterflossen bis zum Kopf aufschlitzt oder die Eingeweide durch die Kiemenöffnung herauszieht, was für Fische, die gefüllt werden sollen, vorteilhaft ist.

Einfache Art:

1
Die Messerspitze oder die Spitze der Schere in die Afteröffnung einführen und die Bauchdecke bis zum Kopf vorsichtig, nicht zu tief aufschneiden.

2
Das Durchtrennen der Kehle erleichtert das Ausnehmen, muß aber nicht unbedingt sein.

3
Die Eingeweide mit dem Zeigefinger herausziehen und mit der Schere abschneiden. Dabei die Gallenblase nicht verletzen. Die Leber separat herauslösen (Delikatesse, s. S. 64 f.)

4
Evtl. an den Mittelgräten klebendes Blut oder daran haftende Nierenteile mit dem Stiel eines kleinen Löffels oder der stumpfen Seite eines Messers wegschaben.

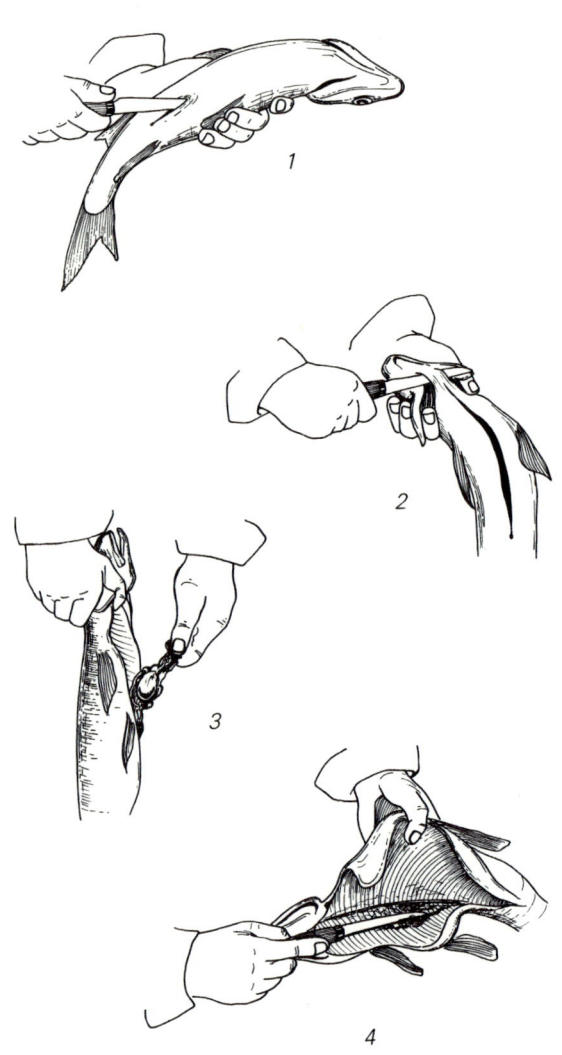

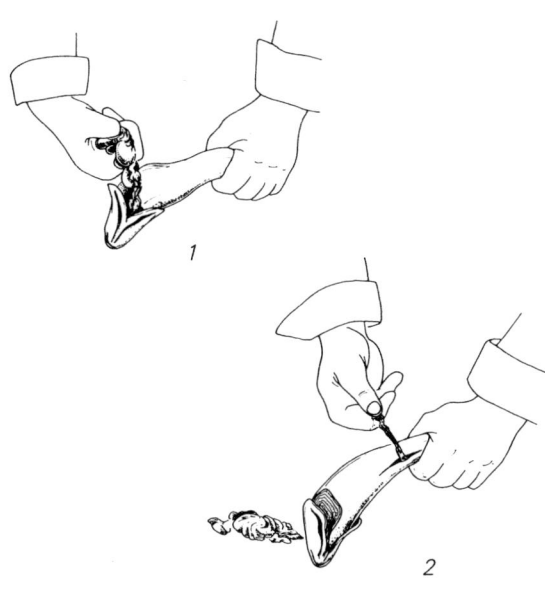

Schwierigere Art:
Das Ausnehmen
durch die Kiemen-
öffnung verlangt
etwas mehr
Geschick.

1
Zuerst mit einer
spitzen Schere oder
einem Messer durch
die Afteröffnung ste-
chen, einen Schnitt
von 1—2 cm
anbringen, dann mit
dem Finger oder
dem Stiel eines
kleinen Löffels die
Eingeweide lösen.

2
Die Kiemenöffnung
mit einem kleinen
Schnitt vergrößern
und die Eingeweide
mit dem Zeigefinger
herausziehen. Even-
tuell verbleibende
Reste von Innereien
durch den kleinen
Schlitz in der After-
gegend entfernen.

Das Waschen und Trocknen

Den Fisch unter dem Wasserhahn kalt
abspülen. Bei ganz belassenen Fischen das
Wasser auch durch die Mundöffnung ein-
laufen lassen. Fische, die einen schleimigen
Überzug haben, wie Forellen oder Plattfische, sollten besonders behutsam abgespült werden. Dabei aber nie die Haut
reiben, damit der Schleim nicht entfernt
wird. Er garantiert für die Frische der Fische
und hat besonders beim Blaukochen und
Pochieren eine wichtige Funktion (s. S. 253,
340).
Man sollte die Fische nie ins Wasser legen
oder darin liegen lassen. Nach dem
Waschen legt man sie auf saugfähiges
Küchenpapier und tupft das Fischinnere mit
Papier aus.
Fischfilets sollten nach Möglichkeit nicht
mehr gewaschen werden.

Das Häuten
von rohen Plattfischen

Roh gehäutet werden vor allem Plattfische wie Seezungen (Soles) und Steinbutte (Turbots). Bei Plattfischen, die pochiert werden, entfernt man die Haut erst nach dem Kochen.

1
Den Fisch ausnehmen und mit der dunklen Hautseite nach oben auf den Tisch legen.
Mit der linken Hand das Schwanzende auf dem Tisch festhalten. Die Haut am Schwanzende von Hand ca. ½ cm vom Fischfleisch lösen. Mit der Klinge des Messers nachhelfen, bis man die Haut von Hand fassen kann.

2
Am besten faßt man das Hautende mit einem Tuch. Der Stoff verhindert das Abgleiten. Dann mit der rechten Hand die losgelöste Haut gleichmäßig bis zum Kopf mit einem Ruck wegziehen.

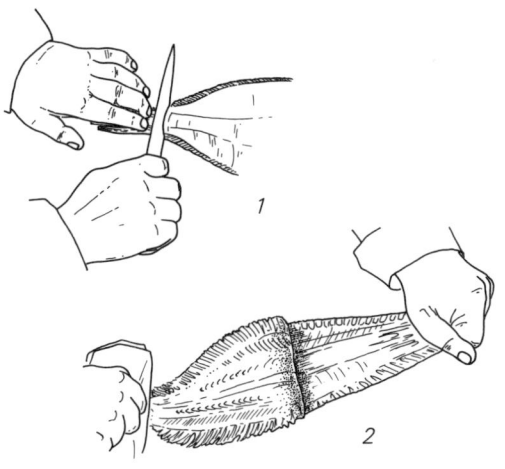

In der klassischen französischen Küche gibt es in bezug auf das Entfernen der Haut bei Plattfischen gewisse Traditionen. Meistens wird die weiße Hautseite belassen. Bei der Rotzunge hingegen läßt man die dunkle Haut, und beim Steinbutt (Turbot) wird ein kleiner Schrägstreifen in Schwanznähe gelassen, um die Echtheit des Fisches zu beweisen. Diese Fische werden aber heute sehr oft als Filets zubereitet, was ein beidseitiges Häuten erfordert.

Beim Häuten von Fischfilets das Filet mit der Hautseite auf den Tisch legen, mit dem Messer wenig Fleisch an der Schwanzseite von der Haut lösen, das Hautende mit der linken Hand auf dem Tisch festhalten und das Fleisch mit der Messerklinge entlang der Haut Richtung Kopf ablösen.

Das Filetieren
Von runden Fischen:
Runde Fische ergeben zwei Filets.

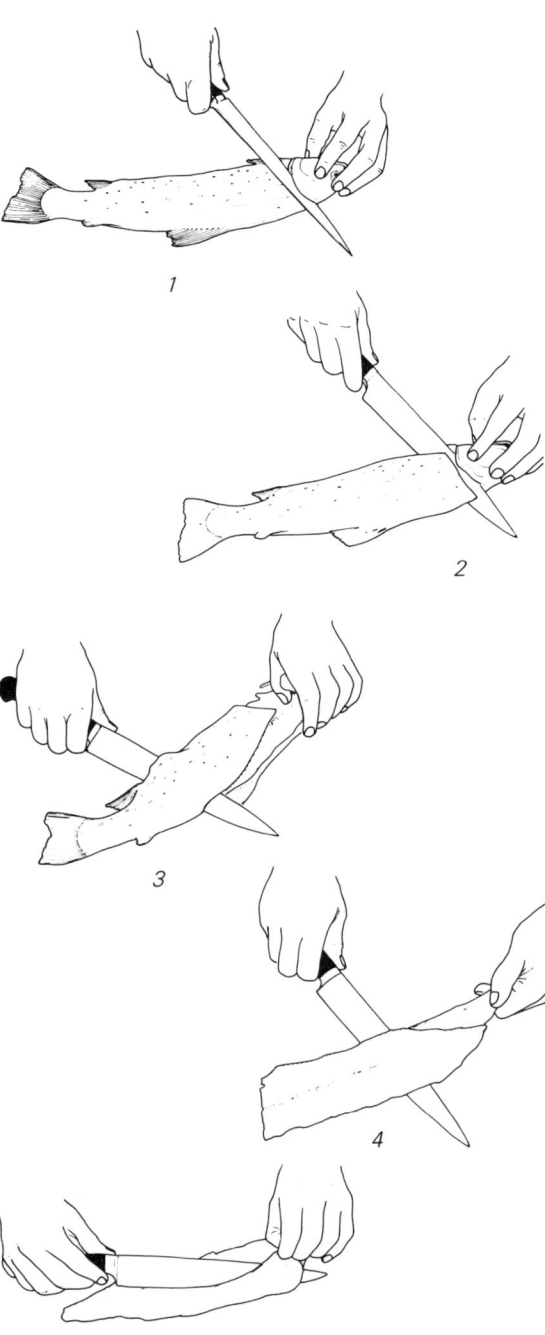

1
Den Fisch mit der geöffneten Bauchseite gegen sich quer auf den Tisch legen. Das Fischfleisch dem Kopf entlang quer einschneiden.

2
Die Klinge des Messers drehen und das Filet mit dem Messer von den Gräten lösen. Den Fischkopf mit der linken Hand festhalten.

3
Das Messer mit Druck über die Gräten bis zum Schwanz weitergleiten lassen. Man kann dabei den bereits gelösten oberen Filetteil mit dem linken Handballen auch festhalten.

4
Das abgelöste Fischfilet häuten. Das Schwanzende mit der linken Hand fassen. Etwas Haut mit dem Messer lösen. Das flachgelegte Messer mit ein bißchen Druck auf der Haut nach vorne gleiten lassen, damit sich das Filet von der Haut löst.

5
Die noch vorhandenen Gräten mit der Bauchflosse wegschneiden. Den Fisch wenden und auf der Gegenseite gleich vorgehen.

351

1
Den Fisch mit dem Kopf gegen sich auf den Tisch legen. Mit einem dünnen, spitzen Messer das Fischfleisch ringsum innerhalb der Kranzgräten einschneiden.

2
Dann das Filet der Rückengräte entlang und vorne beim Kopf durch einen Schnitt freilegen.

3
Das Filet von der Rückengräte mit dem Messer lösen und abheben. Danach das zweite Filet auf dieselbe Art abheben. Den Fisch umdrehen und auf der Rückseite gleichermaßen vorgehen.

Von Plattfischen:
Diese Fische ergeben vier Filets.

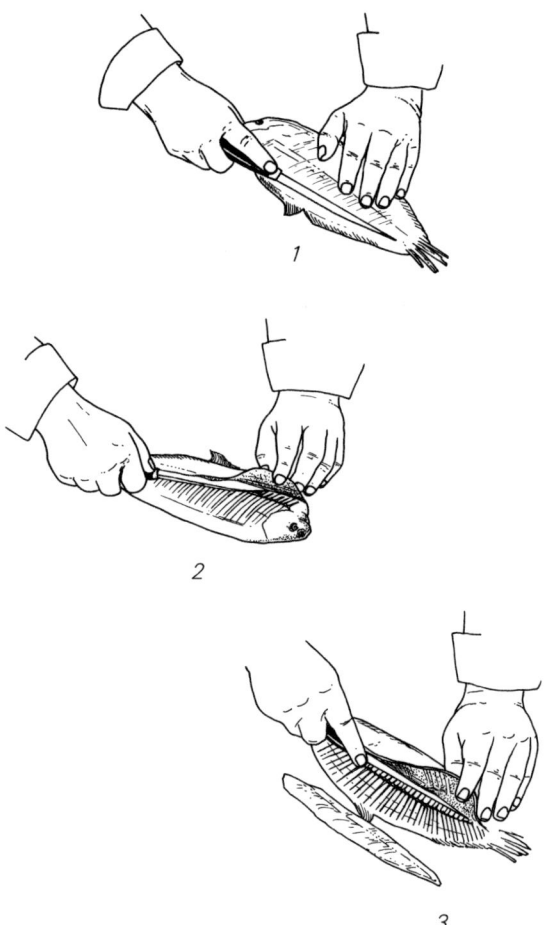

Die Gräten werden für einen Fischfond weiterverwendet (s. S. 337). Kleinere Plattfische, z. B. Seezungen (Soles), werden vor dem Filetieren gehäutet. Bei größeren Plattfischen, z. B. Steinbutt (Turbot), wird die Haut erst nach dem Filetieren entfernt.

Das Tranchieren von rohen größeren Fischen

Kauft man ein Schwanzstück eines größeren Fisches, wie z. B. Hecht, Seeteufel (Baudroie), Kabeljau usw., so muß man je nach Zubereitung dicke Scheiben (Tranchen) schneiden. Dazu braucht es vor allem ein gutes Messer (s. S. 372).

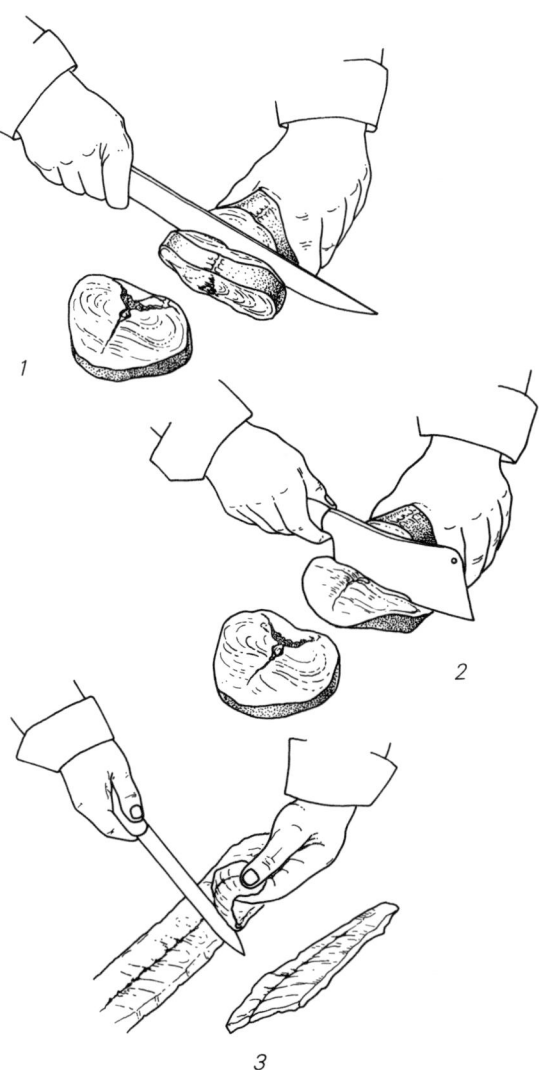

1

2

3

1
Das Schwanzstück mit einer Hand auf dem Tisch festhalten und mit der anderen mit einem großen Messer dicke Scheiben schneiden. Bei Fischen mit sehr starker Mittelgräte, z. B. Zackenbarsch (Mérou), mit einem größeren Messer bis zur Mittelgräte schneiden.

2
Mit dem Spezialmesser (s. S. 372/3) die Mittelgräte durchschneiden oder mit dem Küchenbeil durchschlagen.
Große Plattfische schneidet man zuerst der Länge nach durch, dann die Hälften quer in Tranchen.

3
Aus großen Fischfilets werden für besonders feine Fischzubereitungen Schnitzel («escalopes») geschnitten, z. B. aus Lachs, Steinbutt, Glattbutt usw. Man legt die mit Vorteil bereits gehäuteten Filets mit der Schmalseite gegen sich und beginnt von der breiten Seite gegen sich dünne, leicht schräge Schnitzel zu schneiden. Dazu eignet sich ein sehr schmales, langes Lachsmesser (s. S. 372/4) am besten. Die Schnitzel müssen ohne jeden Druck weggeschnitten werden.

Fische zum Füllen vorbereiten

Für besonders raffinierte und gekonnt zubereitete Gerichte, die mit Fischmousse oder ähnlichem gefüllt werden, empfiehlt es sich, die rohen runden Fische vom Rücken her auszunehmen und zu entgräten. Im Delikateßgeschäft wird man Ihnen diese Arbeit gerne abnehmen. Falls Sie es aber selbst versuchen möchten, hier eine kurze Anleitung dazu:

Von runden Fischen:

1
Den Rücken des Fisches zuerst auf der einen Seite der Rückengräte, dann auf der anderen längs mit einem Messer öffnen.

2
Beidseitig die Filets mit der Messerklinge sorgfältig von den Gräten lösen.

3
Mit dem Messer vorsichtig bis zu den Innereien vorstoßen und sie herausziehen.

4
Die Innereien beim Kopf mit einer Schere durchschneiden und entfernen.

5
Die Rückengräte lösen, beidseitig mit der Schere abschneiden und herausziehen.

6
Den Fisch füllen und je nach Rezept mit Küchenfaden zunähen oder offen überbacken.

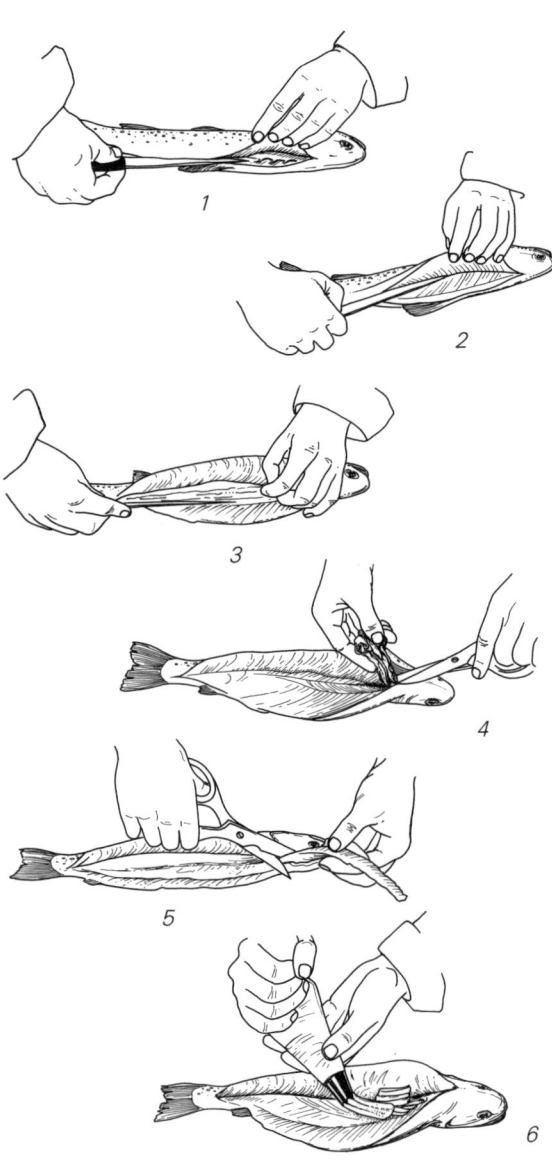

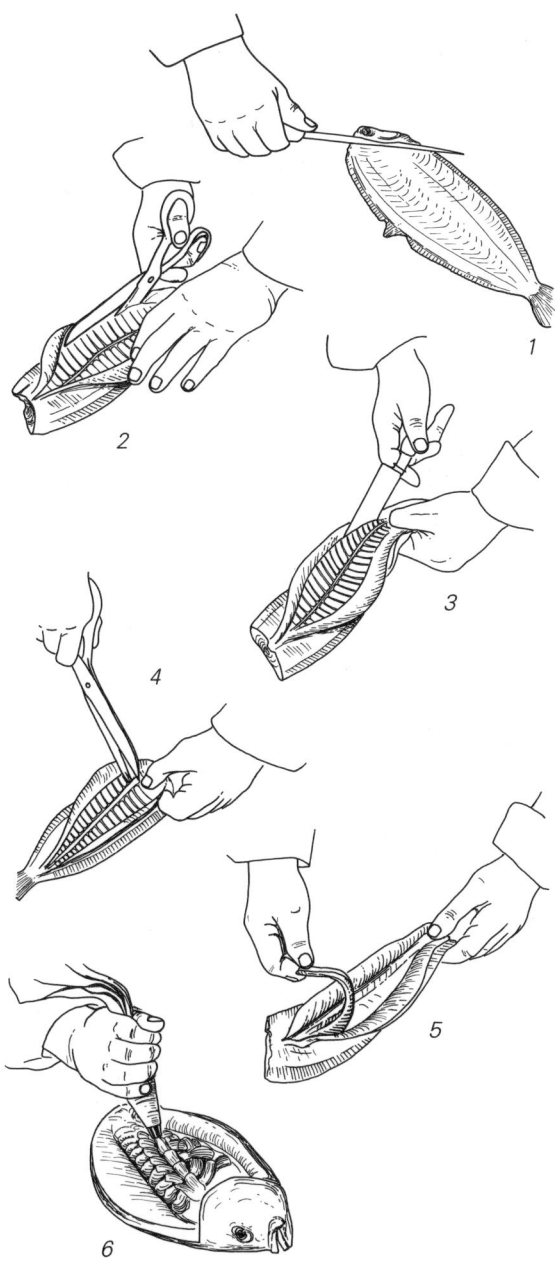

Von Plattfischen:

1
Den Kopf des gehäuteten Fisches schräg abschneiden und den Fisch entlang der Mittelgräte aufschneiden. Die Filets beidseitig wie bei einem runden Fisch mit dem Messer von den Gräten lösen, ohne sie seitlich und am Kopf vom Fisch abzutrennen.

2
Die Mittelgräte auf beiden Seiten von den Kranzgräten herausschneiden.

3
Das Messer unter die Mittelgräte schieben und sie mit den anderen Gräten von den unteren Filets loslösen.

4
Die Mittelgräte am Schwanzende mit der Schere abschneiden.

5
Die Mittelgräte sorgfältig aus dem Fisch ziehen.

6
Den Fisch nach Belieben mit dem Spritzsack füllen. Kleine Fische, wie z. B. Seezungen, offen belassen und im Ofen überbacken. Große Fische, wie z. B. Steinbutte, nach dem Füllen mit Küchenfaden zunähen oder, je nach Art des Rezepts, ebenfalls offen lassen.

Tip
Wenn man den Fisch zunäht, kann man die Haut belassen. Seezungen werden in diesem Fall auf der weißen Hautseite gebraten, Steinbutte auf der weißen Seite gefüllt und auf der schwarzen gebraten.

So putzt man Tintenfische

1
Den Kopf mit der linken Hand fassen und langsam aus dem Sack ziehen. Die Eingeweide kommen meistens mit.
Der Tintenbeutel befindet sich zwischen den Eingeweiden. Will man den Tintenfisch in seiner Tinte zubereiten, schneidet man am besten den Körper längs auf, um den Tintenbeutel nicht zu verletzen.

2
Mit den Fingern in den Körper langen und alles, was noch darin verblieben ist, herausholen; auch das Fischbein herausziehen.

3
Die Oberfläche des Körpers von der Membrane befreien.

4
Die Augen und alle harten Teile vom Kopf wegschneiden.

5
Körper, Kopfreste und Fangarme unter fließendem Wasser gut waschen. Dabei auch die Membrane abreiben.

6
Die eßbaren Teile auf Küchenpapier trocknen, auf einen Teller legen und mit einer Klarsichtfolie abdecken. Geputzte Tintenfische sind 2—3 Tage im Kühlschrank haltbar.

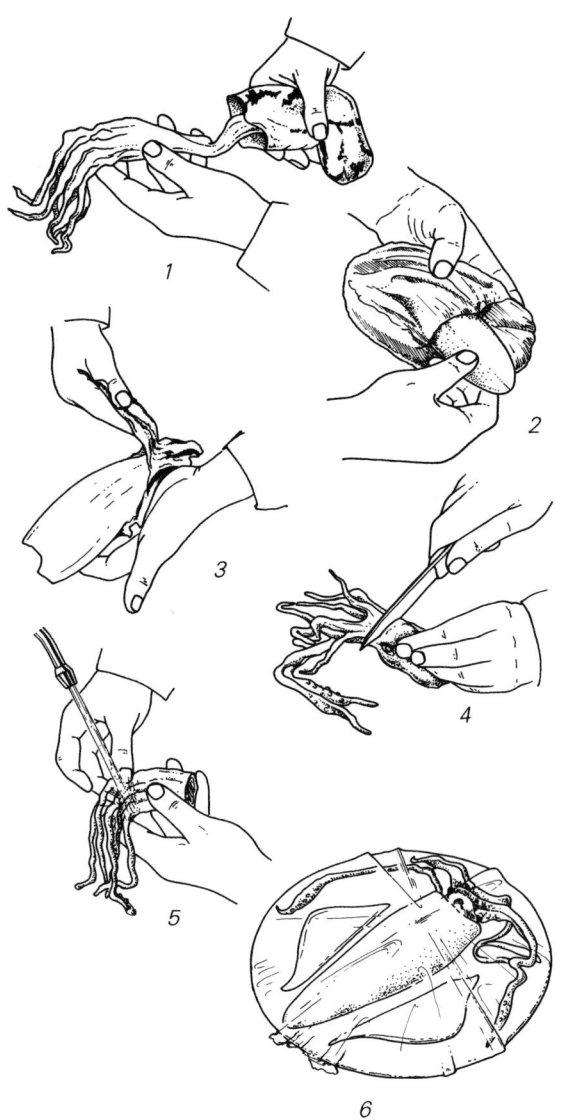

Wichtig
Bei kleinen Tintenfischen (Pulpitos oder Moscardinos) kann man den kleinen runden Sack einfach umstülpen, um ihn zu säubern. Für diese Arbeit mit Zitronensaft gesäuertes Wasser bereitstellen und die Hände darin ab und zu eintauchen.

Das Putzen der Miesmuscheln

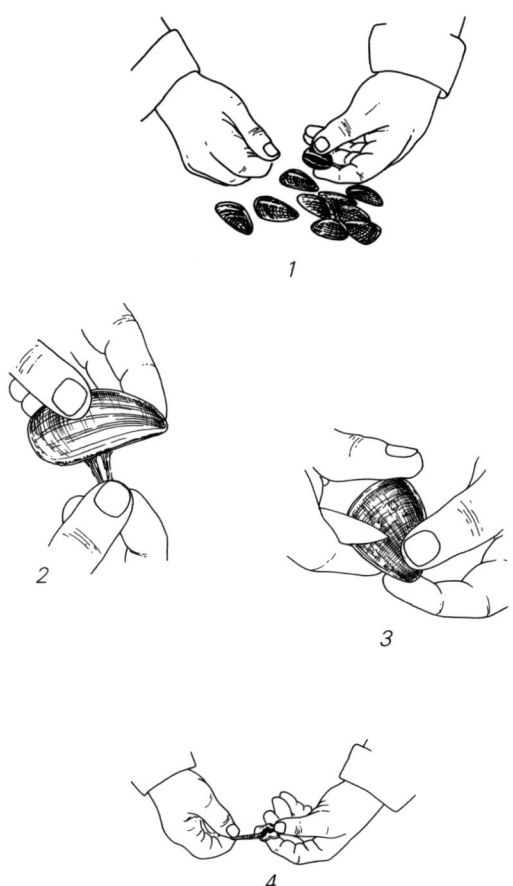

1

2

3

4

1
Die Muscheln zuerst sortieren: Offene Muscheln, die sich bei Finderdruck nicht schließen, und zerbrochene Muscheln wegwerfen.

2
Den Bart (Byssus), das kleine, mit Fasern behangene Büschel, das aus der Muschel ragt, mit einem Ruck herausziehen und abreißen.

3
Die Muscheln unter fließendem Wasser mit Hilfe einer kleinen, kräftigen Bürste putzen. Unebenheiten, die nicht entfernt werden können, mit einem kleinen Messer wegkratzen. Danach die Muscheln in viel kaltes Wasser geben, gut schwenken und abtropfen.

4
Muscheln, die man ohne Schalen servieren will, nach dem Kochen noch einmal putzen, indem man die dunkle Randpartie, die dem Muschelfleisch anhaftet, wegzieht.

Tip
Roh geöffnet werden Miesmuscheln (Moules) nur, wenn man sie, wie beispielsweise in Frankreich, auf einem «Plateau de fruits de mer» serviert. In diesem Fall mit einem spitzen Messer eine Öffnung suchen und mit Fingerdruck die Muschelschalen auseinanderziehen. Dabei achtgeben, daß das Muschelfleisch mit der Messerspitze nicht verletzt wird.

Andere Muscheln, wie Sandklaff- oder Teppichmuscheln (Clams, Vongole), Samtmuscheln (Amandes de mer) usw., werden auf dieselbe Art geöffnet.

1
Die Pilgermuschel
mit dem geraden
Teil nach unten in
der linken Hand
senkrecht halten.
Die Klinge eines
Küchenmessers in
die Muschel
schieben.

2
Die Muschel leicht
öffnen, dann mit
dem linken Daumen
die beiden Schalen
auseinanderhalten.
Das Messer nach
unten gleiten lassen,
den Muskel durch-
trennen und die
flache Schale ent-
fernen.

3
Das Muschelfleisch
ringsum sorgfältig
mit dem Messer aus
der hohlen Schale
lösen und in eine
Schüssel geben.

4
Das weiße Muskel-
fleisch («Nuß») und
den orangen Rogen
(«Corail») abtrennen.
Den dunklen Rand
(«Barbes») und
andere dunkle Teile
entfernen, gut
waschen und evtl.
für Fischfond weiter-
verwenden.
Das Muschelfleisch
vor der Weiterverar-
beitung mehrmals
kalt abspülen.

5
Vom weißen
Muschelfleisch den
kleinen, abste-
henden Muskel
wegschneiden. Nuß
und Corail auf
Küchenpapier gut
trocknen.

Das Öffnen und Putzen
der Coquilles St-Jacques

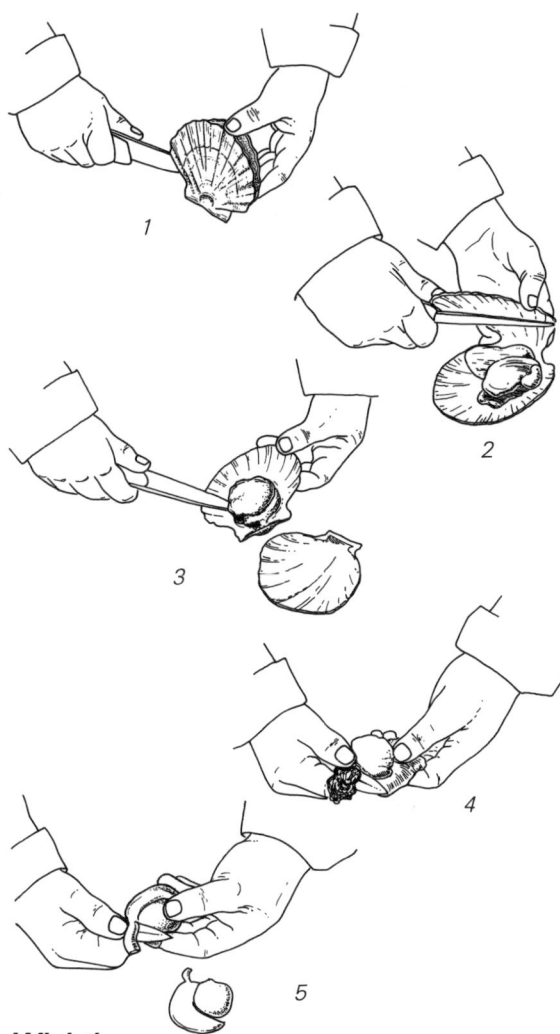

Wichtig
Nicht immer werden Nuß und Corail gleichzeitig verwendet. Pilger- oder Jakobsmuscheln werden mit oder ohne Corail geliefert. Tiefgekühlte Pilgermuscheln eignen
sich meiner Ansicht nach nur für Terrinen
oder Füllungen. Im Handel erhält man meistens frische, vakuumverpackte Pilgermuscheln, die bereits gereinigt sind. Sie sind
recht gut, aber sie lassen sich nicht mit
lebenden, selbst ausgelösten Muscheln
vergleichen.

Tip
Oft sind die Pilgermuscheln sehr schwer zu öffnen, besonders wenn sie ganz frisch sind. In diesem Fall kann man sie bei Küchentemperatur belassen, bis sich die Schalen von selbst öffnen. Dann sofort öffnen und nicht länger liegenlassen.

Das Öffnen der Austern

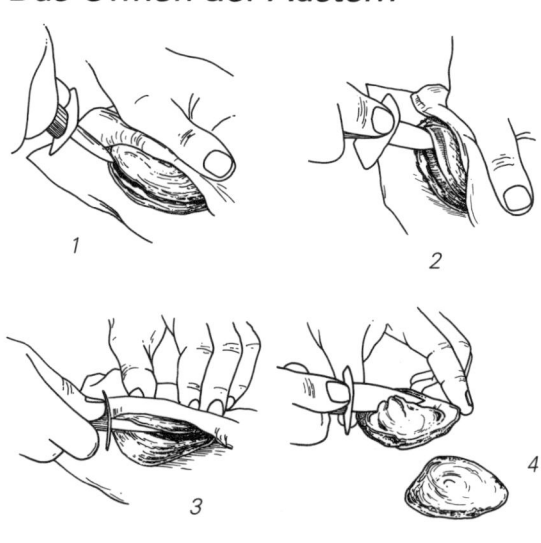

1
Die Auster mit der spitzen Seite gegen sich auf eine Serviette legen. Mit der linken Hand unter dem Tuch fassen, so daß sie durch das Tuch geschützt wird. Mit der Spitze des Austernmessers oben links in die kleine Öffnung des Gelenkes stechen.

2
Die Auster mit einer Drehbewegung des Messers aufbrechen und die beiden Schalen voneinander trennen.

3
Den Muskel der Auster mit dem Messer durchtrennen, indem die Klinge entlang der oberen Schale geführt wird. Die obere Schale entfernen. Die untere Schale sorgfältig auf eine Platte legen. Dabei darauf achten, daß die Austernflüssigkeit nicht ausläuft.

4
Splitter, die durch das Öffnen entstanden sind, entfernen. Die Schale mit der linken Hand waagrecht festhalten. Die Klinge des Messers unter das Austernfleisch gleiten lassen und den Muskel, der sie an der Schale festhält, durchtrennen.

Tip
Flache Austern lassen sich besser öffnen, wenn man nicht mit der Messerspitze, sondern mit der Mitte der Messerklinge ins Gelenk eindringt.
Zum Austernöffnen gehört eine gewisse Routine. In Frankreich ist es schon fast ein Beruf. Es werden sogar Wettbewerbe veranstaltet, um herauszufinden, wer in der kürzesten Zeit die größte Menge Austern öffnen kann.

So kocht man Krebse

Krebse werden lebend eingekauft und sollten so schnell wie möglich in den Topf kommen. Ist dies nicht möglich, legt man sie am besten in die trockene Badewanne und berieselt sie ab und zu mit kaltem Wasser.

Man darf sie nicht ins Wasser legen, weil sie ohne Sauerstoff ersticken. Es sei denn, man verfüge über ein technisch gut installiertes Bassin (z. B. im Restaurant). Zum Töten gibt man die Krebse kopfvoran in stark kochendes Wasser oder in einen Sud. Vielerorts wird vorher vom lebenden Tier der Darm entfernt, was bei uns aus tierschützerischen Gründen verboten ist. Wer dies nach dem Kochen nachholen will, kann das Schwanzfleisch etwas auseinanderziehen und den Darm (brauner Faden) herausnehmen. Man sollte, je nach Größe, nur je 1—2 Krebse auf einmal in den Topf geben und darauf achten, daß das Wasser immer wieder stark kocht. Ich werfe die Krebse immer zuerst in sprudelndes, leicht gesalzenes Wasser, gieße sie ab und gebe sie anschließend in einen konzentrierten Sud, der mengenmäßig nicht ausreichen würde, um viele Krebse rasch zu töten.

Das Kochen und Öffnen von Taschenkrebsen

Die Krebse werden in kochendes, gesalzenes Wasser oder in einen «Courtbouillon» (s. S. 339) gelegt und je nach Gewicht 15—25 Min. gekocht (Kochzeit für 1 kg: 25 Min.). Sind die Krebse noch lebend, müssen sie kopfvoran in siedendes Wasser gegeben werden. Der Sud muß sie vollkommen bedecken.

Nach dem Kochen läßt man sie im Sud abkühlen. Wenn sie «nature» serviert werden, schmecken sie lauwarm am besten. Krebse, die man weiterverarbeiten will, sollten nur knapp gegart werden.

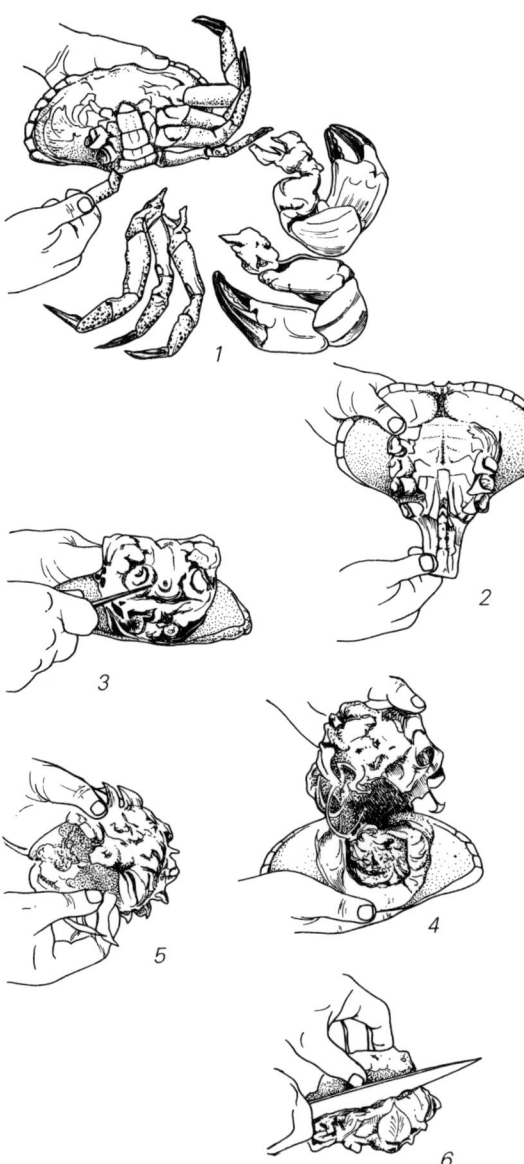

1
Wie beim Hummer Scheren und Beine herausziehen. Die Scheren auf- schlagen. Das Fleisch aus den Beinansätzen her- ausholen.

2
Die Schwanzplatte an der Unterseite abdrehen und ent- fernen.

3
Die Spitze eines starken Messers (darf nicht biegsam sein) zwischen der Schale des Taschen- krebses und dem Körper einstechen. Die Unterseite dem Schalenrand nach mit dem Messer lösen.

4
Die Unterseite mit dem daranhän- genden Fleisch aus der Schale ziehen. Das in der Schale verbliebene Fleisch mit einem kleinen Löffel herausholen.

5
Die Unterseite von den Kiemen befreien.

6
Die Unterseite hal- bieren und das darin enthaltene Fleisch mit der Hummer- gabel aus den Höh- lungen herausholen.

Der Panzer des Taschenkrebses kann als Behälter für ein Krebsgericht dienen. In diesem Fall aber müssen die Schalen innen und außen gründlich gereinigt werden. Das Fleisch nach Belieben mit Sauce mischen und wieder in den Panzer füllen. Evtl. über- backen.

So werden Hummer und Langusten gekocht

Für das gute Endresultat ausschlaggebend ist nicht nur die Qualität dieser Krustentiere, sondern ebenso wichtig ist die richtig bemessene Kochzeit. Wird der Hummer oder die Languste nämlich zu lange gekocht, wird das Fleisch zäh, oft sogar trocken und faserig.

Hier das Grundrezept:

Die lebenden Tiere einzeln kopfvoran in siedendes gesalzenes Wasser oder in einen Sud (s. S. 291) geben. Zudecken und nach ungefähr 30 Sek. die Hitze etwas reduzieren.

Kochzeiten:

Für einen Hummer oder eine Languste von 500 g 7 Min. Für je 500 g mehr zusätzlich 3 Min.

Für Saucengerichte die Tiere nur 3—4 Min. kochen, etwas abkühlen lassen und dann das Fleisch für die weitere Zubereitung aus den Schalen nehmen. Hummer- oder Langustenfleisch in einer Sauce nur noch erwärmen und höchstens 3—4 Min. bei kleiner Hitze darin ziehen lassen.

Zum Grillieren nach dem Kochen genügen 5 Min. Vorher mit Küchenpapier gut trocknen.

Im Sud gekocht schmecken Hummer und Langusten am besten. Dazu passen mit Joghurt oder Sauerrahm gestreckte Mayonnaise oder andere feine, kalte Saucen (s. S. 330 f.).

Fische verlangen eine sorgfältige Zubereitung

Zartes Fischfleisch sollte weder zu heiß gebraten noch zu lange gekocht werden. Das Eiweiß des Fischfleisches beginnt ab ungefähr 70 °C zu koagulieren, d. h. auszu- flocken. Dabei verändert es seine Struktur. Die Fähigkeit, Wasser zu binden, verringert sich, das Fischfleisch verliert einen Teil seines Saftes und damit auch seines Aromas. Lange Zeit schenkte man diesen Tatsachen keine Beachtung. Heute weiß man, daß die sorgfältige Zubereitung auf das Gelingen eines Fischgerichtes großen Einfluß hat. Deshalb neigt man nun dazu, Fische nur knapp zu garen.

Wichtig ist auch die Wahl der richtigen Kochmethode. Große, ganze Fische werden in einem Sud gegart, braisiert oder grilliert. Kleine, zarte Filets eignen sich zum Dünsten oder Dämpfen. Das Grillieren ertragen robuste Meeresfische besser als zarte Süßwasserfische. Für die verschie- denen Garmethoden gibt es auch das pas- sende Kochgeschirr (s. S. 368 ff.).

Die Grundzubereitungen

Das Garziehen (Pochieren)
Meistens läßt man große Fische oder Fisch- stücke in einem passenden Sud, in der Fachsprache «Court-bouillon» genannt (Grundrezept s. S. 339), garen.

Fische, die blau gekocht werden sollen, z. B. Forellen, gibt man in den kochenden Sud und läßt sie danach je nach Größe 5 bis 10 Min. im beiseite gestellten Sud ziehen.

Fische, die pochiert werden, z. B. Steinbutt, legt man in einen bereits vorgekochten und erkalteten Sud, den man auf ca. 70 °C erwärmt (so daß man mit den Fingerspitzen die Temperatur noch erträgt). Die Fische darin ziehen lassen, bis das Fischfleisch milchig-weiß wird.

Für das Blaukochen und Pochieren eignen sich spezielle, mit einem Sieb versehene Fischkasserollen am besten. Der Fisch läßt sich auf dem Siebeinsatz nach dem Garen hochziehen und tropft dabei problemlos ab. Für große Plattfische, wie z. B. Steinbutt, gibt es trapezförmige Kasserollen.

«À la nage» gekocht nennt man Fische oder Krustentiere, die in einem Sud gegart werden und anschließend in diesem Sud auf den Tisch kommen. Ein klassisches Beispiel für diese Zubereitung sind die «Écrevisses à la nage» (s. S. 291).

À la vapeur (im Dampf garen)

Für diese Kochmethode benötigt man einen Kochtopf mit Siebaufsatz und gutschließendem Deckel.

Im Topf ca. 2—3 dl Sud vorbereiten. Den Boden des Siebaufsatzes mit sehr wenig Butter bestreichen, die Fischfilets, ganze Fische oder Fischstücke darauflegen. Unmittelbar vor dem Servieren auf den Topf stellen, zudecken und je nach Größe der Fische 1—4 Min. zugedeckt garen. Der Sud unter dem Siebaufsatz reduziert sich gleichzeitig und kann als ideale Grundlage für eine Sauce verwendet werden. Dieses Vorgehen ist vor allem für Kleinportionen und für besonders delikate Fische zu empfehlen. Die Fische werden nicht ausgelaugt und bleiben saftig und fest.

Man kann auch Algen in den Siebaufsatz legen, die Fische daraufgeben und so im Dampf garen.

Das Dünsten

Beim Dünsten wird der Fisch mit Butter, oft auch mit Schalotten oder anderem Gemüse fast ganz im eigenen Saft gegart. Je nach Größe und Garzeit des Fisches gibt man ab und zu etwas Flüssigkeit (Wein, Fumet de poisson oder 2 bis 3 Eßl. Wasser hinzu). Auch hier soll man darauf achten, daß der Kochvorgang nicht zu lange dauert und daß nicht mit zu großer Hitze gekocht wird.

Zum Dünsten eignen sich Kasserollen mit weitem Boden und gutschließendem Deckel.

Das Garen ohne Fett und Wasser

Eine neuzeitliche Kochmethode, die für Fische ganz besonders geeignet ist. Voraussetzung dazu sind Chromstahltöpfe mit speziell konstruiertem Boden und hermetisch schließendem Deckel. Die Fische können darin ohne Fett und Flüssigkeit kalt aufgesetzt und auf der niedrigsten Heizstufe im eigenen Saft gegart werden. Sie behalten, auf diese besonders schonende Art gegart, ihr Eigenaroma und zerfallen nicht. Diese Zubereitung ist auch sehr kalorienarm, ohne daß dabei der Eindruck von Diät entsteht. Es gibt Spezialkasserollen, deren Deckel mit einem Thermometer versehen sind. So ist eine genaue Temperaturkontrolle möglich.

In der Folie garen

Klarsichtfolie oder auch Aluminiumfolie in Schlauchform eignet sich ebenfalls für das Garen von Fischen. Man gibt die Fische mit Gewürzen und wenig Flüssigkeit in die Folie, verschließt sie gut und legt sie auf den Rost des Backofens. Der Nachteil dieser Methode ist, daß man für relativ kurze Garzeiten den Backofen aufheizen muß. Angenehm bei dieser Methode ist aber der aromatische Saft in der Folie, den man für eine Sauce verwenden kann.

Das Braisieren

Dieser Fachausdruck einer vor allem in Frankreich beliebten Zubereitungsmethode läßt sich nicht wörtlich übersetzen, sondern nur umschreiben. Es kommt unserem Schmoren am nächsten und ist eine Methode, die für Fleischsorten mit langen Garzeiten angewendet wird. Fische haben allerdings eher kurze Garzeiten. Deshalb ist das Braisieren vor allem für ganze Fische oder große Fischstücke (z. B. Schwanzstücke) empfehlenswert. Die Fische werden in eine Kasserolle oder eine Auflaufform gelegt, meistens mit in Butter angezogenem

365

Wurzelgemüse angereichert, halbhoch mit Flüssigkeit (Wein, Sud, Champagner usw.) bedeckt und im Ofen bei Mittelhitze braisiert. Je nach Größe der Fische und Art der Zubereitung werden sie ungedeckt gegart. Auf diese Art zubereitete Fische müssen während der Garzeit oft mit dem Fond aus der Kasserolle begossen werden. So bleiben sie saftig. Ganze Fische werden vor dem Braisieren ziseliert, d. h. die Haut wird so eingeritzt, daß die Aromastoffe der Gewürze und des Sudes in das Fischfleisch eindringen können (s. S. 265). Beim Braisieren kocht der beigegebene Fond etwas ein. Er kann anschließend für die Sauce verwendet werden.

Früher wurden große Fische mit magerem Fleisch vor dem Braisieren oft mit Speck gespickt, was schade ist. Das zarte Fischaroma wird dadurch beeinträchtigt.

Das Poêlieren und das Sautieren

Zwei Zubereitungsarten, deren subtile Unterschiede man bei uns zu wenig kennt. Sautieren bedeutet eigentlich mit Fett in einer Bratpfanne kurz braten. Beim Poêlieren ist der Vorgang ähnlich, nur etwas sanfter.

Man kann die Fische auch bei sanfter Hitze kurz anziehen lassen, dann z. B. mit kleingeschnittenen, ausgepreßten Tomaten und Kräutern oder sehr wenig Rahm usw. fertiggaren. Die Beigabe dieser Zutaten gibt genug Feuchtigkeit, um das Trockenwerden des Fischfleisches zu verhindern.

Das Braten

Fische und Filets, die gebräunt werden sollen, wendet man nur kurz in heißer Gourmet-Butter. Die Außenhitze genügt, um das Fischfleisch auch innen zu garen, ohne daß es trocken wird. Die bekannteste Zubereitung nach dieser Methode sind Fischgerichte «à la meunière». Nach klassischer Art werden die Fische oder die Fischfilets zuerst im Mehl gewendet oder vorher sogar noch in Milch getaucht. Wird zuviel Mehl verwendet, kann rund um den Fisch ein Kleister

entstehen, der beim Essen störend wirkt.
Fische darf man nur überaus sparsam und
nur, wenn sie vorher getrocknet wurden, mit
Mehl bestäuben. Das überschüssige Mehl
muß abgeschüttelt werden. Durch das Mehl
erhalten die Fische beim Braten etwas mehr
Farbe. Ich verzichte in den meisten Fällen
darauf. Ich tupfe die Fische vor dem Braten
mit Küchenpapier ab und gebe sie danach
in die stark erhitzte eingesottene Butter. So
ist es dennoch möglich, die Fische hellbraun zu braten. Falsch ist die Verwendung
von frischer Butter, die durch die Hitze
braun oder sogar schwarz wird. Zu dunkle
«Beurre noisette» ist äußerst unbekömmlich.

Das Grillieren
Was Fische schlecht ertragen, sind über-
hitzte Grillstäbe. Fische, die eine schwarze
Grillzeichnung aufweisen, sind regelrecht
karbonisiert, und das Fischfleisch ist ausge-
trocknet. Aluminiumfolie schützt den Fisch
beim Grillieren gegen den allzu heißen Grillrost. Dasselbe gilt für Krustentiere. Die Italiener panieren große Fische vor dem Grillieren in Maisgrieß. Der Grieß saugt die auf
der Haut haftende Feuchtigkeit auf und
schützt das Innere vor allzu großer Hitze.
Eine originelle Methode, die aber nur für
große, robuste Fische geeignet ist.
Ich grilliere Fische und Fischfilets lieber
unter der Grillschlange. So kommen sie
nicht direkt mit dem Gerät in Berührung.

Das Fritieren
Fische lassen sich auf verschiedene Arten
schwimmend in Öl ausbacken. Zum Beispiel
«nature», also nur in Mehl gewendet, nach
allen Regeln der Kunst paniert, durchs Ei
gezogen oder im Teig gewendet. Durch
einen Teig wird das zarte Fischfleisch am
besten gegen die Hitze und das Eindringen
des Öls geschützt.
Bei dieser Methode ist die Qualität des
Teigs für den Erfolg entscheidend. Das
überschüssige Fett sollte durch Abtropfen
auf saugfähigem Papier entfernt werden.
Fritierte Fische müssen sofort auf den Tisch

kommen und können nicht aufgewärmt werden.

Das Warmstellen
Delikate Fischgerichte, besonders solche mit Saucen, ertragen das Warmstellen schlecht. Am besten stellt man sie für einen Moment auf ein Kerzenrechaud. Ganze Fische kann man in der Wärmeschublade oder im sehr schwach geheizten Ofen zugedeckt warm halten.
Gebratene oder fritierte Fische werden durch das Warmhalten weich und feucht.

Das Anrichten
«À-la-minute»-Gerichte richtet man am besten direkt auf vorgewärmte Teller an. Sie leiden so am wenigsten und kommen heiß zum Gast. Beim Plattenservice verliert man immer einen Teil der Sauce durch das Schöpfen, was bei den heutigen kurzen, aber gehaltvollen Saucen schade ist.

Die Küchengeräte

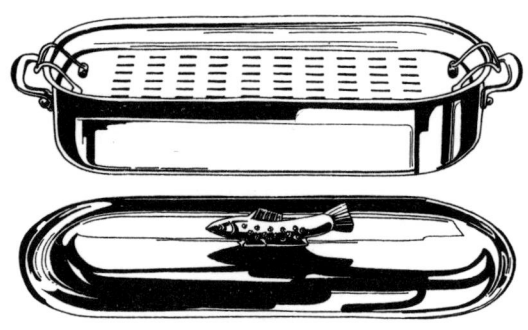

Die Fischkasserolle
Dieses Gefäß ist ideal zum Pochieren von ganzen Fischen oder großen Schwanzstücken. Nach dem Garen lassen sich die Fische dank des Siebeinsatzes problemlos aus dem Sud heben. Fischkasserollen gibt es in verschiedenen Ausführungen.

Das Kochen mit Dampf

Diese Art der Zubereitung ist ideal für zarte Fische. Dazu braucht es einen Topf mit Siebaufsatz und einen gutschließenden Deckel.

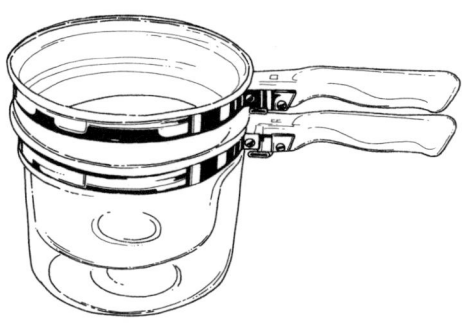

Ein Wasserbad für delikate Saucen

Feine Saucen gelingen am besten im Wasserbad. Im Haushaltgeschäft findet man verschiedene Modelle, bestehend aus zwei Töpfen, die ineinanderpassen. Es gibt auch Spezialeinsätze für Töpfe. Man wählt mit Vorteil ein etwas größeres Modell, auch wenn der Haushalt klein ist. Auf diese Weise kann man den Einsatz auch für Cremes brauchen.
Ein Wasserbad läßt sich improvisieren, indem man einen kleinen Topf in einen etwas größeren Topf stellt und diesen halbhoch mit heißem Wasser auffüllt.

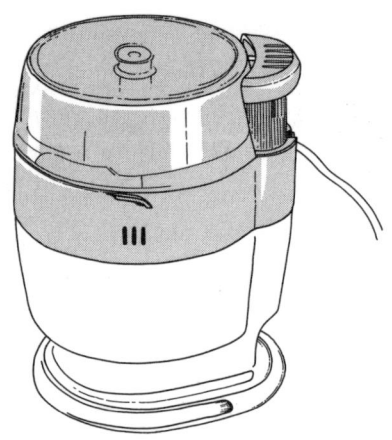

Der Saucenapparat

Dieses Hilfsgerät ist praktisch zum Zubereiten von heiklen Buttersaucen, wie z. B.
«Sauce hollandaise» oder «Beurre blanc».
Ein Wasserbad erübrigt sich, weil ein Thermostat für die konstant richtige Temperatur
sorgt. Das Konzentrat läßt sich zubereiten,
ohne daß man danebenstehen muß, und
die Butter kann ohne jedes Risiko zugefügt
werden. Auf diese Weise entstehen diese
sonst etwas problematischen Saucen ohne
viel Aufwand. In der Zwischenzeit kann man
sich dem Hauptgericht widmen.

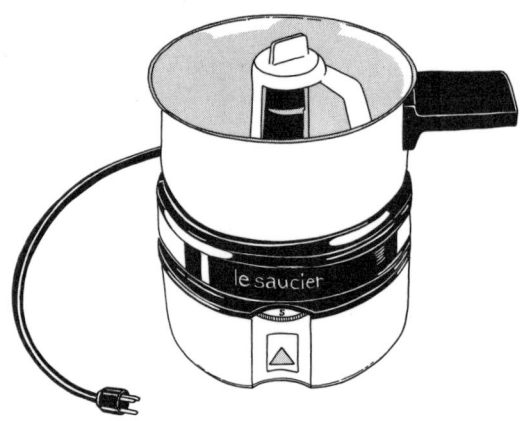

Der Cutter

Dieses Gerät ist heute unentbehrlich für die
Zubereitung von Füllungen, Fischmousse
und ähnlichem. Im Gegensatz zum Mixer hat

der Cutter ein scharfes Messer, das die Fasern des Fischfleisches fein zerschneiden kann. Das Gerät gibt es in verschiedenen Größen zu kaufen, für den Haushalt am praktischsten ist ein mittelgroßes Modell.

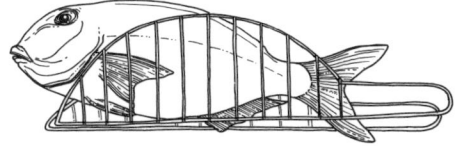

Ein Fischhalter zum Grillieren
Die Haut schützt den Fisch beim Grillieren. Da sie aber leicht verletzlich ist, muß man besonders beim Wenden vorsichtig sein. Eine gute Hilfe ist ein Fischhalter, der in den verschiedensten Ausführungen erhältlich ist. Der Fisch wird nach dem Vorbereiten darin eingeklemmt und kann danach mühelos auf dem Grill gewendet werden.

Nützliche Instrumente

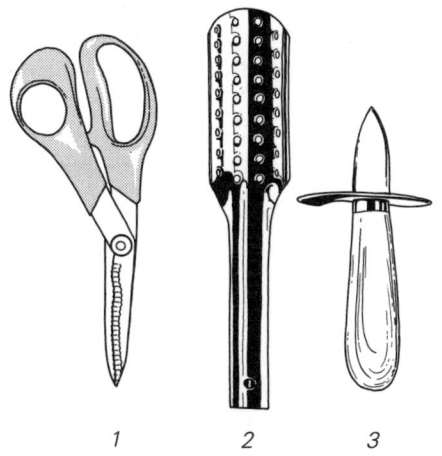

1
Küchenschere mit gezackter Klinge zum Entfernen von Flossen und zum Wegschneiden von Gräten.

2
Fischschupper zum Schuppen von Fischen.

3
Austernmesser zum problemlosen Öffnen von Austern.

Ohne gute Messer geht es nicht

1
Filetiermesser,
auch Solemesser
genannt, zum File-
tieren von kleinen
bis mittelgroßen
Fischen. 18 oder
20 cm lang.

2
Messer zum Zer-
legen von mittel-
großen Fischen und
zum Filetieren von
Steinbutt (Turbot)
oder Lachs.

3
Spezialtranchier-
messer für Fische
mit Wellenschliff
oder Sägeklinge, mit
der auch die härte-
sten Fischgräten
durchgeschnitten
werden können, z. B.
von Zackenbarsch.
Auch sehr nützlich
zum Tranchieren von
Kabeljau, Seehecht
(Colin) usw.

4
Lachsmesser mit
Glattschliff zum
Schneiden von
Räucherlachs und
dünnen Schnitzeln
aus großen Fisch-
filets.

5
Stahl zum Schleifen
von Messern. Den
Stahl in die linke
Hand, das Messer
mit der Klinge zur
Mitte hin in die
rechte Hand
nehmen und durch
Streichen auf dem
Stahl schärfen. Der
Stahl ist so lange
von Nutzen, als er
magnetisch wirkt.

1   2   3   4

5

WIE WIRD WAS GEGESSEN?

Besonders bei Krustentieren ist das fachgerechte Servieren wichtig. Werden sie von Hand gegessen, darf man die Fingerbowle nicht vergessen. Das Öffnen von Kaisergranaten (Scampi) und Garnelen (Krevetten) ist zwar einfach, aber es gibt doch gewisse Tricks, die das Ganze erleichtern und stilvoller machen. Schwieriger wird es bei größeren Krustentieren. Wie z. B. ißt man einen Hummer oder eine Languste, die halbiert auf dem Teller vor einem liegt, welches Besteck benötigt man, und wie wird es benutzt? Solche Fragen werden auf den folgenden Seiten behandelt. Die einfachen Ausführungen sollen noch Ungeübten die Grundkenntnisse vermitteln, um köstlich zubereitete Meeresfrüchte auch entsprechend genießen zu können.

Das Zerlegen von gekochten Fischen

Portionenfische wie Forelle, Felchen (Renken), Saibling usw.

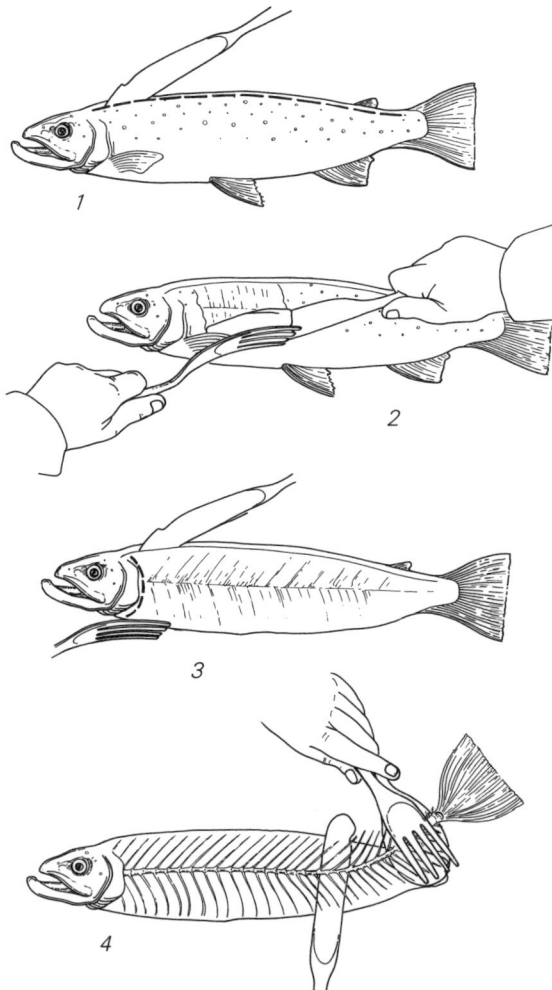

1
Über den ganzen Rückenkamm, beim Kopf beginnend, einen Einschnitt bis auf die Rückengräte anbringen.

2
Die Haut beidseitig mit dem Fischbesteck abziehen. Dabei die Haut über das Fischmesser rollen.

3
Das obenliegende Filet ablösen, indem man das Messer bei den Kiemen ansetzt und zwischen Gräte und Fleisch gleiten läßt.

4
Die Gräte mit Zangengriff (Löffel und Gabel) am Schwanz fassen und mitsamt dem Kopf sorgfältig und ohne zu reißen vom darunterliegenden zweiten Filetstück lösen. Gleichzeitig mit dem Fischmesser das untenliegende Filet auf der Platte festhalten.

«Forelle blau» kommt in der Regel im Sud auf den Tisch. Vorteilhaft ist die Verwendung einer Fischkasserolle. Die Forelle kann so mit dem Einsatz hochgehoben werden. Man gibt sie auf einen Teller, häutet und zerlegt sie vor dem Gast, schiebt sie evtl. auf einen zweiten Teller und serviert sie mit dem Kopf gegen den Gast.

Bei großen Fischen wie Seeforellen, Lachs usw. bringt man ebenfalls über den Rückenkamm einen Einschnitt bis auf die Rückengräte an. Mit dem Fischmesser schneidet man längliche Portionen und hebt sie sorgfältig ab. Sie werden gehäutet und auf den Teller dressiert.

Bei grillierten Forellen oder bei der Zubereitung «à la meunière» entfernt man die knusprige Haut nicht, da sie sehr schmackhaft ist. Vorsicht, das Fleisch ist sehr brüchig!

Seezunge (Sole)

Dieser äußerst beliebte Fisch wird auf zwei Arten zerlegt.

1
Erste Art: Innerhalb des sogenannten Flossenrandes um den Fisch herum einen Einschnitt anbringen. Die Randgräten mit etwas Druck aus dem Fisch herausziehen. Dann längs der Rückengräte einen Einschnitt machen. Die oberen beiden Filets abheben.

2
Die Gräte mit Zangengriff (Löffel und Gabel) auf der Kopfseite fassen. Die Gräte hochheben und herauslösen, indem man mit dem Fischmesser die unteren beiden Filets auf der Platte festhält.

3
Zweite Art (wird vor allem in Mittelmeerländern praktiziert): Nach dem Entfernen des Flossenrandes alle vier Filets gleichzeitig mit zwei Gabeln von der Gräte wegziehen. Gräte entfernen und Filets wieder zusammenschieben.

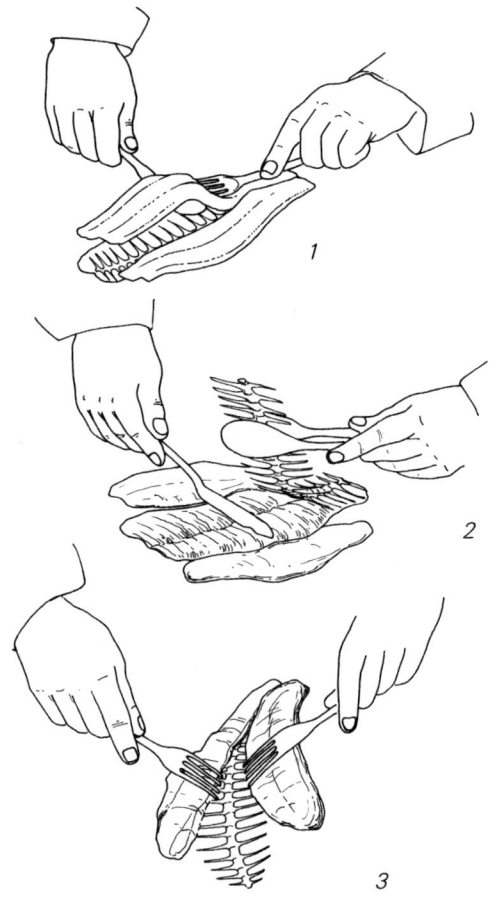

1

2

3

Große Plattfische wie Steinbutt (Turbot), Heilbutt usw.

Die Fische auf den Rücken legen und mit dem Zerlegen auf der Bauchseite beginnen. Diese ist mit einer zarten weißen und sehr gelatinehaltigen Haut überzogen, die mit serviert wird. Die schwarze Haut wird entfernt. Es gibt dafür einen einfachen Trick: Den Fisch auf einer Serviette mit der dunklen Hautseite nach unten servieren. Da diese Haut viel Gelatine enthält, bleibt sie beim Servieren auf der Serviette kleben! Oft weisen diese Fische ihrer Größe wegen Rißstellen auf. Daher kann man sie oft nicht genau nach den Regeln tranchieren. Man versuche jedoch, möglichst gut präsentierende Stücke zu erhalten. Ist das Fleisch aber schön kompakt, schneidet man, immer von der Mitte ausgehend, ca. 3 cm breite Scheiben gegen den Flossenrand hin. Die Rückseite tranchiert man längs und entfernt die dunkle Haut.

Räucherlachs

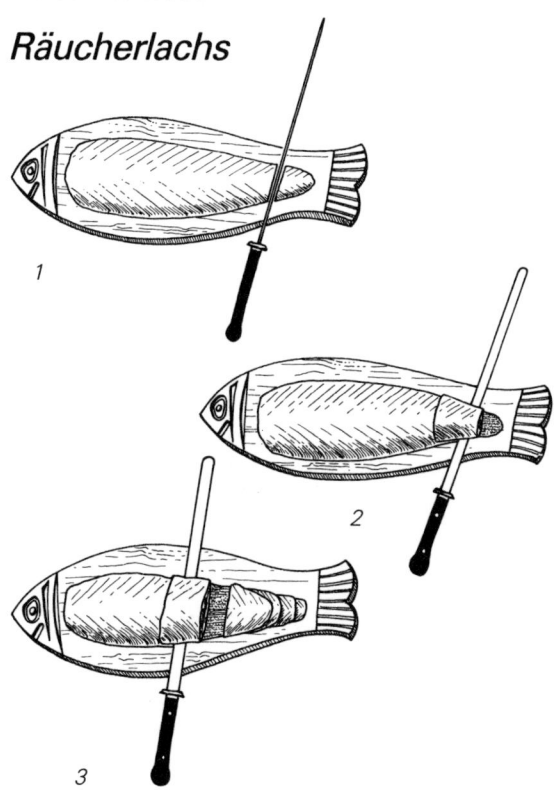

1
Den Räucherlachs auf ein spezielles Lachsbrett legen und das fleischarme Schwanzstück abtrennen.

2
Den Lachs vom Schwanzende her flach und ohne Druck in dünne, breite Tranchen schneiden.

3
Dabei die auf dem Brett liegende Haut nicht verletzen!

Das Servieren von Kaviar, Krusten- und Schalentieren

So wird Kaviar serviert

Kaviar wird kühl, aber nicht eiskalt gegessen. Am besten nimmt man die Originaldose 10 Min. vor dem Servieren aus dem Kühlschrank, öffnet sie und serviert sie anschließend in Eis gebettet. Es gibt auch Kaviargläser mit einem besonderen Eiseinsatz. Kaviar sollte nie mit Metall in Berührung kommen. Deshalb sind die Kaviardosen innen speziell beschichtet. Man ißt den Kaviar direkt aus der Dose mit einem Löffelchen aus Perlmutter oder Schildpatt. Wer dafür nur wenig Geld ausgeben will, kann auch Porzellanlöffel (in chinesischen Boutiquen billig zu haben) verwenden. Seien Sie vorsichtig beim Öffnen der Dosen oder Gläser! Der Deckel hält sehr fest und muß oft, gerade bei Gläsern, zuerst ringsum gelöst werden. Die oberste Lage des Kaviars darf dabei nicht zerdrückt werden. Bei Kennern ist es verpönt, gehackte Zwiebeln oder Zitronenviertel zum Kaviar zu servieren. Er muß absolut «nature» mit dünnen Scheiben Schwarzbrot oder Toasts und Butter genossen werden. Was dazu paßt, ist ein Glas Wodka und natürlich Champagner. Wer alles ganz stilgerecht haben will, kann Krimsekt dazureichen.
Aus Amerika kommt die Gewohnheit, den Kaviar mit Kartoffeln in Alufolie oder Goldfolie zu servieren. Dazu paßt Sauerrahm sehr gut. Als Beilage beliebt sind die «Blinis» aus Hefeteig (s. S. 79). Oft werden sie aber auch aus Buchweizenmehl zubereitet.

So ißt man Krebse

Kommen Krebse mit dem Panzer auf den
Tisch, muß der Gast gut ausgerüstet
werden. Man legt Krebsmesser oder Hum-
merzangen auf, um die Panzer und Scheren
aufzubrechen, und lange Hummergabeln,
um die Panzer auszukratzen.
Beim Aufbrechen spritzt gerne Saft heraus.
Deshalb binden sich routinierte Krebsesser
eine Serviette um. Auch verursachen Krebse
Flecken, die sich nur sehr mühsam wieder
auswaschen lassen. Mehrere saugfähige
Papierservietten pro Gast sind zu
empfehlen. Dazu serviert man Fingerbowlen, gefüllt mit warmem Wasser und
einer Zitronenscheibe. Beim Aufbrechen der
Panzer und Scheren geht man folgendermaßen vor: den Schwanz abdrehen, die
Panzerringe aufknacken und das Schwanzstück herauslösen. Die Scheren werden mit
der Hummerzange aufgebrochen, damit das
zarte Fleisch herausgenommen werden
kann. Wem es dabei gelingt, die Scheren
samt den Spitzen, also intakt, herauszu-
ziehen, ist bereits ein Profi im Krebsessen.
Die Beine werden einzeln von Hand gefaßt
und ausgesaugt, der Kopf wird nach dem
Abtrennen von Kennern ebenfalls ausge-
lutscht. Die rote Krebsbutter, die im Brustpanzer sitzt, holt man mit dem Löffelchen
der Hummergabel heraus.
Echte Krebsfans ziehen im Sud gekochte
Krebse den raffinierten Zubereitungen vor.
Nachdem Krebse aber so selten geworden
und auch teuer sind und man pro Person
mindestens 5—7 im Sud gekochte Krebse
auftischen müßte, serviere ich sie in Form
eines Gratins — eine akzeptable Art, sie zu
genießen, und vor allem für Gäste eine
Wohltat, die mit Krebsen im Panzer nicht
umzugehen wissen.
Stark gewürzte Saucen konkurrenzieren den
zarten Krebsgeschmack!

Wie ißt man Hummer und Languste?

Im Sud gekochte Hummer oder Langusten werden dem Gast üblicherweise längs halbiert vorgesetzt. Beim Hummer sind die Scheren meist schon ausgedreht und aufgebrochen. Hier aber der ganze Vorgang von A bis Z:

1
Den Hummer (evtl. mit einer Serviette) am Rumpf fassen und die Scheren an den Gelenken herausdrehen.

2
Die Messerspitze in der Mitte des Schwanzansatzes senkrecht ansetzen und den Schwanz halbieren.

3
Den Hummer wenden.

4
Den Brustpanzer gegen den Kopf hin von der gleichen Stelle aus halbieren.

5
Den Darm entfernen (dicker brauner Faden): am Schwanzende mit einer Hummergabel einstechen und den Darm aufwickeln. Eine Gabelspitze in das Schwanzende stechen, etwas anheben und das Fleisch mit einem Löffel von der Schale lösen.
So wird frisch gekochter Hummer normalerweise auf den Tisch gebracht.

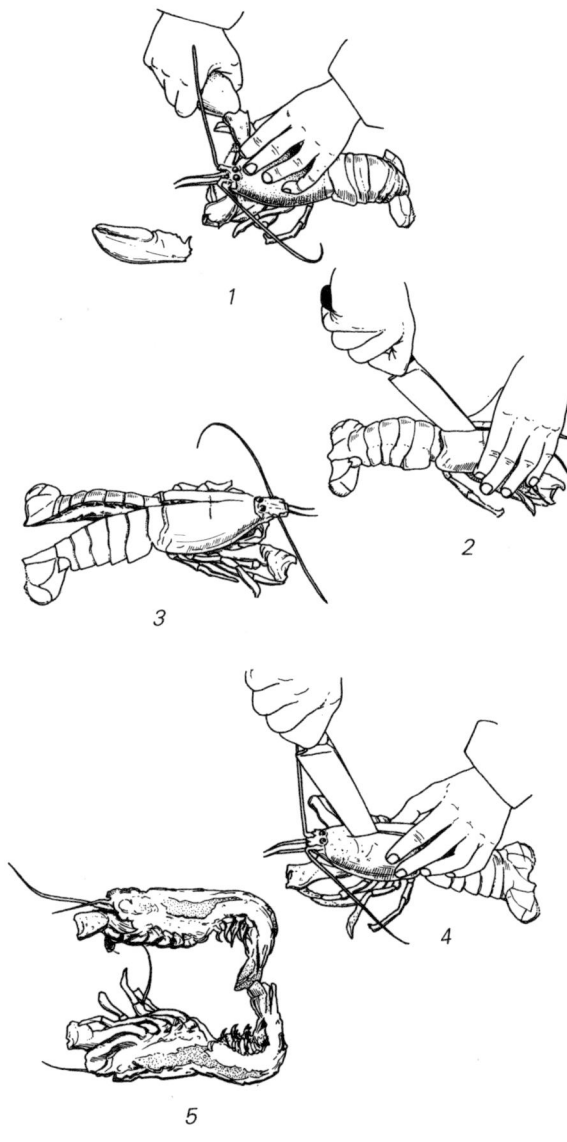

1

2

3

4

5

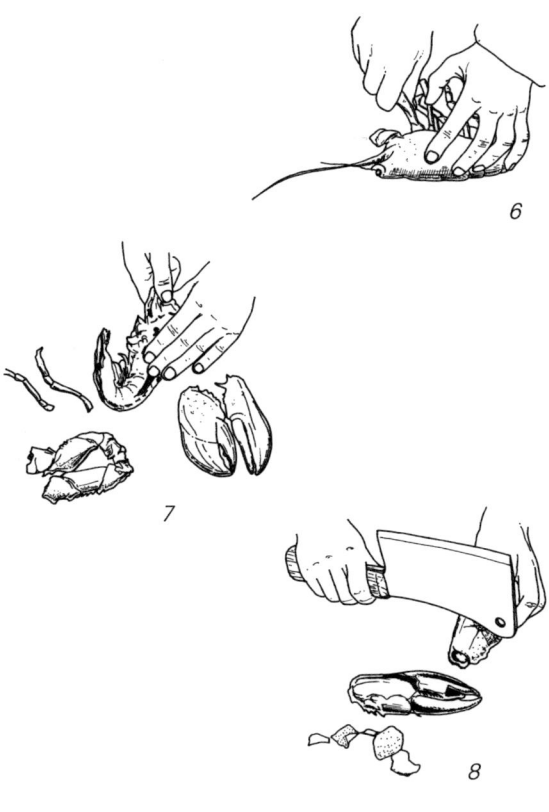

6

6
Am Tisch die Beine aus dem Rumpf ziehen. Nach Belieben mit der Hummerzange öffnen und den Inhalt mit der Hummergabel herausziehen oder die Beine auslutschen.

7
Die einzelnen mit Fleisch gefüllten Teile: Hummerschwanz, Scheren und Glieder.

7

8

8
Die Scheren werden meistens vor dem Servieren in der Küche aufgeschlagen oder aufgebrochen und die Spitzen der Scheren gekappt. Danach kann das Fleisch seitlich herausgezogen werden. Am besten schlägt man die Scheren mit dem Küchenbeil oder dem Rücken eines großen Messers auf. Langusten werden auf dieselbe Art zerlegt.

Was wird noch gegessen?
Oft sitzt ein Gast etwas hilflos vor seinem Hummer oder seiner Languste und fragt sich, was er außer dem Fleisch noch essen kann. Da gibt es z. B. die graugrüne weiche Leber und bei Weibchen die orangefarbenen Eier. Diese Innereien werden vor allem von Gourmets geschätzt. Auch der Kopf wird geöffnet und ausgesaugt. Der Magen oder der mit Steinchen gefüllte Sack, der zwischen den Augen des Tieres liegt, wird weggelassen. Auch die graubraunen Kiemen werden vom Fleisch abgestreift und nicht gegessen.
Oft wird die Leber vor dem Servieren entfernt und für die Sauce verwendet.

So werden Scampi oder Langoustines aufgebrochen

Rohe und gekochte Kaisergranate (Scampi oder Langoustines) werden auf die gleiche Art geöffnet:

1
Den Kopf durch leichte Drehung aus der Schale ziehen.

2
Den ersten Ring der Schale entfernen.

3
Das Fleisch sorgfältig herausziehen, dabei das Schwanzende zwischen Daumen und Zeigefinger klemmen. Man kann auch die etwas weichere Bauchseite seitlich aufschneiden und das Fleisch herausholen. Hat man noch wenig Übung im Öffnen der Kaisergranate, kann man die Ringe einzeln abtragen. Die Scheren enthalten je nach Größe ebenfalls Fleisch und werden mit der Hummerzange geöffnet. Man saugt sie aus oder holt das Fleisch mit der Hummergabel heraus (s. S. 384/1).

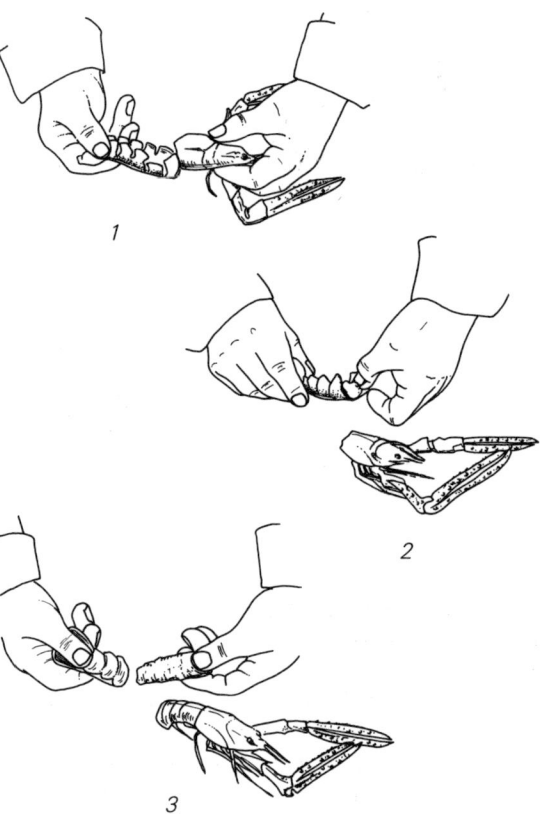

1

2

3

Kaisergranate, die grilliert werden sollen, werden vorbereitet, indem man die Schale auf der Bauchseite seitlich aufschneidet und entfernt. Danach läßt sich am Tisch das Fleisch ohne weiteres herausheben.

Wie ist es mit den Krevetten?

Garnelen (Krevetten) sind etwas leichter zu öffnen, weil ihre Schale weicher ist. Am besten entfernt man den Kopf wie bei den Kaisergranaten und öffnet die Garnele am Bauch. Danach läßt sie sich mühelos schälen.

Die Fischbestecke

Zum korrekten Servieren von Fisch gehört das richtige Besteck, und zwar vor allem ein Fischmesser. Die Fischgabel kann evtl. durch eine normale Gabel ersetzt werden. Neu ist der sogenannte Gourmetlöffel, auch Saucenlöffel genannt. Er kann bei einigen Fischgerichten zugleich als Fischmesser dienen und hilft beim Genießen von leichten Saucen. Oft werden ja heute Saucenge- richte ohne Beilagen gereicht, und, da es nicht gerade fein wirkt, wenn man Brot in die Sauce eintaucht, greift man eben zu diesem neuen Besteck.

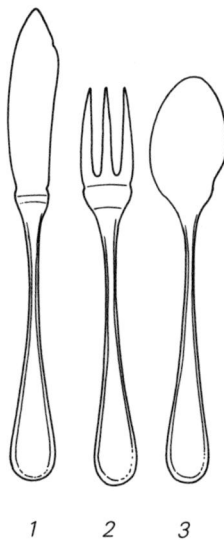

1
Fischmesser

2
Fischgabel

3
Gourmet-
oder Saucenlöffel

1   2   3

Hummergabel und -zange

Wenn Hummer, Langusten oder Krebse auf den Tisch kommen, ist man ohne Hummergabel und -zange recht hilflos. Die starken Panzer und Schalen, die Beine, Fühler und Scheren müssen aufgeknackt und das Fleisch mit der Spezialgabel herausgeholt werden. Die Hummerzange läßt sich zur Not durch einen Nußknacker ersetzen.
Natürlich kann man diese Krustentiere auch von Hand essen. Allerdings darf man dabei nicht vergessen, dem Gast eine Fingerbowle mit warmem Wasser und einer Zitronenscheibe hinzustellen.

1
Hummergabel

2
Hummerzange

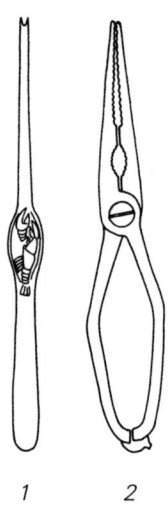

1   2

WAS SERVIERT MAN ZU FISCH?

Ein Fischgericht wird meiner Ansicht nach sehr oft durch falsche Beilagen wenn nicht gerade verdorben, so doch in seinem Geschmack beeinträchtigt. Sorgfältig zubereiteter Fisch, besonders wenn er von einer delikaten Sauce begleitet wird, darf nicht durch aufdringliche Beilagen konkurrenziert werden. Am geeignetsten sind ganz einfach gekochte Kartoffeln, Reis oder Gemüse, auch wenn dies auf den ersten Blick langweilig erscheinen mag. Es gibt aber gewisse Spielarten und Möglichkeiten, auf die ich hier hinweisen möchte.

Kalte Vorspeisen

Fischterrinen, Mousses und ähnliche Gerichte	Toasts mit Butter, Brioches, Minisalate, milde kalte Saucen
Fischsalate	Knuspriges Brot, grüner Salat, Kresse usw.
Marinierte Fische, Fisch-Tatar	Roggenbrot mit Butter, Weißbrot, Baguette
Kaviar	Toasts, Kartoffeln in der Schale, «Baked Potatoes» (s. S. 333), «Blinis» (s. S. 79)
Keta-Kaviar	Avocados, Toasts
Räucherlachs	Toasts mit Butter, Doppelrahm, evtl. Meerrettichrahm
Fisch mit Mayonnaise	Blattsalat, Tomaten, frisches Weißbrot
Heringe in Marinade	Vollkorn-Spezialbrote mit Butter, Pumpernickel, Kartoffeln in der Schale

Warme Vorspeisen

Zu delikaten warmen Vorspeisen, die als Teil eines größeren Menüs serviert werden, braucht es in der Regel keine Beilagen, außer vielleicht eine kleine, hübsche Gemüsegarnitur. Wenn frisches Brot auf dem Tisch steht und ein Gourmetlöffel (s. S. 383/3) dazugereicht wird, genügt dies.
Falls doch eine Beilage gewünscht wird, bitte im Kapitel «Fische mit delikaten Saucen» nachlesen (s. S. 111 f.).

Fische aus dem Sud

Gekochte oder pochierte Fische: Süßwasser- und delikate Meeresfische	Salzkartoffeln, milde Saucen wie «Sauce hollandaise» (s. S. 324), «Beurre blanc» (s. S. 327) usw.
Kräftige Meeresfische	Wie oben und evtl. pikante Saucen wie «Aïoli» (s. S. 323) usw.

Fischsuppen und -eintöpfe

Einfache Fischsuppen	Frisches oder geröstetes Brot, «Knoblauchbrot» (s. S. 332)

387

Reichhaltige Fischsuppen wie Bouillabaisse	Frisches Brot, Knoblauchbrot, «Rouille» (s. S. 322)
Matrosengerichte, z. B. «Matelote»	Frisches Brot
Eintöpfe	Geröstetes Brot, Brotcroûtons
Bisques	Frisches Weißbrot (Baguette)

Fischgerichte mit delikaten Saucen

Fische mit milden Saucen	Trockenreis, evtl. Pistazien- oder Mandelreis, Kräuterreis (wenn keine Kräuter in der Sauce!), Salzkartoffeln, Pommes Mousseline (luftiger Kartoffelschnee), zarte Gemüse wie Kefen, Spinat, grüne Erbsen, Karotten, Lauch, Blätterteigfleurons usw.
Fische mit pikanten Saucen	Frisches Brot, Knoblauchbrot, kräftiges Gemüse, z. B. Brokkoli, Wirsing, Paprikaschoten usw., Wilder Reis, Trockenreis, Vollkornreis, Hirse, Gemüseflans, Kartoffeln in der Schale

Gebraten und gebacken

Süßwasserfische, in Butter gebraten	**Keine Saucen,** wie z. B. Mayonnaise! Salzkartoffeln, Blattspinat, Brokkoli mit Nüssen, Zitrone
Meeresfische, gebraten	Salzkartoffeln, Ratatouille, Zucchini, Paprikaschoten, Zitrone
Fischgerichte, die bereits Zutaten enthalten, wie Oliven, Nüsse, Gemüsemousse usw.	Salzkartoffeln oder frisches Brot, Baked Potatoes
Fritierte Süßwasserfische	Mayonnaise, Quark- oder Joghurtsauce, Salzkartoffeln, Kartoffeln in der Schale, Zitrone
Fritierte Meeresfische	Salzkartoffeln, Kartoffeln in der Schale, Mayonnaise, Aïoli, Rouille, «Salsa Romesco» (s. S. 323) oder andere pikante Saucen

Einfach, rustikal und originell

Ofengerichte (ohne Kartoffeln)	Kartoffeln in der Schale, frisches Brot
Gratins	Reis, Salzkartoffeln, Gemüse
Fischgerichte mit rustikalen Saucen	Kartoffeln in der Schale, Vollkornreis, Hirse, Bauernbrot

Auf dem Grill und in der Folie

Süßwasserfische	Baked Potatoes, frisches Brot, grillierte Maiskolben, milde Saucen
Meeresfische	Knoblauchbrot, grilliertes Gemüse, z. B. Auberginen, Zucchini, Paprikaschoten, pikante Saucen wie Aïoli, Rouille, Salsa Romesco usw.

In Teig verpackt

Fisch in Blätterteig	«Kresse-» oder «Kräutersauce» (s. S. 330) oder andere milde Saucen. **Kein Reis und keine Kartoffeln!** Evtl. zartes Gemüse
Quiches und andere Fischkuchen	**Keine Beilage!**

Mit Teigwaren oder Reis

Zu diesen Gerichten braucht es keine Beilagen.

Spezialitäten aus aller Welt

Bei einfachen Gerichten passen auf jeden Fall Salzkartoffeln. Meistens sind die passenden Beilagen im Rezept aufgeführt. Sie sollen der Gegend, aus welcher das Gericht stammt, entsprechen.

Krustentiere

Krebse, Hummer, Kaisergranate, Langusten usw. mit Saucen	Trockenreis, Salzkartoffeln, frisches Brot
Krustentiere, grilliert	Verschiedene Saucen, von mild bis pikant. Evtl. Baked Potatoes

Schalentiere

Saucengerichte	Am besten Reis oder frisches Brot
Südliche Rezepte mit Tomaten, Knoblauch usw.	Frisches Bauernbrot, Knoblauchbrot

Tintenfische

Mit Saucen	Salzkartoffeln, Reis
Gebacken oder grilliert	Pikante Saucen mit Knoblauch

WELCHER WEIN PASST ZU WELCHEM FISCH?

Ein gutes Fischgericht läßt sich durch den passenden Wein harmonisch abrunden. Die richtige Wahl ist deshalb von Bedeutung. Allerdings ist sie auch Geschmacksache. Südländer z. B. trinken im Gegensatz zu uns gerne Rotwein zu ihrem Fisch.

Auf den folgenden Seiten können Sie meine Weinempfehlungen nachlesen. Sie gelten aber lediglich als Richtlinien und sollen Sie nicht davon abhalten, einen anderen guten Tropfen zu probieren, der sich eventuell in Ihrem Keller befindet. Er kann ebensogut passen.

Zum Aperitif

Canapés mit Räucherlachs oder Kaviar	Champagner; Sekt
Aperohäppchen mit Sardellen	Trockene Weißweine; Sherry; trockene Roséweine
Südliche Häppchen, z. B. «Tapenade» usw.	Rosé de Provence

Kalte Gerichte

Räucherlachs, Kaviar	Champagner; Sekt; trockene Weißweine
Geräucherte Meeresfische	Aquavit; Korn usw.
Geräucherte Süßwasserfische	Trockene Weißweine
Verschiedene Horsd'œuvres, Meeresfrüchtecocktails usw.	Gehaltvolle Weißweine, z. B. weiße Burgunder und trockene Frankenweine
Hummer, Langusten, Kaisergranate (Scampi), Garnelen (Krevetten), Krebse	Champagner; Sekt; weißer Burgunder; Traminer; Johannisberg; trockene Rheingau- und Frankenweine; weißer Bordeaux
Fritierte Muscheln und Fische	Trockene Landweine, weiß oder hellrot; Roséweine
Fischsalate	Am besten keinen Wein oder nur bei Salaten mit wenig milder Sauce: trockene Weißweine oder Roséweine
Gravlax, Matjes	Aquavit; Korn usw.; trockener Weißwein
Fisch-Tatar	Gehaltvolle Weißweine
Marinierte Fische	Weiße, trockene Landweine
Sardinen in verschiedenen Zubereitungen	Leichte, spritzige Landweine; Provenceweine; Roséweine
Fische in Vinaigrette	Kein Wein oder bestenfalls hellroter Landwein
Fischterrinen und Fischmousses	Gehaltvolle Weißweine, z. B. Meursault, Chablis, Johannisberg

Fischsuppen

Delikate Fischsuppen	Trockene Weißweine

| Krebssuppen (Bisques) | Weiße Burgunder; trockene Rheingau- und Frankenweine; Champagner; Sekt |
| Rustikale Fischsuppen und Eintöpfe | Leichte Landweine, rot und weiß; Roséweine |

Fische mit delikaten Saucen

Süßwasserfische mit milden Saucen	Bei Weinsaucen am besten den Wein der Sauce; Schweizer Weißweine, z. B. Waadtländer, Bielersee, Riesling, Œil de Perdrix; trockene badische Weine
Meeresfische mit milden Saucen	Weiße Burgunder; trockene, weiße Bordeaux, Elsässer; trockene badische Weine
Meeresfische mit scharfen Saucen	Leichte, junge trockene Weißweine; Côtes de Provence; einfache weiße und rote Landweine
Fische mit Champagnersaucen	Champagner; Sekt; gehaltvolle Weißweine
Gratinierte Fische	Trockene Weißweine; Roséweine

Gebratene, gebackene und grillierte Fische

Gebratene und gebackene Fische	Schweizer Weißweine; leichte Landweine
Grillierte Fische	Trockene italienische und spanische Weißweine, z. B. Rioja oder Navarra
Grillierte Fische mit kräftigen Saucen z. B. mit «Aïoli», «Romesco» usw.	Einfache Landweine; Roséweine

Fische, im Sud gekocht

| Süßwasserfische, z. B. Hecht, Forelle usw. | Schweizer Weißweine; badische trockene Weißweine; Loire-Weine, z. B. Sancerre, Muscadet |
| Meeresfische | Burgunder Weißwein; Elsässer Riesling; trockene Frankenweine |

Einfache Fischgerichte

Süßwasserfische mit Kräutern usw.	Leichte, spritzige Weißweine
Meeresfische (preisgünstige Fischsorten)	Trockene Landweine; Roséweine; italienische Weißweine

Fische im Teig

Fische in Blätterteig, Pasteten usw.	Trockene Weißweine; Beaujolais, weiß oder rot

Fische mit Teigwaren oder Reis

Delikate Gerichte	Weiße Burgunder; Loire-Weine, z. B. Pouilly Fumé; Elsässer; gehaltvolle italienische Weißweine, z. B. Orvieto secco
Rustikale Gerichte, z. B. «Spaghetti alle vongole», «Arròs negre»	Einfache Weiß- oder Rotweine aus Italien oder Spanien; hellrote Landweine

Spezialitäten aus aller Welt

Italienische, französische oder spanische Spezialitäten	Wenn möglich Weine aus der Gegend; einfache Landweine
Exotische Gerichte, z. B. chinesische	Roséweine; grüner Tee; Jasmintee; leichtes Bier, Saké (Reiswein)

Krusten- und Schalentiere

Austern und Austerngerichte	Champagner; Sekt; trockene französische Weißweine; trockene Rheingauweine
Süßwasserkrebse	Trockene Schweizer Weine; französische Weißweine
Meeresfrüchte in gut gewürzten Saucen, Gratins usw.	Traminer; Riesling; gehaltvolle Weißweine; Roséweine
Miesmuscheln in verschiedenen Zubereitungen	Einfache Landweine, je nach Gericht weiß oder rosé; Côtes de Provence; Entre-Deux-Mers

MENÜS FÜR FISCHFANS

Da ich mit meinen Fischmenüs immer großen Erfolg habe, möchte ich auch in diesem Buch drei Menüs mit mehreren Gängen als Anregung vorstellen. Die Menüs sind so zusammengestellt, daß sie ohne weiteres zu Hause zubereitet werden können. Verschiedene Gerichte lassen sich in Ruhe im voraus zubereiten oder wenigstens so weit vorbereiten, daß vor dem Anrichten nur noch wenige Handreichungen notwendig sind. Delikate Saucen jedoch können nie im voraus gemacht werden. Sie sind zwar meist schnell gekocht, verlangen aber die ganze Aufmerksamkeit und können nur sehr kurz warm gehalten werden. Tischgäste, die vom Essen etwas verstehen, werden aber volles Verständnis dafür aufbringen, wenn sie auf den nächsten Gang ein bißchen warten müssen.
Ein Menü sollte so konzipiert sein, daß es vorwiegend problemlose Gerichte enthält. So sind Sie nicht gezwungen, den ganzen Abend in der Küche zu stehen. Bei Gourmet-Menüs mit mehr als drei Gängen werden die Portionen klein bemessen. Außerdem müssen die einzelnen Gänge aufeinander abgestimmt werden, also nicht zweimal hintereinander Rahmsaucen oder Tomaten und Paprikaschoten usw.
Es ist bei jedem größeren Menü von Vorteil, wenn Sie einen Zeitplan erstellen. Dies zwingt Sie dazu, das Rezept vorher gründlich zu lesen, und erleichtert Ihnen die Zubereitung.

```
┌─────────────────────────────────────┐
│                                     │
│           MENÜ                      │
│                                     │
│  Scampi in Schnittlauchvinaigrette  │
│            (s. S. 44)               │
│           Baguette                  │
│              *                      │
│  Goldbrasse im Ofen «Pescadou»      │
│            (s. S. 172)              │
│     Kartoffeln in der Schale        │
│              *                      │
│        Himbeercharlotte             │
│                                     │
└─────────────────────────────────────┘
```

Vorbereitungen	**ZEITPLAN**
Dessert zubereiten und kühl stellen.	Am Vortag
Kaisergranate (Scampi) schälen. Salate waschen. Salatsauce zubereiten. Gemüse für das Fischgericht putzen und schneiden. Kartoffeln vorbereiten.	2—3 Std. vor dem Essen
Schalotten und Petersilie dünsten. Fisch und Gemüse in die Form geben.	1 Std. vor dem Essen
Backofen einschalten. Kartoffeln aufsetzen, Dampfbad vorbereiten.	19.40
Salate auf Teller anrichten.	19.45
Fisch in den Backofen schieben.	19.50
Kaisergranate über dem Dampf garen, anrichten und garnieren.	19.55
Kaisergranate servieren.	20.00 Essenszeit
Kartoffeln anrichten. Fisch aus dem Ofen nehmen und am Tisch zerlegen.	Im allerletzten Moment vor dem Servieren

Variation für die Vorspeise:

Basilikumtomaten mit Fischsalat (s. S. 43)

Tomaten aushöhlen und füllen.	1—2 Std. vor dem Essen
Sardinen in Marinade (s. S. 54) Zubereiten und kühl stellen.	Am Vortag
Gravlax (s. S. 35) Einlegen und kalt stellen.	Am Vortag

MENÜ

Terrine de saumon
(s. S. 33)
Knuspriges Weißbrot mit Butter

*

Pochouse
(s. S. 84)

*

Seeforelle in Teigkruste
(s. S. 217)
Beurre blanc
(s. S. 327)

*

Früchtesorbet

ZEITPLAN	Vorbereitungen
Am Vortag	Terrine zubereiten und kalt stellen. Sorbet zubereiten und einfrieren. Pochouse vorbereiten (Gemüsebouillon ohne Fische kochen!).
4—5 Std. vor dem Essen	Seeforelle vorbereiten, füllen und in Teig einpacken. Kühl stellen. Reduktion für Beurre blanc herstellen.
1—2 Std. vor dem Essen	Sauce für Terrine zubereiten und kühl stellen. Fische für Pochouse putzen, vorbereiten und kühl stellen. Alle Zutaten, die noch benötigt werden, bereitstellen.
19.40	Knoblauchcroûtons backen. Terrine auf Teller anrichten und garnieren. Nicht mehr kühl stellen.
19.45	Backofen einschalten.
19.55	Fisch in Teigkruste in den Backofen schieben. Pochouse erwärmen. Fischstücke hineingeben. Warm halten.
20.00 Essenszeit	Terrine servieren.
20.05	Backofentemperatur reduzieren.
Kurz vor dem Servieren	Beurre blanc fertigmachen.

Saibling mit Weißwein-Kräuter-Sauce (s. S. 116)

Den Fisch vorbereiten und in die Form legen.

Sauce fertigmachen.

Zander im Ofen auf Spinat (s. S. 158)
Den Fisch vorbereiten und in die Form legen.

Gefüllter Karpfen nach Elsässerart (s. S. 255)
Den Fisch füllen und in die Form legen.

Die Sauce fertigstellen.

Variationen für das Hauptgericht:

1 Std. vor dem Essen

Im allerletzten Moment vor dem Servieren

1 Std. vor dem Essen

2 Std. vor dem Essen

Im allerletzten Moment vor dem Servieren

MENÜ

Ceviche
(s. S. 38)
Toast und Butter

*

Klares Hummersüppchen
(s. S. 91)

*

Quiches mit Meeresfrüchten
(s. S. 226)

*

Meerbarbenfilets mit Zucchini
(s. S. 72)

*

Loup de mer in Champagnersauce
(s. S. 132)
Reis

*

Parfait glacé mit Beeren

ZEITPLAN	Vorbereitungen
Am Vortag	Teig für Quiches und Parfait glacé zubereiten. Klares Hummersüppchen kochen.
6 Std. vor dem Essen	Steinbutt (Turbot) für Ceviche einlegen.
2 Std. vor dem Essen	Füllung und Guß für Quiches bereitstellen. Kuchenblech mit Teig auslegen. Gemüse für den Wolfsbarsch (Loup de mer) vorbereiten. Alles für die Sauce bereitstellen. Beeren für Dessert putzen.
18.15	Wolfsbarsch würzen und in die Form legen
18.30	Gemüse für Meerbarbenfilets vordünsten.
19.00	Hummerfleisch und Gemüsekügelchen für Suppe vorbereiten und in Tassen verteilen.
19.30	Ceviche aus dem Kühlschrank nehmen, anrichten und mit Petersilie bestreuen.
19.40	Backofen einschalten.
19.50	Suppe langsam erwärmen. Quiches mit Füllung und Guß belegen und in den Backofen schieben.
20.00 Essenszeit	Ceviche servieren.
20.30	Wolfsbarsch in den Ofen schieben.
Kurz vor dem Servieren	Meerbarbenfilets anbraten. Gemüse erwärmen. Champagnersauce zubereiten.

Variationen für das Hauptgericht:

Dorada a la sal (s. S. 261)

1 Std. vor dem Essen	Den Fisch vorbereiten und in Salz einlegen.
20.15	In den Backofen schieben.

Turbot poché mit Sauce hollandaise (s. S. 134)

2—3 Std. vor dem Essen	Sud kochen und erkalten lassen.
18.45	Sauce hollandaise zubereiten und warm halten (in der Nähe des Herdes!).
20.30	Steinbutt in den Sud geben und pochieren.

Loup de mer aux herbes (s. S. 131)

1 Std. vor dem Essen	Den Fisch vorbereiten und in die Form legen.
20.35	In den vorgewärmten Backofen schieben.
Kurz vor dem Servieren	Sauce fertigstellen.

DIE FISCHARTEN
UND DIE FISCHFAMILIEN

Es ist hier nicht der Ort, um auf sämtliche Fischarten und -familien einzugehen. Beim Kochen kümmert man sich weniger um die zoologische Einteilung der Fische als um deren Qualität und deren Eignung für spezielle Zubereitungen. Ich beschränke mich deshalb auf einige Angaben zu den in unseren Breitengraden wichtigsten Speisefischen. Können wir zum Beispiel einen Fisch einer bestimmten Art zuordnen, so wissen wir auch Bescheid über die Beschaffenheit seiner Gräten und seines Körperbaus. Das Wissen um die Fischfamilien wiederum erklärt gewisse Ähnlichkeiten der Fische und erleichtert ihr Erkennen. Auf den Farbtafeln (s. S. 416 ff.) wurden die Fische zum Fotografieren rein nach optischen Gesichtspunkten angeordnet. Nun folgt die systematische Ordnung. Die meisten hier aufgeführten Fische sind in den Steckbriefen beschrieben und können auf den Farbtafeln betrachtet werden.

DIE ARTEN

Die kieferlosen Fische

Diese Art wird sowohl als eine eigene Klasse wie auch als eine Unterklasse der echten Fische eingestuft. Es handelt sich dabei um fischartig aussehende Wirbeltiere von aalförmiger Gestalt mit knorpeligem oder fibrösem Skelett ohne Knochen. Sie haben keine paarigen Rippen, keine Kiefer und keine knöchernen Zähne. Zu den kieferlosen Fischen gehören zum Beispiel der Aal und das Neunauge.

Die Knorpelfische

Diese Fische haben einen ausgebildeten Kiefer, knöcherne Zähne und paarige Flossen. Ihr Skelett besteht aus Knorpel.
Zu den Knorpelfischen gehören der Hai und der Rochen.

Die Knochenfische

Das Hauptmerkmal dieser Art ist das Vorhandensein von Knochen (Gräten). Zu den Knochenfischen gehört die Mehrzahl der Süßwasser- und Meeresfische. Sie werden in viele Familien unterteilt.

DIE FAMILIEN

Süßwasserfische

Hier eine Zusammenfassung der wichtigsten Familien und ihrer Vertreter.

Familien	Wichtigste Fische
Forellenartige	Forelle, Lachs, Saibling, Äsche, Coregonen: Felchen (Renken), große Felchen (Balchen), Silberfelchen
Karpfenfische	Karpfen, Hasel, Brachse, Barbe, Gründling, Schleie
Aalartige	Aal, Neunauge
Barsche und Hechte	Flußbarsch (Egli), Zander, Hecht
Dorschfische	Trüsche (Aalquappe)
Grundeln	Grundel
Welse	Wels

Meeresfische

Da es unzählige Familien gibt, werden diese Fische meistens in Gruppen zusammengefaßt, die Ähnlichkeiten aufweisen.

Gruppen	Wichtigste Fische
Heringsartige	Hering, Sardelle, Alse, Sprotte, Sardine

Dorschfische	Kabeljau, Dorsch, Schellfisch, Wittling (Merlan), Seehecht (Colin), Pollack, Lengfisch, Seelachs
Plattfische	Seezunge (Sole), Rotzunge, Glattbutt (Scholle), Flunder, Kliesche, Steinbutt (Turbot), Glattbutt, Heilbutt, Petersfisch (St-Pierre; falscher Plattfisch)
Makrelen, Thunfische, Schwertfische u. ä.	Makrele, Thunfisch, Bonito, Schwertfisch, Hornhecht
Haie, Rochen, Störe, Angler	Heringshai, Glatthai, Dornhai, Nagelrochen, Glattrochen, Seeteufel, Stör
Aalartige	Meeraal, Muräne
Meerbrassen, Meerbarben, Knurrhähne, Drachenköpfe	Goldbrasse (Dorade royale), Streifenbrasse, Rotbrasse, Großaugen-Zahnbrasse, Meerbarbe, roter und grauer Knurrhahn, Drachenkopf (Rascasse), Rotbarsch, Petermännchen

Krustentiere

Familien	Wichtigste Krustentiere
Krustentiere	Hummer, Languste, Kaisergranat (Scampo oder Langoustine), Taschenkrebs, Seespinne, Königskrabbe, Garnele (Krevette), Krabbe, Flußkrebs

Schalen- und Weichtiere

Familien	Wichtigste Schalen- und Weichtiere
Schalen- und Weichtiere	Auster, Miesmuschel (Moule), Pilgermuschel (Coquille St-Jacques), Sandklaffmuschel (Clam oder Vongola) und weitere Muscheln, Seeschnecken, Seeigel, Tintenfische

STECKBRIEFE DER FISCHE, SCHALEN- UND KRUSTENTIERE

Die Informationen auf den folgenden Seiten erheben weder den Anspruch eines wissenschaftlichen Werks noch den eines Lexikons. Die Kurzbeschreibungen und die kulinarischen Hinweise sind als Ergänzung zum Rezeptteil und zu den Fischtafeln gedacht und gehen auf die wichtigsten bei uns erhältlichen Fische, Schalen- und Krustentiere ein. Auf die dazu passenden Rezepte und Abbildungen wird hingewiesen. Die Namen sind in fünf Sprachen angegeben. Allerdings war es nicht leicht, immer die absolut richtige und geläufigste Bezeichnung anzuführen. Die Varietäten sind zahlreich, und je nach Gegend weichen die Namen sehr stark voneinander ab. In der Schweiz z. B. ändern sie sich manchmal von See zu See, und in der Provence, in Italien und in Spanien gibt es pro Fisch gleich mehrere Benennungen. Die Nomenklatur dieser Liste entspricht weitgehend dem «Multilingual Dictionary of Fish and Fish Products», einem Fachbuch, das Weltgeltung hat.

Abkürzungen:
F Französisch ● GB Englisch ● I Italienisch ● E Spanisch ● CH Schweizerdeutsch ●
(S) Süßwasser ● **(S) Salzwasser**

Die kursiven Seitenzahlen bei den Rezepten bezeichnen die Alternativmöglichkeiten.

Aal (S + S)

F: anguille
GB: eel
I: anguilla
E: anguila

Kurzbeschreibung Schlangenförmig, glitschige Haut. Je nach Alter und Vorkommen gelb, grünlich, bräunlich oder auf dem Weg ins Meer silberfarben. Die Männchen werden bis 45 cm lang, die Weibchen bis 1,5 m. Ihr Gewicht beträgt 700 g bis 5 kg.

Besonderheiten Alle Aale sind bei der Geburt weiblich, ein kleiner Teil wechselt nach einiger Zeit das Geschlecht. Nach etwa neun Jahren machen sie sich auf den Weg ins Sargassomeer (s. S. 89 f.).

Vorkommen Bäche, Flüsse, Seen, stehende Gewässer und Meere (Mittelmeer bis Antarktis).

Qualität Feines, zartes, fettes Fleisch. Etwas schwer verdaulich. Qualitativ am besten sind die Aale, die sich auf dem Weg ins Meer befinden.

Zubereitung Vor allem geräuchert. Dann gebacken, grilliert oder in Ragouts.

Rezepte S. 88, *124, 181,* 205, *222, 254,* 259

Abbildung S. 416/417

Aalquappe (s. Trüsche)

Alse, Maifisch (S + S)

F: alose
GB: shad
I: alaccia, alosa
E: alosa

Kurzbeschreibung Gehört zur Familie der Heringsartigen, sieht auch ähnlich aus. Wird 50—70 cm lang und bis zu 3 kg schwer. Kommt in vielen Variationen vor.

Besonderheiten Steigen zum Laichen die Flüsse hinauf. Die Jungfische wandern nach einiger Zeit ins Meer. Es gibt auch eine Art, die bei uns in den Flüssen lebt.

Vorkommen Nordatlantik, Europa.

Qualität Ihr Fleisch wird von Kennern sehr geschätzt, besonders in Italien.

Zubereitung Im Ofen braisiert. Fritiert, grilliert.

Rezepte S. 208, *270*

Angler (s. Seeteufel)

Ährenfisch (S)

F: prêtre, faux
éperlan
GB: atherine
I: lattarino
E: pejerrey, cabezuda

Kurzbeschreibung Ist dem Stint ähnlich
(10—18 cm). Hat ein silbernes Band, das sich der
Länge nach über den Körper zieht.

Besonderheiten Es gibt viele Sorten Ährenfische, auch solche, die im Süßwasser leben.

Vorkommen Mittelmeer, Atlantik.

Qualität Sehr wenig Fleisch.

Zubereitung Für die Fritüre geeignet (Frittura
mista).

Rezept S. 174

Äsche (S)

F: ombre
GB: grayling
I: temolo
E: —

Kurzbeschreibung Gehört zur Familie der Salmoniden, hat einen flachen Bauch, einen rundli-
chen Rücken und gut ausgebildete Rückenflossen. Ihr Maul ist etwas kleiner als bei der
Forelle. Größe: 30—40 cm, Gewicht: 350 g bis
1,5 kg.

Besonderheiten Das Fleisch einer frisch
gefischten Äsche hat einen leichten Thymiangeschmack. Daher auch ihr lateinischer Name
«Thymallus». Sehr empfindlich gegen Wasserverschmutzung.

Vorkommen Langsam fließende Gewässer,
Seen.

Qualität Mageres, sehr delikates Fleisch mit
leichtem Thymiangeschmack.

Zubereitung So einfach wie möglich, am
besten in Butter («à la meunière» oder im Ofen).

Rezepte S. *132, 204, 217*

Auster (S)

F: huître
GB: oyster
I: ostrica
E: ostra, ostión

Kurzbeschreibung Gehört zur Weichtiergruppe
der Bivalven (zweischalig). Die beiden Klappen
der Auster sind verschieden groß. Die untere, in
der das Tier liegt, ist stärker gewölbt. Es gibt
flache («plates») und tiefe («creuses») Austern.

Besonderheiten Bei der Nahrungsaufnahme
stehen die Klappen der Auster offen. Das Meerwasser wird auf der einen Seite angesogen und
auf der anderen wieder ausgestoßen. Dies dient
der Versorgung mit Sauerstoff und einzelligen
Pflanzen.

Vorkommen Europa (Atlantik, Nordsee). Wird auf Kulturbänken gezüchtet (Frankreich).

Qualität In verschiedenen Größen erhältlich (s. S. 310 ff.). Austern müssen lebend eingekauft werden.

Zubereitung Werden meistens roh gegessen. Gekocht in Champagnersauce, gratiniert oder fritiert.

Rezepte S. 312, 313

Abbildung S. 474/475

Bachforelle (s. Forelle)

Balche (s. Felchen)

Bandfisch, Roter (S)

F: demoiselle
GB: —
I: fiamma, bandiera rossa
E: —
CH: Cravättli

Kurzbeschreibung Sehr langer, dünner, fast durchsichtiger Fisch von rosaroter Farbe.

Besonderheiten Die Rückenflosse beginnt am Kopfscheitel und zieht sich als Saum bis zur Schwanzflosse hin.

Vorkommen Mittelmeer (vor allem in Italien bekannt).

Qualität Das wenige Fleisch ist meist sehr grätenreich.

Zubereitung Eignet sich zum Fritieren, z. B. Frittura mista.

Abbildungen S. 434/435, 452/453

Barsch, Flußbarsch (S)

F: perche
GB: perch
I: pesce persico
E: perca
CH: Egli

Kurzbeschreibung Schöner Fisch aus der Familie der Barsche mit zwei getrennten Rückenflossen mit Stachelstrahlen und schwarzem Punkt am Hinterrand. Schwanz und Bauchflossen sind rötlich gefärbt. Wird 15—35 cm lang und bis zu 2—2,5 kg schwer.

Besonderheiten Raubfisch. Frißt Fischlaich und -brut, Fische und Bodentiere. Verletzungen durch Stachelstrahlen können gefährlich sein, deshalb Vorsicht beim Schuppen und Ausnehmen! Hat festsitzende Schuppen, die nur gleich nach dem Fang gut zu entfernen sind.

Vorkommen Warme Gebirgs- und andere Seen. Auch Teiche und Flüsse.

Qualität Mageres, sehr feines und leichtverdaulliches Fleisch. Etwas unangenehme Gräten, deshalb Vorsicht beim Essen!

Zubereitung Kleine Barsche meistens in Form von Filets mit delikaten Saucen. Größere Barsche ähnlich wie Alsen und Karpfen zubereiten (s. d.).

Rezepte S. *19, 73,* 113, *115, 120,* 157, *160, 161, 167, 259*

Abbildung S. 426/427

Bastardmakrele (s. Stöcker)

Baudroie (s. Seeteufel)

Blauleng (s. Leng)

Blöcker (s. Gelbstriemen)

Brachse, Brasse (S)

F: brème
GB: bream
I: brama
E: —
CH: Brachse, Brachsme

Kurzbeschreibung Stammt aus der Familie der Karpfenfische und kommt in vielen Arten vor. Breiter Körper mit hohem Rücken und großen Augen. Rücken braun-grünlich, Bauch hellgrau mit farbigen Reflexen und schwarzen Punkten. Wird 30—40 cm groß und bis zu 3 kg schwer.

Besonderheiten Lebt in Familiengemeinschaft. Jedes Weibchen hat vier bis fünf Liebhaber! Es gibt auch Meerbrassen, s. Goldbrasse, Rotbrasse.

Vorkommen Flüsse, Teiche, Seen in Mitteleuropa (auch Alpen, Pyrenäen).

Qualität Mageres, etwas lockeres, eher fades Fleisch. Wenn aus stehenden Gewässern stammend, mit Vorteil einige Zeit lebend wässern, damit der Tanggeschmack verschwindet.

Zubereitung Ähnlich wie Karpfen oder andere Weißfische.

Rezepte S. *151, 172, 253, 255, 256, 259, 276*

Abbildung S. 426/427

Calmar (s. Kalmar)

Clam (s. Sandklaffmuschel)

Coquille St-Jacques (s. Pilgermuschel)

Crevette grise (s. Nordseekrabbe)

Crevette rose (s. Sägegarnele)

Degenfisch, Silberband (S)

F: coutelas, poisson sabre
GB: frostfish
I: pesce sciabola
E: espadilla

Kurzbeschreibung Ähnliches Aussehen wie der Bandfisch.

Vorkommen Mittelmeer.

Qualität Sehr wenig Fleisch, vor allem bei kleinen Exemplaren. Sehr grätenreich.

Zubereitung Frittura mista.

Abbildung S. 448/449

Dorade royale (s. Goldbrasse)

Dornhai, Dornfisch (S)

F: aiguillat
GB: dogfish
I: gattuccio
E: galludo, mielga

Kurzbeschreibung Ähnlich wie Heringshai oder Glatthai, aber mit etwas länger gestrecktem Körper und kleinen weißen Flecken (s. auch unter «Hai»).

Besonderheiten Aus den Bauchlappen werden Streifen geschnitten, die dann geräuchert werden (Schillerlocken).

Vorkommen Atlantik.

Qualität Fleisch ähnlich wie Hai. Die Haut muß abgezogen werden.

Zubereitung Pochiert, gebraten, geschmort, geräuchert (Schillerlocken).

Abbildung S. 458/459

Dorsch (s. Kabeljau)

Drachenfisch (s. Petermännchen)

Drachenkopf (S)

F: rascasse, scorpène
GB: scorpionfish
I: scorfano
E: rascacio, cabracho

Kurzbeschreibung Wir kennen vor allem den Drachenkopf aus dem Mittelmeer. Ein wunderschöner roter Fisch mit riesigem Kopf und stacheligen Rückenflossen, die Verletzungen verursachen können (s. auch S. 107).

Besonderheiten Es gibt verschiedene Sorten, z. B. aus dem Norden. Dann kleine und große, die auch von bräunlicher Farbe sein können.

Vorkommen Mittelmeer, Atlantik.

Qualität Mageres, aromatisches, dem Taschenkrebs ähnliches Fleisch. Ergibt sehr schöne, feste Filets. Die Leber gilt als Delikatesse. Beim Putzen großer Verlust, da enorm großer Kopf.

Zubereitung Gehört in die Bouillabaisse. Sehr gut auch gefüllt, pochiert, kalt oder warm serviert.

Rezepte S. *36, 70,* 104, *126, 139, 152,* 154, 272

Abbildung S. 430/431

Egli (s. Barsch)

Fangschreckenkrebs (s. Heuschreckenkrebs)

Felchen, Renken (S)

F: féra, corégone
GB: pollan, whitefish
I: coregone
E: coregone

Kurzbeschreibung Länglicher, blaugrauer Fisch mit schwarzen Tupfen und großen Schuppen. Kleines Maul. Wird 20—40 cm groß.

Besonderheiten Es gibt größere und kleinere Felchen, die je nach See und Gegend anders benannt werden.

Vorkommen Schweizer Seen, Frankreich, Österreich, Nordeuropa.

Qualität Gutes, kräftiges Fleisch, aber weniger fein als Forelle. Je nach Art in der Qualität unterschiedlich. Gute Leber (s. auch S. 64).

Zubereitung Gebraten, mit Zwiebeln und Kräutern gedünstet oder in Rahmsauce. Im Teig gebacken (Filets). Geräuchert.

Rezepte S. 19, *32, 36, 43, 63, 73,* 84, *113,* 114, 115, *116, 120, 121, 144, 146, 157,* 160, 161, *163, 165, 167, 179,* 180, 182, *186,* 197, *200, 201, 202, 208, 225, 234, 259*

Abbildung S. 426/427

Flunder (S)

F: flet
GB: flounder
I: passera pianuzza
E: platija

Kurzbeschreibung Ovaler Plattfisch mit langer Schwanzflosse. Graugrünlich, oft mit orangefarbenen Tupfen und körniger Haut. Wird 30—40 cm groß (s. auch S. 170).

414

Besonderheiten Die blinde Seite ist im allgemeinen weiß. Die Flunder liegt auf der linken Seite wie die Seezunge, es gibt aber auch rechtsseitige Exemplare. Lebt als Jungfisch auch im brackigen Wasser oder dringt sogar in Süßwasser vor.

Vorkommen Küstengebiete Europas (ausgenommen Mittelmeer), Ostsee, Schwarzes Meer.

Qualität Dickeres und fetteres Fleisch als das des Goldbutts, aber etwas weniger gut.

Zubereitung Gebraten oder gebacken.

Rezepte S. *19, 101, 144,* 164, *165, 166, 168, 182, 186.*

Abbildung S. 444/445

Flußhecht (s. Hecht)

Flußkrebs (S)

F: écrevisse
GB: fresh water crayfish
I: gambero di fiume
E: cangrejo de rio, camarón

Kurzbeschreibung Schwarzer Krebs mit zwei ungleich großen Scheren. Ist mit drei Jahren ca. 10 cm lang. Ist bei uns selten geworden. Wird nun vermehrt ausgesetzt und nur noch im Hochsommer gefangen. Wird durch das Kochen feuerrot.

Besonderheiten Wirft seinen Panzer einige Male ab (s. S. 293) und hat die Fähigkeit, ganze Glieder, die ihm abhanden gekommen sind, zu ersetzen.

Vorkommen Bäche und kleine Seen Mitteleuropas und Skandinaviens. Wird meist aus der Türkei und aus Nordafrika importiert.

Qualität Je nach Provenienz sehr unterschiedlich. Die besten kommen aus einheimischen kleinen Seen. Wichtigste Sorten s. S. 293.

Zubereitung In aromatischem Sud gekocht, mit Dill, als Gratin, als Garnitur zu Fischgerichten, Suppen (Bisques).

Rezepte S. *90, 91, 237,* 291, 292, 294, *305*

Abbildung S. 478/479

Fogosch (s. Zander)

Seeforelle

Lachs

Aal

Hecht

Zander

Forelle (S)

F: truite
GB: trout
I: trota
E: trucha

Kurzbeschreibung Es gibt verschiedene Arten (Bach-, See-, Regenbogen-, Zuchtforelle), aber alle gehören zu der Familie der Lachsfische und sehen ähnlich aus (s. S. 117 ff. und unter «Lachsforelle»).

Besonderheiten Viele Forellen stammen heute aus Zuchtanstalten. Bachforellen gibt es meistens nur noch aus privater Hand (Sportfischer).

Vorkommen Bergbäche, kleine Flüsse, Seen der Schweiz, Österreichs und Deutschlands.

Qualität Zartes, «nussiges» Fleisch. Gräten sind sehr gut zu entfernen. Leider erreichen Zuchtforellen nie die Qualität von Bach- oder Seeforellen.

Zubereitung Blau gekocht (im Sud), gebraten («à la meunière»). Große Forellen im Ofen gebraten oder gedünstet. Auch kalt (pochiert) mit Mayonnaise oder ähnlichen Saucen. Geräuchert.

Rezepte S. *23*, 31, 32, *34, 35, 37, 38*, 65, *68, 113, 114, 115, 116*, 119, 120, *121, 131, 132, 143, 158, 161, 165*, 179, *197*, 200, 201, 202, *204*, 217, 225

Abbildungen S. 416/417, 420/421

Garnele (s. Sägegarnele, Nordseekrabbe)

Gelbstriemen, Blöcker (S)

F: bogue
GB: bogue
I: boga
E: boga

Kurzbeschreibung Sieht der Streifenbrasse ähnlich (s. d.).

Vorkommen Mittelmeer, Atlantik.

Qualität Fest im Fleisch, grätenreich.

Zubereitung Gebraten und gebacken.

Abbildung S. 434/435

Glattbutt (S)

F: barbue
GB: brill
I: rombo liscio
E: rémol

Kurzbeschreibung Ovaler, dem Steinbutt ähnlicher Fisch, aber mit glatter Haut und etwas schlanker als der Steinbutt. Wird 40—60 cm groß und 1—3 kg schwer. Farbe Grau oder helles Kastanienbraun (s. auch S. 171).

Besonderheiten Rechtsliegender Plattfisch. Seine Haut weist keine Verknöcherungen auf. Dadurch unterscheidet er sich vom Steinbutt.

Vorkommen   Atlantik, Nordsee, Ärmelkanal, Mittelmeer.

Qualität   Nicht ganz so fein und fest im Fleisch wie der Steinbutt, aber beachtlich gut und weniger teuer. In Frankreich und Belgien sehr geschätzt.

Zubereitung   Wie der Steinbutt (s. d.), aber auch grilliert und in Stücken fritiert.

Rezepte   S. *39, 122, 124, 125,* 129, *135, 136, 139, 142, 143, 149, 269, 297*

Abbildung   S. 444/445

Goldbrasse (S)

F: dorade royale
GB: gilt head bream
I: orata
E: dorada

Kurzbeschreibung   Die kostbarste und feinste aller Brassen. Man erkennt sie an den großen Augen, dem bläulichen Rücken und an den goldfarbenen Seiten mit Kopfstreifen. Wird 30—50 cm lang (s. auch S. 150).

Besonderheiten   Frißt vorwiegend Krebse, Weichtiere und Fischbrut. Andere Brassen: Meerbrasse, Bindenbrasse (s. auch S. 150), Rotbrasse, Streifenbrasse (s. d.), Großaugen-Zahnbrasse (s. d.).
Die Dorade rose hat einen rötlichen Schimmer und je einen schwarzen Punkt auf den Seiten.

Vorkommen   Mittelmeer, afrikanische Küsten. Dorade rose vor allem im Atlantik.

Qualität   Gehört zu den schmackhaftesten Fischen. Mageres, festes Fleisch, ergibt schöne Filets. Relativ viele starke Schuppen.
Dorade rose ist etwas herber im Geschmack und nicht so fein wie die Goldbrasse.

Zubereitung   Ganz im Ofen braisiert, pochiert, grilliert. In Filets mit südlichen und anderen Saucen.
Zu Dorade rose paßt sehr gut Fenchelkraut.

Rezepte   S. *31, 70, 104,* 107, *119, 127, 133, 147,* 151, *152, 166,* 172, *206, 209, 258,* 261, 264, 265, *271,* 273, *281, 286*

Abbildungen   S. 434/435, 452/453

Goldbutt, Scholle (S)

F: plie, carrelet
GB: plaice
I: passera
E: solla

Kurzbeschreibung   Ovaler Plattfisch mit Verknöcherungen unter der Kopfhaut. Oberseite grau oder rötlich-hellbraun mit orangen Tupfen. Bauch: weißlichrosa. Wird 20—40 cm groß.

419

Schleie

Lachsforelle

Wels

Bachforelle

Regenbogenforelle

Lederkarpfen

Barbe

Besonderheiten Ernährt sich vorwiegend von Muscheln, Krebstieren, Stachelhäutern und Würmern. Der Goldbutt aus der Ostsee wird «Scholle» genannt (s. auch S. 170).

Vorkommen Atlantik, Nordsee, Baltikum.

Qualität Qualitativ etwas besser als Flunder, aber weniger fein als Seezunge.

Zubereitung Ganz gebraten oder Filets mit Saucen. Auch als Röllchen, gratiniert oder fritiert. Norddeutsche Spezialitäten (Schollen).

Rezepte S. *19, 142, 144, 145, 159, 163, 165, 182, 187*

Abbildung S. 444/445

Großaugen-Zahnbrasse (S)

F: denté aux gros yeux
GB: large eyed dentex, dog's teeth
I: dentice occhione
E: cachucho

Kurzbeschreibung Eine der vielen Meerbrassen. Eine ähnliche Brasse ist die Bindenbrasse (F: sar, sargue), vor allem in Spanien verbreitet (E: sargo, s. auch S. 150).

Besonderheiten Man erkennt sie an den besonders großen Augen.

Vorkommen Mittelmeer, Atlantik.

Qualität Ähnlich wie die Goldbrasse, aber etwas gröber in der Struktur des Fleisches (s. auch S. 150).

Zubereitung Wie die Goldbrasse. Bindenbrasse vor allem grilliert oder im Ofen braisiert (wird sehr oft in Spanien serviert).

Rezept S. *209*

Abbildung S. 448/449

Grundel (S)

F: gobie
GB: goby
I: gobido, ghiozzo
E: góbido

Kurzbeschreibung Bodenfisch von 15 bis 30 cm Länge. Langgezogener, schlanker Körper mit zwei getrennten langen Rückenflossen. Von unscheinbarer Farbe.

Besonderheiten Den erwachsenen Fischen fehlt infolge der Anpassung an das Bodenleben die Schwimmblase. Es gibt über 600 Sorten Grundeln.

Vorkommen Mittelmeer (flache Küstengewässer).

Qualität Fleisch von mittelmäßiger Qualität.

Zubereitung   Ganz klein für die Fritüre (Frittura mista).

Rezept   S. 174

Abbildungen   S. 430/431, 434/435, 452/453

Gründling (S)

F: goujon
GB: gudgeon
I: gobione
E: gobio

Kurzbeschreibung   Kleiner Fisch mit spindelförmigem Körper und seitlich zusammengedrücktem Schwanz. Rücken grüngrau mit dunklen Flecken. Bauch silberglänzend mit rötlichem Schimmer. Wird selten mehr als 15 cm groß.

Besonderheiten   Hat am unterständigen Maul zwei kurze Bartfäden. Obwohl sehr klein, frißt er Bodentiere, Fischbrut und Pflanzen.

Vorkommen   Seen und Flüsse mit sandigem Grund. Europa (ausgenommen Süditalien und Norwegen).

Qualität   Mageres, delikates Fleisch, grätenreich.

Zubereitung   Sehr kleine Fische ganz fritiert. Auch gebraten («à la meunière»).

Hai (S)

F: requin
GB: shark
I: squalo
E: tiburone

Kurzbeschreibung   Es gibt verschiedene Sorten, die unter diesem Sammelnamen auf den Markt kommen. Sie sind unterschiedlich groß, aber alle haben einen langen, torpedoähnlichen Körper, ein großes Maul und eine quer abstehende Schwanzflosse.

Besonderheiten   Knorpelfisch. Die Eier des Haiweibchens werden innerlich befruchtet. Kleinere Haie ernähren sich von Krebsen und Muscheln.

Vorkommen   Weltmeere.

Qualität   Das beste Fleisch stammt vom Heringshai. Es ist fest, rosafarben und ähnelt dem Kalbfleisch. Wird meistens in Scheiben verkauft (s. auch S. 275).

Zubereitung   Mariniert und grilliert, geschmort. Fleisch von kleineren Haien besser für Ragouts mit gewürzten Saucen geeignet. Die in Streifen geschnittenen Bauchlappen werden geräuchert als Schillerlocken verkauft.

Abbildung   S. 462/463

Hecht, Flußhecht (S)

F: brochet
GB: pike
I: luccio
E: lucio

Kurzbeschreibung Langer, walzenförmiger Körper. Langer Kopf mit entenschnabelartigem Kiefer und weitem Maul, das mit großen Fangzähnen besetzt ist. Rücken grünlich. Wird 40–60 cm lang und mehr als 3 kg schwer.

Besonderheiten Gefräßiger Raubfisch. Ernährt sich von Fischen, Fröschen und kleinen Säugetieren.

Vorkommen Flüsse und Seen Europas (ausgenommen Spaniens).

Qualität Mageres, festes Fleisch von ausgezeichnetem Geschmack. Bei größeren Tieren oft etwas trocken. Unangenehme Gräten (senkrechte Gabelgräten), die man entfernen muß.

Zubereitung Kleine ganze Hechte blau gekocht, pochiert, braisiert. Tranchen und Filets gebacken. Fleisch eignet sich für Füllungen und Terrinen. Weltbekannt sind die «Quenelles de brochet».

Rezepte S. *33, 65,* 66, 68, 84, *86, 87,* 161, *179, 222,* 234, *253, 256*

Abbildung S. 416/417

Hechtbarsch (s. Zander)

Heilbutt (S)

F: flétan
GB: halibut
I: halibut
E: halibut, fletan

Kurzbeschreibung Der weiße Heilbutt ist der größte Plattfisch. Langgestreckter Körper mit graubrauner, bei älteren Fischen schwärzlicher Oberseite. Die blinde Seite ist weiß. Ist nach vier Jahren bereits 45–62 cm lang, kann bis 3 m lang werden (s. auch S. 171). Der schwarze Heilbutt ist beidseitig schwarz. Wird in großen Mengen gefischt.

Besonderheiten Frißt junge Dorsche und ähnliche Fische.

Vorkommen Atlantik, nordische Meere.

Qualität Weißes, schmackhaftes Fleisch, jedoch nicht so fein wie Steinbutt oder Glattbutt.

Zubereitung In Stücke geschnitten und pochiert. Schwarzer Heilbutt vor allem in Filets.

Rezepte S. *39, 125, 136,* 192

Abbildungen S. 430/431, 462/463

Hering (S)

F: hareng
GB: herring
I: aringa
E: arenque

Kurzbeschreibung Schlanker Körper mit kurzer Rückenflosse und runden großen Augen. Keine Seitenlinie. Rücken meergrün, Seiten silbern schimmernd. Wird ca. 30 cm lang.

Besonderheiten Frißt kleine Krebse, Schnecken, Fischlarven und -eier. Jungfische. Man unterscheidet die Sorten nach Alter, z. B. Matjes (s. S. 60), und Herkunft.

Vorkommen Biskaya bis nördlich des Polarkreises.

Qualität Fettes, schmackhaftes Fleisch, je nach Jahreszeit und Herkunft unterschiedlich. Matjes: jungfräulicher Hering, Vollhering: vor dem Laichen, Leerhering: nach dem Laichen.

Zubereitung Grüner Hering: gebraten, grilliert, eingelegt in Marinaden. Wird vor allem zu Halbkonserven verarbeitet und gesalzen oder geräuchert (s. S. 224 f.).

Rezepte S. *54*, 55, 56, 57, *58*, 59, *79*, 89, *208*

Abbildung S. 438/439

Heringshai (s. Hai)

Heringskönig (s. Petersfisch)

Herkuleskeule (S)

F: murex massue
GB: —
I: murice commune, garusolo, cornetto di mare
E: busano

Kurzbeschreibung Stachelschnecke mit 6—10 cm hohem, meist gelbem Gehäuse, das sehr variabel skulpturiert und mit axialen Wülsten oder Stacheln versehen sein kann.

Besonderheiten Der relativ lange Kanal des Gehäuses gibt dieser Mittelmeerschnecke den Namen. Sie ist eine Räuberschnecke und ernährt sich von anderen Schnecken und Muscheln, indem sie deren Gehäuse anbohrt. Sie diente früher, wie die Purpurschnecke, auch zur Purpurerzeugung.

Vorkommen Mittelmeer (Italien), Atlantik (Algarve/Portugal).

Qualität Wie die Purpurschnecke (s. d.)

Zubereitung Wie die Purpurschnecke (s. d.)

Abbildung S. 474/475

Saibling

Trüsch

Zander

Barsch

Brachse

Weißfisch

Felchen

Herzmuschel (S)

F: coque
GB: cockle
I: cuore edule
E: berberecho, croque

Kurzbeschreibung Runde, zweischalige Muschel von gelblicher bis brauner Farbe. Wird 2–3 cm groß (s. auch S. 240).

Besonderheiten Lebt eingegraben im Sandstrand.

Vorkommen Atlantik-, Mittelmeerküsten.

Qualität Winziger «Corail». Festes, angenehmes Fleisch.

Zubereitung Kurz gedünstet mit Petersilie und Knoblauch. Für Suppen und Fonds. Mit anderen Meeresfrüchten gemischt für Salate, Ragouts usw.

Rezepte S. *27, 237, 238*

Abbildungen S. *470/471, 474/475*

Heuschreckenkrebs, Fangschreckenkrebs (S)

F: squille, prie Dieu, cigale de mer
GB: mantis shrimps
I: cannocchia, cicala di mare
E: galera

Kurzbeschreibung Dem Kaisergranat (Langoustine) ähnliches Krustentier mit dünnem Panzer und von weißlicher Farbe. Wird 20–25 cm lang.

Besonderheiten Das zweite Beinpaar dieses Krebses dient zum Fangen der Beute (klappmesserartiger Mechanismus).

Vorkommen Mittelmeer (eher selten).

Qualität Der Heuschreckenkrebs ist eine Delikatesse. Man findet ihn aber selten und nur an gewissen Orten am Mittelmeer. Das Fleisch ist sehr zart und aromatisch. Dank des dünnen Panzers ist der Verlust beim Schälen viel kleiner als beim Kaisergranat.

Zubereitung Im Sud gekocht und alle Zubereitungen wie für Kaisergranate und Garnelen (Krevetten).

Abbildung S. *474/475*

Holzmakrele (s. Stöcker)

Hornhecht (S)

F: orphie
GB: garfish, needle fish
I: aguglia
E: aguja

Kurzbeschreibung Langer, schlanker Fisch mit sehr spitzem Kiefer, der lanzenartig verlängert ist. Der Körper ist blaugrün, der Bauch opalweiß.

Besonderheiten Der Hornhecht springt im Wasser und kann mit seinem Kiefer Menschen verletzen.

Vorkommen Felsenküsten des Atlantiks, des Ärmelkanals und des Mittelmeers bis zum Schwarzen Meer.

Qualität Fettes, grünliches, angenehmes Fleisch. Hat grüne Gräten, die beim Kochen noch etwas dunkler werden (s. auch S. 275). Vor der Zubereitung wird er meistens gehäutet, damit er weniger fett ist.

Zubereitung Grilliert, rustikale Saucengerichte. In Belgien in Stücken fritiert.

Abbildung S. 448/449

Hummer (S)

F: homard
GB: lobster
I: astice
E: bogavante, lubrigante

Kurzbeschreibung Großes Krustentier mit fünf Paar Füßen, die am Panzer befestigt sind, und zwei Scheren. Die Farbe des Panzers ist violett-blau bis grünlich (s. auch S. 296).

Besonderheiten Der Hummer ist erst nach fünf bis sechs Jahren erwachsen und mißt dann etwa 30—35 cm. Sein Gewicht beträgt rund 300 g.

Vorkommen Europa: Atlantik bis zu den irischen Küsten, Kanada, Nordamerika.

Qualität Festes, weißes, sehr aromatisches Fleisch, oft schmackhafter als Languste, aber etwas schwer verdaulich. Kenner ziehen die Hummer aus der Bretagne vor.

Zubereitung Frisch gekocht am besten. Grilliert, in feinen Saucen oder in Mousses und Füllungen.

Rezepte S. 90, 91, 300

Abbildung S. 478/479

Jakobsmuschel (s. Pilgermuschel)

Kabeljau (S).

F: cabillaud, morue fraîche
GB: cod
I: merluzzo bianco
E: bacalao

Kurzbeschreibung Großer Kopf mit vorspringendem Unterkiefer und großen Bartfäden. Olivgrün bis braun marmoriert. Weißliche Seitenlinie mit Bogen über dem Brustflossenansatz, dann waagrecht bis zum Schwanzstiel. Wird 80 cm—1 m groß und 5—7 kg schwer (s. auch S. 184).

Besonderheiten Der junge Kabeljau heißt Dorsch (Ostsee). Wird ca. 1 kg schwer.

Vorkommen Nordsee, Nordatlantik.

Schwarzer Heilbutt

Ma

Drachenkopf

Kleiner Seehecht (Colinet)

Kliesche

Seezunge

Petermännchen

Grundel

Sprotten

Qualität Mageres, zartes und festes Fleisch. Schöne, weiße, wie Perlmutt schimmernde Filets. Gute Leber (s. auch S. 64) und Bäckchen (s. auch S. 44).

Zubereitung Schwanzstück ganz pochiert. In Scheiben oder Filets gekocht, gebraten, gedünstet oder grilliert. Wird auch gesalzen und getrocknet verkauft.

Rezepte S. *22, 39, 43, 50,* 73, *88, 98, 99, 100, 101, 107, 108, 114, 123, 138, 151, 154, 160, 161,* 163, *172, 180, 181,* 183, 185, *187, 188, 189, 191, 192, 193, 194,* 229, 243, *246, 247, 253, 256, 260, 267,* 268, 269, *272, 273, 280*

Abbildung S. 448/449

Kaisergranat (S)

F: langoustine
GB: Norway lobster, scampo
I: scampo
E: cigala

Kurzbeschreibung Langschwanzkrebs, mit dem Hummer verwandt (s. auch S. 176). Er hat vorspringende Augen und scharfgezähnte Scheren. Farbe Hellrot bis Ziegelrot. Wird 10—25 cm groß und 35—110 g schwer.

Besonderheiten Ernährt sich von Krebstieren und Schnecken, die er mit den Scheren zermalmt.

Vorkommen Skandinavien, Mittelmeer, Adria, Atlantik.

Qualität Festes, angenehmes Fleisch, dessen Geschmack je nach Provenienz unterschiedlich ist. Es muß aber immer ganz frisch sein (s. auch S. 295).

Zubereitung Am besten im Sud frisch gekocht oder grilliert. Auch für Saucengerichte und Gratins geeignet.

Rezepte S. 40, 44, *47, 48,* 175, 206, 214, 228, *233,* 236, *237,* 245, *250,* 272, 279, *288, 292, 294, 297,* 298, 299, 300, *305*

Abbildung S. 474/475

Kalmar (S)

F: calmar
GB: squid
I: calmaro
E: calamar

Kurzbeschreibung Schlanker, zehnarmiger Kopffüßler mit großen Augen. Hat zigarrenförmigen Mantel und ein Paar breite, dreieckige Flossen. Farbe Hellbeige. Oft violette Membrane. Wird bis zu 50 cm lang (s. auch S. 277 f.).

Besonderheiten Wird er gestört, leuchtet sein Körper dank eines karminroten Sekrets auf.

Vorkommen Mittelmeer, Ostküsten des Atlantischen Ozeans.

Qualität Der Mantel ist weniger zart als die Tentakel. Der spezifische Geschmack entwickelt sich erst durch längeres Schmoren oder Braten. Oft bereits in Ringe geschnitten erhältlich (Fritüre).

Zubereitung Zum Füllen geeignet. Grilliert, fritiert. Schmorgerichte.

Rezepte S. 75, 76, 206, *249, 284,* 285

Abbildung S. 466/467

Kamm-Muschel (s. Pilgermuschel)

Karpfen (S)

F: carpe
GB: carp
I: carpa
E: carpa

Kurzbeschreibung Die Stammform dieses Fisches ist der Schuppenkarpfen, der ganz mit Schuppen bedeckt ist. Der Rücken ist dunkelgrün bis braungrün, die Seiten oft goldgelb. Wird 25—50 cm groß und durchschnittlich 1—3 kg schwer.

Besonderheiten Spiegelkarpfen: hat nur wenige unregelmäßige Schuppen. Lederkarpfen: ohne Schuppen oder nur ganz wenige.
Ernährt sich von der Boden- und Uferfauna sowie von pflanzlichen Stoffen.

Vorkommen Stehende oder langsam fließende Gewässer.

Qualität Mageres, schmackhaftes Fleisch. Gezüchtete Karpfen haben weniger Gräten. Der Spiegelkarpfen ist feiner als der Schuppenkarpfen. Karpfen aus Teichen müssen lebend zwei bis drei Tage gewässert werden.

Zubereitung Blau gekocht, gefüllt, gebacken. Rustikale Saucengerichte. Regionale Spezialitäten (Ungarn, Elsaß, Deutschland sowie jüdische Spezialitäten).

Rezepte S. *83,* 84, 86, 87, *124, 127, 161, 179, 181,* 253, 254, 255, 256, 258, 259

Abbildung S. 420/421

Wittling

Sardelle

Meerbrasse (Dorade rose)

Goldbrasse

Kleiner Stöcker

Roter Bandfisch

Meeräsche

Grundel

Stöcker

bstriemen

ne

Katfisch, Gestreifter Seewolf (S)

F: loup du nord
GB: catfish
I: lupa di mare
E: perro del norte, lobo

Kurzbeschreibung Langer, aalförmiger Körper mit durchgehender Rückenflosse und auffallenden «Kaninchenzähnen». Bräunliche Haut. Langgezogene Afterflosse.

Besonderheiten Weitere Arten, z. B. Gefleckter Seewolf, Blauer Seewolf usw.

Vorkommen Atlantik, Arktis.

Qualität Kommt ohne Kopf und bereits gehäutet in den Handel. Er wird in beliebig großen Stücken oder Scheiben verkauft. Guter, preisgünstiger Speisefisch.

Zubereitung Für einfache Fischgerichte, z. B. Suppen, Ragouts, Gratins, grilliert oder gebraten.

Rezepte S. *229, 273*

Abbildung S. 458/459

Kaviar (S)

F: caviar
GB: caviar
I: caviale
E: caviar

Kurzbeschreibung Hellgrauer bis schwarzer Rogen des Störs von unterschiedlicher Größe.

Besonderheiten Es gibt verschiedene Kaviarsorten (s. S. 20ff.).

Vorkommen Rußland, Iran (Kaspisches Meer), Frankreich (Gironde).

Qualität Kommt in verschiedenen Qualitäten in den Handel.

Zubereitung Wird meistens «nature» serviert (s. S. 378). Beilage zu «Blinis». Für Hors d'œuvres.

Rezepte S. 22, 79

Kliesche, Scharbe (S)

F: limande commune
GB: dab
I: limanda
E: limanda nórdica, pescado gallo

Kurzbeschreibung Rechtsseitiger Plattfisch mit rauher Haut. Sieht ähnlich aus wie Flunder und Scholle. Man erkennt ihn an der Seitenlinie, die halbkreisförmig über die Brustflosse führt. Der Körper ist blaßgelbbraun, ab und zu mit schwachen Flecken. Wird 20—30 cm groß (s. auch S. 170).

Besonderheiten Ernährt sich von Stachelhäutern, Muscheln und Würmern.

Vorkommen Biskaya, Island, Ostsee, südliche Nordsee.

Qualität Guter Speisefisch. Etwas fade im Geschmack. Weniger fein als Flunder und Scholle. Preisgünstig.

Zubereitung Gebraten («à la meunière»). Filets fritiert oder gratiniert.

Abbildung S. 430/431

Köhler (s. Seelachs)

Knurrhahn (S)

F: grondin
GB: gurnard
I: pesce capone
E: rubios

Kurzbeschreibung Knochenfisch mit kräftigem, kantigem Kopf, an dem man ihn sofort erkennt. Er hat acht stachelige Brustflossen. Drei Bauchflossen sind beweglich, dienen als Tastorgane und werden für die Fortbewegung am Boden gebraucht.

Besonderheiten Es gibt den roten, etwas größeren Knurrhahn (Mittelmeer) und den grauen Knurrhahn.

Vorkommen Nordnorwegen bis Adria.

Qualität Mageres, festes Fleisch von sehr angenehmem Geschmack. Schöne Filets (keine Gräten).

Zubereitung Bouillabaisse, Fischsuppen. Grilliert, gebraten, im Ofen braisiert, fritiert (Filets).

Rezepte S. *72,* 107, *126, 173*

Abbildung S. 452/453

Krake, kleine Krake (S)

F: poulpe
GB: octopus
I: polpo di scoglio, moscardino
E: pulpo, pulpito

Kurzbeschreibung Der Kopf mit den beiden Augen und den beweglichen Fangarmen befindet sich oberhalb des runden, sackförmigen Rumpfes. Die Kraken sind rötlichbraun (s. auch S. 278).

Besonderheiten Sie führt Krebstiere, die sie mit den Fangarmen und den Saugnäpfen fängt, zum Maul und tötet sie mit einem Gift, das sie aus den Speicheldrüsen absondert.

Vorkommen Atlantik, Mittelmeer.

Qualität Wirklich zart sind nur kleine Kraken (Pulpitos/Moscardinos). Größere Kraken werden nach dem Fang geschlagen, um sie zarter zu machen. Trotzdem müssen sie länger gekocht werden.

Hering

Dunkler Seelachs

Kleiner Thunfisch (Bonito)

Echte Rotzu

Steinbutt

Zubereitung Kleine Kraken: grilliert, sautiert. Größere Kraken: gekocht (für Salate), frittiert. Schmorgerichte evtl. in der Tinte.

Rezepte S. 45, *46,* 47, *76, 213, 226,* 284, *285*

Abbildung S. 466/467

Krebs (s. Flußkrebs, Taschenkrebs)

Krevette (s. Sägegarnele)

Lachs (S + S)

F: saumon
GB: salmon
I: salmone
E: salmón

Kurzbeschreibung Forellenähnlicher Fisch mit langgestrecktem Körper und vorgestrecktem kleinen Kiefer. Der Rücken ist je nach Alter graubraun bis hellbraun mit schwarzen Flecken und roten Punkten (vor der Laichzeit).

Besonderheiten Wanderfisch (s. S. 203 f.). Wird 40—60 cm lang und 6—8 kg schwer, kann aber auch größer werden.

Vorkommen Flüsse, Atlantik, Ostsee, Norwegen.

Qualität Feines, sehr nahrhaftes und schmackhaftes Fleisch von rosa Farbe. Es gibt schottische, irische, norwegische und kanadische Lachse. Die Qualität ist unterschiedlich und auch Geschmacksache. Kenner ziehen das Fleisch des flußaufsteigenden Lachses vor, weil es dann hellrot und fettreich ist. Das Fleisch männlicher Lachse soll zarter sein.

Zubereitung Pochiert kalt (Horsd'œuvres) und warm mit feinen Saucen. Grilliert und für Vorspeisen wie Terrinen, Mousses und Füllungen. Lachsleber, Gravlax (marinierter Lachs), Räucherlachs (je nach Herkunft verschieden in Farbe und Geschmack).

Rezepte S. 23, *31, 32,* 33, 34, 35, *36, 37,* 63, 68, 69, 79, *119,* 122, *125, 129, 133, 138,* 204, *217,* 221, 222, 233, *237, 245*

Abbildung S. 416/417

Lachsforelle (S + S)

F: truite saumonée
GB: salmon trout
I: —
E: —

Kurzbeschreibung Eine Zuchtforelle, hervorgegangen aus einem Lachs und einer Regenbogenforelle.

Vorkommen Große Zuchtanstalten in Dänemark und Norwegen (Fjorde).

Qualität Rosa gefärbtes Fleisch, etwas heller
als Lachs. Sehr fein, ähnlich wie Seeforelle.

Zubereitung Pochiert, mit Saucen und alle
Zubereitungen wie für Lachs und Seeforelle.

Abbildung S. 420/421

Langoustine (s. Kaisergranat)

Languste (S)

F: langouste
GB: crawfish
I: aragosta
E: langosta

Kurzbeschreibung Ein Langschwanzkrebs mit
dickem, hartem Panzer, der auf der Vorderseite
mit Dornen besetzt ist. Der Panzer ist in breite
Ringe gegliedert. Die Languste hat im Gegensatz
zum Hummer keine Scheren, dafür zwei lange
Fühler am Kopf. Sie wird 20—50 cm groß und
600 g bis über 1,5 kg schwer (s. auch S. 295 f.).

Besonderheiten Ernährt sich vorwiegend von
Muscheln, die sie mit den Greifzangen der Vor-
derbeine aufbricht. Das Weibchen trägt die roten
Eier unter dem Leib.

Vorkommen Südafrika bis Adria, Mittelmeer,
Bretagne, Irland, England, Portugal.

Qualität Je nach Herkunft ist die Farbe des
Panzers verschieden: rot bei der gewöhnlichen
Languste, grünlich bei der afrikanischen
Languste und rosa bei der portugiesischen
Languste. Nach dem Kochen werden aber alle
Panzer rot. Nur lebend einkaufen. Zu langes
Halten in Bassins vermindert die Qualität.

Zubereitung Ähnlich wie Hummer. Im Sud
gekocht für Horsd'œuvres, gekocht mit Saucen,
grilliert. Langustenschwänze sind tiefgekühlt
erhältlich (für Saucengerichte brauchbar).

Rezepte S. *40, 90, 91, 214, 237*

Abbildung S. 478/479

Leng, Lengfisch (S)

F: lingue
GB: ling
I: molva
E: maruca

Kurzbeschreibung Langgestreckter Körper mit
zwei Rückenflossen, einer Afterflosse und einem
langen Bartfaden am Unterkiefer. Abgerundete
Schwanzflosse und weiße Flossenränder mit
schwarzem Fleck am hinteren Teil der unpaaren
Flossen. Wird 1,5 m lang und mehr.

Besonderheiten Raubfisch. Frißt Fische, Krustentiere und Stachelhäuter. Lebt in Wassertiefen von 150–300 m. Bekannt ist bei uns auch der Blauleng. Sein Rücken glänzt metallisch, daher sein Name. Wird u. a. zu Stockfisch getrocknet.

Vorkommen Ärmelkanal bis Norwegen, Nordsee (Kattegat).

Qualität Etwas weniger feines Fleisch als Kabeljau. Kommt meist filetiert in den Handel (s. auch S. 184).

Zubereitung Am besten gebraten. Wird auch geräuchert und zu Stockfisch verarbeitet.

Rezepte S. *50, 100, 138, 183, 185, 188, 189, 193, 229, 243, 267, 269*

Abbildung S. 458/459

Limande (s. Rotzunge, Echte)

Loup de mer (s. Wolfsbarsch)

Maifisch (s. Alse)

Makrele (S)

F: maquerau
GB: mackerel
I: sgombro, maccerello
E: caballa

Kurzbeschreibung Langgestreckter Fisch mit dunkelgrünem bis dunkelbraunem Rücken und bis zur Seitenlinie senkrechten, gekrümmten schwarzen Streifen. Wird 30–40 cm lang und 150–250 g schwer.

Besonderheiten Vor der Laichzeit ist die Makrele ein Friedfisch, danach frißt sie kleine Fische. Es gibt verschiedene Arten. Bekannt ist bei uns die Bastardmakrele (Chinchard).

Vorkommen Skandinavien, Kanarische Inseln, Mittelmeer, Schwarzes Meer.

Qualität Etwas fettes, aber gutes Fleisch. Gräten lassen sich gut entfernen. Einfache Makrelen: März bis November. Bastardmakrelen: April bis Oktober. Gut sind beide Sorten.

Zubereitung Pochiert, gedünstet, gebraten, grilliert. Auch zum Füllen geeignet (durch Kiemenöffnung oder Rücken ausnehmen). Geräucherte Makrelen: Bücklinge.

Rezepte S. *26, 28, 54, 78,* 107, 210

Abbildung S. 430/431

Matjeshering (s. Hering)

Meeraal (S)

F: congre
GB: conger
I: congro
E: congrio

Kurzbeschreibung Schlangenartiger Fisch, der dem Flußaal sehr ähnlich sieht. Er darf aber nicht mit diesem verwechselt werden. Der erwachsene Meeraal ist graubraun, der junge, der im Sand in der Nähe der Küsten lebt, ist heller in der Farbe. Wird 30 cm bis 2 m lang und bis zu 4 kg schwer.

Besonderheiten Ein gefährlicher Raubfisch; er frißt sogar die kleinen Meeraalmännchen. Er lebt in felsigen Löchern, oft zusammen mit einem Hummer.

Vorkommen Atlantische Küsten, Mittelmeer, Irland, Schottland.

Qualität Recht gut, aber nicht so schmackhaft wie Flußaal. Das Fleisch ist weniger fett. Er muß im Gegensatz zum Flußaal vor der Verwendung nicht gehäutet werden und hat wenig Gräten.

Zubereitung Fischsuppen, rustikale Gerichte, z. B. Matrosengerichte, Paella.

Rezepte S. 101, 104, 107, 174, *206, 246,* 273, 276, 279

Meeräsche (S)

F: mulet, muge
GB: mullet
I: cefalo, muggine
E: mujol, lisa, capiton, galupe

Kurzbeschreibung Zylinderförmiger Körper und zwei leicht abstehende Flossen beidseits des Kopfes, denen die Meeräsche ihren Namen (Mulet: Maultier) verdankt. Wird 30—50 cm groß und bis zu 4 kg schwer.

Besonderheiten Die Meeräsche gibt es in verschiedenen Varietäten mit kleinen äußerlichen Unterschieden, hauptsächlich in den Farben.

Vorkommen Atlantische Küsten bis Südengland, Mittelmeer, Nordafrika.

Qualität Festes, weißes, etwas fettes, aber schmackhaftes Fleisch. Eier der Meeräsche ergeben die Boutargue (s. S. 64).

Zubereitung Ganz im Ofen braisiert, mit würzigen Saucen, pochiert, gebraten und grilliert.

Rezepte S. 101, 270, *271,* 273, *287*

Abbildungen S. 434/435, 452/453

Goldbutt

Glattbutt

Pollack

...hen

Flunder

Seeteufel

...ellfisch

Meerbarbe, Rotbarbe (S)

F: rouget
GB: goatfish
I: triglia
E: salmonete

Kurzbeschreibung Auffälligstes Merkmal: rötliche Farbe und zwei Bartfäden, die an der Spitze des Unterkiefers sitzen.

Besonderheiten Wird auch «Schnepfe des Meeres» genannt (s. S. 106 f.).

Vorkommen Mittelmeer, Atlantik, Südirland, Nordsee (Gestreifte und Graue Meerbarbe).

Qualität Feines, mageres Fleisch mit ganz spezifischem Aroma. Achtung: In jedem Filet befindet sich ein kleiner scharfer Grat. Delikate Leber (s. auch S. 64).

Zubereitung Besitzt keine Galle und wird deshalb in Frankreich oft unausgenommen zubereitet. Die Leber wird manchmal für die Sauce verwendet.
Grilliert, in der Folie gegart, gebraten, mariniert und kalt serviert. Verliert durch Pochieren viel an Geschmack.

Rezepte S. 70, 72, 108, 126, 152, 173, 206, *209, 211, 233,* 237, 276

Abbildung S. 452/453

Meerbarsch (s. Wolfsbarsch)

Meerbrasse (s. Goldbrasse)

Meerscheide, Scheiden-Muschel (S)

F: couteau, coutelier
GB: razor shell, solina
I: cappa lunga, cannolicchio
E: navajo, longeirón, muergo

Kurzbeschreibung Lange, schmale, zweischalige Muschel mit dickem Fuß. Farbe: Grau bis Blauschwarz, Länge: ca. 10 cm (s. auch S. 240).

Besonderheiten Sie verdankt ihren Namen ihrer Form. Vergräbt sich im Sand. Um sie zu fangen, streut man bei Ebbe etwas Salz vor die Öffnung ihrer Behausung.

Vorkommen Mittelmeer, Atlantik, Lagunen von Venedig.

Qualität Nicht besonders schmackhaft.

Zubereitung Vor dem Verzehr gründlich in gesalzenem Wasser wässern, damit aller Sand ausgewaschen wird. Roh auf den «Plateaux de fruits de mer». Für Muschelfond oder Suppen.

Abbildung S. 474/475

Merlan (s. Wittling)

Miesmuschel, Pfahlmuschel (S)

F: moule commune
GB: blue mussel
I: mitilo, cozza
E: mejilón

Kurzbeschreibung Zweischalige, blau-schwarze, längliche Muschel. Die beiden Schalen sind mit einem elastischen Schließmuskel verbunden. Wird 4—6 cm groß (s. auch S. 212).

Besonderheiten Fast alle Miesmuscheln stammen heute aus Kulturen. Mit hornigen Fäden, die sie im Innern der Schalen produziert, hält sie sich an Felsen, Pfählen oder Schnüren fest.

Vorkommen Westküste Frankreichs, Holland, Belgien, Spanien, Dänemark.

Qualität Sehr gutes, wohlschmeckendes Fleisch. Wilde Muscheln sind in der Regel kleiner, aromatischer und weniger fett. Sie haben eine gewölbte und eine flache Schale. Bei gezüchteten Muscheln sind beide Schalen gewölbt.

Zubereitung Im Sud gekocht, Saucengerichte, Suppen, paniert, fritiert, gratiniert. Als Salat und als Garnitur.

Rezepte S. 27, 40, 46, 77, 96, 99, *174, 206,* 213, *228, 236,* 238, 272, 276, 280, 314, 315, 316, 317, 318

Abbildungen S. 470/471, 474/475

Moule (s. Miesmuschel)

Muräne (S)

F: murène
GB: moray
I: morena
E: morena

Kurzbeschreibung Schlangenförmiger, platter Fisch, gelb gestreift oder gefleckt. Wird 14 cm bis 3 m groß!

Besonderheiten Die Muräne verankert sich mit dem Hinterkörper in den Korallen oder zwischen den Felsen und läßt den Vorderkörper frei in der Strömung schwimmen. Lange Zeit galten die Muränen in verschiedenen Ländern als giftig, was sie aber nicht sind. Ihr Biß verursacht tiefe Wunden.

Vorkommen Mittelmeer, warme Regionen des Atlantiks.

Großaugen-Zahnbrasse

Muräne

Wittling

Sonnenbarsche

Stör

Degenfisch

Hornhecht

Kabeljau

Qualität Etwas fettes, aber feines Fleisch. Die Haut muß abgezogen werden.

Zubereitung Ähnlich wie Aal: grilliert, geschmort, im Ofen gebraten, Fischsuppe.

Abbildung S. 448/449

Neunauge (S)

F: lamproie fluviale
GB: lamprey
I: lampreda di fiume
E: lamprea de rio

Kurzbeschreibung Schlangenartiger Fisch ohne Schuppen. Neunaugen haben mehrere von der Schwanzflosse getrennte Rückenflossen (s. auch S. 275 f.).

Besonderheiten Das runde Maul ist trichterförmig mit kreisförmig angeordneten Reihen horniger Zähne. Damit heften sie sich an Fischen fest und entziehen ihnen ihr Blut als Nahrung.

Vorkommen Südwesten Frankreichs (Flußmündungen), Nordseeküste Deutschlands.

Qualität Fettes, zartes Fleisch. Feiner als Aal. Ohne Gräten. Wird sofort nach dem Fang gehäutet.

Zubereitung Ähnlich wie Aal: in Weinsaucen, Matrosengerichte. Auch grilliert.

Nordseekrabbe (S)

F: crevette grise
GB: brown shrimp
I: gamberetto grigio
E: quisquilla

Kurzbeschreibung Sehr kleine Garnele von 3—5 cm. Hat fünf Paar Füße und zwei lange, gerade Fühler. Roh von durchsichtiger Farbe, die nach dem Kochen rosabraun wird.

Besonderheiten Es gibt verschiedene Krabbensorten. Bei uns am bekanntesten sind die Sägegarnelen (Crevettes roses, s. d.). Aus Spanien kennen wir die tiefroten Gámbas und aus dem Norden die Tiefseegarnelen.

Vorkommen Südküsten des Ärmelkanals, Atlantik, Nordsee.

Qualität Hat einen spezifischen, sehr intensiven und interessanten Geschmack. Bei uns leider etwas schwer erhältlich. Das Schälen erfordert Zeit, weil sie so klein sind.

Zubereitung Im Sud gekocht, ungeschält kalt serviert; geschält auf Butterbrot. Warm in flämischen oder holländischen Spezialitäten.

Rezept S. 49

Abbildung S. 474/475

Petermännchen, Drachenfisch (S)

F: vive
GB: weever
I: tracina
E: araña, escorpión

Kurzbeschreibung Langgestreckter Fisch mit kleinem Kopf und großem Maul. Der Rücken ist braun mit blauen Streifen, der Bauch gelb und blaubraun gestreift. Wird 24—34 cm groß, max. 40 cm.

Besonderheiten An den Stachelstrahlen und an den Vertiefungen des Kiemendeckels befinden sich Giftdrüsen. Sie verursachen an den Händen der Fischer schmerzhafte Verletzungen.

Vorkommen Mittelmeer, Atlantik, Ärmelkanal.

Qualität Mageres, festes, aromatisches Fleisch. Ergibt sehr schöne Filets, die gut gerollt werden können.

Zubereitung Bouillabaisse und andere Fischsuppen. Zubereitung wie Seezunge, Meerbarbe, Knurrhahn.

Rezept S. 104

Abbildung S. 430/431

Petersfisch, Heringskönig (S)

F: St-Pierre
GB: John Dory
I: pesce san Pietro
E: pez de san Pedro

Kurzbeschreibung Falscher Plattfisch (schwimmt senkrecht). Ovale Form mit großem Kopf und großen Augen. Der Körper ist mit Stachelstrahlen und Filamenten besetzt. Wird 30—50 cm groß.

Besonderheiten Typisch sind die schwarzen Punkte auf beiden Seiten, an denen man ihn leicht erkennt (s. S. 148).

Vorkommen Mittelmeer, Atlantik.

Qualität Mageres, ziemlich festes, dem Steinbutt ähnliches Fleisch. Viel Abfall beim Putzen.

Zubereitung Bouillabaisse und andere Fischsuppen. Wie Glattbutt, z. B. Saucengerichte. Auch im Ofen gebraten oder grilliert.

Rezepte S. 104, *122, 143,* 147, 149, *166, 204, 221*

Abbildung S. 452/453

Pfahlmuschel (s. Miesmuschel)

Petersfisch

Meerbarbe

Wolfsbars

Sardelle

Meerbrasse (Dorade rose)

Kleiner Seehecht (Colinet)

Grundel

er Bandfisch

Knurrhahn

Meeräsche

Pilgermuschel, Jakobsmuschel (S)

F: coquille
St-Jacques
GB: scallop
I: pellegrina, pettina
maggiore
E: vieira

Kurzbeschreibung Große Muschel mit strahlenförmigen Falten auf den Schalen. Von rötlicher bis hellbrauner Farbe, die je nach Lebensraum verschieden sein kann. Wird 8—15 cm groß (s. auch S. 307).

Besonderheiten Es gibt kleinere Variationen der Pilgermuschel, z. B. Vanneau, Pétoncle, Kamm-Muschel (s. S. 240 f.).

Vorkommen Mittelmeer, Atlantik, Nordsee.

Qualität Sehr schönes, festes Fleisch. Mit oder ohne Rogen im Handel. Kann in der Schale oder bereits ausgelöst gekauft werden.

Zubereitung Gedünstet in delikaten Saucen. Für Gratins und Salate. Ideal für Terrinen und Mousses.

Rezepte S. *40,* 93, *94, 213, 226, 228,* 236, *299,* 305, 306, 307, *314, 317, 318*

Abbildungen S. 470/471, 474/475

Pollack (S)

F: lieu jaune,
merluche jaune
GB: pollack
I: merluzzo giallo
E: abadejo

Kurzbeschreibung Naher Verwandter des Köhlers (Seelachs). Er sieht ihm auch sehr ähnlich. Der Rücken ist grau bis dunkelbraun, die Seiten sind heller. Hat weit vorragenden Unterkiefer. Wird bis zu 60 cm groß (s. auch S. 184).

Besonderheiten Raubfisch. Er ist nicht sehr häufig anzutreffen.

Vorkommen Westküsten Europas bis Island, westliches Mittelmeer, Ostsee.

Qualität Mageres, sehr zartes Fleisch, feiner als Köhler.

Zubereitung Für Saucengerichte, Terrinen und Füllungen. Gebraten.

Abbildung S. 444/445

Purpurschnecke (S)

F: rocher à pourpre,
biou nègre, cornet
GB: —
I: murice, scoglio
troncato, garusolo
femena
E: canailla, caracol
de roca, bucios

Kurzbeschreibung Stachelschnecke. Das mit Wülsten oder ganz kurzen Stacheln versehene Gehäuse wirkt gedrungen und hat einen kurzen, dicken Siphonkanal. Es ist bräunlich und hat zwei dunkelbraune Spiralbänder auf jeder Windung.

Besonderheiten Wie der Name schon sagt, diente diese Schnecke früher der Purpurerzeugung. Die Absonderung einer Drüse wird, sobald sie dem Sonnenlicht ausgesetzt ist, erst gelb, dann rot und schließlich purpurfarben.

Vorkommen Mittelmeer.

Qualität Das Fleisch der Purpurschnecke ist roh nicht besonders zart, aber gekocht sehr gut.

Zubereitung In leicht gesalzenem Wasser gekocht und mit Butter und Kräutern angereichert.

Quappe (s. Trüsche)

Raie (s. Rochen)

Renken (s. Felchen)

Rochen (S)

F: raie, pocheteau
GB: ray
I: razza
E: raya

Kurzbeschreibung Sehr großer Fisch mit vollständig auf der Bauchseite liegenden Kiemenöffnungen. Die als Speisefische geeigneten Rochen erkennt man an den seitlichen, dreiecksförmigen «Flügeln» und dem langen, schmalen, oft mit Dornen gespickten Schwanz.

Besonderheiten Der Rochen soll ein sehr sensibler Fisch sein, der auf Musik anspricht!

Vorkommen Küsten des Mittelmeeres und des Atlantiks.

Qualität Gutes, mageres, leicht rosafarbenes Fleisch. Sehr gelatinehaltig. Meistens sind nur die Flügel im Handel. Ganz frisch mit Ammoniakgeruch, der nach 48 Stunden kühler Lagerung verschwindet (s. auch S. 274).
Beste Qualität: Nagelrochen.

Zubereitung Warm pochiert mit Butter oder Saucen. Saucengerichte, Gratins, Fritüre. Lauwarm pochiert als Salat. Kalt im eigenen Gelee.

Rezepte S. 39, 273

Abbildung S. 444/445

Rotbarbe (s. Meerbarbe)

Rotbarsch (S)

F: sébaste, rascasse
du nord
GB: redfish
I: scorfano
di Norvegia
E: gallineta nórdica

Kurzbeschreibung   Der Rotbarsch gehört nicht zur Familie der Barsche, obwohl er diesen Fischen ähnlich sieht. Seine Farbe ist leuchtend-rot, und auf der Rückenflosse befinden sich kräftige Stachelstrahlen. Größe: 30—50 cm, Gewicht: 1—2 kg.

Besonderheiten   Der Rotbarsch wurde in den letzten Jahren dank neuer Fischereitechniken in großen Mengen gefischt. Da er sehr langsam wächst, dürften die Erträge mit der Zeit zurückgehen.

Vorkommen   Nördliche Meere.

Qualität   Leicht rötliches, ziemlich fettes, gutes Fleisch. Wird meistens bereits filetiert verkauft. Preisgünstig. Wichtiger Konsumfisch.

Zubereitung   Pochiert, gebraten, grilliert, gebacken.

Rezepte   S. *100, 108, 114,* 166, *183, 185, 188,* 189, 193, *246, 264, 269,* 273, 287

Rotzunge, Echte (S)

F: limande sole
GB: lemon sole
I: sogliola limanda
E: mendo limón,
lengua lisa

Kurzbeschreibung   Sieht ähnlich aus wie die Seezunge, ist aber eine nahe Verwandte der Scholle. Farbe Rötlich bis Graubraun. Wird 20—35 cm groß.

Besonderheiten   Es gibt weitere Arten der Rotzunge, z. B. die Falsche Rotzunge und die Blonde Rotzunge.

Vorkommen   Mittelmeer, Atlantik, Nordsee.

Qualität   Beliebter Ersatz für die Seezunge. Das Fleisch ist allerdings weniger delikat, weicher und etwas fader.

Zubereitung   Wie die Seezunge, vor allem «à la meunière» oder gratiniert.

Rezepte   S. *123, 142, 144, 145, 146, 160, 164, 166, 167, 168,* 187, *207, 228*

Abbildung   S. 438/439

Rouget (s. Meerbarbe)

Rutte (s. Trüsche)

Sägegarnele, Garnele (S)

F: crevette rose,
crevette bouquet
GB: common prawn
I: gamaberello
E: camarón gámba

Kurzbeschreibung   Diese Garnelen haben fünf Paar Füße und zwei lange Fühler, die zurückgebogen sind. Roh sind sie grau bis blaßrosa. Werden durch das Kochen rot. Größe: 5—8 cm (s. auch S. 298).

Besonderheiten   Weitere Arten, die bei uns anzutreffen sind: Gámbas (Chilegarnelen) von tiefroter Farbe (6—12 cm). Tiefseegarnelen (Grönland, bis 16 cm). Riesenkrevetten oder Hauptmannsgarnelen (15—18 cm).

Vorkommen   Mittelmeer, Atlantik bis Afrika.

Qualität   Gutes Fleisch. Etwas milder Geschmack im Vergleich mit den Nordseegarnelen. Gut schälbar. Die roten Gámbas sind gröber im Fleisch, aber im Geschmack intensiver.

Zubereitung   Geschält für Horsd'œuvres und Garnituren.
Ganz im Sud gekocht oder grilliert. Bekannt für Spezialitäten wie z. B. Paella (Gámbas).

Rezepte   S. *44, 48, 49, 53, 69, 174, 175,* 206, *214, 236, 245, 276,* 279, 280, *285,* 288, 297, *298, 299, 300, 305*

Abbildung   S. 478/479

Saibling (S)

F: omble chevalier
GB: char
I: salmerino
E: salvelino

Kurzbeschreibung   Forellenartiger Fisch von wechselnder blaugrüner, graugrüner oder brauner Farbe mit kleinen hellen Punkten. Zur Laichzeit sind Bauch und Seiten orangerot. Größe: 20—40 cm.

Besonderheiten   Es gibt viele Varietäten, die je nach Gewässer kleine Unterschiede aufweisen, z. B. Zuger Rötel (CH).

Vorkommen   Kalte Seen Europas bis 2000 m ü. d. M.

Qualität   Ungewöhnlich schmackhaftes, rosafarbenes Fleisch von sehr feiner, fester Struktur.

Zubereitung   Im Sud pochiert mit oder ohne delikate Saucen.
Für anspruchsvolle Saucengerichte und in Butter gebraten.

Rezepte   S. *114, 115,* 116, *131, 132, 157, 179, 197, 200, 201, 217*

Abbildung   S. 426/427

Katfisch

Leng

Seehecht

Dornhai

Dunkler Seelachs

Samtmuschel (S)

F: amande de mer
GB: dog cockle
I: —
E: —

Kurzbeschreibung Schöne runde, rotbraun gescheckte Muschel mit gewölbter, polierter Schale. Das Scharnier ist mit vielen kleinen Zähnen versehen.

Besonderheiten Die Samtmuschel ist eine europäische Variation der Archenmuschel.

Vorkommen Mittelmeer, Atlantik.

Qualität Gute Muschel, aber nicht so zart wie z. B. Pilgermuschel.

Zubereitung Roh auf den «Plateaux de fruits de mer» (s. S. 239). Für Salate, Fonds, verschiedene Muschelgerichte.

Rezepte S. *315, 316*

Abbildung S. 470/471

Sandklaffmuschel (S)

F: clam
GB: clam
I: vongola
E: almeja

Kurzbeschreibung Zweischalige Muschel mit glatter Oberfläche und graubrauner Farbe. Ist ähnlich in der Form wie die Teppichmuschel, aber größer. Wird 8—10 cm groß (s. auch S. 239). Aus der gleichen Familie stammt die Vernis (s. S. 241).

Besonderheiten Clams waren früher nur in den USA bekannt. Kamen während des Krieges nach Europa, wo sie seither gedeihen (Frankreich).

Vorkommen Atlantik.

Qualität Eine ausgezeichnete, fleischige Muschel.

Zubereitung Roh auf den «Plateaux de fruits de mer». Für die typische amerikanische Muschel-suppe «Clam chowder». Zum Füllen und Über-backen. Als Garnitur und für Horsd'œuvres.

Rezepte S. *27, 96, 97, 98, 99, 174, 226, 236, 238, 242, 276, 312, 314, 315, 316*

Abbildung S. 470/471

Sardelle (S)

F: anchois
GB: anchovy
I: acciuga, alice
E: anchoa, boquerón

Kurzbeschreibung Kleiner schlanker Fisch von grünblauer Farbe mit silberschimmernden Seiten. Größe: 9—15 cm.

Besonderheiten Es gibt zwei verschiedene Sar-dellen: die kleinere aus dem Mittelmeer und dem Schwarzen Meer, die größere aus dem Atlantik.

Vorkommen Mittelmeer, Atlantik.

Qualität Schmeckt auch frisch ausgezeichnet. Allerdings muß sie schnell zubereitet werden. Deshalb ist sie vor allem in Salz oder in Öl eingelegt erhältlich.

Zubereitung Frisch: sehr gut grilliert oder in Marinaden eingelegt.
Gesalzen oder in Öl: für Horsd'œuvres, Garnituren und als würzende Beigabe in den verschiedensten Gerichten.

Rezepte S. 24, 25, 26, 27, 28, *227*

Abbildungen S. 434/435, 452/453

Sardine (S)

F: sardine
GB: pilchard
I: sardina
E: sardina

Kurzbeschreibung Eine nahe Verwandte des Herings. Sie hat aber einen vorspringenden Unterkiefer, große Schuppen und eine weitgegabelte, an beiden Spitzen abgerundete Schwanzflosse. Größe: bis zu 25 cm.

Besonderheiten Die große, fette Sardine, «Pilchard» genannt, soll eine eigene Rasse sein.

Vorkommen Atlantik, Mittelmeer.

Qualität Sehr schmackhaft, aber etwas fett. Tiefgekühlt in guter Qualität erhältlich.

Zubereitung Ausgezeichnet grilliert. Auch eingelegt in Marinaden oder für südliche Ofengerichte.

Rezepte S. 54, *59*, 78, *173*, 186, *208*, *210*, 211, 227

Abbildung S. 434/435

Scampo (s. Kaisergranat)

Scharbe (s. Kliesche)

Schellfisch (S)

F: aiglefin, églefin
GB: haddock
I: asinello
E: eglefino

Kurzbeschreibung Der Schellfisch ist einer der wichtigsten Vertreter der Familie der Dorschfische. Der Rücken ist dunkel, die Seiten grau und der Bauch weiß. Die schwarze Seitenlinie verläuft in einem leichten Bogen.

Besonderheiten Man erkennt ihn sofort an dem schwarzen Punkt über der Brustflosse. Man erzählt über ihn die gleiche Legende wie über

Weißer Heilbutt

Thunfisch

Heringshai

Schwertfisch

den St-Pierre (s. S. 148). Allerdings kann diese Legende schon geographisch nicht stimmen.

Vorkommen   Nordatlantik, Eismeer, Island, Schottland.

Qualität   Mageres, festes, leicht rosafarbenes Fleisch von guter Qualität. Preisgünstig (s. auch S. 185).

Zubereitung   Frisch wie Kabeljau zubereitet. Geräuchert (Smoked haddock) kann man ihn in Milch pochieren (englisches Frühstücksgericht).

Abbildung   S. 444/445

Schill (s. Zander)

Schleie (S)

F: tanche
GB: tench
I: tinca
E: tenca

Kurzbeschreibung   Untersetzter ovaler Fisch mit kleinen, festsitzenden Schuppen. Sehr schleimig anzufassen. Olivgrün bis gelblich, wenn in fließenden Gewässern, bräunlich, wenn in Teichen lebend.

Besonderheiten   Es gibt auch eine rotgefleckte Schleie.
Schleien leben gerne im schlammigen Wasser.

Vorkommen   Teiche, sanft fließende Gewässer Europas.

Qualität   Gutes, feines Fleisch, sofern es keinen Tanggeschmack hat. Lebend wässern, wenn aus Teichen, oder den Fisch vor der Zubereitung in leichtes Essigwasser einlegen.

Zubereitung   Blau gekocht wie Forellen. Matrosengerichte und Fischsuppen.

Rezepte   S. *68, 83,* 86, *179,* 181, *253, 255,* 259

Abbildung   S. 420/421

Scholle (s. Goldbutt)

Schwertfisch (S)

F: espadon,
poisson sabre
GB: swordfish
I: pesce spada
E: pez espada

Kurzbeschreibung   Sieht ähnlich aus wie der Hai. Sein wichtigstes Merkmal ist die Verlängerung des Ober- und des Vorderkiefers in Form eines Schwertes. Gewicht: 50 kg und mehr.

Besonderheiten   Schwertfische laichen im Sargassomeer und leben im offenen Meer. Sie werden mit der Harpune gefangen.

464

Vorkommen Atlantik, Nordsee, Mittelmeer.

Qualität Ausgezeichnetes, sehr schmackhaftes, aber fettes Fleisch. Erträgt das Tiefkühlen gut, ist bei uns meistens in dieser Form erhältlich.

Zubereitung Grilliert, gebraten, im Ofen braisiert.
Weniger fett, wenn vor dem Zubereiten kurz (3—5 Min.) pochiert.

Rezept S. *270*

Abbildung S. 462/463

Seeforelle (s. Forelle)

Seehecht (S)

F: colin, merlu
GB: hake
I: nasello
E: merluza

Kurzbeschreibung Schlanker Fisch mit schwarzgrauem oder bräunlichem Rücken, silbergrauen Seiten und dunkel umrandeten Flossen. Wird 50 cm bis 1 m groß und bis 10 kg schwer.

Besonderheiten Die Haut in der Mundhöhle und im Bauch ist schwarz. Raubfisch, der Sardinen, Heringe und Makrelen frißt.

Vorkommen Nordsee, Mittelmeer, Westafrika.

Qualität Mageres, festes, etwas fades Fleisch mit wenig Gräten. Am besten schmeckt das Mittelstück des Fisches. Die schwarze Haut im Bauchinnern muß entfernt werden (s. auch S. 184).

Zubereitung Pochiert, im Ofen gebraten. grilliert, fritiert.

Rezepte S. *33, 43, 50, 53,* 73, *98, 100, 101, 107, 138, 161, 172, 185,* 188, *191, 194,* 206, *229, 260,* 267, *268,* 272, *273, 276, 280*

Abbildungen S. 430/431, 452/453, 458/459

Seeigel (S)

F: oursin
GB: sea urchin
I: riccio di mare
E: erizo de mar

Kurzbeschreibung Kleines rundes Stacheltier von dunkelgrüner, brauner oder violetter Farbe. Der Mund ist sichtbar. 7—12 Seeigel = 1 kg.

Besonderheiten Ein Teil der Stacheln ist beweglich und dient als Füße.

Vorkommen Felsenküsten des Mittelmeers und des Atlantiks.

Qualität Der beste eßbare Teil ist gelb («Corail»). Meistens ißt oder verwendet man den ganzen Inhalt des Seeigels (s. auch S. 95 f.).

Kalmar

Kleiner Tintenfisch

Kalmar

Krake

Sepia

Kleiner
Tintenfisch

Kleiner Tintenfisch

Zubereitung   Roh auf den «Plateaux de fruits de mer» zum Auslöffeln.
Als aromatischer Zusatz zu Butter, Mayonnaise, Saucen und Suppen.

Rezept   S. 94

Seelachs, Dunkler, Köhler (S)

F: lieu noir, colin noir
GB: saithe
I: merluzzo nero
E: faneca plateada
carbonero, palero

Kurzbeschreibung   Körperfarbe ist dunkelgrau bis schwarz, die Seitenlinie verläuft über den Brustflossen leicht gebogen. Länge: bis zu 1 m.

Besonderheiten   Der Köhler verdankt seinen Namen dem schwarzen Maul (s. auch S. 184).

Vorkommen   Nordatlantik, Biskaya bis Grönland.

Qualität   Mageres, vielleicht etwas trockenes Fleisch, das sehr rasch verkocht.

Zubereitung   Für einfache Fischgerichte, z. B. Fischsuppen, auch für Füllungen und Ragouts geeignet.

Abbildungen   S. 438/439, 458/459

Seeohr, Meerohr (S)

F: ormeau
GB: abalone, ormer
I: orecchia marina
E: oreja de mar

Kurzbeschreibung   Graue Schale mit farbig schillernder Innenseite bis zu Kupfergrün. Die Muschel bewegt sich mit vorgestrecktem Fuß (s. auch S. 241).

Besonderheiten   Das geöffnete Seeohr hat eine schüsselartige Form, die dem menschlichen Ohr gleicht. Daher der Name.

Vorkommen   Strandzonen des Mittelmeers, des Atlantiks und des Fernen Ostens.

Qualität   Ist bei uns fast nur als Konserve erhältlich. Aber auch in dieser Form schmeckt die Muschel sehr gut.

Zubereitung   Für chinesische Gerichte, aber auch gebacken, paniert, als Salat oder Garnitur.

Rezept   S. *47*

Seespinne (S)

F: araignée de mer
GB: spinous spider crab
I: grancevola
E: centolla

Kurzbeschreibung   Krebs mit langen Beinen und schlanken Scheren. Rauher Panzer mit stacheligem Rand (s. auch S. 302). Farbe Gelblichrosa bis Rot, Bauchseite hell. Größe: 10—20 cm breit und 15—17 cm lang.

Besonderheiten Verdankt ihren Namen dem spinnenartigen Aussehen.

Vorkommen Nordsee bis Mittelmeer.

Qualität Sehr gutes Fleisch, wobei die Weibchen qualitativ besser bzw. feiner sind. Seespinnen mit schmutzigen Panzern auswählen, weil sie sich noch nicht gehäutet haben. Prüfen, ob sie schwer in der Hand liegen — ein Zeichen, daß sie gut gefüllt sind.

Zubereitung Im Sud frisch gekocht. Kalt oder warm, mit und ohne Saucen für Vorspeisen und Horsd'œuvres.

Seeteufel, Angler (S)

F: baudroie,
lotte de mer
GB: anglerfish,
frog fish
I: rana pescatrice
rospo, martino
E: rape

Kurzbeschreibung Großer Fisch ohne Schuppen, mit gedrungenem Körper und riesengroßem, häßlichem Kopf, der breiter als lang ist. Markant ist das große Maul mit gut sichtbaren, beweglichen Zähnen.
Die Rückenseite ist dunkelbraun mit schwarzen Linien, die Bauchseite hell. Größe: 50 cm bis 1,5 m.

Besonderheiten Ein interessanter Raubfisch. Er ködert seine Opfer selbst und greift auch Rochen und kleine Haie an.

Vorkommen Mittelmeer, Atlantik.

Qualität Ausgezeichnetes, feines, weißes Fleisch ohne Gräten, nur mit Mittelknochen.
Dient bei gewissen Zubereitungen als Langusten- oder Hummerersatz.
Das Schwanzstück ist bereits gehäutet erhältlich.
Verliert beim Kochen viel Wasser bzw. Gewicht (s. auch S. 190).

Zubereitung Saucengerichte. Auch gebraten, grilliert. Für Fischsuppen, Terrinen, Mousses.

Rezepte S. *34*, 36, *38*, *47*, *48*, 50, 53, 73, *93*, 98, 99, 100, 101, 104, 107, *108*, *135*, 138, 139, 141, *151*, *154*, *181*, 191, 194, 206, 226, *237*, 243, 246, *247*, *260*, *268*, *270*, 272, *273*, 276, 279, 280, *281*, 287, *299*, *305*

Abbildung S. 444/445

Spanische Muschel

Dänische Miesmuscheln

Pilgermuschel

Herzmuscheln

Mittelmeerschnecken

Wellhornschne

Samtmuscheln

Gemeine
Strandschnecken

Rauhe Venusmuscheln

Sandklaffmuscheln

Seezunge (S)

F: sole
GB: sole,
common sole
I: sogliola
E: lenguado

Kurzbeschreibung Ovaler, länglicher Plattfisch mit rundlichem Kopf. Die Farbe ist grau bis graubraun. Kleine Brust-, Bauch- und Schwanzflossen. Größere Rückenflossen. Die Blindseite ist heller, fast weiß. Größe: bis zu 66 cm.

Besonderheiten Die Augenseite kann sich der Bodenfarbe anpassen. Deshalb hat die Seezunge oft dunkle Flecken.

Vorkommen Nordsee, Ärmelkanal, Atlantik, Mittelmeer.

Qualität Delikates, mageres Fleisch von feinem Geschmack (am besten außerhalb der Laichzeit). Qualität ist je nach Provenienz unterschiedlich (s. auch S. 169 f.).
Portionengrößen: 200—300 g.
Für Filets: 300—600 g.

Zubereitung Pochiert mit feinen klassischen oder anderen Saucen. «À la meunière», grilliert, gratiniert und gefüllt (läßt sich gut rollen).

Rezepte S. *38, 101, 133, 135, 136, 141,* 142, 143, 144, 145, 146, *147, 149, 152, 159, 160, 163, 164, 165,* 166, 167, 168, 174, *194,* 207, 228, 307

Abbildung S. 430/431

Sepia, Gemeiner Tintenfisch (S)

F: sèche/seiche
GB: cuttlefish
I: seppia, seppiola
E: sepia, globito, chopo

Kurzbeschreibung Ovaler hellgrau bis braunschwarz gefleckter Körper. Davon ist der Kopf mit den großen Augen deutlich abgesetzt (s. auch S. 278). Acht kurze und zwei lange Fangarme. Größe: 500 g bis 1 kg.

Besonderheiten Hat einen Kalkschulp («os sepia»), der unter der Rückenhaut liegt. Kann während der Paarung und zur Tarnung die Farbe wechseln.

Vorkommen Mittelmeer und in fast allen anderen Meeren.

Qualität Etwas zähes Fleisch.
Den Tintensack vor der Zubereitung sorgfältig entfernen. Er darf nicht verletzt werden. Ein mit Tinte verunreinigter Körper kann fast nicht mehr sauber gespült werden.

Zubereitung Wie Kalmar.

Rezepte S. *75, 76, 249, 284*

Abbildung S. 466/467

Sonnenbarsch (S)

F: poisson-lune
GB: sunfish
I: —
E: —

Kurzbeschreibung Rundlicher Fisch mit stacheligen Rückenflossen (ähnlich wie Barsch), sehr starken Schuppen und dunklem Punkt oberhalb der Brustflosse.

Besonderheiten Es gibt viele Sorten von Sonnenbarschen, die je nach Meer etwas verschieden sind und auch je nach Vorkommen verschiedenen Familien zugeordnet werden.

Vorkommen Atlantik, Mittelmeer.

Qualität Fleisch weniger fein als das des Wolfsbarschs.

Zubereitung Fischsuppen, kleine Exemplare (4—5 cm) ganz für die Fritüre (Frittura mista).

Abbildung S. 448/449

Sprotte, Sprott (S)

F: sprat
GB: sprat
I: spratto, papalina
E: espadin

Kurzbeschreibung Ähnlich wie Sardine.

Besonderheiten In Deutschland wird dieser Fisch geräuchert und unter der Bezeichnung «Kieler Sprotte» verkauft.

Vorkommen Nordatlantik, Nordsee, Ostsee, Schottland, Irland.

Qualität Ähnlich wie Sardine.

Zubereitung Geräuchert (Kieler Sprotte).

Abbildung S. 430/431

Sole (s. Seezunge)

Silberband (s. Degenfisch)

Steinbutt (S)

F: turbot, turbotin
GB: turbot
I: rombo chiodato
E: rodaballo

Kurzbeschreibung Trapezförmiger Plattfisch. Die Haut enthält kleine Verknöcherungen. Die Augenseite ist gelblichgrau mit dunkler Marmorierung. Die Blindseite ist weiß. Größe: 40 cm (Turbotin) bis 1 m und mehr.

Besonderheiten Den Steinen unter der Haut verdankt dieser Fisch seinen Namen.

Vorkommen Mittelmeer bis norwegische Küste.

Qualität Ausgezeichnetes, weißes, wohlschmeckendes Fleisch. Die Haut ist sehr gelatinehaltig (s. auch S. 170 f.).

Pilgermuscheln

Heuschreckenkrebs

Nordseekrabben

Kaisergranat

Herzmuscheln

Tiefe Austern

Meerscheiden

Vernis

Herkuleskeulen

Miesmuscheln

Teppichmuscheln (Vongole)

Zubereitung   Im Sud pochiert, mit feinen Saucen. Im Ofen braisiert oder gebraten.

Rezepte   S. 37, 38, 108, *122*, 125, *129*, 133, 134, 135, 136, *141*, *143*, *147*, *149*, *204*, 281, *297*

Abbildung   S. 438/439

Stint (S + S)

F: éperlan
GB: smelt
I: sperlano, eperlano
E: eperlanós

Kurzbeschreibung   Kleines, langgestrecktes, silbergraues Fischchen mit spindelförmigem Körper. Wird bis 30 cm lang und 60—100 g schwer.

Besonderheiten   Steigt zum Laichen die Flüsse hoch. Kann auch in Seen leben.

Vorkommen   Küsten der Nord- und der Ostsee, von England bis Rußland.

Qualität   Sehr feines, aromatisches Fleisch.

Zubereitung   Wird meist ganz zubereitet: grilliert, braisiert. Im Ofen gebraten. Kleine Exemplare eignen sich auch ganz zum Fritieren.

Rezepte   S. 174, *210*, 286

Stöcker, Bastardmakrele, Holzmakrele (S)

F: chinchard
GB: horse mackerel
I: suro, sugarello
E: chicharro, jurel

Kurzbeschreibung   Sieht ähnlich aus wie die Makrele, hat aber große Augen und eine Seitenlinie, die mit knochenartigen Stacheln versehen ist. Größe: 25—40 cm.

Besonderheiten   Die Jungfische halten sich oft monatelang als Schwarmfische unter der Glocke von Quallen auf.

Vorkommen   Südnorwegen bis Südafrika.

Qualität   Etwas fettes Fleisch. Vor der Zubereitung müssen die Stacheln entfernt werden (am besten kurz abbrühen).

Zubereitung   Pochiert (Haut entfernen), grilliert, im Ofen gebraten.

Rezept   S. 104

Abbildung   S. 434/435

Stör (S + S)

F: esturgeon
GB: sturgeon
I: storione
E: esturión

Kurzbeschreibung   Großer, spindelförmiger Fisch. Das Maul befindet sich unter der großen, spitz verlängerten Schnauze mit vier Bartfäden. Hat rauhe Haut mit fünf Reihen verknöcherten Knötchen.

476

Besonderheiten   Es gibt verschiedene Varietäten. Weibliche Störe tragen große Mengen Eier (Kaviar s. S. 20 ff.).

Vorkommen   Kaspisches Meer, Schwarzes Meer, Mittelmeer, Atlantik, Flußmündungen in Frankreich (Gironde, Garonne).

Qualität   Fettes und weißes Fleisch (wenn 1. Qualität).
Kann ausgezeichnet, aber auch zäh und trocken sein. Wenig Gräten.

Zubereitung   Vor allem geräuchert. In Scheiben grilliert.

Abbildung   S. 448/449

Streifenbrasse (S)

F: dorade grise,
griset
GB: black sea bream
I: tanuta
E: chopa

Kurzbeschreibung   Ähnlich wie die Goldbrasse, ist aber grausilbern und dunkelgrau gestreift. Größe: bis zu 50 cm.

Besonderheiten   Hat im Unterschied zur Goldbrasse und anderen Brassen viele kleine, enggelegte Zähne.

Vorkommen   Mittelmeer, Atlantik bis Südirland.

Qualität   Hat ähnliches Fleisch wie die anderen Meerbrassen; ist aber etwas weniger fein als die Goldbrasse.

Zubereitung   Im Ofen braisiert, grilliert. Filetiert für Ragouts oder pochiert und kalt serviert.

Rezept   S. 127

Strandschnecke, Gemeine (S)

F: bigorneau,
escargot de mer
GB: periwinkle,
winkle
I: chiocciola di mare
E: bigaro

Kurzbeschreibung   Kleine Meerschnecke mit rundem Gehäuse, die in der Farbe, je nach Varietät, verschieden sein kann: Rötlichbraun bis Schwarz. Größe: 3—4 cm (s. auch S. 241).

Besonderheiten   Lebt im Sandstrand.

Vorkommen   Atlantik, Ärmelkanal, Mittelmeer.

Qualität   Sehr kleiner Muskel. In der Qualität ähnlich wie Landschnecken.

Zubereitung   Beim Waschen in einem Sieb schütteln, damit die Schnecken sich in die Häuschen verziehen. In der Schale 15 Min. in gesalzenem Wasser oder in einem Sud pochieren.

Abbildung   S. 470/471

Flußkrebs

Sägegarnele

Hummer

Languste

Taschenkrebs

Taschenkrebs (S)

F: tourteau
GB: edible crab
I: granciporro
E: buey

Kurzbeschreibung Großer Krebs mit festem, braunrotem Panzer, der ganz glatt ist. Er hat zwei große Scheren und vier Paar Füße. Unterleib und Schwanz sind unter dem Panzer zurückgebogen (s. auch S. 302).

Besonderheiten Es gibt verschiedene Varietäten, z. B. den gewöhnlichen Crab, dessen Panzer vorne etwas breiter ist. Seine Farbe ist braunschwarz.

Vorkommen Atlantik, Ärmelkanal.

Qualität Aromatisches, etwas schwer verdauliches Fleisch. Die Weibchen sind fleischiger. Beim Kauf darauf achten, daß der Krebs gut gefüllt ist und schwer in der Hand liegt. Außer Magen und Darm ist der ganze Inhalt eßbar.

Zubereitung Im Sud oder Meerwasser frisch gekocht.
Mit kräftigen Saucen gemischt und in der Panzerschale serviert. Auch kalt für Horsd'œuvres.

Rezept S. 301

Abbildung S. 478/479

Teppichmuschel (S)

F: palourde, clovisse
GB: carpet shell
I: vongola
E: almeja, almeja margarita

Kurzbeschreibung Zweischalige gelbliche oder graubraune kleine Muschel. Palourde (3—5 cm), Clovisse (2—3 cm). Das Innere der Schale ist gelb und die äußere Schale kreisförmig gestreift (s. auch S. 240).

Besonderheiten In Italien heißen diese Muscheln «Vongole», allerdings ein dehnbarer Begriff, weil auch andere kleine Muschelsorten so genannt werden.

Vorkommen Atlantik, Ärmelkanal, Mittelmeer.

Qualität Sehr feines Muschelfleisch.

Zubereitung Roh auf den «Plateaux de fruits de mer». Für Salate und Horsd'œuvres. In Saucen, gemischt mit Teigwaren oder Reis. Für Fisch- und Muschelsuppen.

Rezepte S. *97, 174, 236, 238,* 242, *314, 315, 316*

Abbildung S. 474/475

Thunfisch (S)

F: thon, thon rouge
GB: tuna
I: tonno commune
E: atún

Kurzbeschreibung Größter Fisch der Makrelen-familie. Spindelförmiger Körper mit dunkelblau gefärbtem Rücken, grauen Seiten und weißem Bauch. Größe: 2—5 m. Gewicht: oft bis 400 kg.

Besonderheiten Verwandte des Thunfischs: Germon (weißer Thunfisch), Bonito (kleiner Thunfisch), Bonitol (kleinere Art im Mittelmeer).

Vorkommen Atlantik, Biskaya, Nordsee.

Qualität Fettes, sehr vitaminreiches Fleisch. Weißer Thunfisch wird nach dem Kochen rosafarben. Roter Thunfisch ist nachher rotbraun. Thunfischfilets sind am zartesten. Bonito und Bonitol sind ähnlich wie Kalbfleisch (s. auch S. 248).

Zubereitung Braisiert und grilliert (zuvor kurz pochieren und evtl. marinieren).
Für Konserven.

Rezepte S. *227,* 247

Abbildungen S. 438/439, 462/463

Tintenfisch (s. Kalmar, Krake, Sepia)

Tintenfisch, Kleiner (S)

I: moscardiono
E: pulpito

Rezepte S. 40, *206,* 228, 249, 276, 279, *280*

Abbildung S. 466/467

Trüsche, Aalquappe, Quappe, Rutte (S)

F: lotte (de rivière)
GB: burbot
I: bottatrice
E: —

Kurzbeschreibung Zylinderförmiger Fisch mit kleinem spitzen Kopf. Olivgrün bis gelb, gefleckt. Typisch sind der lange Bartfaden am Kinn und die zwei kurzen Fäden an der Nasenöffnung. Das Maul ist mit zahlreichen Zähnen besetzt, die sich wie eine harte Bürste anfühlen.

Besonderheiten Einzige Art der Dorschfische, die im Süßwasser lebt.

Vorkommen Seen und Flüsse Mitteleuropas.

Qualität Mageres, zartes, weißes Fleisch. Die Leber gilt als Delikatesse (s. auch S. 64).

Zubereitung Pochiert, grilliert. Für Saucengerichte und Fischsuppen.

Rezepte S. *63, 68, 73,* 83, 84, *88,* 123, 124, 181, *254, 256*

Abbildung S. 426/427

Turbot (s. Steinbutt)

Venusmuschel (S)

F: praire
GB: quahaug
I: vongola dura
E: —

Kurzbeschreibung Kreisförmig gekerbte Schalen. Zweischalige, runde Muschel, Farbe Grau, innen Rosa oder Mauve. Größe: bis 6 cm (s. auch S. 240).

Besonderheiten Wird auch «Clam» genannt. Die echten Clams sind allerdings größer (s. S. 239). Es gibt noch weitere Varietäten, z. B. braune, warzige Venusmuscheln.

Vorkommen Mittelmeer, Atlantik.

Qualität Sehr feines Muschelfleisch. Beste Qualität aus dem Mittelmeer.

Zubereitung Roh mit Pfeffer («Plateaux de fruits de mer»). Horsd'œuvres. Gefüllt, im Ofen überbacken. Fischfonds und Suppen.

Rezepte S. *97, 314*

Venusmuschel, Rauhe (S)

F: coque rayée, praire
GB: baby calm
I: verruccsa, tartufo di mare
E: escupina gravada, almeja vieja

Kurzbeschreibung Braunrote, bauchige, zugespitzte Muschel mit stark ausgeprägten, konzentrisch verlaufenden Vertiefungen, die teilweise in warzenartigen Knoten enden.

Besonderheiten Die typische Keilform erleichtert der Muschel das Eingraben im Sand. Die Rauhe Venusmuschel ist eine Variante der zahlreichen Venusmuscheln, die in Europa vorkommen.

Vorkommen Mittelmeer, westafrikanische Küsten.

Qualität Gutes Fleisch, ähnlich wie das der Sandklaffmuschel.

Zubereitung Roh auf den «Plateaux de fruits de mer». Kann ähnlich wie die Miesmuschel zubereitet werden.

Abbildung S. 470/471

Vongola (s. Teppichmuschel, Sandklaffmuschel)

Waller (s. Wels)

Weißfisch (S)

Kurzbeschreibung Oberbegriff für Süßwasser-Ruchfische wie Karpfen (s. d.), Barbe, Brachse (s. d.), Hasel, Rotauge, Rotfeder, Elritze usw.

Rezepte S. *19, 26, 210*

Abbildungen S. 420/421, 426/427

Wellhornschnecke (S)

F: buccin, bulot
GB: whelk de ner
I: buccina
E: bocina

Kurzbeschreibung Größere Meerschnecke von konischer Form und sandbrauner Farbe. Größe: 8–10 cm.

Besonderheiten Diese Schnecke erkennt man am zugespitzten Gehäuse.

Vorkommen Atlantik, Ärmelkanal, Mittelmeer.

Qualität Fleisch etwas zäh, aber Geschmack vorzüglich.

Zubereitung Schnecken in leicht gesalzenem Wasser gekocht. Inhalt mit Butter und Kräutern angereichert (s. auch S. 241).

Abbildung S. 470/471

Wels, Waller (S)

F: silure
GB: catfish freshwater
I: siluro
E: siluro

Kurzbeschreibung Großer abgerundeter Körper, hinten seitlich abgeplattet. Sehr großes Maul mit Hechelzähnen auf den Kiefern. Dunkler Rücken mit farbigem Schimmer. Die Seiten gelb-weiß mit dunkler Marmorierung, die oft auf die Afterflosse übergeht. Bauch rötlich.

Besonderheiten Zwei sehr lange Bartfäden auf dem Oberkiefer und vier kürzere auf der Kopfunterseite. Neben Hausen und Stör der größte Süßwasserfisch. Mittlere Länge: 1–1,5, oft bis 3 m. Kann bis 80 Jahre alt werden.

Vorkommen Seen und größere Flüsse Mittel- und Osteuropas.

Qualität Das Fleisch junger Welse ist weiß, zart und grätenlos, aber etwas fett.

Zubereitung Für Saucen- und Matrosengerichte. In Schnitzeln paniert, gebraten oder fritiert.
Besonders gut grilliert oder frisch geräuchert.

Rezept S. *87*

Abbildung S. 420/421

Wittling, Merlan (S)

F: merlan
GB: whiting
I: merlano, nasello atlantico
E: merlán, plegonero

Kurzbeschreibung Kleiner, länglicher Fisch mit weichen Schuppen. Die Oberseite ist grünlich, die Seiten hellbraun bis weiß. Wird ca. 30 cm groß oder größer.

Besonderheiten Lebt oft unter der Haube von Quallen.

Vorkommen Atlantik bis Island. Mittelmeer bis zum Schwarzen Meer.

Qualität Gutes, zartes Fleisch, wenn mit Sorgfalt zubereitet (s. auch S. 185). Erträgt auf dem Transport keinen Druck (beim Kauf beachten).

Zubereitung Für Fritüre, Füllungen. Pochiert, auch für Saucengerichte. Filets lassen sich gut rollen.

Rezepte S. *33, 53,* 104, *202, 234, 270, 271, 286*

Abbildungen S. 434/435, 448/449

Wolfsbarsch, Meerbarsch (S)

F: bar commun, loup de mer
GB: bass
I: spigola
E: lubina

Kurzbeschreibung Länglicher Fisch, ähnlich wie Süßwasserbarsch (Egli). Zwei Rückenflossen, wovon die vordere ganz aus Stacheln besteht. Stark bezahnte Kiefer. Rücken graublau, silbrig schimmernd. Größe: 35—50 cm, auch größer (s. auch S. 130). Markante Seitenlinie, starke Schuppen.

Besonderheiten Ein naher Verwandter ist der Streifenbarsch. Wird größer als der Wolfsbarsch.

Vorkommen Mittelmeer, Atlantik (seltener).

Qualität Gilt als der feinste, aber auch als der teuerste Fisch, den es gibt.
Festes, mageres, sehr aromatisches Fleisch. Erträgt besonders das Pochieren und Grillieren sehr gut, wenn die Temperatur nicht zu hoch wird. Die Haut ist sehr empfindlich.

Zubereitung Für raffinierte Fischgerichte, z. B. mit delikaten Saucen, die den feinen Geschmack nicht konkurrenzieren.
Braisiert im Ofen oder ganz grilliert.

Rezepte S. *31, 32, 37, 38, 104,* 108, *125, 129,* 131, 132, *133, 147, 149, 172, 189, 197, 204, 217, 221, 261, 264, 265,* 273, *276,* 281

Abbildung S. 452/453

Zackenbarsch (S)

F: mérou
GB: grouper
I: cernia, sciarrano
E: mero, cherna,
cherne

Kurzbeschreibung Sehr großer Meerbarsch mit unterschiedlicher Färbung, oft auch gestreift (Gestreifter Zackenbarsch). Größe: ca. 60 cm.

Besonderheiten Wie sein kleiner Bruder, der Wolfsbarsch, hat er stachelige Rückenflossen. Außerdem eine sehr starke Rückengräte.

Vorkommen Atlantik.

Qualität Kräftiges, gutes Fleisch.

Zubereitung In Scheiben pochiert, gebraten, grilliert. Für Ragouts, Fischsuppen.

Zahnbrasse (s. Großaugen-Zahnbrasse)

Zander, Schill, Fogosch (S)

F: sandre
GB: pike-perch
I: lucio-perca, sandra
E: —

Kurzbeschreibung Großer Barsch mit hecht-ähnlichem Kopf. Rücken und Seiten sind grau-grün bis grau. Die Unterseite silberweiß. In der Jugend hat er seitlich acht bis zehn braune Querstreifen. Größe: 40—50 cm, oft mehr.

Besonderheiten In Österreich und Ungarn nennt man den Zander «Fogosch».

Vorkommen Mitteleuropa, östlich bis Rußland, südlich bis Norditalien, Plattensee (Ungarn).

Qualität Sehr gutes, aromatisches, festes, mageres Fleisch mit wenig Gräten.

Zubereitung Pochiert, braisiert, im Ofen gebraten. Für Fischsuppen und Ragouts. Filetiert mit feinen Saucen, gebraten, fritiert.

Rezepte S. *34, 36, 43, 65, 66, 73,* 84, *87, 114, 115,* 121, *123,* 158, 159, *160, 163, 167, 180, 197, 204, 253, 256,* 260

Abbildungen S. 416/417, 426/427

Ziegenbarsch (S)

F: serran
GB: comber
I: perchia
E: cabrilla

Kurzbeschreibung Gehört zur Familie der See-barsche, ansonsten ähnlich wie der Wolfsbarsch.

Vorkommen Mittelmeer, Atlantik, Rotes Meer.

Qualität Nicht so feines Fleisch wie das des Wolfsbarschs.

Zubereitung Grilliert, pochiert, im Ofen gebraten. Für Fischsuppen.

Rezept S. *104*

REZEPTE FÜR BESONDERS LEICHTE GERICHTE

REZEPTE FÜR GANZE FISCHE

REZEPTE NACH SPEISENFOLGE

ALPHABETISCHES REZEPTVERZEICHNIS

LITERATURVERZEICHNIS

«Erfolg mit Fisch», Verlag Lebensmittel Praxis, Neuwied, 1974

«Fisch und Schaltiere», Time Life, 1979

Guy, Christian: *«Guide du pêcheur gastronome»*, La Table Ronde, Paris, 1969

Gödecken, Horst: *«Der königliche Kaviar»*, Heinrich Siepmann Verlag, 1969

Hennig, Richard: *«Fischwaren»*, VEB Fachbuchverlag, Leipzig, 1972

Hofer, Rudolf: *«Hofers Süßwasserfische-Kompaß»*, Gräfe und Unzer, München (o. J.)

Holcik, Juraj; Mihalik, Jozef; La Farandole, Ed.: *«Poissons d'eau douce»*, Artia Prague, Paris, 1969

Lasalle, George: *«The Adventurous Fish Cook»*, Macmillan, London, 1976

Lyon, Ninette: *«Le guide Marabout du poisson, des crustacés et des mollusques»*, Editions Gérard & Co., Verviers, 1967

Migdalski, Edward C.; Fischter, George S.: *«Fische. Das große Buch der Süßwasser- und Meeresfische»*, Mosaik Verlag, München, 1978

Möller-Christensen, Jörgen: *«Die Fische der Nordsee»*, Kosmos Gesellschaft der Naturfreunde, Stuttgart, 1977

«Multilingual Dictionary of Fish and Fish Products», hrsg. v. der Organisation for Co-operation and Development OECD, Fishing News Books Limited, Farnham, 1968/1984

Muus, B. J.; Dahlström, P.: *«Meeresfische»*, BLV, München, 1973

Pesle, Otto; Schwierzina, Antoni: *«Qualität von Fisch und Fischwaren»*, VEB Fachbuchverlag, Leipzig, 1970